U0800623

"十二五"职业教育国家规划教材
高等职业教育城市轨道交通工程技术专业"十二五"规划教材

城市轨道交通工程施工

（第二版）

张　冰　于景臣　刘巧静　主　编
孙　霞　副主编
韩仁海　吴精义　主　审

中国铁道出版社有限公司
CHINA RAILWAY PUBLISHING HOUSE CO., LTD.

内容简介

本书主要内容包括城市轨道交通明(盖)挖法施工、浅埋暗挖法施工、盾构法施工、沉管法施工，高架结构、无砟轨道和无缝线路的施工技术，并对单轨交通和磁悬浮交通作了简单介绍。

本书内容简明扼要，适用性强，可作为高职高专城市轨道交通工程专业教材使用，也可作为施工现场技术人员的参考用书。

图书在版编目(CIP)数据

城市轨道交通工程施工/张冰，于景臣，刘巧静主编．—2版．—北京：中国铁道出版社，2014.8（2022.7重印）

全国铁道职业教育教学指导委员会规划教材　高等职业教育城市轨道交通工程技术专业“十二五”规划教材　国家骨干高等职业院校建设成果

ISBN 978-7-113-18893-1

Ⅰ.①城…　Ⅱ.①张…②于…③刘…　Ⅲ.①城市铁路-铁路施工-高等职业教育-教材　Ⅳ.①U239.5

中国版本图书馆CIP数据核字(2014)第146734号

书　　名：城市轨道交通工程施工
作　　者：张　冰　于景臣　刘巧静

责任编辑：李丽娟　　**编辑部电话：**(010) 83527746
封面设计：崔丽芳
责任校对：王　杰
责任印制：樊启鹏

出版发行：中国铁道出版社有限公司（100054，北京市西城区右安门西街8号）
网　　址：http://www.tdpress.com/51eds/
印　　刷：北京柏力行彩印有限公司
版　　次：2009年8月第1版　2014年8月第2版　2022年7月第8次印刷
开　　本：787 mm×1 092 mm　1/16　**印张：**13.75　**字数：**342千
书　　号：ISBN 978-7-113-18893-1
定　　价：35.00元

第二版前言

本教材第一版是普通高等教育“十一五”国家级规划教材。该书具有专业性强、实践性强、技术性强的特点，同时结合高等职业教育培养高技能型人才的目标，注重理论联系实际，强调解决实际问题，既保证知识的系统性和完整性，又体现内容的实用性和可操作性，便于实践教学和案例教学。

本教材第二版以城轨工程施工法实际工作任务为核心，将专业能力与关键能力培养、学习过程与工作过程融为一体，以此开展相关联部分的城市轨道交通工程结构、施工原理、施工技术操作、技术资料查阅等内容的“理实”一体化教学，引入行业企业的课程标准，符合高等职业教育推行工学结合人才培养模式的发展需要。本教材借鉴国际当代职业教育发展的最新理论与方法技术，反映“城市轨道交通工程”技术领域的专业要求和发展水平；同时结合职业院校学生的特点，全面落实“生产一线高端技能型专门人才”的职业教育办学指导思想，着力提高学生的综合职业能力。

本书由哈尔滨铁道职业技术学院张冰、于景臣、刘巧静任主编，哈尔滨铁道职业技术学院孙霞任副主编，哈尔滨铁道职业技术学院韩仁海和北京市轨道交通建设管理有限公司吴精义担任主审。

参加本书编写的人员有哈尔滨铁道职业技术学院张冰（课程导论、项目 7、项目 9），于景臣（项目 1），刘巧静（项目 2、项目 6），孙霞（项目 3），李迎春（项目 4、项目 5）；西安铁路工程职工大学徐玥（项目 8）；中铁三局集团有限公司徐常福（项目 1、项目 2 的相关案例）、高生伟（项目 3、项目 4 的相关案例）。

本书在编写过程中，吸取了有关书籍和论文的最新观点和技术。哈尔滨铁道职业技术学院刘慧玲、郑晓燕、夏芳等同志也一起参加了校正工作，在此一并表示感谢。

编　者

2014 年 2 月于哈尔滨

QIAN YAN

第一版前言

随着城市化的快速发展，城市道路拥挤、交通事故以及燃油车尾气排放引起的环境污染已经成为备受瞩目的问题。作为发展中国家，我国人均资源稀缺，交通需求总量巨大，探讨一种满足我国经济建设与城市交通可持续发展的交通运输方案具有重要的战略意义，而城市轨道交通已逐渐成为公共交通系统的主干交通工具。

城市轨道交通具有运量大、安全、准时、环保等特点，受到发达国家和发展中国家许多大城市的青睐。我国近二十个大城市的轨道交通正在运营和建设中，而且城际轨道交通也在我国大力发展和建设中，例如广州与深圳、北京与天津等城际轨道交通已正式通车运营。随着国家对城市轨道交通投入力度加大，使得该行业专业人才的需求量缺口很大。

本书具有专业性强、实践性强、技术性强的特点，同时结合高等职业教育培养高技能型人才的目标，注重理论联系实际，强调解决实际问题，既保证知识的系统性和完整性，又体现内容的实用性和可操作性，便于实践教学和案例教学。

本书由哈尔滨铁道职业技术学院于景臣、张冰、夏芳主编，哈尔滨铁道职业技术学院韩仁海和北京市轨道交通建设管理有限公司吴精义主审。

参加本书编写的人员有哈尔滨铁道职业技术学院于景臣（第一章、第六章），刘慧玲（第二章第一至第三节），张冰（第二章第四至第六节、第三章、第四章、第九章），杜晓波（第五章、第七章第三节、第十章），夏芳（第七章第一、二节），北京交通大学白雁（第八章）。

本书在编写过程中得到了北京交通大学土木建筑工程学院院长魏庆朝及刘维宁等专家的指导与大力支持。哈尔滨铁道职业技术学院张智韬、蔡英利、郑晓燕等同志也一起参加了校正工作，在此一并表示感谢。

由于水平有限，时间仓促，本书难免有错误和不足之处，恳请专家和读者批评指正。

编　者

2009年3月于哈尔滨

MU LU

目录

课程导论

1. 城市轨道交通的发展概况

人类社会发展到近代，出现了工业化、市场化和城市化三大趋势，通过三者完美的结合，使人类踏上了通向文明发展的大道。三者当中，城市化最具有时代意义，它是社会经济发展的最主要标志。可以说，没有城市化，便没有现代化，城市化正成为当今世界发展的重要趋势。在城市化的历程中，不同规模与发展阶段的城市产生了不同的交通需求，需要通过相应的运输工具及技术装备水平来满足。从各国城市化发展的经验来看，轨道交通以其运量大、速度快的优势正在成为城市交通结构中不可缺少的组成部分，较好地解决了大、中城市交通日益增长的供需矛盾。同时，城市轨道交通的建设与发展，已成为城市建设规模化和现代化程度的重要标志。

(1)城市轨道交通的发展阶段

1863 年伦敦开始建设世界上第一条地铁，其根本原因就是地面道路系统受城市空间限制不能无休止地建设，无法承担交通需求的增长，因此需要构建一种摆脱地面空间限制的新型交通方式。但是，脱离地面的新交通建设意味着高成本，因此要求这种交通方式必须是集约化、高效率的，比如运量大、高速度和优越的服务水平等。城市轨道交通就是在这样的背景下诞生的。

城市轨道交通的发展经历了一个曲折的过程，大致可分为以下几个阶段。

① 初步发展阶段(1863～1924 年)

在这一阶段，欧美的城市轨道交通发展较快，期间 13 个城市建成了地铁，还有许多城市建设了有轨电车。20 世纪 20 年代，美国、日本、印度和中国的有轨电车有了很大发展。这种旧式有轨电车行驶在城市道路中间，运行速度慢，正点率低，而且噪声大，加速性能差，乘坐舒适度差，但在当时仍然是公共交通的骨干。

② 停滞萎缩阶段(1924～1949 年)

二次世界大战的爆发和汽车工业的发展，导致了城市轨道交通的停滞和萎缩。汽车的便捷及可达性，一度成为城市交通的宠儿，得到飞速发展。而轨道交通因投资大、建设周期长等原因曾一度失宠。这一阶段中只有五个城市发展了城市地铁，而有轨电车的发展则停滞不前，有些线路甚至被拆除。

③ 再度发展阶段(1949～1969 年)

汽车过度增加，使城市道路异常拥堵，行车速度下降，严重时还会导致交通瘫痪。加之污染、噪声严重和大量耗费石油资源以及市区汽车有时甚至难以找到停车位置，于是人们又重新认识到解决城市客运交通必须依靠电力驱动的轨道交通。因此，轨道交通再次得到了重视，而且从欧美扩展到亚洲的日本、中国、韩国、伊朗等国家，这期间有 17 个城市新建了地铁。

④ 高速发展阶段(1970～2000 年)

世界上许多国家都确立了有限发展轨道交通的方针，立法解决城市轨道交通的资金来源。世界各国城市化的趋势，导致人口高度集中，要求轨道交通高速发展以适应日益加重的交通压力,各种技术的发展也为轨道交通奠定了良好基础。2000 年后又有众多城市新建了地铁、轻轨或其他轨道交通,而且有些城市正在处于规划和开工建设的准备阶段。

⑤ 21世纪的城市轨道交通

21 世纪的轨道交通以高速、正点、低能耗、少污染、安全、舒适等特点吸引城市的客流量。美国、日本、德国、法国等经济发达国家不断加大对轨道交通的资金投入,把许多新材料、新技术和新工艺应用在工程建设和运营中。

(2)我国城市轨道交通的发展状况及前景

截至 2012 年年底,我国内地已有北京、上海、天津、重庆、广州、深圳、武汉、南京、沈阳、长春、大连、成都、西安、昆明、苏州、杭州、佛山等 17 个城市累计开通 70 条城市轨道交通运营线路(含试运营线路),总运营里程达 2 064 km。其中地铁 1 726 km,占 84%;轻轨 267 km,占 13%;现代有轨电车 41 km,占 2%;磁悬浮 30 km,占 1%。2012 年新增运营里程 335 km,同比新增里程 288 km,增长 16.3%。线路总长度位居全球第四位。2013 年全国城市轨道交通行业共完成固定资产投资 2 200 多亿元,在交通领域中仅次于铁路和公路,比 2012 年增加 400 亿元,2013 年投产的里程达到 290 km,到 2013 年年底,我国已有 19 个城市拥有地铁,总里程达到 2 366 km。

目前,我国地铁的工程造价是 6～10 亿元/km,轻轨的工程造价为 1.5～2.5 亿元/km,轨道交通平均造价在 6 亿元/km 左右。2012 年,我国城市轨道交通建设完成投资 1 914 亿元,同比增加 286 亿元,增长 17.6%。预计“十二五”期间,将完成投资超过万亿元。城市轨道交通建设正在成长为带动经济稳步发展的生力军。我国城市轨道交通已获批复的城市已达 36 个,在建里程超过 2 000 km,“十二五”末,我国轨道交通运营里程将超过 3 000 km。根据统计的 36 个计划建设城市轨道交通项目城市的规划,2009～2020 年,城市轨道交通新增营业里程将达到6 560 km,截至 2020 年,我国城市轨道交通累计营业里程将达到 7 395 km。以每公里 5 亿元造价计算,2009～2020 年将投入 3.3 万亿,年均达 2 700 亿元。

(3)城市轨道交通对城市发展的作用

城市轨道交通系统发展的历史表明,随着城市轨道交通系统网络的逐步形成,城市轨道交通可以兼顾中短途客流,最后达到负担城市公共交通客流运量的 50%以上。围绕城市轨道交通骨干网络,可以促使其他个人交通成为辅助方式,从而提高城市公共交通的客运量,使“公交优先”的政策得到充分的体现,进而缓解城市交通拥挤问题。

城市轨道交通还有一个活跃城市经济、拉动城市发展、提高城市形象的功能。

优先发展城市公共交通,是城市公共交通战略的重要内容,更是促进我国城市健康发展的重要战略。轨道交通将成为特大城市公共交通的骨干、大中城市的主要公共交通方式,不仅为改善群众出行作出重大贡献,其建设也是拉动内需的重要举措。据统计,每投资 1 亿元的轨道交通项目,可带动 GDP 增长 2.63 亿元,增加 8 000 个以上的就业岗位。城市轨道交通每百人公里的人均能耗是小汽车的 1/20,在占用土地资源方面,城市轨道交通每百人公里占地面积小于 0.1 m^2,而公共电汽车、小型轿车、摩托车、自行车分别是它的 4.6 倍、115 倍、100 倍和 50 倍。根据 2008 年国家统计年鉴,全国 400 万人口以上的城市有 13 个,200 万～400 万人口的城市有 26 个,100 万～200 万人口的城市有 79 个,50 万～100 万人口的城市有 111 个,可见城市轨道交通的发展前景广阔。资料表明,上海地铁 1 号线开通运行以后,淮海路的商业零售额增加了 25%左右,个别商店增加了 30%以上。香港地铁在节日期间 24 小时持续运行,为广大乘客提供了非常宽松便利的交通条件。

一条城市轨道交通线路通车后，原来沿线不发达的街区，会由于交通的方便而逐步发展起来，随之带来沿线土地的升值、房产的涨价、各种商业活动的逐渐活跃。例如，北京地铁 1 号线开通后拉动了北京西部地区的发展；上海地铁 1 号线 1995 年通车后，沿线发展很快，住宅区快速落成，商业服务业迅速发展，目前在莲花站已经初步形成了地区性的商业中心。

如果说发达的高速铁路和航空网是一个国家现代化标志的话，那么一个发达的城市轨道交通网络就是一个现代化城市不可缺少的标志。修建城市轨道交通，需要城市在经济发展的基础上筹措可观的资金和具备相应的客流，需以城市的经济实力作为后盾。要使城市轨道交通真正成为一个现代化城市交通畅通的支撑，还必须尽快形成城市轨道交通网络，包括配套建设换乘系统、行车保障系统、客运服务系统和运营指挥系统。城市轨道交通已经成为城市生活中不可缺少的一部分，同时也是城市进入现代化行列的鲜明标志。

2. 城市轨道交通的组成及特点

在我国《城市公共交通常用名词术语》中，将城市轨道交通定义为"通常以电能为动力，采取轮轨运转方式的快速大运量城市公共交通之总称"。目前城市轨道交通有地铁、轻轨、单轨、有轨电车、城际轨道、磁悬浮列车和新交通系统等多种类型，号称"城市交通的主动脉"。

(1)城市轨道交通的组成

城市轨道交通主要由地铁、轻轨、单轨、有轨电车、城际轨道、磁悬浮列车和新交通系统等组成。

① 地铁

地下铁道是由电气牵引、轮轨导向、车辆编组运行在全封闭的地下隧道内，或根据城市的具体条件运行在地面、高架线路上的大容量快速轨道交通系统，简称地铁。

② 轻轨

公共交通国际联会关于轻轨运输系统(Light Rail Transit)的解释文件中提到：轻轨铁路是一种使用电力牵引、介于标准有轨电车和快运交通系统(包括地铁和城市铁路)中间，用于城市旅客运输的轨道交通系统。

③ 单轨

单轨系统是指通过单一轨道梁支撑车厢并提供引导作用而运行的轨道交通系统，其最大特点是车体比承载轨道要宽。根据支撑方式的不同，单轨一般包括跨座式单轨和悬挂式单轨两种类型。

④ 有轨电车

有轨电车是使用电力牵引、轮轨导向、单辆或两辆编组运行在城市路面线路上的低运量轨道交通系统。

⑤ 城际轨道

城市铁路是由电气或者内燃机车牵引、轮轨导向、车辆编组运行在城市及卫星城之间，以地面专用线路为主的大运量快速轨道交通系统。

⑥ 磁悬浮列车

磁悬浮列车是一种运用"同性相斥、异性相吸"的电磁原理，依靠电磁力来使列车悬浮并走行的轨道运输方式。它是一种新型的没有车轮、采用无接触行进的轨道交通系统。

⑦ 线性电机车辆系统

线性电机车辆轨道交通系统(Linear Motor Car)是由线性电机牵引，轮轨导向，车辆编组运行在小断面隧道、地面和高架专用线路上的中运量轨道交通系统。之所以将线性电机牵引的轨道交通系统列为独立的系统，是因为该系统与地下铁道、城际轨道、轻轨等有明显区别。

⑧ 新交通系统

新交通系统目前还没有统一和严格的定义，从广义上来讲，是指那些与现有运输模式不同的各种短距离新交通方式的总称。狭义的新交通系统则定义为由电力牵引、具有特殊导向、操纵和转折方式的胶轮车辆，单车或数辆编组运行在专用轨道梁上的中小运量轨道运输系统。

(2)城市轨道交通的特点

城市轨道交通和其他公共交通相比，具有以下特点：用地省，运能大，轨道线路的输送能力约是公路交通输送能力的 10 倍；每一单位运输量的能源消耗量少，因而节约能源；采用电力牵引，对环境污染小；噪声属集中型，人均噪声小，易于治理；乘客乘坐安全、舒适、方便、快捷。

纵观城市轨道交通，它们具有以下共同特点：

① 运输能力大。城市铁路站台长，车辆能够多节编组运行，输送旅客能力大。客流高峰时可按 10～12 辆编组，客流少时可按 2～4 辆编组运行，单向客运量可达 4 万人～10 万人/小时。

② 运行速度高。公共汽车与其他车辆混杂行驶，目前在我国大城市运行速度仅为 12～18 km/h；地铁完全与其他线路隔离，运营速度较高，速度为 40～50 km/h，最高可达 72 km/h。轻轨系统因有不同程度的交叉，运行速度介于上述两者之间，一般为 25～30 km/h。

③ 乘坐舒适。随着一些高新技术在线路、轨道和车辆方面的应用，提高了旅客乘车的舒适性。

④ 环境污染小。城市轨道交通一般采用电力机车牵引或动车牵引，具有不污染空气、噪声小、载客量大等特点，分流了公共汽车客运量，降低了汽车尾气排放量，有利于市区环境的改善。

⑤ 运行安全。市区内城市轨道交通在半封闭和全封闭的专用线路上运行，与其他公交线路不形成交叉，互不干扰，安全系数高。

⑥ 准点停靠。由于不受其他线路的影响，城市轨道交通对运行时间的准点性高。

3. 城市轨道交通工程施工方法与选择

与公路、铁路等工程一样，城市轨道交通工程也有很多施工方法，常见的有明挖法、盖挖法、盾构法、浅埋暗挖法和其他特殊施工方法等。

(1)明挖法

明挖法包括敞口明挖法、基坑设置有支护结构的明挖法等。

① 敞口明挖法：在地面建筑物稀少、交通不繁忙、施工场地较大、结构物埋深较浅的地段及城市轨道交通干线出入地面的区段采用敞口明挖法。

② 基坑设置有支护结构的明挖法：在施工场地较小、土质自立性差、地下水丰富、建筑物密集、埋深大时采用基坑设置支护结构的明挖法。

(2)盖挖法

城市轨道交通线路在城市道路下面通过，当允许短期封闭地面交通时，可采用盖挖法施工。即在短期封闭地面交通期间，进行连续墙和钻孔灌注桩作业，开挖和修筑结构顶板，随即回填，恢复地面交通，然后转入地下作业，开挖基坑，修筑楼板和底板，利用隧道两侧的出入口和通风道出土、进料。

(3)盾构法

在城市轨道交通线路穿越古河道地段，围岩结构松散、饱水、呈流塑或软塑状态，以及工程地质条件较差的地段，采用盾构机施工。盾构机是在钢壳体保护下掘进的一种设备，它由刀盘、刀具旋转切削地层，采用螺旋输送机或泥水管道运送渣土，在壳体内拼装预制管片，依靠液压千斤顶推进，是机电一体化的高科技设备。

(4)浅埋暗挖法

浅埋暗挖法是在新奥法基础上发展起来的施工方法，一般应用于埋深较浅的隧道，施工时先用小导管注浆加固土层，分部开挖，架钢筋格栅拱、喷混凝土施工初次衬砌，然后做防水层，最后用模注混凝土做二次衬砌。

(5)其他特殊施工方法

由于技术水平提高，设备不断完善，在一些特殊地段可采用冻结法、化学注浆等方法加固围岩，当隧道穿过建筑物时也可采用基底托换等方法，为处理好地下水问题可采用降水深层回灌等施工技术，这些技术都已在地铁施工中得到应用，并取得了一定的效果。

由于城市轨道交通工程施工有其自身的特殊性，所以在选择施工方法时，不仅要从工程地质、水利水文、地形地貌、沿线地下环境等处着眼，还要认真研究对地面建筑、道路、城市交通、环境保护的影响，确定施工队伍的施工机具、施工技术和施工能力能否保证按期、安全、高质量地完成建设任务。总的原则是所选用的工程施工方法应尽量减少对城市居民生活的干扰，施工成本低，能确保施工安全、质量和工期。

项目 1　明(盖)挖法施工

项目描述

明挖法是指在地铁施工时挖开地面,由上向下开挖土石方至设计高程后,自基底由下向上进行结构施工,当完成地下主体结构后回填基坑及恢复地面的施工方法。盖挖法是由地面向下开挖至一定深度后,将顶部封闭,其余的下部工程在封闭的顶盖下进行施工的一种方法。本项目主要介绍明(盖)挖法的特点、施工工序、基坑种类及适应性、围护结构施工等。

教学目标

1. 能力目标

(1)能够利用明(盖)挖法进行基础施工;

(2)能够组织实施地下连续墙施工;

(3)知道各种围护结构的特点。

2. 知识目标

(1)掌握明(盖)挖法的特点与施工工序;

(2)掌握基坑种类及其对土质的适应性;

(3)掌握地下连续墙的围护结构;

(4)了解基坑土钉墙围护结构;

(5)了解排桩围护结构。

工作任务 1.1　掌握明(盖)挖法的特点与施工工序

1.1.1　明挖法的特点

在地面建筑物少、拆迁少、地表干扰小的地区修建浅埋地下工程通常采用明挖法。明挖法按开挖方式分为放坡明挖和不放坡明挖两种。放坡明挖法主要适用于埋深较浅、地下水位较低的城郊地段,边坡通常进行坡面防护、锚喷支护或土钉墙支护。不放坡明挖是指在围护结构内开挖,主要适用于场地狭窄及地下水丰富的软弱围岩地区。围护结构形式主要有地下连续墙、人工挖孔桩、钻孔灌注桩、钻孔咬合桩、SMW 工法、工字钢桩和钢板桩围堰等。

明挖法施工难度小,容易保证质量,工期短及造价低,因此在早期的地下工程施工中应用较多。但由于该法占地多、拆迁量大、影响交通及噪声污染严重,且随着浅埋暗挖法施工技术的进步和盾构法的引进,明挖法在地下工程修建中应用逐渐减少。目前在国内外地下工程修建中明挖法主要应用于大型浅埋地下建筑物和郊区地下建筑物的修建。明挖法已逐渐演化成盖挖和明暗挖结合的施工方法，但总体来讲明挖法在地下工程建设中仍是主要施工方法。以北京地铁的修建为例，早期由于施工方法的限制，地铁一、二号线基本采用明挖法修建。随着地下工程修建技术的进步，明挖法主要应用于地铁车站的建设及郊区浅埋地下线路的修建。

1.1.2　明挖法的施工工序

明挖法施工技术简单、快速、经济，常被作为地铁施工的首选方案。根据地质情况，明挖法施工一般可分为四个步骤：围护结构施工→内部土方开挖→工程结构施工→管线恢复及覆土。而围护结构施工，是明挖法能否顺利实施的关键所在。

明挖法施工中围护结构的选择，应充分考虑地质条件的差异、围护结构的刚度以及对基坑防水的要求等来确定。围护结构可分为排桩围护结构（钢板桩、挖孔桩、钻孔桩、水泥土搅拌桩或劲性水泥土搅拌桩）、地下连续墙围护结构和土钉墙围护结构等。目前，地下铁道明挖基坑所采用的围护结构种类很多，其施工方法、工艺和所用施工机械也各异，因此应根据基坑深度、工程地质和水文地质条件、地面环境条件等，特别要考虑到城市施工的特点，经综合比较后确定。

围护结构及其支撑体系关系到明挖法实施的成败。常见的基坑内支撑结构形式有：现浇混凝土水平面结构、圆形钢管、H 型钢等。支撑的总体结构形状取决于开挖工作面，根据支撑方向的不同，可将支撑分为对口撑、角撑、斜撑等，在特殊情况下，也有设置成环形梁的。当内支撑跨度较大时，还需在坑内设临时立柱，当临时立柱构造和位置恰当时，以后就将其变为结构的永久立柱。

当侧压力比较小、基坑较浅时可以不设支撑，对地下水位较高的地区，土方开挖应注意因水土流失引起支撑不平衡导致的基坑坍塌，或因水土流失引起对周围环境的不利影响。内部结构的施工由下至上分步实施，最后做防水层和完成上部覆土。

明挖法施工工序描述如下：围护结构施工→内井点降水（或基坑底土体加固）→第一层开挖→设置第一层支撑→第 n 层开挖→设置第 n 层支撑→最底层开挖→底板混凝土浇筑→最下层支撑拆除→混凝土内衬浇筑→自下而上逐步拆支撑→顶板混凝土浇筑。明挖法车站施工工序如图 1.1 所示。

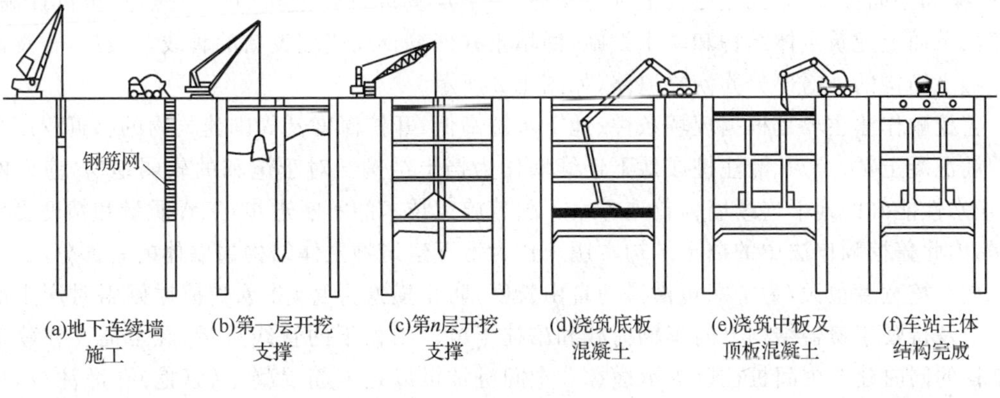

图 1.1　明挖法车站施工工序

1.1.3　盖挖法的特点

盖挖法施工技术是先用地下连续墙、钻孔桩等形式做围护结构和中间桩，然后做钢筋混凝土盖板，在盖板、围护墙、中间桩保护下进行土方开挖和结构施工。盖挖法有逆作、半逆作和顺作三种施工方法。所谓逆作法是指按土方开挖顺序从上层开始往下进行主体结构施工;而顺作法则是指在土方全部开挖完成后,从底板开始做主体结构的施工方法。

盖挖法的主要特点:

(1)盖挖法的边墙既作为结构的永久性边墙又兼作基坑支护的双重作用,因而可以简化施工程序,降低工程造价。另外,边墙用混凝土等刚性材料修筑,其变形量极小,因而可靠近地面原有建筑物的基础施工,而不致对其产生不利的影响。

(2)采用盖挖法施工,占地宽度比一般明挖法小,且无振动和噪声。

(3)盖挖法的顶盖一般均距地表面很近,这可缩短从破坏路面、修筑顶盖到恢复路面所需的时间,从而最大限度地减少对地面交通的干扰。对宽度较大的双跨或三跨结构尚可对顶盖进行横向分段施工,有利于地面交通的恢复。

(4)盖挖法由于是自上而下施工的,先修顶盖成为基坑内的一道横撑,如为多层结构,则盖板均起到支撑的作用,从而可免去或减少施工时的水平支撑系统。

(5)盖挖法是在松软地层中修筑地下多层建筑物的最好方法,与暗挖法和明挖法相比,暗挖法由于其断面形状和工艺特征,除岩石地层外,难以修筑多层结构;明挖法如基坑开挖过深,支护亦困难;而盖挖法只要将边墙修筑至一定深度,便可自上而下逐层开挖,逐层建筑,使修筑地下多层结构比较容易实现。

总之,盖挖法兼有明挖和暗挖法的优点,而其造价根据国内外经验,只比明挖法高约10%,大大低于暗挖法的造价。

1.1.4　盖挖法的施工工序

盖挖法按其主体结构的施工顺序,可分为盖挖顺作法、盖挖逆作法和盖挖半逆作法三种方法。

1. 盖挖顺作法

在路面交通不能长期中断的道路下修建地下建筑物时,则可采用盖挖顺作法。这种方法是在现有道路上,按所需宽度,由地表面完成挡土结构后,以定型的预制标准覆盖结构(包括纵、横梁和路面板)置于挡土结构上维持交通,往下反复进行开挖和加设横撑,直至设计高程。依序由下而上建筑主体结构和防水设施,回填土并恢复管线或埋设新的管线。最后,根据需要拆除挡土结构的外露部分并恢复道路,如图 1.2 所示。

盖挖顺作法主要是根据现场条件、地下水位高低、开挖深度及周围建筑物的临近程度来选择钢筋混凝土钻(挖)孔灌注桩或地下连续墙作为挡土结构。对于饱和的软弱地层,应以刚度大、止水性能好的地下连续墙为首选方案。随着施工技术的不断进步,工程质量和精度更易于掌握,因此盖挖顺作法中的挡土结构常用来作为地下建筑物主体结构边墙体的一部分或全部。

如开挖宽度很大,为了缩短横撑的自由长度,防止横撑失稳,并承受横撑倾斜时产生的垂直分力及行驶于覆盖结构上的车辆荷载和吊挂于覆盖结构下的管线重量,经常需要在建造挡土结构的同时建造中间桩柱以支承横撑。中间桩柱可以是钢筋混凝土钻(挖)孔灌注桩,也可以采用预制的打入桩(钢或钢筋混凝土材料的)。中间桩柱一般为临时性结构,在主体结构完成时将其拆除。为了增加中间桩柱的承载力或减少其入土深度,可以采用底部扩孔桩或挤扩孔桩。

2. 盖挖逆作法

如果开挖面较大、覆土较浅、周围沿线建筑物过于靠近,为防止开挖基坑而引起临近建筑

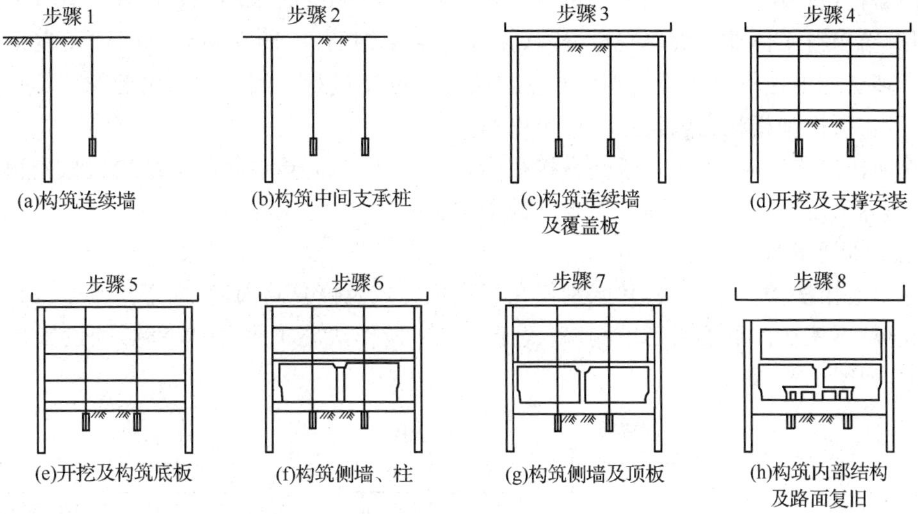

图 1.2　盖挖顺作法的一般步骤示意图

物沉陷，或需尽早恢复路面交通，但又缺乏定型覆盖结构时，可采用盖挖逆作法施工。其施工步骤是，先在地表面向下做基坑围护结构和中间桩柱，和盖挖顺作法一样，基坑围护结构多采用地下连续墙、钻孔灌注桩和人工挖孔桩，随后即可开挖表层土至主体结构顶板底面高程，利用未开挖的土体作为土模来浇筑顶板。此顶板还可以作为一道强有力的横撑，以防止围护结构向基坑内变形。待回填土后将道路复原，恢复交通。以后的工作都在顶板覆盖下进行，即自上而下逐层开挖并建造主体结构直至底板。在特别软弱的地层中，且邻近地面已有建筑物时，除以顶板(或楼板)作为围护结构的横撑外，还需设置一定数量的临时横撑，并施加不小于横撑设计轴力 70%～80%的预应力，如图 1.3 所示。

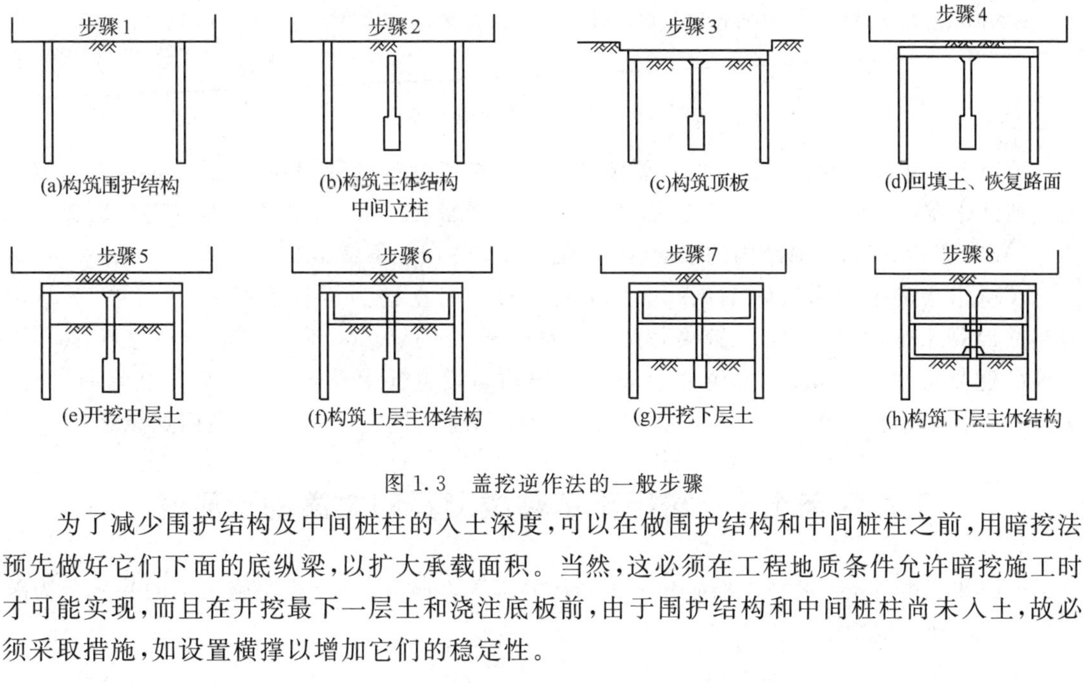

图 1.3　盖挖逆作法的一般步骤

为了减少围护结构及中间桩柱的入土深度，可以在做围护结构和中间桩柱之前，用暗挖法预先做好它们下面的底纵梁，以扩大承载面积。当然，这必须在工程地质条件允许暗挖施工时才可能实现，而且在开挖最下一层土和浇注底板前，由于围护结构和中间桩柱尚未入土，故必须采取措施，如设置横撑以增加它们的稳定性。

采用盖挖逆作法施工时,若采用单层墙或复合墙,结构的防水层较难做好。只有采用双层墙,即围护结构与主体结构墙体完全分离,无任何连接钢筋,才能在两者之间铺设完整的防水层。对于多层地下建筑物还要特别注意中层楼板在施工过程中因悬空而引起的稳定和强度问题,一般可在顶板和楼板之间设置吊杆予以解决。

盖挖逆作法施工时,顶板一般都搭接在围护结构外露部分,或将围护结构仅做到顶板搭接处,其余部分采用便于拆除的临时挡土结构围护。

3. 盖挖半逆作法

盖挖半逆作法类似逆作法,其区别仅在于顶板完成及恢复路面后,向下挖土至设计高程后先建筑底板,再依次向上逐层建筑侧墙、楼板。在半逆作法施工中,一般都必须设置横撑并施加预应力,如图 1.4 所示。

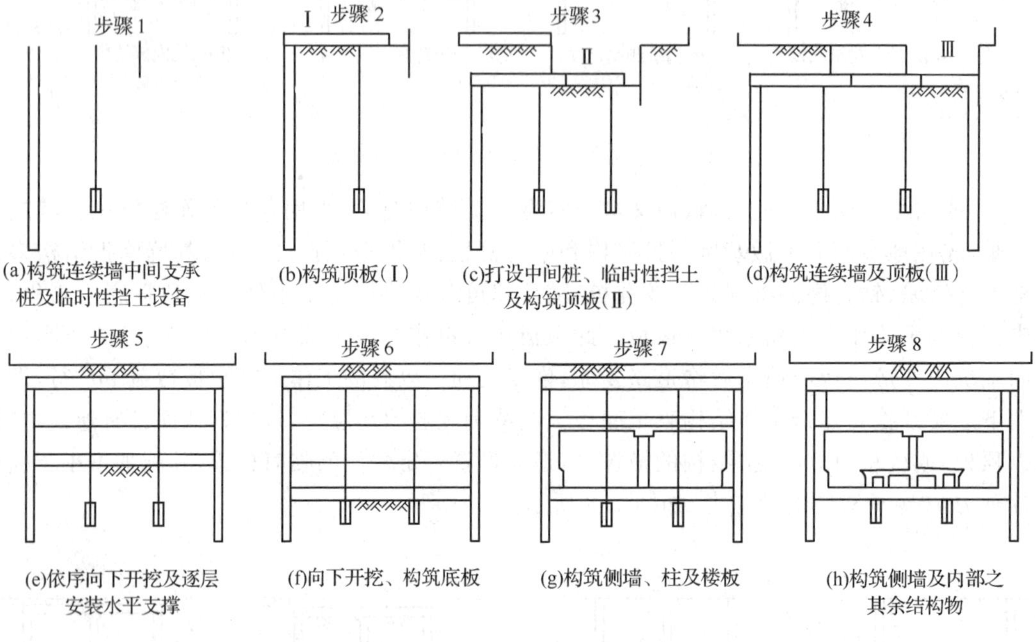

图 1.4　盖挖半逆作法施工步骤

采用逆作法或半逆作法施工时都要注意混凝土施工缝的处理问题,由于它是在上部混凝土达到设计强度后再接着往下浇注的,因混凝土的收缩及泌水,施工缝处不可避免地要出现 3～10 mm 宽的缝隙,将对结构的强度、耐久性和防水性产生不良影响。

在逆作法和半逆作法施工中,如主体结构的中间立柱为钢管混凝土柱,而柱下基础为钢筋混凝土灌注桩时,需要解决好两者之间的连接问题。一般是将钢管柱直接插入灌注桩的混凝土内 1.0 m 左右,并在钢管柱底部均匀设置几个孔,以利于混凝土流动,同时也可加强桩、柱之间的连接。有时也可在钢管柱和灌注桩之间插入 H 型钢加以连接。

工作任务 1.2　掌握基坑种类及其对土质的适应性

根据基坑边坡稳定的技术措施和围护结构的不同,可将明(盖)挖法施工中的基坑分为敞口放坡基坑和有围护结构的基坑:

- 基坑
  - 敞口放坡基坑
    - 边坡面不加支护基坑
    - 喷混凝土面和锚杆护坡基坑
  - 有围护结构的基坑
    - 工字钢桩围护基坑
    - 钢板桩围护基坑
    - 钢筋混凝土钻孔灌注桩围护基坑
    - 人工挖孔桩围护基坑
    - 地下连续墙围护基坑
    - 土钉墙围护基坑

在选择基坑类型时,应根据基坑所处位置、地下建筑物埋深、工程地质和水文地质等条件综合因素加以确定。若基坑所处地面空旷,周围无建筑物或建筑物间距很大,地面有足够空地能满足施工需要又不影响周围环境时,则采用敞口放坡基坑施工。因为这种基坑施工简单、速度快、噪声小,无须做围护结构。如果因场地限制,基坑边坡坡度稍陡于规范规定时,则可采用适当的挡土结构,如土钉加混凝土喷抹面对边坡加以支挡,即使如此,该方法的造价仍然是较低的。

如果基坑很深,地质条件差,地下水位高,特别是又处于繁华市区,地面建筑物密集,交通繁忙,无足够空地满足施工需要,没有条件采用敞口放坡基坑时,则可采用有围护结构的基坑。

1.2.1 敞口放坡基坑

采用敞口放坡基坑修建地下铁道时,保证基坑边坡的稳定是非常重要的,否则,一旦边坡坍塌,不但地基受到震动,影响承载力,而且也影响周围地下管线、地面建筑物和交通安全。

1. 基坑边坡稳定的影响因素和稳定措施

1)影响因素

基坑边坡坡度是直接影响基坑稳定的重要因素。当基坑边坡土体中的剪应力大于土体的抗剪强度时,边坡就会失稳坍塌。其次,施工不当也会造成边坡失稳,主要表现为:

(1)没有按设计坡度进行边坡开挖。

(2)基坑边坡坡顶堆放材料、土方及运输机械车辆等增加了附加荷载。

(3)基坑降排水措施不力,地下水未降至基底以下,而地面雨水、基坑周围地下给排水管线漏水渗流至基坑边坡的土层中,使土体湿化,十体自重加大,增加土体中的剪应力。

(4)基坑开挖后暴露时间过长,经风化而使土体变松散。

(5)基坑开挖过程中,未及时刷坡,甚至挖反坡,使土体失去稳定性。

2)稳定措施

(1)根据土层的物理力学性质确定基坑边坡坡度,并于不同土层处做成折线形边坡或留置台阶。

(2)必须做好基坑降排水和防洪工作,保持基底和边坡的干燥。

(3)基坑边坡坡度受到一定限制而采用围护结构又不太经济时,可采用坡面土钉、挂金属网喷混凝土或抹水泥砂浆护面等措施。

(4)严格禁止在基坑边坡坡顶1～2 m范围堆放材料、土方和其他重物以及停置或行驶较大的施工机械。

(5)基坑开挖过程中,随挖随刷边坡,不得挖反坡。

(6)暴露时间在1年以上的基坑,一般可采取护坡措施。

2. 基坑边坡坡度的确定

确定基坑边坡坡度有三种方法,即计算法、图解法和查表法。

1)计算法

如图 1.5 所示,假定边坡破裂面为通过坡脚的一个平面,滑动面上部土体为 ABC,则其重力 $G=\frac{\gamma h^2}{2}\cdot\frac{\sin(\theta-\varphi)}{\sin\theta\sin\varphi}$,当土体处于极限平衡状态时,边坡最大高度为

$$h=\frac{2C\sin\theta\cos\varphi}{\gamma\sin^2\left(\frac{\theta-\varphi}{2}\right)} \tag{1.1}$$

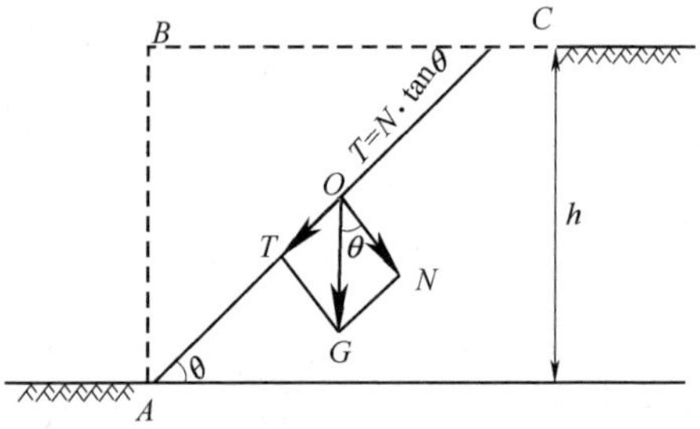

图 1.5　基坑边坡坡度

式中　C——土体黏结力(kN/m^2);

θ——边坡坡度角(°);

φ——土的内摩擦角(°);

γ——土体重度(kN/m^3)。

当土体 C、φ、γ 值和基坑开挖深度 h 为已知时,则基坑边坡的坡度角即可求出。

由公式(1.1)可知:

(1)当 $\theta=\varphi$,$C=0$ 时,则边坡极限高度不受限制,并且边坡处于平衡状态。

(2)当 $\theta>\varphi$ 时,则边坡为陡坡,其 C 值越大,则边坡极限高度 h 越高。

(3)当 $\theta>\varphi$ 时,若 $C=0$,则 $h=0$,即非黏性土时,边坡任何高度都是不稳定的。

(4)坡度角 θ 越大,坡高 h 越小;反之,坡度角越小,则坡高越大。

(5)当 $\theta\leqslant\varphi$ 时,基坑边坡很稳定,不用计算。

2)图解法

对于基坑边坡坡度为直线,坡顶为一平面,而土质均匀时,其稳定边坡角或极限坡高,可由根据计算资料综合整理而得到的图 1.6 来求得。

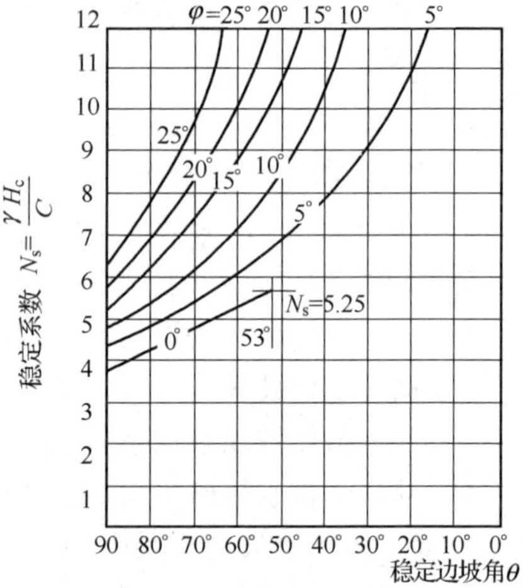

图 1.6　基坑边坡图解曲线

图中横坐标为稳定边坡角 θ,纵坐标表示稳定系数 $N_s=\frac{\gamma H_c}{C}$。假定土的内聚力不随深度变化,对于一个给定的土的内摩擦角 φ 值,则边坡的临界高度及稳定安全高度可由下式计算:

$$H_c=N_s\frac{C}{\gamma} \tag{1.2}$$

$$H=N_s\frac{C}{K\gamma} \tag{1.3}$$

式中　H_c——边坡的临界高度(即稳定高度);

H——边坡的稳定安全高度;

N_s——稳定系数,由图 1.6 查出;

K——稳定安全系数，一般取1.1～1.5；

C——土体黏结力（kN/m^2）；

γ——土体黏结重度（kN/m^3）。

上述式（1.2）和式（1.3）中，当已知θ或H及土体的C、φ、γ时，可求出稳定安全的高度H（或θ，或K值）。

3）查表法

在地下铁道的建设中，特别是北京地铁一、二期工程的明挖施工中，一般在地质条件良好，土质较均匀而地下水位低或能通过降水将地下水位维持在基底面以下时，常采用查表法确定基坑边坡的坡度。根据地基基础设计规范并结合北京地铁一、二期工程施工经验给出表1.1、表1.2供施工时参考。

表1.1　岩石基坑边坡坡度表

岩石类别	风化岩石	坡度值（高宽比）	
		8 m以内	8 m以外
硬质岩石	微风化	1∶(0.1～0.2)	1∶(0.2～0.35)
	中等风化	1∶(0.2～0.35)	1∶(0.35～0.5)
	强风化	1∶(0.35～0.5)	1∶(0.5～0.75)
软质岩石	微风化	1∶(0.35～0.5)	1∶(0.5～0.75)
	中等风化	1∶(0.5～0.75)	1∶(0.75～1.00)
	强风化	1∶(0.75～1.00)	

表1.2　土质基坑边坡坡度表

土的类别	密实度或状态	坡度值（高宽比）		
		5 m以内	5～10 m	10～15 m
碎石土	密实	1∶(0.35～0.5)	1∶(0.5～0.75)	1∶(0.75～1.0)
	中密	1∶(0.5～0.75)	1∶(0.75～1.0)	1∶(1.0～1.25)
	稍密	1∶(0.75～1.0)	1∶(1.0～1.25)	1∶(1.25～1.5)
粉　土	$S_r \leqslant 0.5$	1∶(1.0～1.25)	1∶(1.25～1.5)	1∶(1.5～1.75)
黏性土	坚硬	1∶(0.75～1.0)	1∶(1.0～1.25)	1∶(1.25～1.5)
	硬塑	1∶(1.0～1.25)	1∶(1.25～1.5)	1∶(1.5～1.75)

1.2.2　具有围护结构的基坑

地铁明挖法施工基坑所采用的围护结构种类很多，因其施工方法、工艺和所用的施工机械不同而不同，如工字钢桩围护结构、钢板桩围护结构、挖孔桩围护结构、钻孔桩围护结构、水泥土搅拌桩或劲性水泥土搅拌桩围护结构等，其施工方法在本章第五节详细论述。

工作任务1.3　地下连续墙围护结构施工

地下连续墙施工技术起源于欧洲，它是根据打井以及石油钻井使用泥浆和水下浇注混凝土的方法而发展起来的。地下连续墙是利用各种挖槽机械，借助于泥浆的护壁作用，在地下挖出窄而深的沟槽,并在其内浇注适当的材料而形成一道连续地下墙体。

1950 年意大利米兰首次采用泥浆护壁的地下连续墙作为水力大坝的防渗墙,故地下连续墙技术又称米兰法,随后推广到欧美各国。1959 年日本开始应用该技术,并于 1961 年在日本地铁 4 号线采用。1958 年我国水电部首先将该技术用于青岛月子库水坝防渗墙工程。由于地下连续墙具有挡土、防水抗渗及承重等功能,故其在我国地铁的深基坑工程中得到了广泛应用。

1.3.1　地下连续墙的类型和特点

1. 地下连续墙的类型

支护基坑的连续墙,按其受力特性可分为四种形式:仅用来挡土的临时围护结构,既是临时围护结构又作为永久结构的边墙,即所谓单层墙,作为永久结构边墙一部分的重合墙和复合墙。由于地下连续墙的作用不同,所以它和主体结构的连接方式也就不同,如图 1.7 所示。

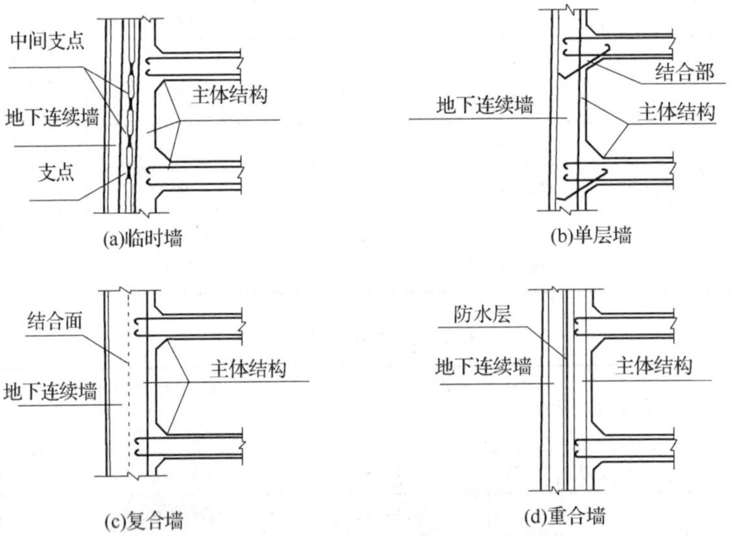

图 1.7　地下连续墙与主体结构结合方式

2. 地下连续墙的优点

(1)可减少工程施工时对环境的影响。施工时振动少,噪声低,对周围相邻的工程结构和地下管线的影响较小,沉降及变位较易控制。

(2)防水抗渗性能好。近年来改进了地下连续墙的接头构造,提高了地下连续墙的防渗性能,除特殊情况外,施工时不需降低地下水位。

(3)地下连续墙刚度大,能承受较大的侧压力,在基坑开挖时,变形小,因而周围地面沉降少,不会危害邻近建筑物。

(4)适用于多种地基条件,除溶岩地质外可适用于各种地质条件,在承压水头很高的砂砾石层采取措施后,也能采用。

(5)在建筑物密集地区可以施工,对邻近建筑物及基础不产生影响,施工中距建筑物基础 1 m 左右就可以顺利施工。

(6)地下连续墙适宜与顺作、逆作施工相结合,既可用于超深围护结构,也可用于主体结构。

3. 地下连续墙的缺点

(1)施工后对废泥浆要进行处理,管理不善时会造成现场泥泞,同时还会对地基及地下水造成污染。

(2)墙面虽可保证垂直度,但比较粗糙,经常需要再做一层内衬墙。

(3)造价较高,若结合工程实际,使其既作为临时围护、抗渗墙,又作为地下永久结构,可降低工程造价。

1.3.2　地下连续墙成槽机械

成槽机械是地下连续墙施工的关键设备,应根据地质条件、开挖断面、技术要求等进行选用。目前在施工中应用较多的成槽机械有抓斗式、回转式和冲击式三种。

1. 抓斗式成槽机

抓斗式成槽机分液压抓斗和钢索抓斗两种。钢索抓斗是最简单的挖土机械,效率不高。而液压抓斗的切土力较强,成槽效率高,如图 1.8 所示。

2. 回转式成槽机

以回转的钻头切削土体进行挖掘,钻下的土渣随循环泥浆排出地面。从钻头数目来看,有单头钻和多头钻之分。单头钻主要用来钻导孔,多头钻多用来挖槽。多头钻是一种采用动力下放、泥浆反循环排渣、电子测斜纠偏和自动控制钻进成槽的机械。日本称之为 BW 钻机。我国参考 BW 钻机同时结合我国国情设计和制造了 SF 型多头钻,如图 1.9 所示。

图 1.8　液压抓斗成槽机

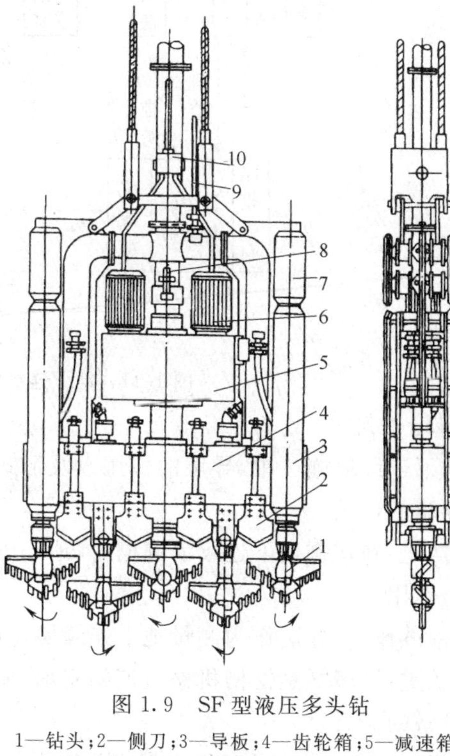

图 1.9　SF 型液压多头钻

1—钻头;2—侧刀;3—导板;4—齿轮箱;5—减速箱;6—潜水钻机;7—纠偏装置;8—高压进气管;9—泥浆管;10—电缆接头

3. 冲击式成槽机

通过钻头的上下运动或变换运动方向,击碎地基土,借助泥浆循环把土渣带出槽外。冲击钻机依靠钻头的冲击力击碎地基土,所以不仅适宜于一般土层,对较硬的石质地层亦适用。

1.3.3 地下连续墙施工

1. 工艺流程

地下连续墙的施工大致要经过筑导墙、成槽、吊放接头管、吊放钢筋笼、浇筑水下混凝土及拔出接头管成墙等环节,如图 1.10 所示。工艺流程如图 1.11 所示。

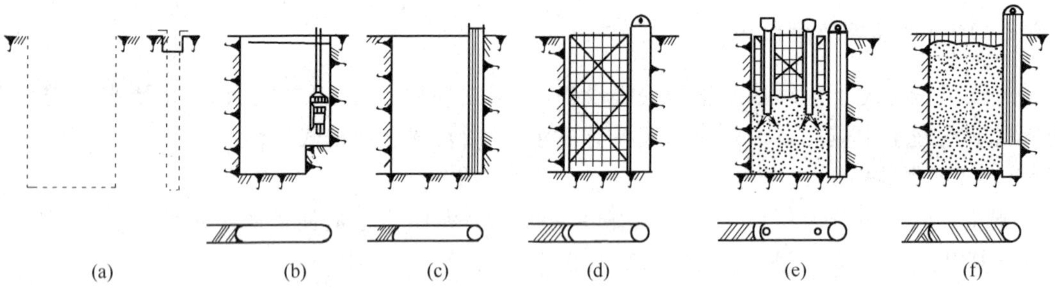

图 1.10 地下连续墙单元槽段成墙过程

(a)挖导沟、筑导墙;(b)挖槽;(c)吊放接头管;
(d)吊放钢筋笼;(e)灌注水下混凝土;(f)拔出接头管成墙

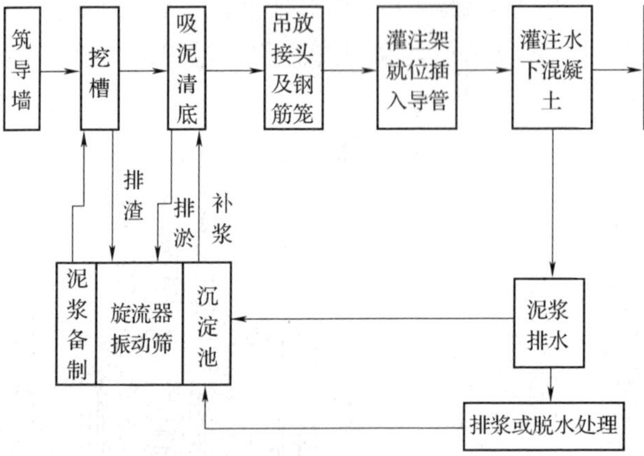

图 1.11 地下连续墙施工工艺流程图

2. 导墙构筑

在地下连续墙施工中,导墙的作用以及形式的选择非常重要。

1)导墙的作用

(1)挡土:在挖掘地下连续墙沟槽时,地表土松软容易坍陷,因此在单元槽段挖完之前,导墙起挡土作用。

(2)基准作用:导墙作为测量地下连续墙挖槽高程、垂直度和精度的基准。

(3)承重:导墙既是挖槽机械轨道的支承,又是钢筋笼接头管等搁置的支点,有时还承受其他施工设备的荷载。

(4)存蓄泥浆:导墙可存蓄泥浆,稳定槽内泥浆液面。泥浆液面始终保持在导墙面以下 20 cm,并高出地下水位 1 m,以稳定槽壁。

(5)其他:导墙还可防止泥浆漏失,阻止雨水等地面水流入槽内;地下连续墙距现有建(构)筑物很近时,在施工时还起到一定的补强作用。

导墙一般为现浇钢筋混凝土结构，应具有必要的强度、刚度和精度，要满足挖槽机械的施工要求。

2)导墙的形式

在确定导墙形式时应考虑下列因素：地表层土的特性，荷载情况，地下连续墙施工时对邻近建(构)筑物可能产生的影响，地下水状况。当施工作业面在地面以下(如在路面以下施工)时还要考虑对先施工临时支护结构的影响。

导墙的形式如图1.12所示，其中(a)、(b)断面最简单，它适用于表层土质良好和导墙上荷载较小的情况；(c)、(d)为应用较多的两种，适用于表层土为杂填土、软黏土等承载能力较弱的土层，因而将导墙做成倒“L”形或“][”形；(e)适用于作用在导墙上荷载很大的情况，可根据荷载计算其伸出部分的长度；(f)适用于相邻建(构)筑物一侧需加强的情况，以保护建(构)筑物；(g)适用于地下水位高的土层，须将导墙提高，以保持泥浆面距地下水位1 m，导墙提高后两边要填土找平。

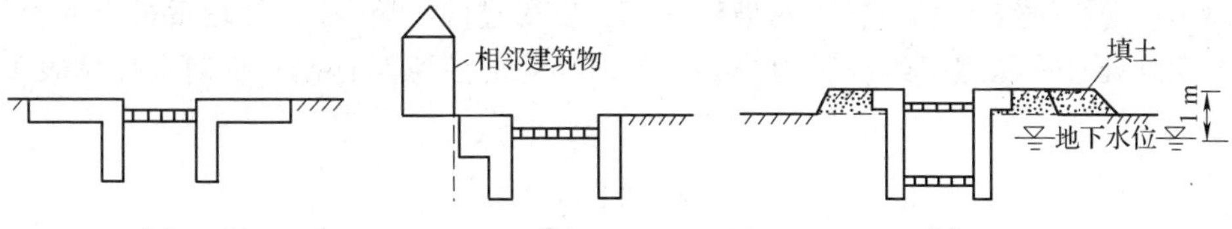

图1.12　地下连续墙导墙形式(单位：mm)

3)导墙施工顺序

平整场地→测量定位→挖槽→绑钢筋→支模板(一侧利用土模，一侧用模板)→支对撑→浇筑混凝土→拆模板加横撑→整理两侧土方(空隙填满夯实)。

4)导墙施工要点

(1)导墙基底应和地基密贴，墙侧回填土用黏性土夯实。

(2)导墙中心位置即地下连续墙的中心，在平面上必须按测量位置施工，在竖向必须保证垂直。

(3)导墙转角处形式如图1.13所示，以保证转角处断面的完整。

(4)导墙内水平钢筋必须相互连接成整体。

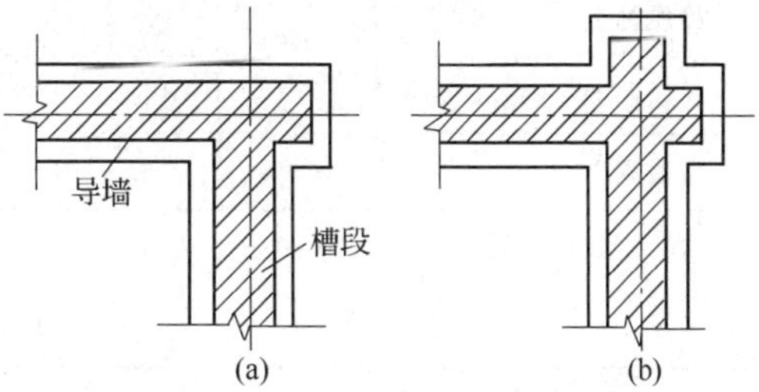

图1.13　导墙转角形式

3. 护壁泥浆

1)泥浆的作用

泥浆在地下连续墙挖槽过程中的作用首先是护壁，其次是携渣，再就是冷却机具和切土滑润。故泥浆的正确使用是保证挖槽成功的关键。

(1)护壁

泥浆具有一定的密度，当槽内泥浆液面高出地下水位一定高度时，泥浆在槽内对槽壁产生一定的静水压力,可抵抗作用在槽壁外侧的土压力和水压力,相当于一种液体支撑,可以防止槽壁倒塌和剥落,并防止地下水渗入。此外,泥浆在槽壁上会形成一层透水性很低的泥皮,使泥浆的静水压力有效地作用在槽壁上;泥浆可还从槽壁表面向土层内渗透并达到一定范围,泥浆黏附在土颗粒上,这种黏附作用可降低槽壁的透水性,并防止槽壁坍塌。

(2)携渣

泥浆具有一定黏度,能将钻头式挖槽机挖下的土渣悬浮起来,便于土渣随同泥浆排出槽外,并避免土渣沉积在工作面内影响挖槽。

(3)冷却和滑润

冲击式或钻头式挖槽机在泥浆中挖槽,泥浆可作冷却剂以降低因冲击或回转而引起的机具温度升高。亦可作为钻具的滑润剂以减少机具磨损,延长机具寿命,提高挖槽效率。

2)泥浆的配合比与性能指标

泥浆搅拌常用高速回转式(即螺旋桨式)搅拌机,拌好的泥浆在贮浆池内,一般静止 24 h 以上,最低不少于 3 h,以便膨润土颗粒充分水化膨胀。

在地下连续墙施工过程中,泥浆要与地下水、砂、土、混凝土接触,使得膨润土、掺合料等成分会有所消耗,而且混入一些土渣和电解质离子等,使泥浆受到污染而质量恶化。泥浆的恶化程度与挖槽方法有很大关系,如用钻抓法挖槽,大量土渣由抓斗直接抓出装车运走,泥浆污染程度低;如用反循环的多头钻成槽则污染程度高。使用过的泥浆,经过处理后可重复使用,在污染严重难以处理或处理不经济时则舍弃。常用泥浆的参考配合比及控制指标见表 1.3 及表 1.4。

表 1.3 泥浆的参考配合比

土 质	膨润土	酸性陶土	纯黏土	CMC	纯 碱	分散剂	水	备 注
黏 土	6～8	—	—	0～0.2	—	0～0.5	100	
砂	6～8	—	—	0～0.5	—	0～0.5	100	
砂 砾	8～12	—	—	0.05～0.1	—	0～0.5	100	掺防漏剂
软 土	—	8～10	—	0.05	4		100	上海基础公司用
粉质黏土	6～8	—	—	—	0.5～0.7		100	
粉质黏土	1.65	—	8～20	—	0.03		100	半自动泥浆
粉质黏土	—	—	12	0.15	0.03		100	半自动泥浆

注:CMC(即钠羧甲基纤维素)配成 1.5%溶液用。

表 1.4 泥浆性能指标

目 次	项 目	性 能 指 标		检验方法
		一般土层	软土层	
1	相对密度	1.04～1.25	1.05～1.25	泥浆相对密度秤
2	黏 度	18～22 s	18～25 s	500 mL/700 mL 漏斗法
3	含砂率	＜4～8%	＜4%	含砂仪
4	胶体率	≥95%	＜98%	100 mL 量杯法

续上表

目次	项目	性能指标		检验方法
		一般土层	软土层	
5	失水量	<30 mL/30 min	<30 mL/30 min	失水量仪
6	泥皮厚度	1.5～3.0 mm/30 min	1.5～3.0 mm/30 min	失水量仪
7	静切力	10～25 mg/cm²	20～30 mg/cm² 250～100 mg/cm²	静切力测量仪
8	稳定性	<0.5g/cm²	≤0.02 g/cm²	500 mL 量筒或稳定计
9	pH 值	<10	7～9	pH 试纸

注:1. 表中上限为新制泥浆,下限为循环泥浆;

2. 当采用反循环排渣和冲抓钻成孔以及在黏性土层钻进时,亦可只考虑相对密度、黏度、胶体率三项指标。

4. 挖槽

挖槽是地下连续墙的主要工序,提高挖槽施工效率是缩短工期的关键。保证挖槽的精度是提高地下连续墙质量的关键。

1)槽段划分

槽段的划分就是确定单元槽段的长度,它既是进行一次挖掘的长度,也是一次浇筑混凝土的长度。单元槽段愈长,接头愈少,可提高墙体的整体性和截水、防渗功能,并提高工作效率。但要结合以下条件综合考虑确定其长度:

(1)地质条件对槽段壁面稳定性的影响。当地层不稳定时,为防止槽壁倒坍,应减小槽段的长度,以缩短成槽时间。

(2)对相邻建(构)筑物的影响。当附近有高大建筑物或地面有较大荷载时,为了保证槽壁的稳定应缩短槽段长度,以缩短槽壁暴露时间。

(3)槽段最小长度不得小于挖槽机械工作装置的长度。

(4)由于钢筋笼是整体吊装,因此其尺寸、大小、重量,应结合现场起重机械的能力考虑。

(5)混凝土的供应能力。一般每个单元槽段内的混凝土宜在 4 h 内浇筑完毕。

(6)泥浆储备池的容量。一般泥浆储备池的容量应不小于每个单元槽段容量的 2 倍。

(7)作业面和连续作业时间。通常单元槽段可采用 2～4 个挖掘最小长度,一般可为 4～8 m,但最后封闭槽段应采用 2 个挖掘单元。

2)槽段开挖

(1)钻抓式挖槽机开挖

钻抓式挖槽机挖槽时,采用两孔一抓施工工艺。预先在每一个挖掘单元的两端先用潜水钻机钻两个直径与槽段宽度相同的垂直导孔,然后用导板抓斗依次挖除导孔之间的土体使之形成槽段。导孔位置必须准确垂直,以保证槽段质量。钻抓式挖槽机挖槽工艺如图 1.14 所示。

掘削的泥土混在泥浆中,以反循环方式排出槽外,一次下钻形成有效长 1.3～2 m 的圆形掘削单元。排泥采用专用潜水砂石泵或空气吸泥机,不断将吸泥管内泥浆排出。下钻时应使吊索处于张力状态,保持钻机适当压力,引导机头垂直成槽。下钻速度取决于泥渣排出能力和土质硬度,应注意保持下钻速度均匀。一般采用吸力泵排泥,速度为 9.6 m^3/h;采用空气吸泥法及砂石泵排泥,速度为 5 m^3/h 左右。

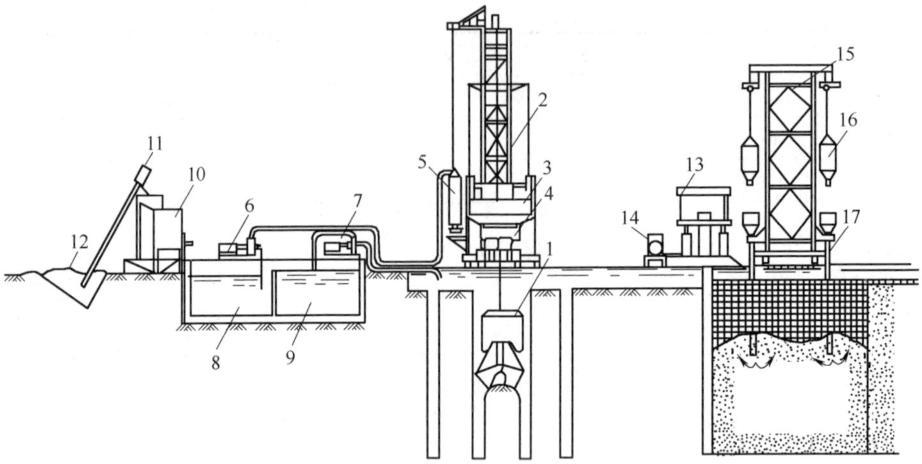

图 1.14　地下连续墙用钻抓式挖槽机施工时的工艺布置

1—导板抓斗;2—机架;3—出土滑槽;4—翻斗车;5—潜水电站;6、7—吸泥泵;
8—泥浆池;9—泥浆沉淀池;10—泥浆搅拌机;11—螺旋输送机;12—膨润土;
13—接头管顶升架;14—油泵车;15—混凝土灌注机;16—混凝土吊斗;17—混凝土导管

(2)回转式多头钻成槽机开挖

多头钻成槽机属无杆钻机,一般由组合多头钻机(由 4～5 台潜水钻)、机架和底座组成。钻头采取对称布置正反向回转,使扭矩相互抵消,旋转切削土体成槽。

(3)清槽

为了给下道工序(如安装接头管、吊放钢筋笼、浇筑混凝土)提供良好条件,确保墙体质量,应对残留在槽底的土渣、杂物进行清除。

清槽一般采用吸力泵、空气压缩机和潜水泥浆泵等排渣,如图 1.15(a)、(b)、(c)所示,当下钢筋笼后清槽则可用混凝土导管压清水或稀泥浆清槽,如图 1.15(d)所示。

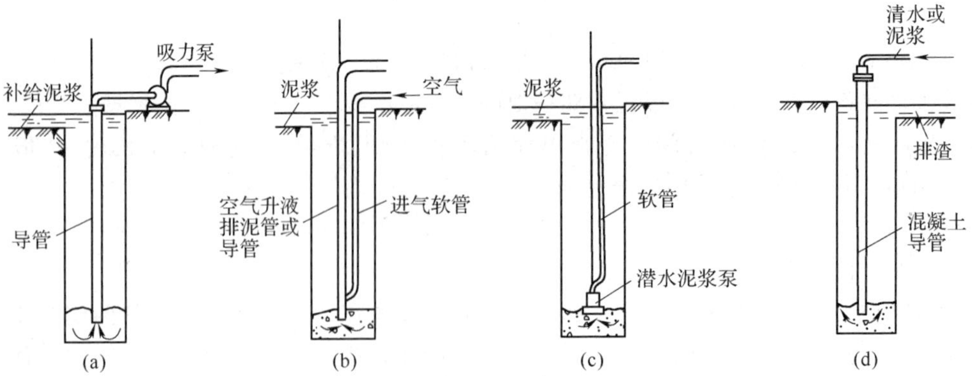

图 1.15　连续墙清槽方法

(a)吸力泵清槽;(b)压缩空气清槽;(c)潜水泥浆泵清槽;
(d)利用混凝土导管压清水或泥浆清槽

5. 槽段接头施工

地下连续墙施工要划分单元槽段,槽段之间有接头,接头的施工质量关系到墙体的防渗性与整体性。划分单元槽段时必须考虑槽段之间的接头位置,以保证地下连续墙的整体性。一般情况下接头避免设在转角处以及墙内部结构的连接处。常用接头如

图 1.16所示。

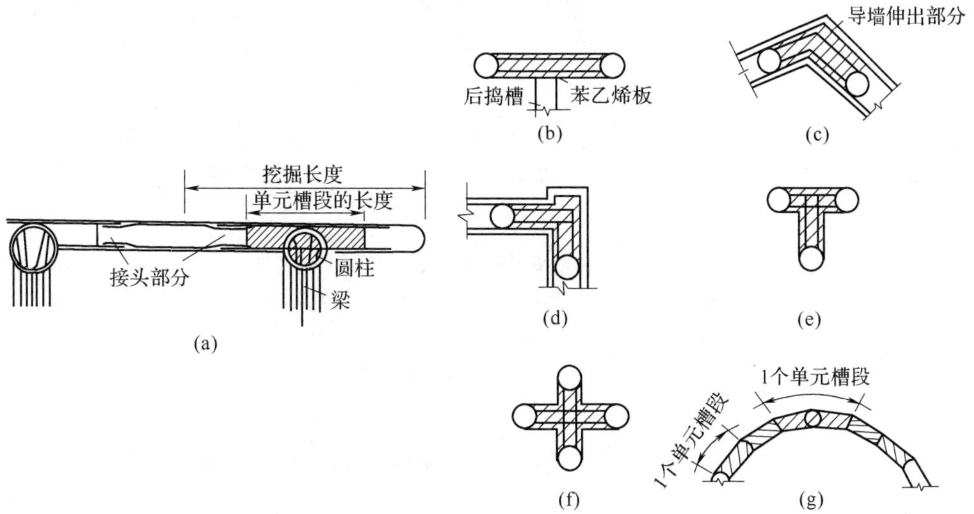

图 1.16　地下连续墙接头示意图

(a)接头部分设在柱与柱之间;(b)接头设在与内部结构连接以外,预留插筋,用苯乙烯板覆盖;

(c)、(d)接头投在拐角以外,拐角使用整体钢筋笼;

(e)、(f)接头设在丁字和十字连接以外,连接处用整体钢筋笼;(g)圆形、多边形结构连接

常见的地下连续墙接头施工方法有接头管接头和接头箱接头两种。

(1)接头管接头

又称锁口管接头,是地下连续墙用得最多的一种接头施工方法,槽段挖好后在其两端吊入接头管,其施工过程如图 1.17 所示。

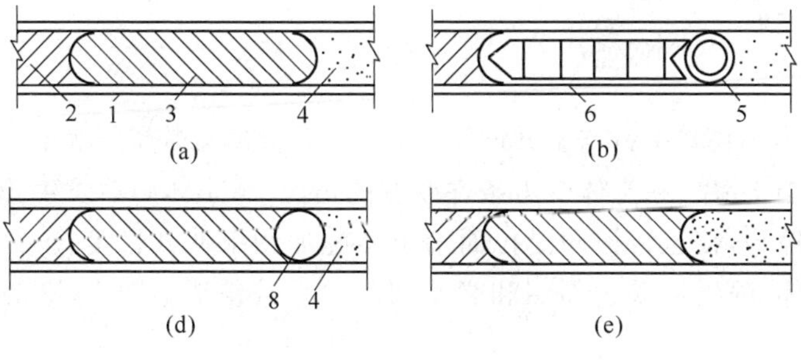

图 1.17　地下连续墙接头管接头的施工过程

(a)开挖槽段;(b)吊放接头管和钢筋笼;(c)浇筑混凝土;(d)拨出接头管;(e)形成接头

1—导墙;2—已浇筑混凝土的单元槽段;3—开挖的槽段;4—未开挖的槽段;5—接头管;

6—钢筋笼;7—正浇筑混凝十的单元槽段;8　接头管拨出后形成的圆孔

(2)接头箱接头

接头箱接头使地下连续墙形成更好的整体,接头处刚度好。接头箱与接头管施工相似,只是以接头箱代替接头管。单元槽挖成后,先吊出接头箱,再吊放后一个槽段的钢筋笼。其施工过程如图 1.18 所示。

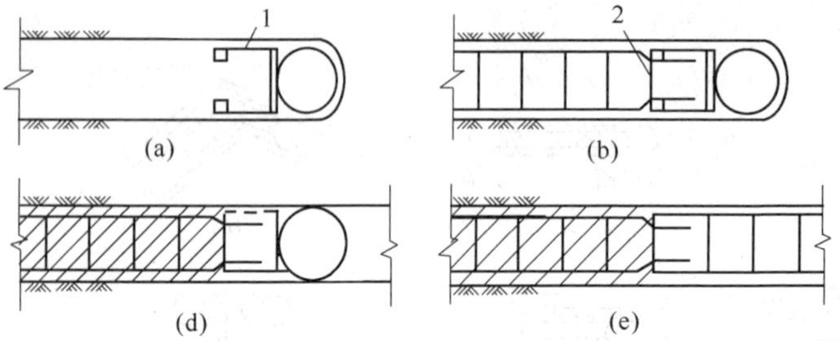

图 1.18　地下连续墙接头箱接头的施工示意图

(a)插入接头箱;(b)吊放钢筋笼;(c)浇筑混凝土;(d)吊出接头箱;

(e)吊放后一个槽段的钢筋笼;(f)浇筑后一个槽段的混凝土形成整体接头

1—接头箱;2—焊在钢筋笼端部的钢板

工作任务1.4　基坑土钉墙围护结构施工

基坑土钉墙围护结构是近年来发展起来用于土体开挖和边坡稳定的一种新型挡土结构,由于其具有经济、施工快捷等优势,在我国得以迅速推广和应用。

所谓土钉墙支护就是利用加固和锚固现场原位土体的细长杆件(土钉)作为受力构件,与被加固的原位土体、喷射混凝土面层共同组成的支护体系。这种围护结构近年来在北京、广州、深圳等城市的高层建筑深基坑中采用较多。在北京地铁西客站预埋区间隧道的明挖基坑中也已采用,取得较好的效果。

土钉墙维护结构用于深基坑开挖的方法如下:即从上到下分段开挖土方,每段高度一般为1～2 m,并在开挖面上设置土钉,然后挂网喷混凝土。视土质情况,也可先挂网喷混凝土,后设置土钉。土钉可击入土体,但通常都是先钻孔,然后插入土钉并注浆。

1.4.1　土钉墙的作用机理及工作性能

1. 土钉墙的作用机理

土钉通过滑裂面将基坑周围土体加固,土钉与土共同工作,形成了能大大提高原状土强度和刚度的复合性土体,如同重力式挡土墙。在土体受力条件改变的情况下,土体必然发生相应变形,通过土钉加固土体与土的摩擦力,使土钉被动受拉而给土体施加约束使其稳定,土钉墙由密集的土钉群、被加固的原位土体、喷射混凝土面层和必要的防水系统组成。图 1.19 为钻孔注浆型土钉示意图。

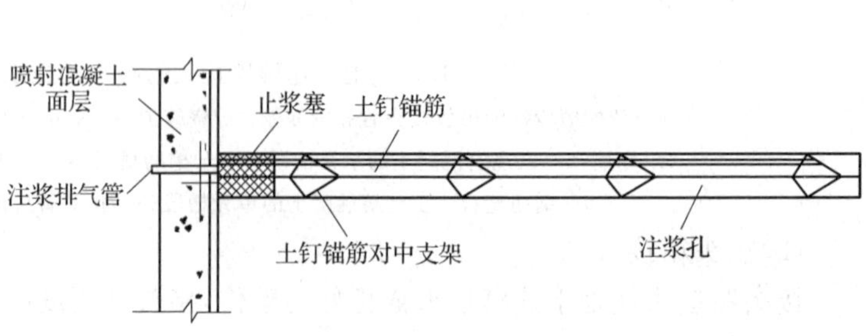

图 1.19　钻孔注浆型土钉

土钉与锚杆有相似之处,但作用机理不相同:对于锚杆除锚固段外,锚杆沿其长度受到同样的拉力,并将这拉力通过锚座传给面层的挡土墙或桩;但土钉受力沿其长度是不均匀的,土钉支护中的喷混凝土面层不属主要受力构件,土钉间距小而数量多,锚杆间距大而数量少。土钉与灌浆锚杆相同之处较多,但土钉一般都较短,而灌浆锚杆则较长。

2. 土钉墙工作性能

(1)土钉墙支护变形较小,最大水平位移发生于墙体顶部,越往下越小。土钉墙支护体内的水平位移随离开墙面距离增大而减少。

(2)土钉内的拉力分布是不均匀的,一般呈现中间大、两端小的规律,土体产生微小变位时才能使土钉受力。

(3)采用密集土钉加固的土钉墙支护性能类似重力式挡土墙,破坏时明显带有平移和转动的性质。

(4)在土钉墙支护整体破坏以前,喷射混凝土面层和土钉一般不会产生破坏现象。

(5)墙面土压力分布并不接近三角形,在坡角处土压力减少,其合力为库仑土压力的70%,这种土压力减少是土钉将土连接成一个整体而造成的。

1.4.2　土钉墙的特点

(1)能合理地利用土体的自承能力,将土体作为支护结构的不可分割部分。

(2)结构轻型,柔性大,有良好的抗震性和延展性。

(3)施工便捷、安全,土钉的制作与成孔简单易行,且灵活机动,便于根据现场监测的变形数据和特殊情况及时变更设计。

(4)施工不需单独占用场地,当施工场地狭小、放坡困难、有相邻建筑、大型护坡施工设备不能进场时,该技术显示出独特的优越性。

(5)稳定可靠,支护后边坡位移小,水平位移一般为基坑深度的 0.1%～0.2%,最大不超过 0.3%,承载能力强。

(6)工期短,可以随开挖随支护,基本不占用施工工期。

(7)费用低,与其他支护类型相比,工程造价降低 10%～40%左右。

1.4.3　土钉墙的应用范围

(1)地下水位以上或进行人工降水后的可塑、硬塑以及坚硬的黏性土。

(2)胶结或弱胶结(包括毛细水黏结)的粉土、砂十和角砾、填土。

随着土钉墙理论与施工技术的不断成熟,在经过大量工程实践后,土钉墙支护技术在杂填土、松散砂土、软塑或流塑土、软土中也得以应用,并可与混凝土灌注桩、钢板桩或在地下水位以上的土层与止水帷幕等配合使用进行支护,从而扩大了土钉墙支护的使用范围。

采用土钉墙支护的基坑深度不宜超过 18 m。

1.4.4　土钉墙施工

1. 施工流程

编写施工方案及施工准备→开挖→清理边坡→孔位布点→成孔→安设土钉钢筋(钢管)→注浆→铺设钢筋网→喷射混凝土面层→开挖下一步。土钉墙的施工流程如图 1.20 所示。

根据不同土质特点和支护构造方法,上述个别顺序可以变化。支护内的排水以及坡顶和基底的排水系统应按整个支护从上到下的施工过程穿插设置。

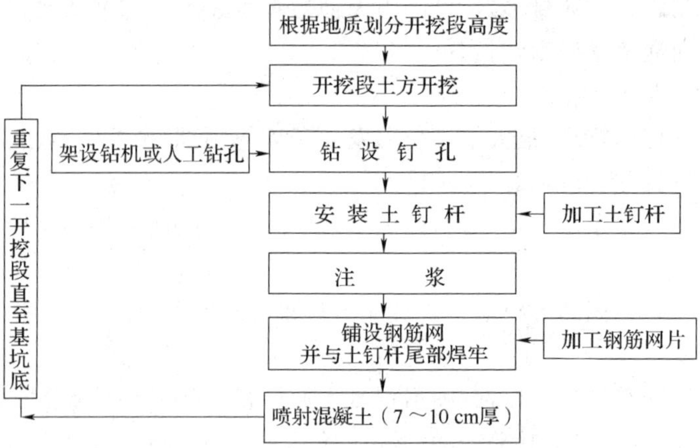

图 1.20　土钉墙施工流程图

2. 施工工艺

(1)准备工作

① 认真学习规范，熟悉设计图纸，以书面形式请甲方提供地下障碍物、管线位置图，了解工程的质量要求以及施工中的监控内容，编写施工方案。

② 施工前应确定基坑开挖线、轴线定位点、水准基点、变形观测点等，并在设置后加以妥善保护。

③ 组织项目管理小组及专业施工队伍，对施工人员进行班前技术学习、安全交底，并完成上报审批程序。

④ 按照施工方案选择施工机具与工艺，并检查设备运转情况，安排现场水、电、照明及施工。材料进场后做好原材料的检验与混凝土、水泥浆的试配。

(2)开挖

① 土钉墙支护应按施工方案规定的分层开挖深度按作业顺序施工，在完成上层作业面的土钉与喷射混凝土以前，不得进行下一层开挖。

② 当用机械进行土方作业时，严禁边壁出现超挖或造成边壁土体松动，当基坑边线较长时，可分段开挖，开挖长度 10～20 m。

③ 分层开挖的深度和施工的作业顺序应保证修整后的裸露边坡能在规定的时间内保持自立，并在限定的时间内完成支护。应尽量缩短边壁土体的裸露时间，对于自稳能力差的土体，如高含水量的黏性土和无天然黏结力的砂土必须立即进行支护。

④ 为防止基坑边坡的裸露土体发生塌陷，对于易坍塌的土体应因地制宜采用相应的防范措施。

⑤ 开挖过程中如遇到土质与原设计有异常情况时应及时进行信息反馈。

(3)清理边坡

基坑开挖后，基坑的边壁宜采用小型机具或小铲进行切削清坡，以达到设计规定的坡度。

(4)孔位布点

土钉成孔前，应按设计要求定出孔位并作出标记编号。孔位的允许偏差不大于 150 mm。

(5)成孔

根据经验，一般采用人工成孔的孔径、孔深、孔距、倾角必须满足设计标准，其误差符合《基坑土钉支护技术规程》(CECS 96—97)的要求。如出现边坡土体含水量较大、杂填土较厚、松散砂层等情况不宜进行人工成孔时，可采用钢管代替钢筋，利用机械打入土层，钢管上可每隔300 mm钻直径8～10 mm 的出浆孔，梅花形布置，并用角钢 30°呈倒刺状焊于孔边，以防打管时散落土粒堵塞出浆孔，同时增加其抗拔力。钢管前端宜作成锥形，以减少打入时的摩擦阻力。成孔过程中如遇障碍物需调整孔位时，不得影响支护安全。成孔后要进行清孔检查，对塌孔处应及时处理。

(6)置钉及注浆

① 置钉：在直径 18～32 mm 的Ⅱ级或Ⅲ级土钉钢筋上设置定位架，保证土钉钢筋处于孔的中心部位，支架沿钉长的间距为 2～3 m 左右，支架的构造应不妨碍注浆时浆液的自由流动。

② 注浆：成孔后应及时将土钉钢筋置入孔中，可采用重力、低压(0.4～0.6 MPa)或高压(1～2 MPa)方法按配合比将水泥浆或砂浆注入孔内。重力注浆以满孔为止，但需进行 1～2 次补浆；压力注浆采用二次注浆法，并在钻孔口设置止浆塞和排气孔；注浆导管应先插入孔底，以低压注浆，同时将导管以匀速缓慢撤出，导管的出浆口应始终处在孔中浆体的表面以下，保证孔中气体能全部逸出。导管离孔口 0.5～1 m 时高压注满，并保持高压 3～5 MPa；采用钢管时应使用高压注浆，注满后及时封堵，让压力缓慢扩散；注浆时需加入早强剂和膨胀剂以提高注浆体早期强度和增大其与孔壁土体的摩擦力。

(7)铺设钢筋网片

钢筋网片可用直径 6～8 mm 盘条钢筋焊接或绑扎而成，网格尺寸 150～300 mm。在喷射混凝土之前，面层内的钢筋网片应固定在边壁上并符合规定要求的保护层厚度。钢筋网片可用插入土中的钢筋固定，在混凝土喷射时应不出现振动。

(8)喷射混凝土面层

① 喷射混凝土的顺序应自下而上，喷头与受喷面距离宜控制在 0.8～1.5 m 范围内，射流方向垂直指向喷射面。在钢筋部位应先喷钢筋后方，然后再喷填钢筋前方，防止在钢筋背面出现空隙。也可在铺设钢筋网片之前初喷一次，铺设网片之后再进行复喷，一次喷射厚度不宜小于 40 mm，喷射混凝土前应先向边壁土层喷水润湿。喷射时应加入速凝剂以提高混凝土的凝结速度，防止混凝土塌落。

② 为保证喷射混凝土的厚度，可用插入土内用以固定钢筋网片的钢筋作为标志加以控制。当面层厚度超过 100 mm 时应分两次喷射，每次喷射厚度宜为 50～70 mm。继续进行下步喷射混凝土作业时，应仔细清除预留施工缝接合面上的浮浆层和松散碎屑，并喷水使之潮湿。为使施工缝搭接方便，每层下部 300 mm 可喷成 45°的斜面形状。

③ 喷射混凝土终凝后 2 h，应根据当地条件，采取连续喷水养护 5～7 d。

④ 土钉墙支护时的喷混凝土面层宜插入基坑底部以下，深度不小于 0.2 m，在基坑顶部也宜设置宽度为 1～2 m 的喷混凝土护顶。

(9)排水系统

① 土钉墙支护宜在排除地下水的条件下施工，包括地表排水、支护内部排水和基坑排水，以避免土体处于饱和状态并减轻作用于面层上的静水压力。

② 基坑顶部四周可做散水和排水沟，坑内应设置排水沟和集水坑，并与边壁保留 0.5～1 m的距离，集水坑内的积水应及时抽出。

③ 如基坑侧壁水压较大时可在支护面层背部插入长度为 400～600 mm、直径不小于40 mm的水平导水管，外端伸出支护面层，间距 1.5～2 m，以便将混凝土面层后积水排出。

1.4.5 原 材 料

水泥:采用强度等级为 32.5 MPa 的普通硅酸盐、矿渣硅酸盐水泥。

砂、石子:采用细度模数不小于 2.3 的中砂和粒径不大于 12 mm 的细石,砂含泥量不大于 3%,石子含泥量不大于 2%。

钢筋、钢管:Ⅱ级或Ⅲ级钢筋,直径 18～32 mm;盘条钢筋 6～8 mm,直径 48 mm 的钢管。

外加剂:采用符合有关规范要求的早强剂、膨胀剂和速凝剂,在冬季施工时喷射混凝土中应加入防冻剂。

工作任务 1.5 排桩围护结构施工

基坑开挖时,对于不能放坡或由于场地限制、开挖深度在 6～10 m 的基坑,可以采用排桩围护结构。排桩围护结构(又称帷幕桩围护结构)是地铁基坑开挖施工中经常采用的围护结构形式。

1.5.1 排桩围护结构的类型

1. 按基坑土质分类

(1)柱列式排桩围护结构

当边坡土质较好、地下水位较低时,可采用柱列排桩围护结构,如图 1.21(a)所示。

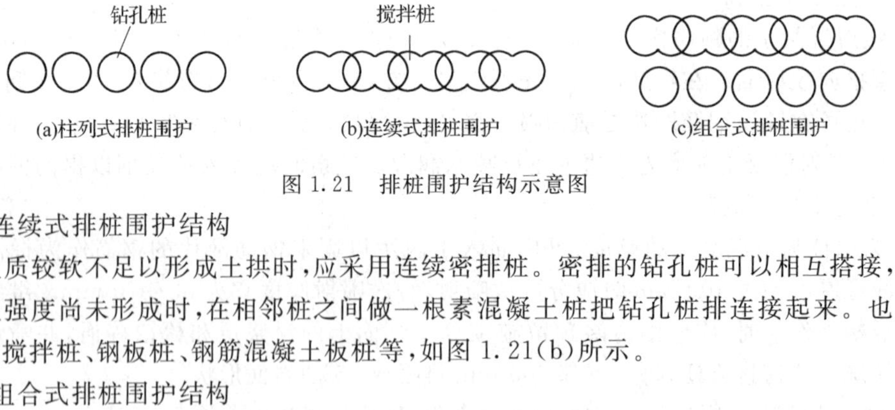

图 1.21 排桩围护结构示意图

(2)连续式排桩围护结构

当土质较软不足以形成土拱时,应采用连续密排桩。密排的钻孔桩可以相互搭接,或在桩身混凝土强度尚未形成时,在相邻桩之间做一根素混凝土桩把钻孔桩排连接起来。也可以采用 SMW 搅拌桩、钢板桩、钢筋混凝土板桩等,如图 1.21(b)所示。

(3)组合式排桩围护结构

当地下水位较高、开挖深度大,且对周围土体位移要求十分严格时,可采用钻孔灌注桩排桩与搅拌桩或 SMW 防渗墙组合的双排形式,如图 1.21(c)所示。

2. 按基坑开挖深度分类

(1)无支撑(悬臂)围护结构

当基坑开挖深度不大时,可利用悬臂作用挡住墙后土体。

(2)单支撑结构

当基坑开挖深度较大时,不能采用无支撑围护结构,可以在围护结构顶部附近设置一单支撑(或锚杆)。

(3)多支撑结构

当基坑开挖深度较深时,可设置多道支撑,以减少挡墙的内力。

1.5.2　排桩围护结构的施工

构成排桩的基本桩单元，可以是工字钢桩、钢板桩、挖孔桩、钻孔桩、水泥土搅拌桩或劲性水泥土搅拌桩等，下面介绍它们的施工要点。

1. 工字钢桩围护结构

作为基坑围护结构主体的工字钢，一般采用Ⅰ50、Ⅰ55和Ⅰ60的大型工字钢，基坑开挖前，在地面用冲击式打桩机沿基坑设计边线逐根打入地下，桩间距一般为1.0～1.2 m。若地层为饱和淤泥等松软土层，也可采用静力压桩机和振动打桩机进行沉桩。基坑开挖时，随着土方的开挖在桩间插入5 cm厚的水平背板，以挡住桩间土体。基坑开挖至一定深度后，若悬臂工字钢的刚度和强度都不够了，就需要设置腰梁和横撑或锚杆(索)，腰梁多采用大型槽钢、工字钢制成，横撑则可采用钢管或组合钢梁，其支撑平面形式如图1.22所示。

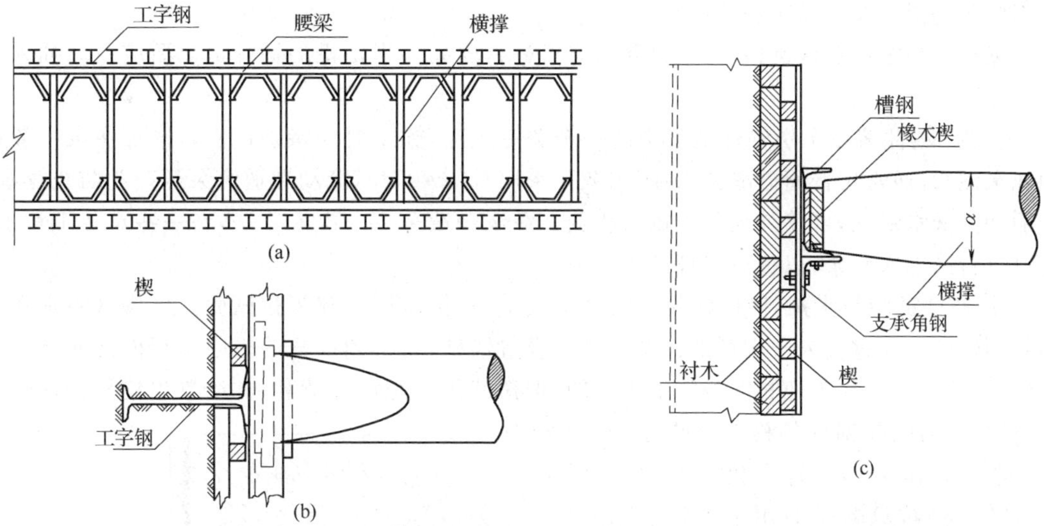

图1.22　工字钢桩围护结构支护

1)腰梁、横撑及锚杆位置的确定

柱列式地下连续墙和支护桩顶部，一般均采用浇帽梁将其连结为一个整体。而工字钢桩、钢板桩，通常随基坑土方开挖，在其2～3 m处设置第一道横撑。为防止锚杆拉应力对土层及地下管线产生不良影响，一般第一道锚杆设置在距地面以下4 m处。其他各层横撑及锚杆位置应根据受力经计算确定，并在基坑土方开挖过程中，随挖随设置。

由于地铁车站等主体结构埋置深，所以基坑围护结构需设置多道横撑或锚杆。当结构完成后，还要拆除腰梁、横撑和锚头等，因此基坑围护结构的横撑、锚杆和腰梁的设计，必须与主体结构施工步骤紧密结合。除主体结构顶面以上的横撑底面考虑至结构顶板距离不小于100 cm(以利于结构顶板施工)外，其他各层横撑尚应考虑在结构施作到每一部位后如何拆除的问题，以利于横撑和腰梁的使用，并且保证施工安全和工程质量。

2)土层锚杆的布置与施工

当基坑面积很大而且采用横撑较困难时，采用锚杆支撑则更能显示出其优越性，但在地层软弱而松散时，锚杆的设置较为复杂和困难。

土层锚杆设计时应进行承载力、截面积和稳定性等方面的计算。

土层锚杆由锚头、锚杆和锚固体三部分组成。目前我国地下铁道明挖基坑围护结构锚杆体多采用钢筋或钢绞线。

(1)锚杆布置

最上层锚杆的覆土厚度一般不少于 4 m。锚杆间距通过计算确定,一般上下层间距为 4～5 m,水平间距为 1.5～3 m。锚杆倾角为 13°～35°。锚固体位于滑动土体 1 m 以外,目前常用的锚杆长度为 15～30 m。

(2)土层锚杆施工

① 钻孔:应根据地质情况选用不同的钻机,钻孔前根据设计先定出孔位并做好标志。钻孔时,严格控制位置、方向和深度。

② 锚杆制作与安装:制作锚杆时,应根据设计断面,采用 1～3 根钢筋或钢绞线制成束型,每隔 2～3 m 绑扎一处。为保证锚杆束位于钻孔中心,并方便插入,每隔 2～3 m 左右放置一个定位器。同时,为使非锚固段拉杆自由伸长,在锚固段和非锚固段之间放置堵浆器,或在非锚固段包裹塑料布加以防黏结保护。

锚杆安装之前要认真检查,符合要求方可进行安装。当钻机的钻杆退出后应及时插入锚杆和注浆管。

③ 注浆:注浆是土层锚杆施工中的一个关键工序,施工时要特别认真。锚杆注浆一般使用纯水泥浆,通常用普通硅酸盐水泥,水灰比采用 0.4～0.45,流动性适宜泵送。为防止泌水、干缩和降低水灰比,可掺外加剂和微膨胀剂。灌浆一般采用一次灌浆法,在一些重要工程上,也可进行第二次注浆,以提高锚杆的承载力。

④ 锚杆试验与张拉:锚杆试验一般分抗拔试验、抗拉试验和张拉试验。抗拔试验是在使用新型锚杆或在过去未曾用过的土壤条件下设置锚杆,为得到锚杆的极限承载能力而进行的试验;抗拉试验是在工地相同条件下进行的,把荷载张拉至设计荷载,并绘制出锚杆的荷载—变位图,作为张拉锚杆的检查验收标准。前两种试验的锚杆根数一般均取 3 根。张拉试验是对用于工程上的每一锚杆施加一定的预应力。我国地下铁道明挖基坑锚杆的张拉预应力,一般为设计荷载的 70%,加载时,一般依次为设计荷载的 25%、50%、70% 并进行锁定。每次加载后,都要量取锚头的变位,并把张拉试验结果与抗拉试验结果对照,如果张拉试验结果不超过抗拉试验结果即为合格。锁定锚杆预应力的锚头构造如图 1.23 所示。

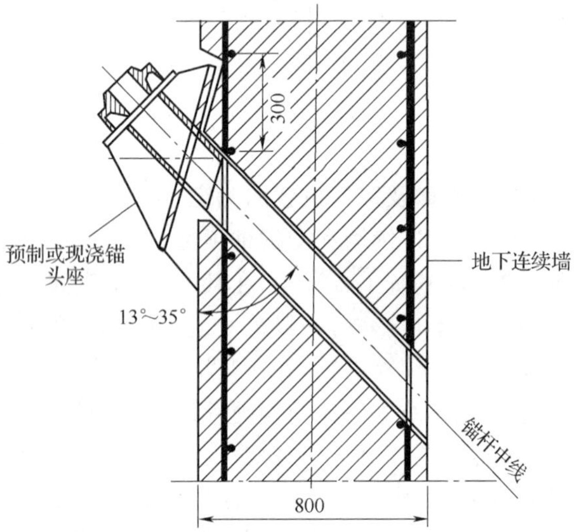

图 1.23　锚头结构示意图(单位:mm)

工字钢桩围护结构适用于黏性土、砂性土和粒径不大于 10 cm 的砂卵石地层。当地下水位较高时,必须配合人工降水措施。打桩时,施工噪声一般都在 100 dB 以上,大大超过环保法规的限值,因此,这种围护结构只适用于远离居民区的郊区基坑施工。

2. 钢板桩围护结构

钢板桩强度高,桩与桩之间的连接紧密,隔水效果好,可多次倒用。因此,沿海城市(如上海、天津等地)修建地下铁道时,在地下水较高的基坑中采用较多。

钢板桩常用断面形式多为 U 形或 Z 形。我国地下铁道施工中多用 U 形钢板桩,其沉放和拔除方法,以及使用的机械均与工字钢桩相同,但其构成则可分为单层钢板桩围堰、双层钢板桩围堰及帷幕等。由于地下铁道施工时基坑较深,为保证其垂直度且便于施工,并使其能封闭合龙,多采用帷幕式构造,如图1.24所示。

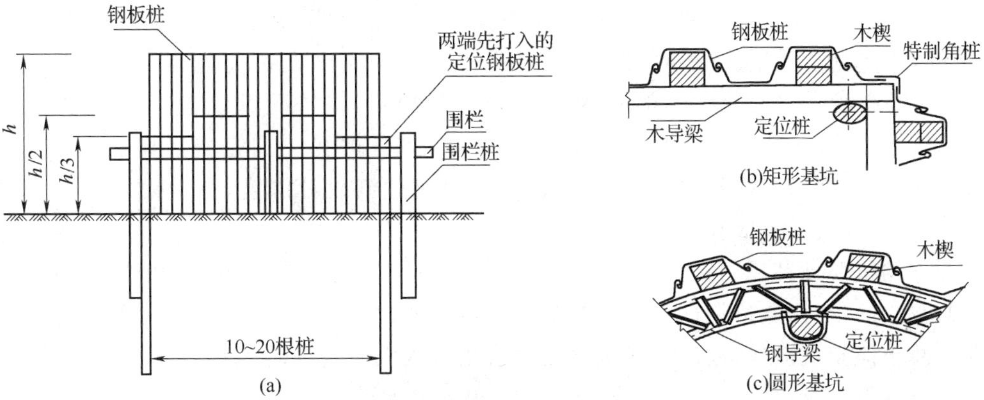

图 1.24　钢板桩围护结构示意图

钢板桩围护结构的适用范围基本上与工字钢的适用范围相同。

3. 钻孔灌注桩围护结构

钻孔灌注桩常作为地铁基坑开挖中的围护结构,其成孔施工分为干作业和湿作业两种。

1)钻孔灌注桩干作业成孔施工

干作业成孔施工,即无泥浆非循环钻进法。适用于地下水位低于桩底的一般黏性土、砂土及人工填土地基。

干作业成孔一般采用螺旋钻机施工。螺旋钻机分长螺旋钻机和短螺旋钻机两种,由于地质条件限制,长螺旋钻机应用较广。短螺旋钻机钻进过程中挤入钻杆、叶片间的土,需要把钻头提升到地面后反转才能甩出,因反复钻进和提升,孔壁扰动后易于坍塌,故短螺旋钻机在黏性土中较为适用,其他软土地层,则受到一定限制。长螺旋钻机钻孔直径一般为 300～800 mm,深度可达 25 m;而短螺旋钻机钻孔直径一般为 400～500 mm,深度可达 35 m。

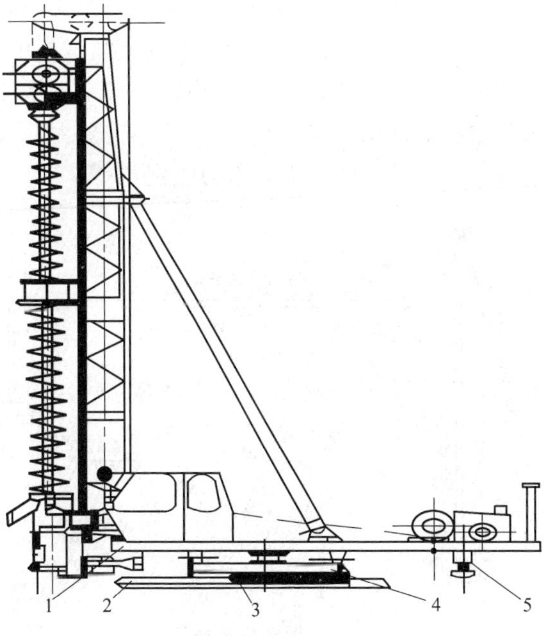

图 1.25　步履式长螺旋钻机

1—上盘;2—下盘;3—钢滑轮;4—中盘;5—支盘

长螺旋钻孔机由主机、滑轮、螺旋钻杆、钻头、滑动支架、出土装置等组成。主要利用螺旋钻头切削土壤,被切下的土块随钻头旋转,并沿螺旋叶片上升而被推出孔外。该类钻机结构简单,使用可靠,成孔作业效率高、质量好、无振动、无噪声,最宜用于匀质黏性土,并能较快穿透砂层。步履式长螺旋成孔机如图 1.25 所示。

2)钻孔灌注桩湿作业成孔施工

利用钻机水下钻孔,同时借助泥浆护壁、携渣的成孔施工,称为湿作业钻进法。此法适用于一般黏性土、淤泥和淤泥质土、砂性土和碎石类土,尤其适用于地下水位较高的土层。湿作业法的成孔机械有冲击钻机、冲抓钻机及正、反循环旋转钻机等,可应用在不同的土层中。

(1)冲击钻机成孔

利用悬吊着的钻头的冲击力,将钻孔内的土或岩层冲碎,并采用泥浆护壁,通过捞渣将钻孔内的大部分泥土清出孔外。其操作要点为:钻孔前,先在孔口处埋设护筒,然后使钻机就位,并使钻头中心对准护筒中心;钻进过程中当深度在护筒底以下 3～4 m时,应低锤冲击,锤高控制在 0.4～0.6 m,并及时加泥浆护壁,保持孔壁稳定。钻进中,每冲击 3～4 m 掏一次渣,并及时加水保持孔内水位高度,防止坍孔。掏完渣后向孔内加护壁泥浆并保持正常浓度,这样反复冲孔、掏渣、注浆,直至达到设计深度。

(2)正循环回转钻机成孔

它是在钻机驱动钻具回转钻进的同时,泥浆泵将泥浆压进泥浆龙头,冲洗液沿钻杆与孔壁之间的环形空间上升,通过钻杆中心从钻头喷入钻孔内,泥浆挟带钻渣沿钻孔上升,从护筒顶部排浆孔排出流至沉淀池,钻渣在此沉淀而泥浆仍进入泥浆池循环使用,如图 1.26 所示。钻机的主要部件有转盘、马达、卷扬机、钻架、钻杆、钻头和水管等。

(3)反循环回转钻机成孔

反循环与正循环程序相反,将泥浆用泥浆泵送至钻孔内,然后从钻杆下的钻头吸进,通过钻杆和砂石泵排到沉淀池,泥浆沉淀后再循环使用,如图 1.27 所示。反循环法吸泥有两种方式,即反循环泵方式(泵吸)吸泥和空气升液方式(泵举)吸泥。反循环泵方式吸泥是钻管上端有软管与离心泵连接,吸泥时先用真空泵排出软管和钻管中的空气,再启动离心泵抽吸泥水。空气升液方式吸泥是在钻管底端附近喷吹压缩空气,产生密度较小的空气和泥水混合物,形成管内外的密度差值,由此在管内产生向上的水流。反循环回转钻机成孔的主要设备与正循环钻机成孔的设备基本相同,但一般不需要泥浆泵,按吸升泥浆和排渣方法不同,需配置吸泥泵与真空泵或空气吸泥机和水力吸泥机等。

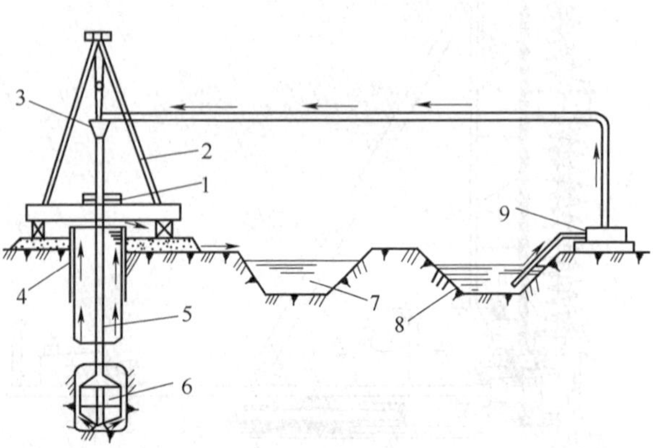

图 1.26　正循环旋转成孔示意图

1—钻机;2—钻架;3—泥浆龙头;4—护筒;
5—钻杆;6—钻头;7—沉淀池;8—泥浆池;9—泥浆泵

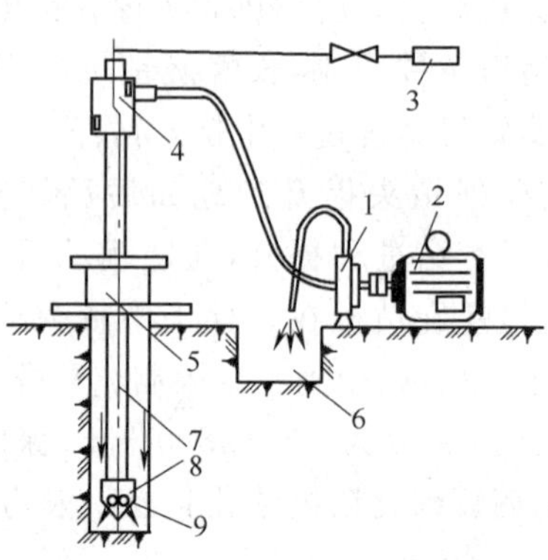

图 1.27　反循环旋转成孔示意图

1—砂石泵;2—电动机;3—真空泵;4—水接头;
5—回转器;6—沉淀池;7—钻具;8—钻头;9—进渣口

(4)旋挖钻机成孔

它是近年从日本、意大利等国引进的新技术。如意大利产 TH18-60 型旋挖钻机,适用于一般软土、黏土地层,在泥浆护壁的同时,进行旋挖钻孔,掏渣后垂直提升扔到孔外。该钻机具有不排浆、速度快(40 m长的桩,可在4～5 h内完成)、用电少等优点,但钻机成本较高。在不允许泥浆污染、施工速度要求快的地方特别适用。

4. 挖孔灌注桩围护结构

挖孔灌注桩又称人工挖孔桩,因其具有应用灵活、无机械噪声和泥浆污染、易纠偏和控制精度、对施工场地和机具设备要求不高、造价便宜等优点而被广泛用于基坑的围护结构和建筑物基础。各国对挖孔灌注桩围护结构有不同的称呼:在英国基础规范(BS 8 004 1986)中被定义为人工挖掘的沉井(Hand-dug caisson),在香港简称为HDC,在美国又被称为加利福尼亚井和芝加哥沉井。

1)成孔方法和步骤

挖孔桩通常是由人工用手持式工具挖掘成孔,并用手摇或电动绞车来吊桶出土。每挖一节桩身土方后,随即立模灌注混凝土护壁,逐节交替地由上而下进行直到设计高程。随着井身加深,应及时安装通风、照明、通讯等设备。若挖至地下水位以下,一般可采用潜水泵排水,但为防止挖孔底部坍方,排水量不应超过60 L/min。若水量过大,则应预先人工排水或进行注浆加固,然后再挖孔。

挖孔桩的最小直径为800 mm,但为了工作方便以不小于1 200 mm为宜。

为了防止挖孔坍塌,保证施工安全,每节桩身开挖长度控制在0.9～1.0 m之内,在困难地质条件下,每一节的开挖长度尚应减少。混凝土护壁厚度为10～15 cm,必要时可配置一定数量的ϕ6～10的钢筋,混凝土强度为C20。特大直径的挖孔桩,其混凝土护壁的尺寸和构造应专门设计。混凝土护壁均留在挖孔内成为桩身的一部分,如图1.28所示。

挖孔桩桩身混凝土的制备和灌注方法及技术要求与钻孔桩相同。

图1.28 挖孔桩施工示意图

2)挖孔桩的施工安全措施

挖孔桩施工安全是头等重要的问题,除上面已提到的要求外,尚应注意:

(1)要有足够的现场调查资料和丰富的现场管理经验,并严格按操作规程施工。

(2)要加强地面观察,检查其是否产生异常的沦陷现象。

(3)在孔口应设置围栏和工作平台。

(4)设置通风系统和瓦斯检测仪器。

(5)井下挖土工人应戴安全帽、保险吊带、防毒口罩,孔内要设置救生吊梯。

5. 水泥土搅拌桩围护结构

水泥上深层搅拌桩是利用水泥、石灰等材料作为固化剂,通过深层搅拌机械,将软土和固化剂(浆液或粉体)强制搅拌,利用固化剂和软土之间所产生的一系列"物理—化学"作用,使软土硬结成具有整体性、水稳定性和一定强度的桩体。

水泥就地搅拌桩(MIP)首先出现在二次世界大战后的美国。20世纪50年代引入日本,1974年由日本港湾技术研究所等合作研制成功水泥搅拌固化法(CMC法)。1977年国内由冶金部建筑研究总院和交通部水运规划设计院开始进行深层搅拌法的室内试验和机械研制工作。1978 年制造出国内第一台 SJB-1 型双轴搅拌机。1980 年天津市机械施工公司等首先改制成单轴深层搅拌机。上海宝钢工程在 20 世纪 80 年代初开始应用搅拌桩代替钢板桩作为支护结构获得成功。1983 年铁道第四勘测设计院等开始进行粉体喷射搅拌法加固的试验研究。1990 年日本大阪防水建设社研制开发了一种新的搅拌施工工艺——RR 工法,施工时搅拌头上下、左右、旋转翻滚成桩,一次成桩,单元桩体直径达 2 m。

深层搅拌法最适宜于饱和软黏土,包括淤泥、淤泥质土、黏土和粉质黏土等。加固深度从数米至五六十米,国内最大深度可达 15～20 m。一般认为对含有高岭石、多水高岭石与蒙脱石等黏土矿物的软土加固效果较好;对含有伊里石、氯化物等黏性土以及有机质含量高、酸碱度(pH 值)较低的黏性土的加固效果较差。

深层搅拌桩支挡结构不透水,不设支撑,基坑能在敞开的条件下开挖,使用的材料仅为水泥,因此具有较好的经济效益,深受欢迎。深层搅拌桩的主要缺点是其抗拉强度低,因而常排列成格栅形式,成为重力坝式挡墙,或在其中插入型钢进行改良。深层搅拌桩的施工工艺流程如图 1.29 所示。

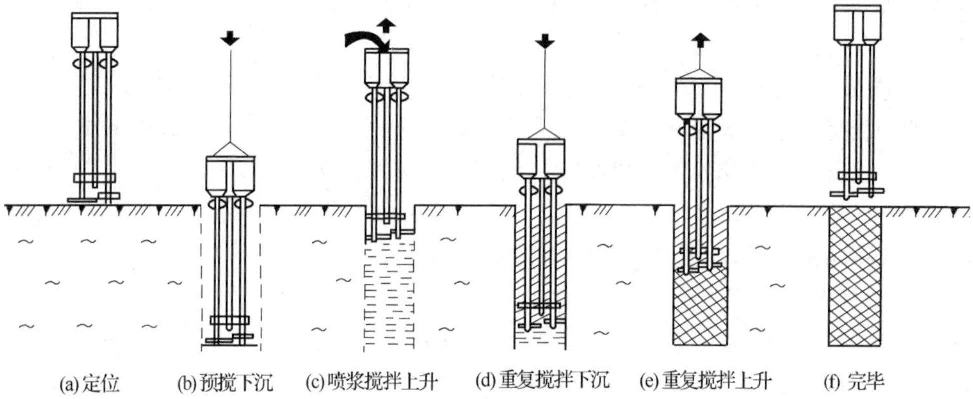

图 1.29　深层搅拌桩施工工艺示意图

深层搅拌桩的施工过程:

(1)桩架定位及保证垂直度。

(2)预搅下沉:待深层搅拌机的冷却水循环正常后,启动搅拌机,放松起重机钢线绳,使搅拌机沿导向架搅拌切土下沉,下沉速度可由电动机的电流表控制。

(3)制备水泥浆:按设计要求的配合比拌制水泥浆,在压浆前将水泥浆倒入集料斗中。

(4)提升、喷浆并搅拌:深层搅拌机下沉到设计深度后,开启灰浆泵将水泥浆压入地基土中,并且边喷浆、边旋转,同时严格按照设计确定的提升速度提升搅拌头。

(5)重复搅拌或重复喷浆:搅拌头提升至设计加固深度的顶面高程时,集料斗中的水泥浆应正好排空。为使软土和水泥浆搅拌均匀,可再次将搅拌头边旋转边沉入土中,至设计加固深度后再将搅拌头提升出地面。根据需要,还可以再次复搅、复喷(即二次喷浆)。一般在第一次喷浆至顶面高程时应喷完总浆量的 60%,再次将搅拌头边搅边沉入土中至设计深度后,随着将搅拌头边提升边搅拌,喷完余下的 40%水泥浆。喷浆搅拌时搅拌头的提升速度不应超过 0.5 m/min。

(6)移位:桩架移至下一桩位施工。

6. 劲性水泥土搅拌桩围护结构

劲性水泥土搅拌桩围护结构又称 SMW(Soil Mixing Wall),它是在水泥土搅拌桩中插入型钢或其他芯材形成具有承载力与防渗两种功能的围护形式。

在设计分析上，目前对水泥土与型钢之间黏结强度的研究还不充分。通常认为，水、土侧压力全部由型钢单独承担，水泥土搅拌桩的作用在于抗渗止水。水泥土对型钢的包裹作用提高了型钢的刚度，可起到减小位移的作用。此外水泥土起到套箍作用，可以防止型钢失稳，对 H 型钢还可以防止翼缘失稳，这样可使翼缘厚度减小到很薄(甚至可以小于 10 mm)。

1)劲性水泥土搅拌桩的优点

(1)占用场地小。一般钢筋混凝土地下连续墙的墙体加导墙宽约 1.0～1.2 m，双头搅拌桩加灌注桩宽 2 m 以上。而 SMW 工法的单排桩为一般宽度为 0.65～0.85 m，双头搅拌桩宽度约为 1.2 m。

(2)施工速度快。

(3)施工过程中对周边建筑物及地下管线影响小，对环境污染小，无废弃泥浆。

(4)耗用水泥和钢材少，造价低，特别是 H 型钢能够回收，成本大大降低。

SMW 工法采用国产的双轴搅拌机时，桩径为 700 mm，间距为 1 000 mm；采用进口的长螺旋多轴多组叶片的搅拌机时，有桩径 650 mm、间距 900 mm 和桩径 850 mm、间距 1 200 mm 两种。插入型钢有轧制 H 型钢、槽钢、拉森板桩，也有用钢板焊接而成的 H 型钢。桩体布置有单排、双排两种基本形式，均可以对 H 型钢进行隔孔设置(间隔布置)、全孔布置(连续布置)和隔孔与连续设置(间断布置)，如图 1.30 所示。

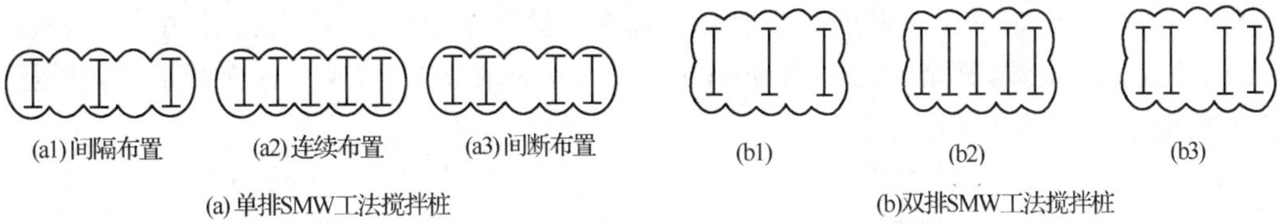

图 1.30 SMW 搅拌桩内型钢的布置示意图

SMW 支护结构的施工以水泥土搅拌桩为基础，因此凡是适合应用水泥土搅拌桩的场合都可以采用，特别是以黏土和粉质土为主的软土地区。

SMW 结构适用的基坑深度与施工机械有关，国内一般在基坑开挖深度 6～10 m 时采用，国外已有开挖深度 20 m 的例子。经过不断的工程实践，它极有可能逐步代替钻孔灌注桩围护结构，在某些工程中也有可能代替地下连续墙。

2)劲性水泥土连续搅拌桩支护结构施工要点

(1)开挖导沟，设置围檩导向架

沿 SMW 墙体位置开挖导沟，设置围檩导向架。导沟可使搅拌机施工时的涌土不致冒出地面，导向架则是确保搅拌桩及 H 型钢插入位置的准确，这对设置支撑的 SMW 墙尤为重要。围墙导向架应采用型钢做成，导向围檩间距比型钢宽度增加 20～30 m，导向桩间距 4～6 m，长 10 m 左右。围檩横向架施工时应控制好轴线与高程。

(2)施工

劲性水泥土搅拌桩施工工艺与深层搅拌桩相同。水泥掺入量和水灰比是确保工程质量的重要指标。水泥掺入量一定时，采用较小的水灰比，水泥土强度就能保证。然而，水灰比小，水泥土的黏稠度高，H 型钢插入的阻力就大。水灰比大，H 型钢一般能依靠自重插入，但水泥土强度达不到预定要求。为确保水泥土强度大于等于 1.2 MPa，又使 H 型钢能顺利插入，一般水泥掺入量大于 20%，水灰比取 1.6～2.0。在水泥浆液中适当增加木质素黄酸钙的掺量，以减小水泥浆液在注浆过程中的堵塞现象。也可掺入一定量的膨润土，利用其保水性提高水泥土的变形能力，不致引起墙体开裂，对提高 SMW 墙的抗渗性能有很好的效果。

型钢可采用压桩设备压入搅拌桩内。H 型钢应平直、光滑、无弯曲、无扭曲。型钢在插入前应校正平直，有时在表面涂抹油脂以减小插入与拔出时的摩阻力。当基坑开挖深度小于 10 m时，可考虑 H 型钢的完整回收。施工前应进行型钢抗拔验算与拉拔试验，以确保型钢的顺利回收。

相关案例

案例 1　杭州地铁 1 号线某标段

1. 工程概述

本标段位于杭州九堡东站—下沙西站区间、月雅河与民房西侧空地上，为一中间风井，里程 K30＋080。场地开阔，现场主要是闲置用地，南侧为规划九沙大道。地势较为平坦，地面高程(黄海高程系统)约为 5.31～5.41 m。地貌形态单一，属冲积平原地貌类型。中间风井主体结构平面尺寸为 16.1 m×23.8 m，为地下四层双跨结构，采用明挖顺作法施工。中间风井基坑深度为 26.122 m，围护结构采用 1 000 mm 厚地下连续墙，入土深度为 44.2 m，连续墙采用工字钢板接头形式。基坑支撑采用钢筋混凝土加钢支撑体系，共设 8 道支撑，其中第一、六、七道采用钢筋混凝土支撑，其余五道采用 ϕ609 厚 16 mm 的钢管支撑，风井底板位于淤泥质黏土夹层，顶板覆土厚度 1.352 m。

2. 地下连续墙总体施工方案

由于地质条件、挖槽机械性能、施工水平等因素的影响，为防止地下连续墙侵限，确保建筑限界和结构设计厚度，施工放样时连续墙平面位置应适当外放，按开挖深度的 1/150 外放(此误差含测量误差、墙体倾斜、不平整度、位移等)。围护结构坐标应根据实际放线情况做适当调整。施工放线完成后经监理单位及有关单位复核无误后方可施工。

导墙开挖以挖掘机开挖为主、人工开挖为辅并结合轻型井点降水；模板可采用竹角板或标准钢模，并用对拉螺栓或对拉片及钢管支撑固定牢靠；混凝土采用商品混凝土，汽车泵送灌筑；导墙混凝土应达到规定强度后方可拆模，拆模后每隔 1.5 m 架设上、中、下三层 80 cm×80 cm 木方支撑，并及时回填夯实，墙侧不应回填垃圾及其他透水性材料；导墙混凝土未到达设计强度时，严禁重型机械设备在导墙附近停置或作业，以防止导墙位移变形或开裂。

地下连续墙采用 1 台德国产 HSWG 液压抓斗成槽机，膨润土泥浆护壁。成槽施工时采用跳槽段开挖方法，即先施工 A1、A2、A3 等 A 号槽段(称为一期槽段)，后施工 B1、B2、B3 等 B 号槽段(称为二期槽段)。并先对转角处"L"形槽段进行施工。开挖过程中，既要注重对连续墙面槽壁垂直度的控制，同时也要对槽段两侧接头处壁面的垂直度偏差的控制。

3. 地下连续墙施工方法及技术措施

1)导墙施工

(1)导墙结构形式

导墙采用 C25 现浇钢筋混凝土结构。结合实际施工情况，导墙净距比地下连续墙增加 50 mm的施工余量，高度采用 1.65 m。依据设计图纸进行导墙中线的精确定位放样，为保证中间风井内部结构的净空尺寸及连续墙的顺利成槽，导墙的内净距加大 5 cm，即导墙中线(连续墙中线)向两侧各外放 2.5 cm,导墙面内净距设计为 105 cm,如图 1.31 所示。

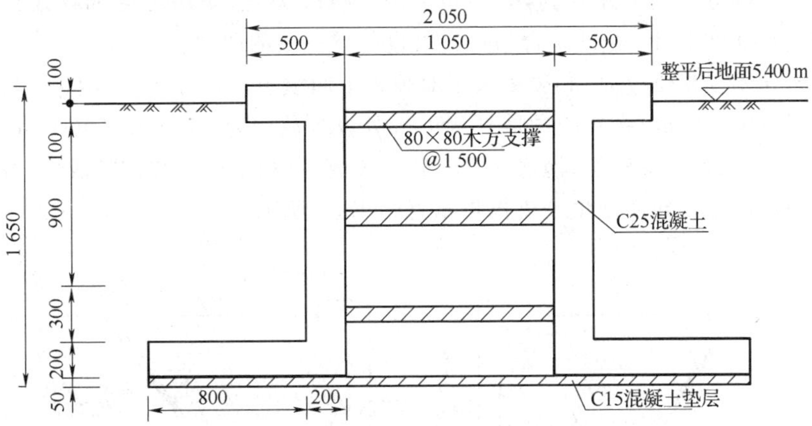

图 1.31　导墙剖面示意图(单位:mm)

(2)导墙施工流程

导墙施工流程见图 1.32。

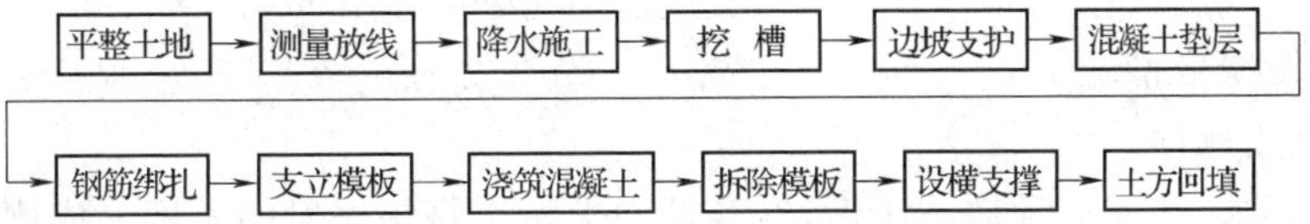

图 1.32　导墙施工工艺流程图(单位:mm)

(3)导墙挖槽

导墙基础主要以挖掘机开挖为主,人工开挖为辅。采用 EX300 挖掘机沿开挖边线进行开挖,弃土直接装入自卸汽车运到指定弃渣场。开挖过程中保证 1∶1的开挖边坡,至基底时须留 30 cm 的保护层,由人工清底、夯填、整平到设计高程。对导墙基础进行夯实加固处理后,浇筑 5 cm 厚 C15 的混凝土垫层。同时对开挖边坡进行修整,用 M10 砂浆抹面,并从坡顶向两边地面各延伸 50 cm,厚度均为 8 cm,以利稳定边坡土体、防止雨水浸泡而造成边坡塌陷。导墙土方开挖时如果有地下水应设置临时排水沟,防止槽坑积水,造成基坑坍塌。导墙开挖断面如图 1.33 所示。

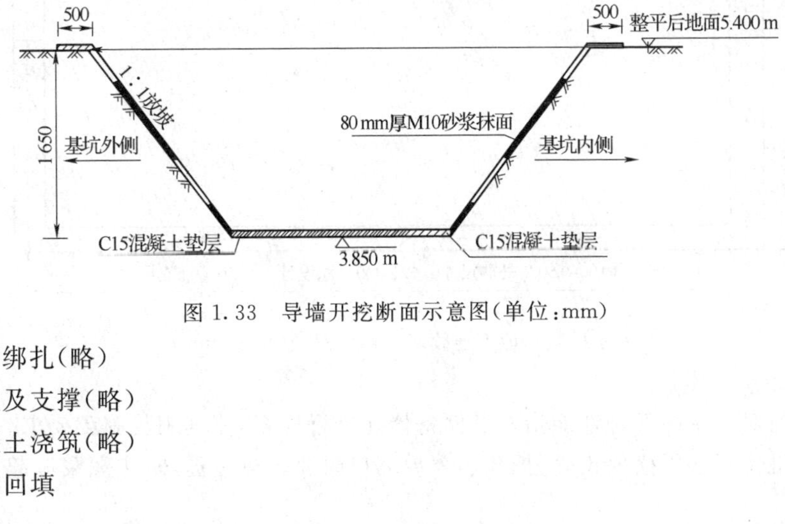

图 1.33　导墙开挖断面示意图(单位:mm)

(4)钢筋绑扎(略)

(5)模板及支撑(略)

(6)混凝土浇筑(略)

(7)背后回填

当导墙混凝土达到设计要求的强度后,即可拆除外侧模板,进行导墙背后回填施工。回填时须选用原土对称分层填土并夯实,分层厚度以 30 cm 为宜,采用木夯和蛙式打夯机配合夯实。压实度达到 90%以上,经试验合格后方可进行下一层的回填。

当回填至导墙顶板位置时,必须由人工对顶板下回填土进行夯实,并确保压实度满足设计要求。导墙回填施工完成后,在距导墙外侧 1 m 处设置截面为 300 mm×400 mm、纵坡为 3‰ 的截水沟,沟壁用水泥砂浆砌筑,沟底用 M5 砂浆抹面,以利于排水和排除成槽时的外溢泥浆,避免造成大面积污染。导墙回填及支撑见示意图 1.34 所示。

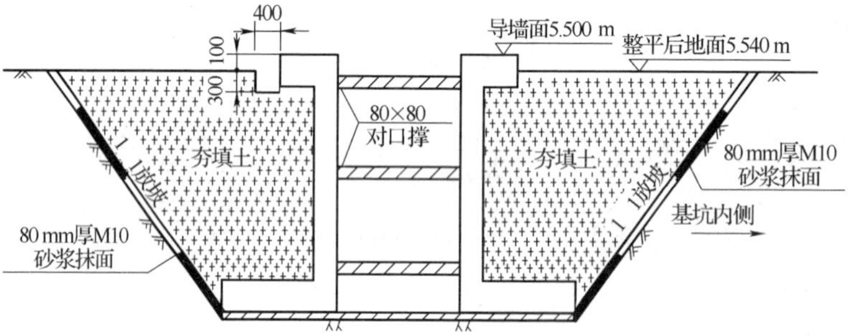

图 1.34　导墙回填及支撑示意图(单位:mm)

2)地下连续墙成槽施工

(1)成槽施工顺序

根据设计要求,在完成导墙施工后,在导墙面上标出每幅槽段的长度。成槽施工时采用跳槽段开挖方法,即先施工 A1、A2、A3 等 A 号槽段(称为一期槽段),后施工 B1、B2、B3 等 B 号槽段(称为二期槽段)。成槽过程中,先施工转角处"L"形槽段,后按先短边后长边的顺序,然后再施工其相邻的槽段。施工顺序详见连续墙分幅示意图 1.35 所示。

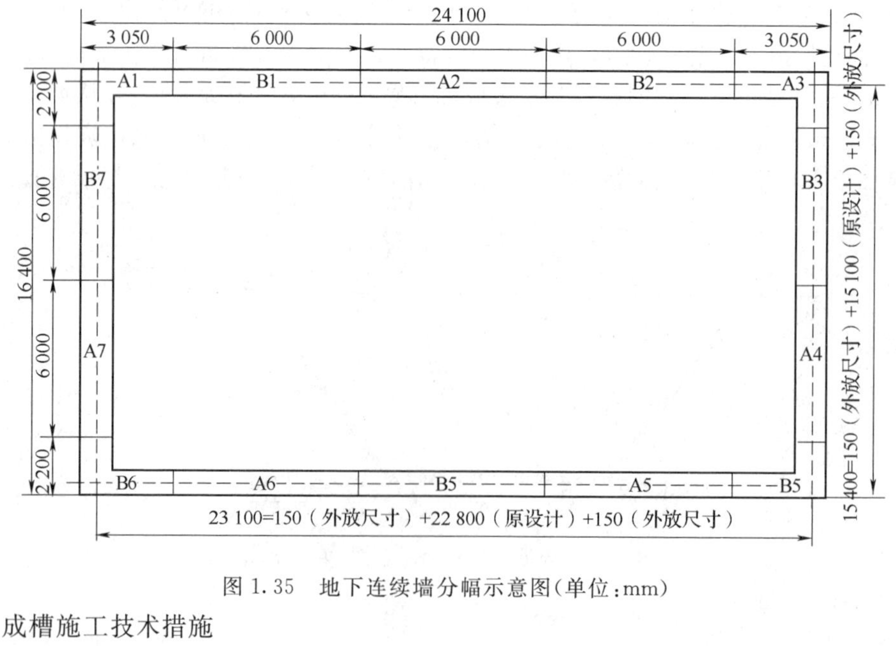

图 1.35　地下连续墙分幅示意图(单位:mm)

(2)成槽施工技术措施

① 成槽前对泥浆的各种性能指标及储备情况进行检查,使其满足施工要求。

② 成槽机位置必须摆放正确,抓斗出入导墙口时要轻放慢提,防止泥浆掀起波浪,影响导

墙下面、后面的土体稳定性。

③ 成槽过程中，应根据地层的变化及时调整泥浆指标，注意成槽速度、排土量、泥浆补充量之间的对比，判断槽内有无坍塌、漏浆现象，以便及时处理。

④ 成槽时，成槽机垂直于导墙并在距导墙至少 3 m 以外停放。避免成槽机自重产生的应力对导坑周围土体产生影响。

⑤ 成槽期间每隔 5 m 检查一次泥浆质量，以便及时调整泥浆参数和采取相应的补救措施。根据地下水位的变化情况，将地下水对槽壁稳定的影响降低到最低程度。

⑥ 槽段开挖至设计高程后，及时检查槽位、槽深、槽宽和垂直度，合格后方可进行清底。

⑦ 在槽段开挖结束后，对槽段清底换浆，以清除槽底沉渣，置换出槽内稠泥浆，直至沉渣厚度、槽内泥浆指标符合设计要求为止。清底换浆时，应注意保持槽内始终充满泥浆，以维持槽壁的稳定。清底应自底部抽吸并及时补浆，清底后的槽底泥浆相对密度不应大于 1.15，沉淀物淤积厚度不应大于 100 mm。

⑧ 配备专业技术人员深入到施工场地，严格控制技术要点并做好相关记录，对现场突发的各种问题妥善处理并及时上报，对出现的地质变层要及时通报监理业主。

案例 2　杭州地铁 1 号线城站站明挖施工

1. 工程概况

城站站位于杭州市火车站站前广场和西湖大道西端道路下。车站分界起讫里程 K11＋042.894～K11＋202.932，中心里程 K11＋138.913，总长 160.038 m；车站标准段宽度 27.7 m，5 号线宽度为 20.9 m，顶板覆土厚度 3.4 m ；1 号线车站位于地下 2 层，出入口及附属结构位于地下 1 层，预留的下穿 5 号线位于地下 3 层；本站设 1 号、2 号、3A、3B 出入口 4 个，4 号出入口预留，风亭 3 组；车站总建筑面积 13 256.3 m^2，其中主体建筑面积 10 497 m^2，附属建筑面积 2 759.3 m^2，永久占地面积 724 m^2；主体结构围护总长 866.1 m，附属结构围护274 m。

(1)车站主要结构形式：车站主体基坑采用地下连续墙围护结构，标准段厚度 800 mm，深度 31.66 m，基坑挖深 16.6 m，5 号线预留段厚度 1 000 mm，深度 41.82 m，基坑深度 24 m，临时封堵墙厚 600 mm ；出入口和附属结构基坑深度 10.2 m，围护结构为 ϕ1 000 mm 的钻孔咬合桩，深度 19.39～20.9 m ；抗拔桁(格构柱)直径 1 000 mm，桩长 40 m 、52.7 m 、42 m 三种，钢筋笼长度 26、30、18 m，钢立柱埋入底板面下 2.5 m 。3 号出入口布置直径 ϕ800 间距 1 100 mm的钻孔桩灌注桩，桩长 19.48 m，坑外旋喷桩止水，坑内旋喷桩加固。地下式消防水池高 3 m，侧墙 600 mm 厚。

(2)钢支撑：车站主体结构第一层 55 道钢支撑(ϕ609 mm)15 道 C30 混凝土支撑，标准段 2～4层为钢支撑，5 号线预留段 2～6 层为钢支撑，其中第五道钢支撑因为支撑及换撑的轴力较大，所以采用并撑。北侧附属结构采用两层混凝土(800 mm×900 mm，500 mm×900 mm)支撑，南侧结构采用两层支撑，角部采用混凝土支撑，其他采用钢支撑，出入口 2 层为钢支撑。

(3)主要工程量：开挖土方 173 155 m^3，ϕ609 钢支撑 2 529 t，钢围檩 400 t(双拼 H 型钢)，钢筋 275 t，混凝土 1 190 m^3。

2. 土方开挖施工

(1)施工技术总则

本基坑土方开挖采用明挖顺作法。针对本工程所在地区工程地质软弱土流变特点，根据

"时空效应"理论和浙江市政地下工程施工及验收规程的要求,以严格控制基坑变形,保持稳定为首要目的,以严格控制土体开挖和支撑安装时间为主要施工参数,采用适当降水提高土体抗剪强度,做好基坑排水和施工监测等综合措施,达到控制基坑周边地层位移、保护环境、安全施工的目的。

(2)施工准备

① 按设计规定的技术标准、地质资料以及周围建筑物和地下管线等的详实资料,严格细致地做好基坑施工组织设计(包括周围环境的监控措施)和施工操作规程,对开挖中可能遇到的渗水、边坡稳定、涌泥流砂等现象进行技术讨论,提出应急措施预案并提前进行相关的物资储备。准备好地面排水及基坑内抽排水系统。

② 办理好淤泥排放证、夜间施工许可证等各种相关手续,调查好弃土场、运输道路状况等。

③ 按设计要求加工、购置(租赁)钢支撑,备好出土、运输和弃土条件,确保连续开挖。

④ 对基坑周边 30 m 范围内的建筑物进行调查,对周围建筑物、地面及地下管线等编制详细的监控和保护方案,预先做好监测点的布设、初始数据的测试和检测仪器的调试工作。

⑤ 配备足够的开挖及运输机械设备,做好机械的检测、维修保养等工作,确保机械正常作业。

⑥ 施工期间需加强地表沉降监测,控制地表沉降范围,并采取相应保护措施确保安全。

⑦ 由于砂层等透水系数较大且含水量大,因此基坑内出水量比较大,考虑采取井点降水措施。在基坑开挖过程中要做好基坑内的排水工作,以起到排水固结土体的作用。

3. 施工顺序

车站主基坑第一层土整体分段开挖,2～4 层先开挖西端头井,后开挖东端头井,然后向中间的 5 号线预留段合龙,分层分段开挖。2～4 层按车站长度分为 4 个段落,1～4 轴西端头井为一段,18～21 轴东端头井为一段,4～10 轴为一段,10～18 轴为一段,在 10 轴位置开挖合龙,5 号线预留段分两层整体开挖,由两侧向中间开挖合龙。

附属结构和出入口基坑基本分两层开挖,其中北侧附属基坑消防水池应先开挖,以提供水池施工条件。

围护结构施工及降排水工作准备完成后,围挡范围内从基坑两端向中间分段分层开挖。由于基坑绝大部分地层饱水,振动易液化,较易坍塌变形,稳定性差,易产生流砂等现象,开挖时要充分考虑时空效应,在每段开挖中按 4～6 m 分小段、分层开挖,开挖到位后及时架设钢支撑(包括施加预顶力),将每小段的开挖、支撑时间控制在 24 h 之内,开挖完到支撑架设完的时间控制在 6 h 之内。每一段分四层阶梯状开挖。

4. 施工方法

根据不同的开挖深度决定将采用不同的施工方法,主要包括以下三种:

(1)第一层土方(地面以下 951 mm 为支撑中心高程,开挖到 1 451 mm,包括半个钢支撑及联系梁)采用短臂挖掘机及长臂挖掘机直接开挖、出土,自卸运输车运输。在条件具备的情况下,采用两台长臂液压挖掘机在基坑的两侧同时挖土,一起分段向前推进,可以极大提高挖土速度,为早日安装支撑提供条件,如图 1.36、图 1.37 所示。

(2)第二、三、四、五、六层土方采用挖掘机及人工开挖装渣、吊车提升出土,自卸车辆运输的方法。1 号线主体共四道支撑,故开挖五层土,开挖深度到底板底(从地面以下 16.7 m);5 号线主体共六道支撑,故开挖七层土,开挖深度到底板底(从地面以下 23.9 m);浅基坑以及出入口及其他附属结构共二道支撑,故开挖三层土,开挖深度到底面(从地面以下 7.66 m),

如图 1.38 所示。

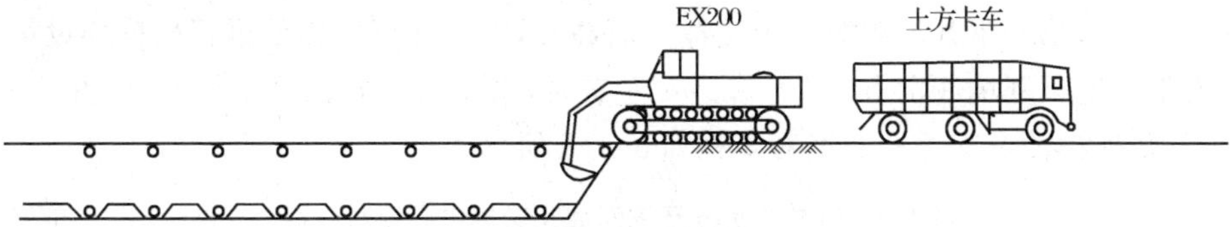

图 1.36　表层挖土示意图

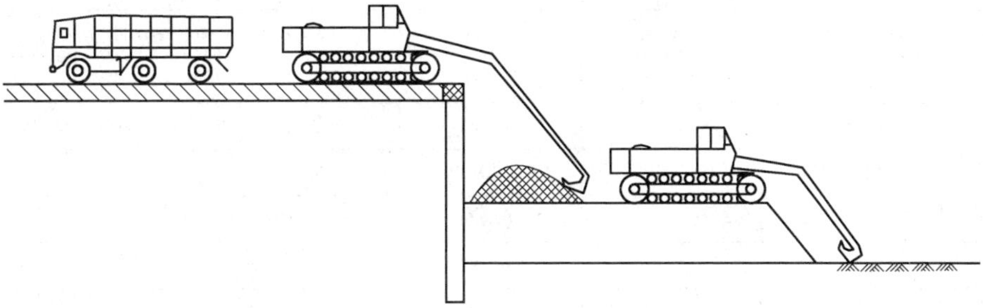

图 1.37　浅层接力挖土示意图

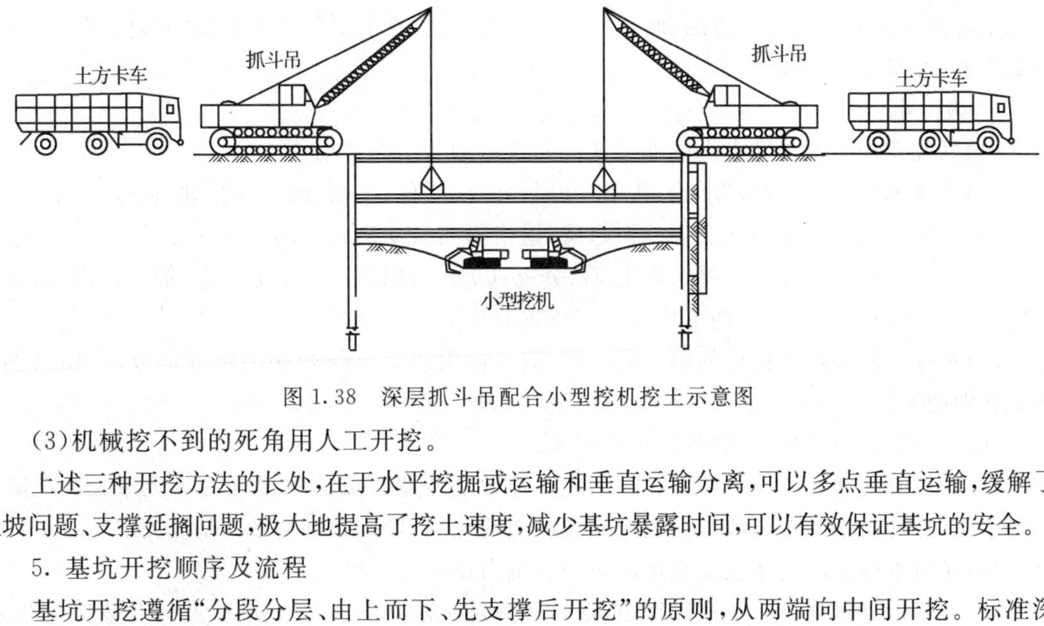

图 1.38　深层抓斗吊配合小型挖机挖土示意图

(3)机械挖不到的死角用人工开挖。

上述三种开挖方法的长处,在于水平挖掘或运输和垂直运输分离,可以多点垂直运输,缓解了纵坡问题、支撑延搁问题,极大地提高了挖土速度,减少基坑暴露时间,可以有效保证基坑的安全。

5. 基坑开挖顺序及流程

基坑开挖遵循"分段分层、由上而下、先支撑后开挖"的原则,从两端向中间开挖。标准深度每一段从上到下分四层四步开挖,开挖顺序如下:

第一步:开挖至第一道钢支撑底面高程,在土体钢支撑处进行挖槽架设第一道钢支撑;

第二步:开挖至第二道钢支撑底面高程,在土体钢支撑处进行挖槽架设第二道钢支撑,增加刚围檩;

第三步:开挖至第三道钢支撑底面高程,在土体钢支撑处进行挖槽架设第三道钢支撑,增加刚围檩;

第四步:开挖至第四道钢支撑底面高程,在土体钢支撑处进行挖槽架设第四道钢支撑,增加刚围檩;

第五步:开挖至基坑底上方 0.2～0.3 m 左右时,采用人工开挖至基坑底部,并施做垫层。

5 号线预留段:第五步开挖到第五道支撑底面高程,在土体钢支撑处进行挖槽架设第五道钢支撑(为并撑);第六步开挖到第六道支撑底面高程,在土体钢支撑处进行挖槽架设第六道钢支撑;第七步开挖至基坑底上方 0.2～0.3 m 左右时,采用人工开挖至基坑底部,并施做垫层。城站站土方开挖深度及支撑中心绝对高程如表 1.5 所示。

表 1.5　城站站土方开挖深度及支撑中心绝对高程　　单位:m

开挖土层	1 号线主体结构		5 号线主体结构		附属结构	
	挖土深度	支撑高程	挖土深度	支撑高程	挖土深度	支撑高程
第一层	1.451	6.548	1.451	6.548	1.4	6.6
第二层	7.351	0.648	7.351	0.648	7.4	0.6
第三层	11.051	−3.052	11.051	−3.052	7.66	
第四层	14.051	−6.052	14.051	−6.052		
第五层	16.7		18.421	−10.422		
第六层			21.491	−13.492		
第七层			23.9			

北侧附属结构:为了在施工时有足够的工作面,挖槽时采用放坡开挖,即破除钢筋混凝土支撑中心所在位置两侧原沥青路面,然后进行放坡挖槽,钢筋混凝土支撑的钢筋同圈梁的钢筋一起绑扎,混凝土一起浇筑。

6. 施工要点

(1)基坑开挖必须在降水水位低于开挖面 3 m 以下方可进行。

(2)严格遵循"时空效应"理论,按照"分层、分段、对称、平衡、限时"的原则进行开挖。

(3)坑顶周围严格限制堆土等地面超载,适当隔离振动荷载作用。

(4)基坑开挖一般安排在每天晚上 7:00～8:00 开始到第二天早上 5:00 前完成出土,白天时间内按照"随挖随撑"的原则尽快完成支撑安装作业。

(5)在每天的基坑开挖后的第一时间内,安排凿毛班将支撑两端的预埋钢板凿出,以供支撑班作业施工。

(6)坑底要设集水坑,及时排除坑内积水。

(7)开挖时必须有专业队伍及时封堵地下连续墙接缝或墙体内出现的水土流失。严防小股流水、流砂冲破地下连续墙中存在的充填泥土的孔洞,导致大量涌砂或基底失稳。

(8)逢雨季施工时要注意加强边坡防护和坑内排水。

(9)实行信息化施工。开挖过程中,随时掌握基坑监测信息动态变化,及时调整施工进度,或采取必要的加固措施或回填。

7. 针对性技术措施

(1)土石方由自卸汽车外运或运输至临时弃土场。

(2)开挖纵向刷坡,随挖随刷坡,刷坡坡度在基坑允许开挖边坡坡率以内,为确保开挖边坡的稳定性及安全性,初步拟定对第一、二层采用 1∶1的边坡,二、三、四、五、六层分别采用 1∶2.5～1∶3的边坡,在每一层之间设置宽度约为 2 m 的台阶。

(3)在开挖至距基底 300 mm 时,由人工清底开挖至设计高程,严防超挖。另外,底板以下的沟槽(如接地网、下翻梁)均由人工开挖成型。

(4)为确保基坑稳定,开挖至基底后迅速施工垫层,并在垫层施作完后 7 d 内将钢筋混凝土底板浇筑完。

(5)开挖过程中设专人及时绘制地质素描图,当基底土层与设计不符时,及时通知设计、监理处理。当开挖有文物出现时,立即停止开挖,保护好现场,及时通知监理及相关部门进行处理。

(6)分段开挖的两段之间设截流沟和排水沟,渗水及雨水应及时泵抽排走。

开挖过程中,按既定的监测方案对基坑及周围环境进行监测,以反馈信息指导施工。

基坑开挖允许偏差与检验方法见表 1.6。

表 1.6　基坑开挖允许偏差与检验方法

序　号	项　目	允许偏差(mm)	检验频率		检验方法
			范围	点数	
1	坑底高程	+10,−20	每段基坑或长 50 m	5	用水准仪
2	纵横轴线	50		2	用经纬仪,纵横各测
3	基坑尺寸	不小于设计尺寸		4	用尺量,每边各计一点
4	基坑边坡	设计坡度的 5%		4	用坡度尺量

8. 雨季施工技术措施

(1)护坡

由于在施工中不可避免会碰上雨季,为防止台风、降雨等因素引起边坡失稳,必须对边坡采取一定的保护措施,确保基坑开挖边坡的稳定,防止基坑纵向滑坡。具体措施如下:

① 加强边坡护理。保持边坡的土体不受扰动,保证边坡土体为原状土。为防止雨水渗入边坡引起边坡失稳,在施工好的边坡上要及时覆盖塑料薄膜,将雨水排入坑底。

② 坑内排水。为防止坡脚受水浸泡,在每层土的平台上修一 300 mm×300 mm 的横向截水沟,在沟的两端各设一 800 mm×600 mm(高)×800 mm 的集水坑,用潜水泵及时将坑内的水排出基坑。

③ 边坡的中间比两边略高,在边坡两边各设一排水沟,将水排入坑内集水坑中,用潜水泵及时将坑内的水排出基坑。

(2)防止坑外的雨水进入基坑内

在圈梁临坑边修一 300 mm 高的砖墙,外侧用水泥砂浆粉刷,防止施工便道上的雨水进入基坑内。

复习思考题

1.1　简述明挖法的特点。

1.2　简述明挖法的施工工序。

1.3　地下连续墙的特点有哪些?

1.4　简述导墙的作用。

1.5　简述土钉墙的作用机理及工作性能。

1.6　排桩维护结构的类型有哪几种?

1.7　劲性水泥土搅拌桩的优点有哪些?

项目 2　浅埋暗挖法施工

项目描述

浅埋暗挖法是一种在距离地表很近的地下进行地铁暗挖施工的方法。我国地铁建设者们在地铁施工中成功地应用了该方法，并根据我国地质情况，总结出了比较成熟的经验和理论。我国浅埋暗挖法的整体配套技术已处于国际领先水平，国际隧道协会有关专家也认为这是地下工程的一次突破。目前我国浅埋暗挖法施工技术已有自己全套设计和施工理论，并且已被国内外所采用。本项目主要介绍浅埋暗挖法的基本原理及特点、浅埋暗挖法的施工方法步骤、初期支护、二次支护、超前支护、监控量测。

教学目标

1. 能力目标

(1)能够利用浅埋暗挖法施工；

(2)能够对隧道施工进行超前支护；

(3)能够对浅埋暗挖法施工进行监控量测。

2. 知识目标

(1)了解浅埋暗挖法的基本原理及特点；

(2)掌握浅埋暗挖法的两次支护方法；

(3)掌握隧道施工的超前支护方法；

(4)掌握监控量测的方法，了解监控量测的标准。

工作任务 2.1　了解浅埋暗挖法的基本原理及特点

浅埋暗挖法是以加固软弱地层为前提，采用足够刚性的复合式衬砌结构，选用合理的开挖方式，应用信息化量测反馈，以保证施工安全和控制地面沉降的一种施工方法。

2.1.1　浅埋暗挖法的基本原理

浅埋暗挖法沿用了新奥法的基本原理，创建了信息化量测反馈设计和施工的新理念。该法采用先柔后刚复合式衬砌和新型的支护结构体系，初期支护按承担全部基本荷载设计，二次模筑衬砌作为安全储备，初期支护和二次衬砌共同承担特殊荷载。

应用浅埋暗挖法设计和施工时，同时采用多种辅助工法，超前支护以改善加固围岩，调动部分围岩的自承能力；采用不同的开挖方法及时支护、封闭成环，使其与围岩共同作用形成联合支护体系。在施工过程中应用监控量测、信息反馈和优化设计，实现不塌方、少沉降和安全施工。

浅埋暗挖技术多用于第四纪软弱地层，由于围岩自承能力比较差，为避免对地面建筑物和地下构筑物造成破坏，需要严格控制地面沉降量。因此，初期支护要刚度大，支护要及时。初期支护必须从上向下施工，二次衬砌模筑必须通过变位量测，当结构基本稳定时，才能施工，而且必须从下往上施工，绝不允许先拱后墙施工。

2.1.2 浅埋暗挖法的应用范围及特点

浅埋暗挖法又称矿山法，起源于1986年北京地铁复兴门折返线工程，是中国人自己创造的适合中国国情的一种地铁隧道修建方法。它适合于城市地区松散土介质围岩、隧道埋深小于或等于隧道直径，及要求以很小的地表沉降修筑的隧道。它的突出优势在于不影响城市交通、无污染、无噪声，而且适合于各种尺寸与断面形式的隧道洞室。由于浅埋暗挖法省去了许多爆破、拆迁、掘路等程序，所以现在施工时普遍使用。浅埋暗挖法的施工要点为18字方针：管超前、严注浆、短开挖、强支护、快封闭、勤量测。其主要的技术特点为：动态设计、动态施工的信息化；建立了一整套变位、应力监测系统；强调小导管超前支护在稳定工作面中的作用；研究、创新了劈裂注浆方法加固地层；发展了复合式衬砌技术，并开创性地设计和应用了钢筋网构拱架支护。由于该施工方法在有水条件的地层中可广泛运用，加之国内丰富的劳动力资源，因此在北京、广州、深圳、南京等地的地铁区间隧道修建中得到广泛应用。此外，该方法也广泛应用于地下构筑物、过街人行道和软弱围岩浅埋山岭隧道洞口段等工程的修筑。

浅埋暗挖法主要适用于不宜明挖施工的土质或软弱无胶结的砂、卵石等第四纪土层，修建跨腹比大于0.2的浅埋地下洞室。对于高水位的类似地层，采取堵水或降水、排水等措施后也可适用。尤其对于结构埋置浅、地面建筑物密集、交通运输繁忙、地下管线密布，及对地面沉降要求严格的都市地区。在修建地下铁道、地下停车场、热力与电力管线时更为适用，开挖面土体稳定是利用浅埋暗挖法的基本条件。

浅埋暗挖法与其他方法相比具有显著优点。以城市地铁为例，浅埋暗挖法较明挖(盖挖)简单易行，无须多种专业设备，灵活方便，适用于多种地层、不同跨度、多种断面，尤其对于地铁区间隧道，浅埋暗挖法施工完全能满足工期要求。当然，浅埋暗挖法也存在缺点，如施工慢，喷射混凝土时粉尘多，劳动强度大，机械化程度不高，以及高水位地层结构防水比较困难等。

工作任务2.2 浅埋暗挖法施工

浅埋暗挖法地铁隧道的施工设计实际上是确定施工方法、支护手段和衬砌结构于一体的过程，这一点与地上建筑物的思路迥然不同。

地铁浅埋暗挖法是应用岩体力学原理，以维护和利用围岩的自稳能力为基点，将锚杆和喷射混凝土结合在一起作为主要支护手段，通过及时进行支护来控制围岩的变形与松弛，使围岩成为支护体系的组成部分，形成了以锚杆、喷射混凝土和围岩为一体的承载结构。针对城市地铁埋深浅的特点，还要经常借助于地层注浆、格栅、管棚等辅助加固措施。通过现场量测及时反馈“围岩—支护”复合体的受力与变形，为二次支护提供合理的施作时机。通过监控量测及时反馈的信息来指导隧道工程的设计与施工。

围岩支护的受力情况与支护结构强度及支护时机的关系：当围岩开挖暴露以后，需要通过支护来限制其变形，以达到新的平衡状态；如果支护迅速，且支护结构刚度大，则所需提供的支护抗力则愈大；如果允许围岩产生一定的变形，并使用柔性支护(锚喷衬砌即属于柔性支护)，则所需施加的支护抗力也随之减小;当围岩变形超过允许值,导致围岩破坏而形成松弛后,作用于支护结构上的围岩压力就会随围岩变形的发展而迅速增大。

浅埋暗挖法的施工程序主要有开挖作业、初期支护、二次衬砌、动态观测等,如图 2.1 所示。

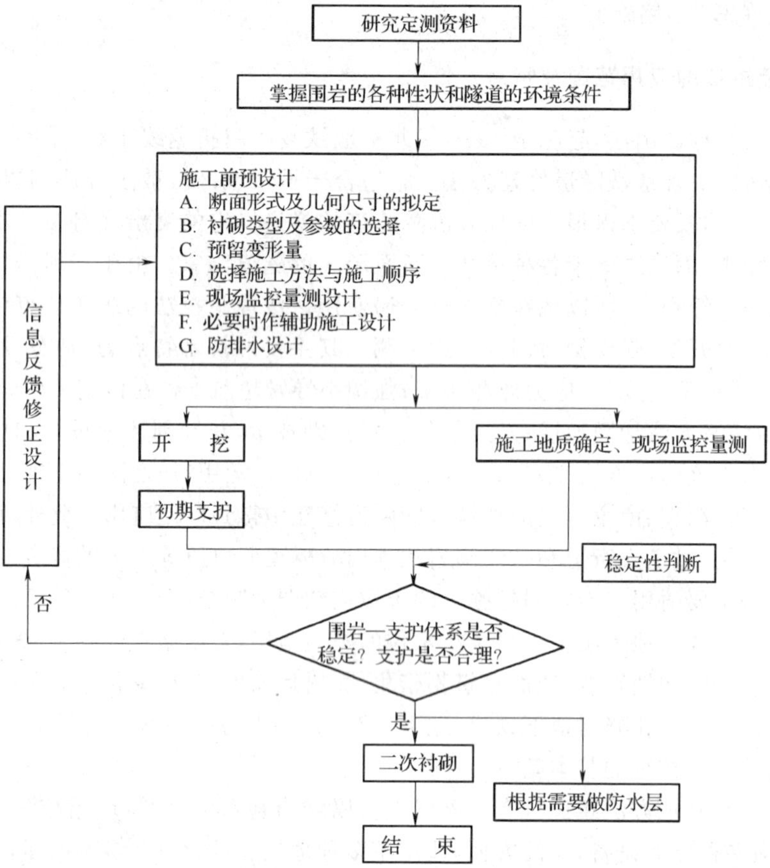

图 2.1 浅埋暗挖法施工程序

开挖作业,对完全是土质的隧道采用机械或人工挖掘,对石质隧道多采用光面爆破和预裂爆破,并尽量采用大断面或较大断面开挖,以减少对围岩的扰动,尽量使隧道断面周边轮廓圆顺,避免棱角突变处应力集中。初期支护是根据"预设计"采用不同的支护类型和参数,及时喷射混凝土和实施锚杆的初期支护,以控制围岩的变形和松弛。在浅埋软弱围岩地段,应使断面尽早闭合,以有效地发挥支护体系的作用,保证隧道稳定。二次衬砌是在围岩与初期支护变形基本稳定后修筑,使围岩与支护结构形成一个整体,因而提高了支护体系的安全度。动态观测是通过施工中对围岩和支护结构的动态观察、量测来合理安排施工程序,进而"修正设计"及日常的施工管理。

这里特别强调衬砌的防水问题,铁路和公路隧道向来采用疏导方式,没有考虑水压力。但在城市地铁施工中,考虑到排水可能引起的长期地表沉降以及地下水流失等环境问题,在矿山法修建隧道时必须一律采用"全包"的防水措施,不留排水孔,同时须考虑地下水位相应的水压力。

按照开挖方法划分,可将浅埋暗挖施工分为全断面法、台阶法、分部开挖法(中隔墙法和交叉中隔墙法、侧壁导坑法、CD 法、CRD 法等)及特大断面的施工方法(中洞法、柱洞法、侧洞法和桩柱法),如图 2.2 所示。

2.2.1　全断面法

全断面开挖法是指按设计使开挖面一次开挖成形。

全断面开挖有较大的工作空间，适用于大型配套机械化施工，施工速度较快，因单工作面作业，便于施工组织管理，一般情况下应尽量采用全断面开挖法。但开挖面大，围岩相对稳定性降低，且每个循环工作量相对较大，因此要求具有较强的开挖、出渣能力和相应的支护能力。

采用全断面开挖，有较大的断面进尺比(即开挖断面面积与掘进进尺之比)，可获得较好的爆破效果，且爆破对围岩的震动次数较少，有利于围岩的稳定。但每次爆破震动强度较大，因此要求进行严格的控制爆破设计，尤其是对于稳定性较差的围岩。

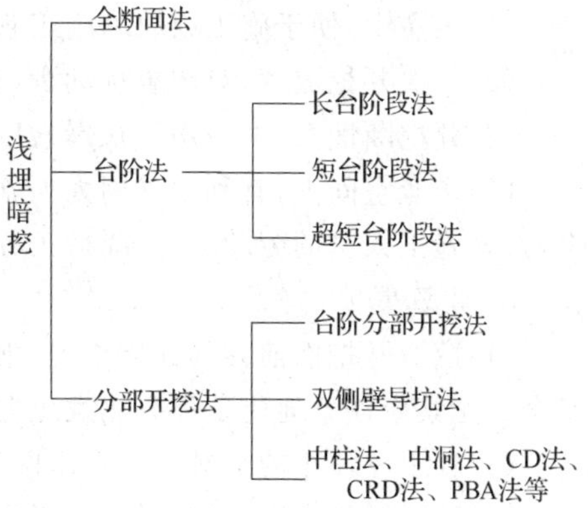

图 2.2　浅埋暗挖常见施工方法

1. 施工顺序

(1)用钻孔台车钻眼，然后装药连线。

(2)退出钻孔台车，引爆炸药，开挖出整个隧道的断面轮廓。

(3)排除危石，安装拱部锚杆(必要时)和喷射第一层混凝土。

(4)用装渣机械将石渣装入出渣车运出洞外。

(5)安装边墙锚杆(必要时)和喷射第一层混凝土。

(6)必要时拱、墙喷射第二层混凝土。

(7)按上述工序开始下一循环作业。

(8)在围岩和初期支护基本稳定后，或按施工组织要求的日期施作二次模筑混凝土衬砌及灌筑隧道底部混凝土。

2. 适用条件

(1)Ⅰ～Ⅱ类整体性好的围岩；用于Ⅲ类围岩时，围岩应具备从全断面开挖到支护前这段时间内能保持其自身稳定的条件。

(2)有大型施工机械。

(3)隧道长度或施工区段长度不宜太短，根据经验一般不应小于 1 km。否则，采用大型机械施工经济性较差。

3. 机械设备

采用全断面一次开挖法，必须要注意机械设备的配套，以充分发挥机械设备的效率。隧道机械化施工时有三条主要作业线：开挖作业线、锚喷作业线和模筑混凝土衬砌作业线。所采用的大型机械设备主要有以下几种。

(1)开挖作业线的大型机械有钻孔台车、装药台车、装载机配合自卸汽车(无轨运输时)、装渣机配合矿车及电瓶车或内燃机车(有轨运输时)。

(2)锚喷作业线的大型机械有混凝土喷射机、混凝土喷射机械手、锚喷作业平台、进料运输设备及锚杆注浆设备。

(3)模筑混凝土作业线的大型机械有混凝土拌合工厂、混凝土输送车及输送泵、防水层作业平台、衬砌钢模台车。

在机械设备选型时应遵循:生产性、可靠性、经济性、维修性、环保性、耐用性、灵活性及配套性等八个原则。

4. 施工特点

(1)工序少,便于施工组织和施工管理。

(2)一次开挖成型,对围岩扰动少,有利于围岩的稳定性。

(3)开挖断面大,可采用深孔爆破以提高爆破效果,加快掘进速度。

(4)作业空间大,有利于采用大型施工机械设备,实现机械化综合施工,从而提高劳动生产率,减轻施工人员的劳动强度,降低工程造价。

5. 注意事项

(1)摸清开挖面前方的地质情况,随时准备好应急措施(包括改变施工方法),以确保施工安全。尤其应注意地质条件突然发生恶化,例如地下泥石流、涌水。

(2)各工序使用的机械设备务求配套,以充分发挥机械设备的使用效率和各工序之间的协调,在保证隧道稳定安全的条件下,提高施工速度。

(3)在软弱破碎围岩中使用全断面法开挖时,应加强对辅助施工方法的设计和作业检查,以及对支护后围岩的动态量测与监控。

2.2.2 台阶法

台阶开挖法一般是将设计断面分成上半断面和下半断面实施两次开挖成形,如图 2.3 所示。有时也采用台阶上部弧形导坑超前开挖。

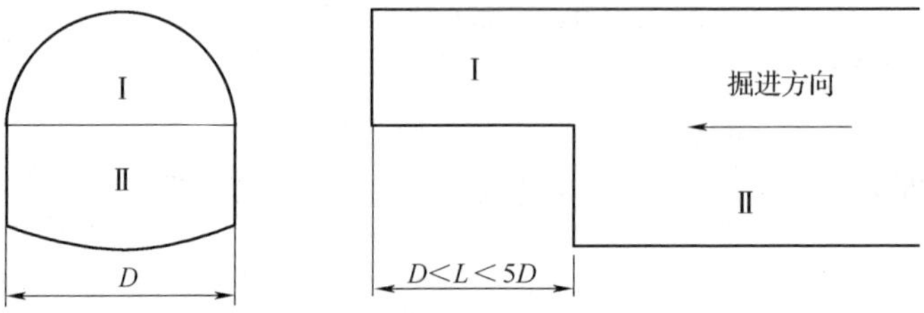

图 2.3 台阶法示意图

台阶开挖法可以有足够的工作空间和适宜的施工速度,但上下部作业有干扰。台阶开挖虽增加了对围岩的扰动次数,但台阶有利于开挖面的稳定。尤其是上部开挖支护后,下部作业就较为安全,但应注意下部作业时对上部稳定性的影响。

台阶开挖时应注意以下事项:

(1)台阶长度要适当。按台阶长短可分为长台阶(图 2.4)、短台阶(图 2.5)和紧跟台阶三种。选用何种台阶,应根据两个条件来确定:其一是初期支护形成闭合断面的时间要求,围岩稳定性愈差,闭合时间要求愈短;其二是上半断面施工时开挖、支护、出渣等机械设备所需的空间大小的要求。

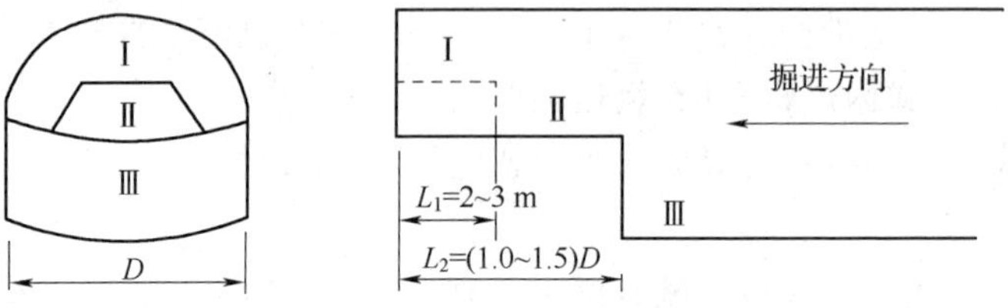

图 2.4 长台阶分部开挖法示意图

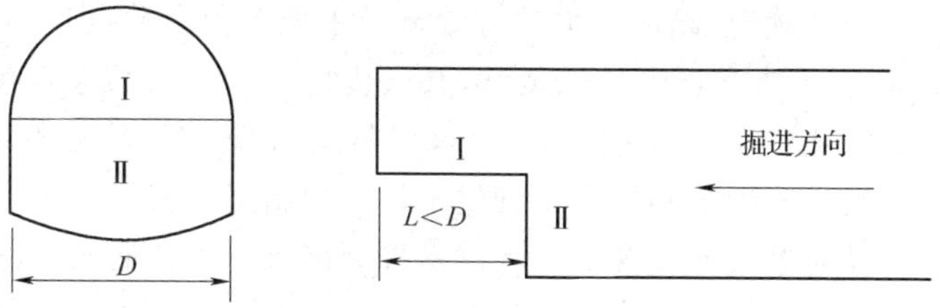

图 2.5 短台阶法示意图

(2)解决好上、下半断面作业的相互干扰问题。紧跟台阶基本上是合为一个工作面进行同步掘进;长台阶上下工作面基本上拉开,工作面之间干扰较小;而短台阶工作面之间干扰就较大,要注意作业组织。对于长度较短的隧道,可将上半断面贯通后,再进行下半断面施工。

(3)下半断面开挖时,应注意上半断面的稳定。若围岩稳定性较好,则可以分段顺序开挖;若围岩稳定性较差,应缩短下半断面掘进循环进尺;若稳定性更差,则可以左右错开,或先挖中槽后挖边帮。

2.2.3 分部开挖法

分部开挖法是将隧道断面分部开挖逐步成形,且一般将某部分超前开挖,故也可称为导坑超前开挖法,常用的有上下导坑超前开挖法、上导坑超前开挖法和单(双)侧壁导坑超前开挖法等。分部开挖因减少了每个坑道的跨度(宽度),能显著增强坑道围岩的相对稳定性,且易于进行局部支护,因此它主要适用于围岩软弱、破碎严重的隧道或设计断面较大的隧道。分部开挖由于作业面较多,各工序相互干扰较大,且增加了对围岩的扰动次数,若采用钻爆掘进,则更不利于围岩的稳定,施工组织和管理的难度亦较大。导坑超前开挖,有利于提前探明地质情况,并予以及时处理,但采用的导坑断面过小,则施工速度较慢。

按开挖断面分割形式可将分部开挖法划分为:环形开挖法、中隔壁(CD)法、交叉中隔壁(CRD)法、单侧壁导坑法、双侧壁导坑法、中柱法、洞桩(PBA)法、双侧壁桩法、中洞法和梁柱导洞法(PBPA)等。

1. 环形开挖法

该法也称留核心土法或环形开挖预留核心土法,就是在拟挖掘的断面范围内先将周边土石挖掘而把核心部分滞后挖掘的施工方法。该法适用于Ⅳ～Ⅵ级围岩的较大断面施工。严格地讲,它是一种不全面的称谓,因为它仅涉及上部开挖的方法,也有人将其归入台阶法的一种,如图 2.6 所示。

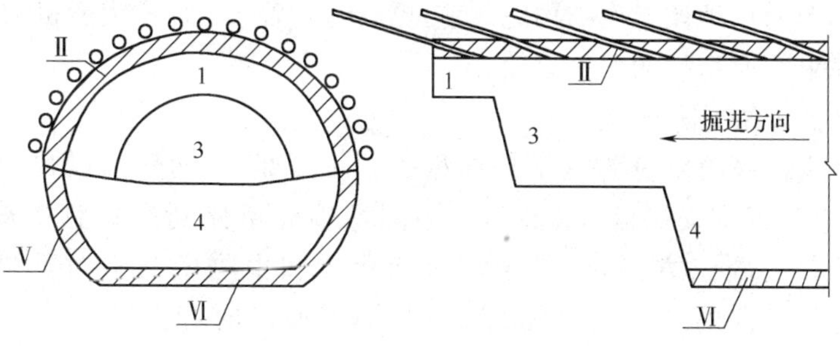

图 2.6 环形开挖法示意图

1、3、4—开挖断面;Ⅱ、Ⅴ、Ⅵ—衬砌

环形开挖法的技术要领主要是超前支护和初期支护的及时与有效,核心土足以临时稳定工作面,设置临时仰拱。基于地层的破裂角约 45°的认知,对超前支护有效节长和核心土的高、长尺寸均作出了相应的规定:超前支护的有效节长不低于上台阶高度,核心土断面不得小于上台阶面积的50%,且严禁核心土呈现负坡,其长度应大于上台阶总高度。开挖循环长度应与钢架间距相匹配,一般宜在0.5～1.0 m之间。锁脚锚杆(管)及必要时设置扩大拱脚是应对沉降的有效措施;当拱脚锁定和扩大拱脚仍不足以抑制沉降和收敛时,须及时设置上台阶临时仰拱。实践证明,及时有效地设置临时仰拱是抑制沉降和收敛最明显、有效的措施。台阶长度控制同台阶法。下台阶施工时,宜早施作仰拱,使初期支护尽快成环,以利于及时拆除可能存在的上台阶临时仰拱,其施工方法基本类同于台阶法。该法虽然工序较多、效率不高,但便于工法转换。

2. 中隔壁(CD)法

该法是以中隔壁将洞室分为基本等面积、相对独立作业的左右两部分。先施工的一侧以短台阶或微台阶2～3部依次到底贯通,另一侧滞后一定的间距以与先开挖一侧相同的分步次数施工,该法源自台阶法,适合在浅埋、Ⅳ～Ⅴ级的土层和不稳定的破碎或软岩地层中施工,如图2.7所示。

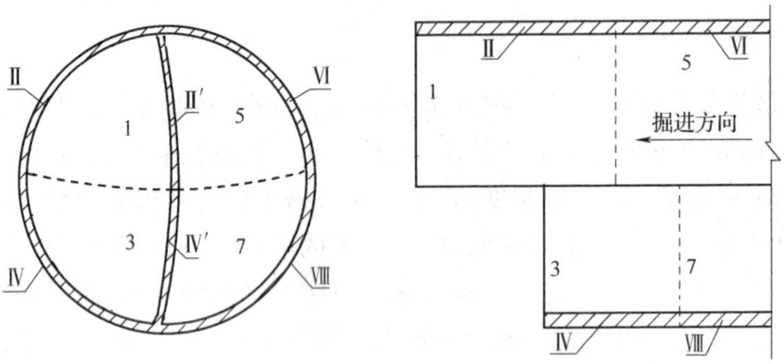

图2.7　中隔壁(CD)法示意图

1、3、5、7—开挖断面;Ⅱ、Ⅳ、Ⅵ、Ⅷ—衬砌;Ⅱ′、Ⅳ′—初期支护

每部的高度应照应钢架节点,控制在2.5～3.5 m左右;各部均应及时施作初期支护、中隔壁等临时支护,结构仰拱应(单侧或整体)尽快封闭;各部周边轮廓应尽量圆顺,以减少应力集中;后开挖一侧作业时应突出全断面初期支护及时闭合;两侧纵向间距应按15～30 m控制;中隔壁宜设置为弧形或圆弧形,不宜呈立柱。

该法施作现浇混凝土结构时,须逐段拆除支护以减少其所占的空间,不仅挖掘和支护时大型机械不便使用,且对应地段二次结构完成前,也制约其后一个区段大型机械的使用。须爆破作业时,对中隔壁和临时仰拱的保护繁琐、困难。

3. 交叉中隔壁(CRD)法

该法是以中隔壁将洞室分为基本等面积的左右两部分,两侧均以2～3部台阶依次到底贯通,两侧上部与下部交叉施作(而不是中隔壁墙先单侧到底),且每部均采用初期支护与临时支护闭合的施工方法,因其上部交叉作业和中隔壁与临时仰拱形成交叉而得名。该法是在中隔壁法的基础上强化临时支护演变而成的,此法适应比中隔壁法更差的地层、更大的断面。

交叉中隔壁(CRD)法与中隔壁法不同之处有二:其一,各部设临时仰拱,步步成环;其二,为策应上部断面应较早地以合理形状形成仰拱,充分发挥临时仰拱的作用,不是单侧顺次到底贯通而是两侧洞上部挖掘支护交叉进行。该法的同高程各部的纵向间距按约15 m控制为宜。

交叉中隔壁施工步骤(图2.8)如下：

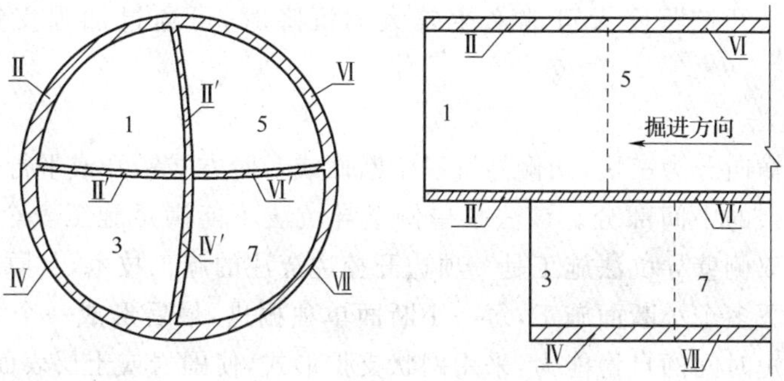

图2.8　交叉中隔壁(CRD)法示意图

1、3、5、7—开挖断面；Ⅱ、Ⅳ、Ⅵ、Ⅷ—衬砌；Ⅱ′、Ⅳ′—初期支护

(1)开挖掌子面拱部左导坑，超前小导管并注浆加固地层。

(2)环形开挖左洞室上台阶土方。

(3)左洞室上台阶架立格栅，锁脚锚杆，喷锚支护。

(4)开挖左洞室核心土及下台阶土方。

(5)左洞室下台阶架立格栅，喷锚支护。

(6)开挖掌子面拱部右导坑，超前小导管并注浆加固地层。

(7)环形开挖右洞室核心土及下台阶土方。

(8)右洞室上台阶架立格栅，锁脚锚杆，喷锚支护。

(9)开挖右洞室核心土及下台阶土方。

(10)初期支护闭合成环后，施作仰拱并回填混凝土，架设临时支撑。

(11)拆去中隔壁及临时支撑，铺设防水层，做二次混凝土衬砌封闭成环。

4. 单侧壁导坑法

该法是以隔壁将洞室分为不等面积、相对独立作业的左右两部分，先以全断面或台阶方式施作先行侧导坑，后以台阶方式施作滞后一定间距的另一侧。该法适宜在较差的Ⅳ～Ⅴ级地层中修建大跨、浅埋、地层沉降需控制的洞室施工，如图2.9所示。

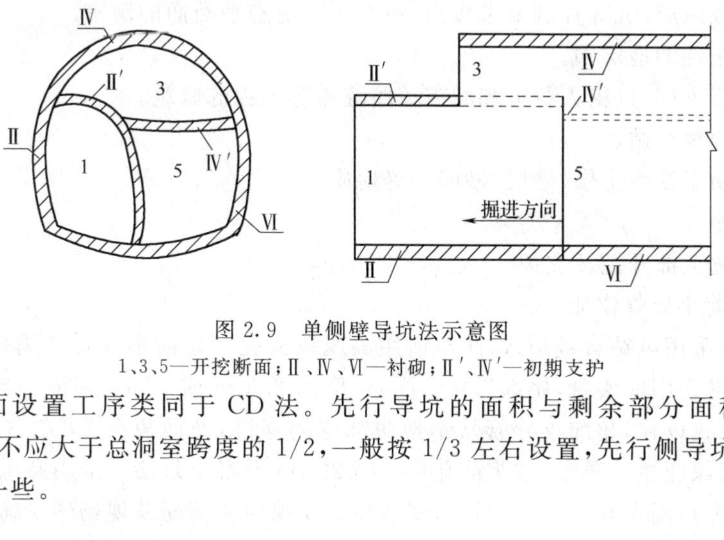

图2.9　单侧壁导坑法示意图

1、3、5—开挖断面；Ⅱ、Ⅳ、Ⅵ—衬砌；Ⅱ′、Ⅳ′—初期支护

该法的断面设置工序类同于CD法。先行导坑的面积与剩余部分面积之比约为1：(2～2.5)，宽度不应大于总洞室跨度的1/2，一般按1/3左右设置，先行侧导坑拱顶宜设于洞室起拱线偏上一些。

该法施工中作业分块相对较少,须拆除的临时支护工程量较少,有利于部分断面进行快速施工。初期支护闭合并稳定后方可拆除隔壁墙,为后续施工使用大机械提供必要的空间。若地层差、开挖跨度大可能产生较大的沉降时,可通过加强支护或晚拆除隔壁墙加以解决。

5. 双侧壁导坑法

该法是将洞室横向分为三块,两侧导坑以全断面或台阶方式错开或平行先行施工,其后再以台阶方式施工剩余的中间部分。该法是单侧壁导坑法不能满足施工安全需要时采用的方法。地铁浅埋暗挖双侧壁导坑法施工是一项边开挖边浇注的施工技术,其原理是:把整个隧道大断面分成左右上下多个小断面施工,每一小断面单独掘进,最后形成一个大的隧道,且利用土层在开挖过程中短时间的自稳能力,采用网状支护形式,使围岩或土层表面形成密贴型薄壁支护结构,且用中隔壁及中隔板承担部分受力,如图 2.10 所示。

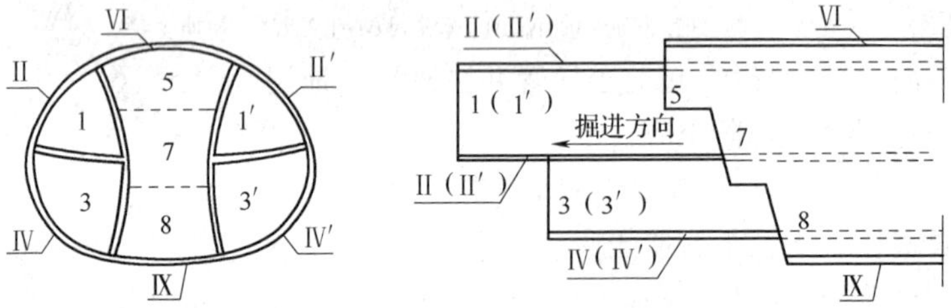

图 2.10 双侧壁导坑法示意图

1(1′)、3(3′)、5、7、8—开挖断面;Ⅱ(Ⅱ′)、Ⅳ、Ⅵ(Ⅵ′)、Ⅸ—衬砌

(1)施工特点

① 很好地解决了大断面隧道开挖的安全性问题,且结构简单,安全可靠,拆装方便、灵活,经济效益显著。

② 借鉴了新奥法的某些理论基础,与新奥法的不同之处是在城市地区松散土介质围岩条件下,隧道埋深小于或等于隧道直径,以很小的地表沉降修筑隧道。它的突出优势在于不影响城市交通,无污染、无噪声,而且适合于各种尺寸与断面形式的隧道洞室。

(2)适用范围

① 城市地区松散土介质围岩条件下的浅埋隧道。

② Ⅳ～Ⅴ级地层、沉降控制要求较高、更大更宽更扁平断面的洞室。

③ 在有水条件的地层中。

④ 浅埋地下车库、过街人行道和城市道路隧道等工程的修筑。

⑤ 大跨度地铁车站。

⑥ 主要适用于黏性土层、砂层、砂卵层等地质。

(3)施工步骤

① 两侧导坑上部开挖及支护

第一步:超前小导管作业。

超前小导管采用风钻直接顶入,压浆前用高压风清孔。超前小导管选用普通 ϕ42 mm 钢管加工而成,顶部切削成尖靴,尾部焊接垫圈,长度为 2.5 m 或 3 m。超前小导管按设计范围沿拱部周边轮廓线设置,超前小导管从钢架腹部空间穿过,外插角在 20°左右,尾部与钢架焊连接成一体。为保证注浆质量,注浆前孔口处喷 20 cm 混凝土封堵。采用高压注浆泵注水泥、水玻璃浆液,压力控制在 0.3～0.5 MPa,浆液配合比视地质情况及现场试验确定,保证浆液扩散互相咬接，以提高围岩的稳定性。

第二步：开挖作业。

超前小导管预注浆对地层进行加固后，采用人工直接开挖翻渣至下台阶，用翻斗车转运至提升架处，采用电动葫芦垂直起吊外运。每一开挖循环进尺为 0.5 m。由测量人员控制中线水平，施工时保证不欠挖，严禁超挖。开挖轮廓线尽可能圆顺，以减小应力集中。另一侧上部开挖落后 3～5 m。

第三步：断面初期支护。

初喷：砂层地段在开挖后立即进行初喷混凝土，以便尽早封闭拱顶暴露面，喷射混凝土的厚度为 4～5 cm。黏土层地段视开挖后围岩的稳定情况而定。

格栅钢架：格栅钢架制作要符合设计规范和满足施工要求；安设时清除浮土，拱脚夯实或设置垫板，钢格栅纵向间距按设计要求每格 0.5 m，纵向设 ϕ22 连接筋，其环向间距为 1 m，交错布置。

挂网：单层铺设，采用 ϕ8 mm 钢筋，网格 15 cm×15 cm，作成 1.5 m×0.7 m 的网片，铺设在格栅钢架的背后位置，密贴围岩，并与格栅钢架连接牢固。

喷射混凝土：采用 TK-961 型湿喷机喷护，砂层地段第一次喷射厚度为 3～5 cm，架立好格栅钢架后，从钢架腹部打入下一循环的超前管棚，封好管口，复喷至设计厚度。

锁脚锚管：在拱脚处打设两根 ϕ42 mm 锚管，其尾部与格栅钢架焊接牢固。喷混凝土时注意保护好管口，喷混凝土结束后，及时压浆。

② 两侧导坑下部开挖及支护

两侧下部开挖每循环进尺 1.0 m，下部落后上部 3 m。反坡开挖时，在掌子面设集水坑，集水坑内的水抽至竖井集水井后排出洞外。永久与临时初期支护同时施作，并及时封闭成环状，其余与上部相同。两侧下部施工工艺流程为：一侧侧洞下部开挖 5 m→两侧下部开挖（含两侧仰拱）→每循环进尺 1.0 m 后初喷混凝土 4～5 cm（包括隧底及中间土体侧面）→安钢架、挂钢筋网、焊连接筋（包括中间临时钢架等）→二次复喷混凝土达设计厚度→进入下一循环。

③ 中间导坑上部开挖及支护

待两侧洞初期支护完成一定时间后，开挖中间土体，开挖中间土体落后于两侧洞开挖初期支护 3～5 m。中间上部施工工艺流程：施作超前小导管预注浆加固地层→开挖土石方→初喷混凝土 4～5 cm→安设钢格栅，焊纵向连接筋→钢架之间安设钢筋网→复喷混凝土达设计厚度→进入下一循环。

④ 中间下部开挖及支护

检查中隔板和中隔壁支撑，分析各部开挖支护后的变形收敛情况，待到处于基本稳定后再开挖中间下部土体，下部开挖落后上部 30～50 m。施工工艺流程为：中间下部土体开挖→中间底部钢格栅和钢筋网的安装→喷混凝土封闭底部仰拱→下一循环。

采用双侧壁导坑法施工中要做到"短进尺、早支护、勤量测、速反馈"，保证结构安全。

两侧导坑宽度宜按洞室总宽的 1/3～1/4 设置，导坑断面设置应考虑采用设备的尺寸，其形状应圆顺，面积宜采用总面积的 1/4～1/3。导坑施工方法视断面大小、地层情况、设备配置在全断面或台阶法之间选择。两侧导坑的纵向间距按不低于 15 m 控制，侧导坑与剩余断面开挖纵向间距不应低于 30 m。剩余断面将依据其面积、地层情况、设备尺寸等因素，在满足拱部支护施作的前提下分步施工，不宜一次挖掘，一般分二至三台阶为宜。导坑和剩余断面均要遵循快支护和早封闭的原则。

在初期支护闭合、仰拱及填充完成后,经量测、分析知其稳定后即可拆除临时支撑,否则应随拆随施作现浇混凝土或钢筋混凝土结构。此法对后续较大型机械施工限制少。

6. 中柱法

该法又称双侧壁及梁柱导洞法,是将全断面横向分为五块——两个柱洞、一个中洞和两个侧洞,先自上而下施作柱洞初期支护,再自下而上施作结构柱底和顶处相对应的结构,形成梁柱支撑体系;其次施工中洞的上部初期支护及其相应部位的现浇混凝土结构,进行下部挖掘及其初期支护,进行中洞底对应部位的现浇混凝土结构,形成大中洞稳定体系;最后对称自上而下施作两侧洞初期支护,直至横向闭合。该法适用于无水或降、疏水后的非石质地层中设柱的多跨曲侧墙洞室,如地铁车站及其进出站合建段、地下停车场、地下商场以及较短的公(铁)路隧道的多线共洞段等,如图 2.11 所示。

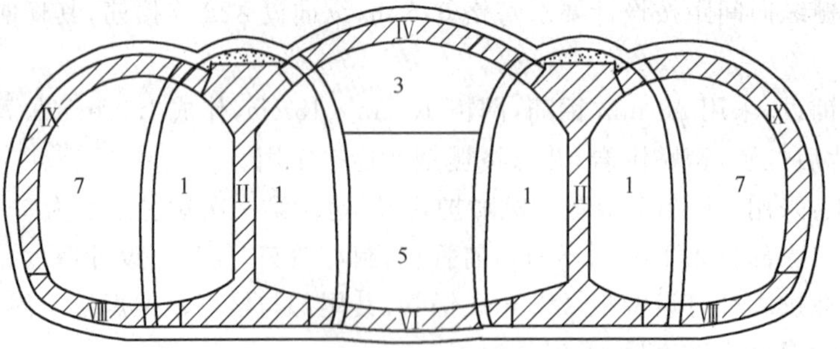

图 2.11 中柱法示意图

1、3、5、7—开挖断面;Ⅱ、Ⅳ、Ⅵ、Ⅷ、Ⅸ—衬砌

中柱法施工的总体原则是“小分块、短台阶、早成环”。柱洞断面尽量圆顺且要满足梁柱施工需求,宜在中洞顶部二次结构完成后再开挖下台阶和施作仰拱底部结构。此法存在两个争议点:其一,两柱洞应该纵向错开还是对称施作;其二,两侧洞与中洞究竟应该先施作哪一部。其实各有其理,只要在梁柱体系形成后注重荷载对称,结构早闭合即可。初步的实践证明,两柱洞以对称施工为宜,先施作中洞比先施作侧洞有利,其理由:一是便于掌控荷载对称,二是便于早闭合,减跨作用明显,三是便于管理协调,四是便于初期支护钢架同步。

7. 洞桩(PBA)法

该法又称洞柱法,也称双侧边桩导洞法。该法是在地表不具备施工明挖桩围护基坑的条件下,将明挖桩围护框架结构的工法与暗挖法结合,在地下先行暗挖的导洞内施作围护边桩、桩顶纵梁,然后使围护桩、桩顶纵梁、顶拱共同构成桩(pile)、梁(deam)、拱(arc)框架支撑体系(取其三个单词的首位字母大写形成 PBA),共同承受施工过程的外部荷载。然后在顶拱和边桩的保护下,逐层向下挖掘(必要时设预加力横向支撑),进行内部结构施工,最终形成由外层边桩及拱顶初期支护和内层现浇混凝土或钢筋混凝土结构组合而成的永久承载体系。该法适用于无水或降、疏水后的非岩石地层、跨度不太大的矩形或近似矩形结构洞室施工。例如北京地铁复八线的天安门西站、王府井站及地铁十号线的劲松站、工体北路站、呼家楼站、光华路站、国贸站和苏州街站等采用了 PBA 工法施工。

(1)施工特点

① 在非强透水地层中,将有水地层的施工变为无水或少水施工,避免因长期大量降水引起的地表沉降和费用增大,有利于保护地下水资源和降低施工费。

② 以桩作支护有利于施工安全和控制地层沉降,避免中洞法、CD、CRD、双侧壁导坑法等

多次开挖引起地面沉降量过大的缺陷和降低初期支护的刚度。

③ 与 CRD、双侧壁导坑法等相比，此法拆除临时工程量相对较少，结构受力条件也好，相对经济合理。

④ 对结构层数限制少，对保护暗挖结构附近的地下构筑物安全有利。

⑤ 在桩、梁、拱承载体系形成后，有较大的施工空间，便于机械化作业，从而加快施工进度。

⑥ 在地下水位线以上的导洞内施工孔桩，利用其“排桩效应”对两侧土体起到了支挡作用，可减少因流沙、地下水带来的施工安全隐患。

(2)方法和步骤

施工总原则是少分块、快封闭，尽量减少荷载转换次数和地层被扰动的次数。导洞掘进和主拱施工遵循“管超前、严注浆、短开挖、强支护、快封闭、勤量测”及“先护后挖，及时支撑”的原则。

从竖井进入两侧导洞施工，导洞贯通后进行钻孔灌注桩的施工、凿除桩头以及进行桩顶钢筋混凝土纵梁的施工。以此为依托在导洞内施工主体结构的钢架拱脚，回填支护后背与导洞初期支护之间空隙。采用注浆小导管加固拱部地层，开挖上部土体，施作车站主体上部初期支护(以下简称主拱)，并与两侧拱边段联成整体。在主拱的保护下开挖土体并施作中板和上部拱墙二次衬砌结构。分层实施下部开挖，分层架设横撑和实施桩间初期支护，然后进行下部主体结构施工，施工工序如图 2.12 所示。

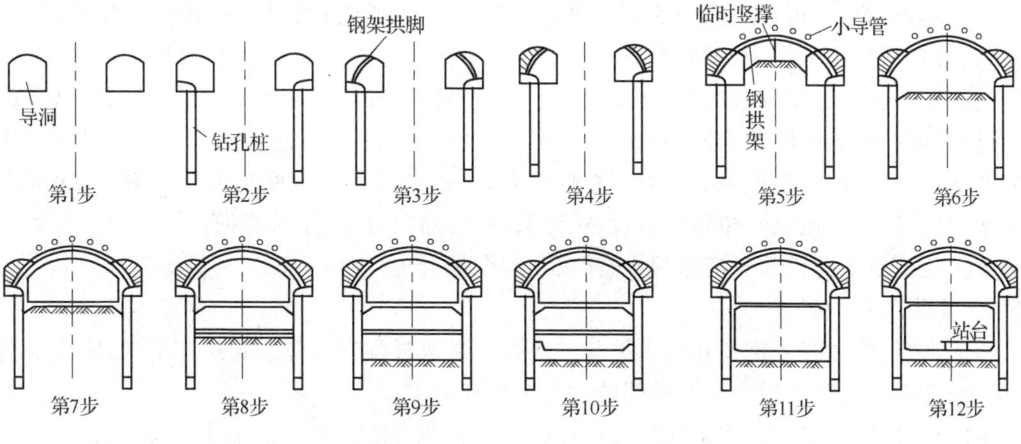

图 2.12 PBA 工法施工步骤图

PBA 工法施工具体步骤如下：

第 1 步：超前注浆小导管加固地层，然后采用台阶法开挖桩顶导洞，格栅喷混凝土支护。

第 2 步：导洞开挖支护完成后，用特制和改进的钻机由内向外跳孔施工钻孔桩，导管法灌注水下混凝土，凿除桩头后，施作桩顶纵梁。

第 3 步：在导洞内施作主拱格栅钢架拱脚(即拱边段)，与导洞格栅钢架预留接头相连。

第 4 步：浇筑拱边段混凝土后再进行背后回填。

第 5 步：超前注浆小导管加固地层后采用弧形导坑法开挖导洞间的拱部土体，施作初期支护，必要时设置临时竖撑。

第 6 步：拆除临时竖撑后向下开挖至中板下一定距离，拆除永久结构断面内导洞格栅钢架，拆除长度应根据监控量测严格控制。

第 7 步:依次施作拱墙部防水层、中板底模、中板浇筑、拱墙浇筑,预留边墙钢筋和防水层。

第 8 步:向下开挖至钢管撑高程下 0.5 m,桩间喷射 50 mm 厚 C20 混凝土找平,必要时进行桩间注浆加固、架设腰梁及钢管撑。

第 9 步:继续下挖至基底高程,桩间喷混凝土,施作底板垫层。

第 10 步:铺设底板防水层及其保护层,浇筑底板及部分边墙混凝土,边墙水平施工缝应高出底板面 1.5 m 以上。

第 11 步:待底板达到设计强度 70%以上,跳拆横撑及腰梁,铺侧墙防水层,浇筑侧墙混凝土并与上层边墙相接。

第 12 步:施作站台板等车站内部结构,完成车站土建施工全部内容。

(3)关键技术

① 导洞开挖

施工难点:控制开挖所引起的地面沉降,确保地下管线和周边环境安全稳定。

主要对策:第一,确定合理的开挖顺序,先施作近桥桩侧导洞,超前另一侧导洞不小于 10 m;第二,坚持先护后挖的原则分台阶开挖,加强初期支护,早封闭成环,控制导洞的沉降和变形;第三,根据监控量测反馈信息调整支护参数和施工方法,以此作为安全保证的主要手段。

② 孔桩施工

施工难点:导洞空间狭小,成孔困难。

主要对策:第一,根据洞内作业空间和地质情况选用或改进钻机,提高成孔效率和质量。第二,确定合理的钻桩顺序,做好水下混凝土施工。为防止对临近已成孔的扰动,采用由内向外的跳孔施工。钢筋笼分节吊装,现场连接。针对拆除钻杆与吊装钢筋笼的时间长,易造成坍孔、沉渣厚度控制难的问题,采用泵吸清孔和压举翻起沉渣的方式进行处理。加强对各操作环节协调指挥,避免因混凝土泵送距离长造成堵管,规避各种可能的断桩风险。第三,导洞内场地狭窄,应分区域分段纵向布置钻机设备、泥浆箱、管路及道路,用砖墙把钻桩作业区和运输道路分开。孔桩施工完后及时清除积水、浮浆和剩余混凝土,确保高效和文明施工。

③ 主拱施工

施工难点:解决好主拱在初期支护与二次衬砌形成过程中的体系转换和平衡,防止结构变形、失稳和破坏,避免出现地面及拱部的过量沉降和坍塌。

主要对策:第一,遵循"先护后挖,及时支撑"的原则,少分部开挖、快封闭、早成环。第二,做好超前地质预报,探明前方的水文地质情况,若存在滞水,通过探孔排出;接近管线位置时,实施超前管线探测,采取小导管加密注浆、加密格栅钢架、设双层钢筋网、掌子面注浆等支护措施进行保护。第三,坚持信息化施工,根据信息反馈调整支护参数,如果变形量和变形速率超过管理值时,立即采取应急预案,包括加强超前支护、初期支护、增设临时支撑、改变开挖步骤、修改施工方案等。第四,拆除临时支撑时,对相应部位加强监控量测。

④ 交叉口施工

施工难点:交叉口处荷载转换复杂,结构易失稳;开口跨度大,操作空间小,对车站整体的施工组织和工期影响大。

主要对策:第一,交叉口采用组合拱梁结构,钢筋混凝土拱脚支承在纵梁上,水平梁连接初期支护格栅并分担荷载;主拱开挖时设置侧向开口加强环和临时竖撑,侧向开口加强环拱脚支承在纵梁上。第二,侧向开口采用 6 m 管棚加固与注浆,环向破除混凝土设置开口加强环，主拱开挖时设置两排临时竖撑，竖撑置于导洞壁上；主拱施工时支护 10～20 m 交叉口组合拱梁；圈梁站厅层成环后破除立体交叉拱梁侵入二衬断面部分，拆除临时竖撑，开挖核心土，施作通道二次衬砌。第三，及时开挖联络通道，在左右线间创造平行作业条件，以便加快施工进度。

⑤ 站台层结构防水和混凝土浇灌

施工难点：在逆作施工缝处受空间限制，施工中防水板的预留和保护困难，施工缝处的防水质量不容易保证等。由于混凝土收缩的原因，在上、下部施工缝处混凝土很难浇灌密实而出现空隙，从而造成质量缺陷和安全隐患。

主要对策：第一，施工缝设在受剪力较小且便于施工的部位，便于边墙混凝土的施工，逆作施工缝留成台阶形式或斜缝；第二，施工缝处采用双道遇水膨胀嵌缝胶止水条或预埋回填注浆管等防水措施。

⑥ 监控量测

在施工降水、导洞开挖、主体拱部开挖、拆除临时支撑、主拱施工各阶段，分别进行地表下沉、拱顶下沉、桥桩沉降、管线沉降、水平收敛等项目的监控量测。

8. 双侧壁桩、梁柱导洞法(PBPA)

该法是中柱法与洞桩法(PBA)的结合，其原理和做法只是在两列边桩之间设有柱子，其程序与洞桩法相似，仅是增加了柱梁和拱跨。适用于多跨矩形或近似矩形结构，如图 2.13 所示。

其技术特点基本与洞桩法相同，施工时应注意荷载对称、拱跨同步施工即可。

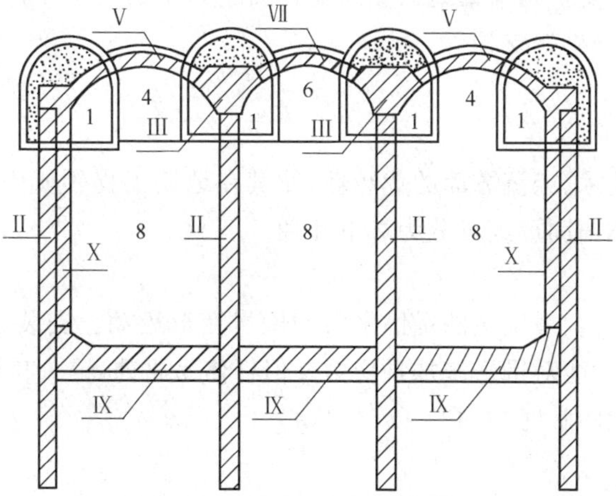

图 2.13　双侧壁桩、梁柱导洞法(PBPA)示意图

1、4、6、8—开挖断面；Ⅱ、Ⅲ、Ⅴ、Ⅶ、Ⅸ、Ⅹ—衬砌

9. 中洞法

该法又称中导洞法，也称中洞—台阶法，是先行开挖中导洞，在导洞内完成中隔墙或梁柱体系施作，以中墙或梁柱体系作为两侧洞的侧墙，再以台阶法施作两侧洞的支护。该法主要适用于Ⅲ～Ⅳ级地层中的连拱洞室，如地铁车站、地铁区间合建段、公(铁)路中较短的连拱隧道或洞口段大断面单洞变联拱段、地下停车(商)场等，如图 2.14 所示。

该法之所以适用于Ⅲ～Ⅳ级围岩，主要是考虑到：①在Ⅰ～Ⅱ级地层中可能设计为一个大断面，可以按照侧洞法、单洞施作的台阶法或全断面施工法进行施工；②为便于中墙(或柱)混凝土施工，连接件预埋、安装及防水层铺设，一般应以椭圆、半圆等较圆顺、高度大于中墙

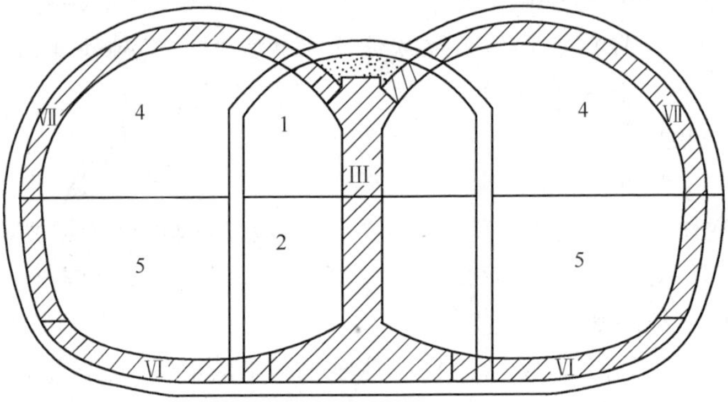

图 2.14　中洞法示意图

1、2、4、5—开挖断面；Ⅲ、Ⅵ、Ⅶ—衬砌

1.0 m以上、宽度不低于 5 m 等设置中洞断面；③中洞超前侧洞 50～100 m 为宜，当然中短隧道则可中洞先行贯通，两侧洞开挖作业纵向间距不宜低于 15 m，以利于安全施工。

中隔墙或梁柱体系背后回填密实对施工和结构安全至关重要。

工作任务 2.3　浅埋暗挖法的初期支护

浅埋暗挖法的初期支护是保证地铁隧道能否安全施工的关键工序，常用的方法有锚杆支护、喷射混凝土支护和钢拱架支护等。

2.3.1　锚杆支护

锚杆(索)支护在技术、经济方面的优越性，使其在地铁工程领域中得到广泛应用和发展。锚杆种类按其与支护体锚固形式可分为如下几种。

1. 端头锚固式

端头锚固锚杆利用内、外锚头的锚固来限制围岩变形松动。安装容易，工艺简单，安装后即可以起到支护作用，并能对围岩施加预应力。但杆体易腐蚀，锚头易松动，影响长期锚固力，一般用于硬岩地下工程的临时加固。

2. 全长黏结式

全长黏结式锚杆采用水泥砂浆(或树脂)作为填充黏结料[图 2.15(a)]，不仅有助于锚杆的抗剪和抗拉以及防腐蚀作用，而且具有较强的长期锚固能力，有利于约束围岩位移。安装简便，在无特殊要求的各类地下工程中，可大量用于初期支护和永久支护。

3. 摩擦式

摩擦式锚杆是用一种沿纵向开缝(或预变形)的钢管[图 2.15(b)]，装入比钢管外径小的钻孔内，对孔壁施加摩擦力，从而约束孔周岩体变形。安装容易，安装后立即起作用，能及时控制围岩变形，又能与孔周变形相协调。但其管壁易锈蚀，故一般不适于用作永久支护。

4. 早强药包内锚头锚杆

早强药包内锚头锚杆是以快硬水泥卷或早强砂浆卷或树脂作为内锚固剂的内锚头锚杆，其构造如图 2.15(c)所示。

5. 混合式

混合式锚固是端头锚固方式与全黏结锚固方式的结合使用，它既可以施加预应力，又具有全长黏结锚杆的优点。但安装施工较复杂，一般用于大体积、大范围工程结构的加固。

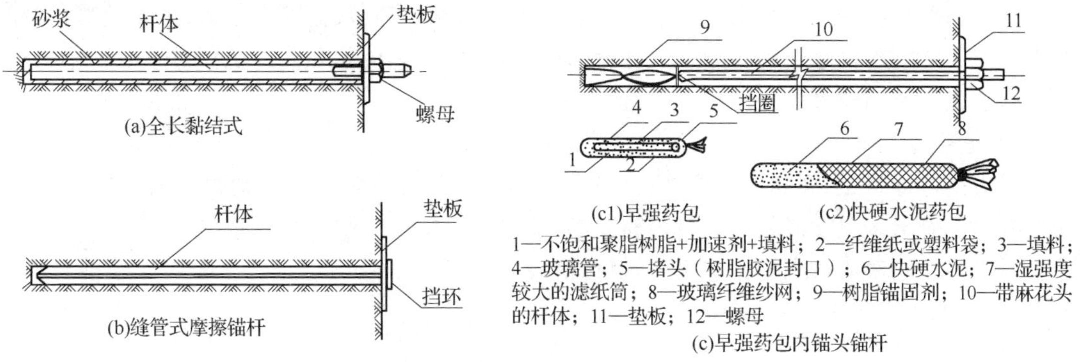

图 2.15　几种常见锚杆示意图

2.3.2　喷射混凝土支护

喷射混凝土是使用混凝土喷射机，按一定的混合程序，将掺有速凝剂的细石混凝土喷射到岩壁表面上，并且迅速固结为一层支护结构，从而对围岩起到支护作用。图 2.16 为喷射机和搅拌机配套喷射混凝土示意图。

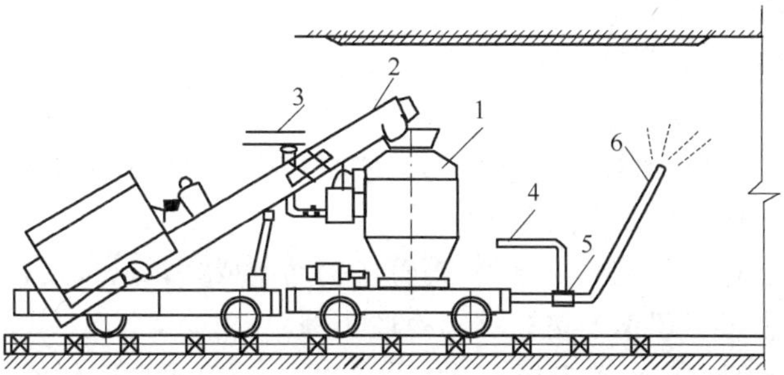

图 2.16　喷射机和搅拌机配套喷射混凝土示意图

1—喷射机；2—搅拌转载机(C3Y 型)；3—压风管；
4—供水管；5—混合管；6—料管

喷射混凝土可以作为隧道围岩中的临时支护和永久支护，也可以与各种形式的锚杆、钢拱架、钢筋网等构成复合式支护结构。它的灵活性很大，可以根据需要分次追加厚度。喷射工艺种类有干喷、潮喷、湿喷和混合喷四种。主要区别是各工艺的投料程序不同，尤其是加水和速凝剂的时机不同。

钢纤维喷混凝土是一种很适合用作隧道支护的材料，它能将脆性的混凝土材料改造成韧性材料，柔性的喷层再加上韧性就能有效地吸收和控制底层的变形。喷射钢纤维混凝土已在地铁施工中广泛应用。

1. 干喷

干喷是将骨料、水泥和速凝剂按一定比例在不加水的情况下搅拌均匀，然后装入喷射机，用压缩空气使干集料在软管内呈悬浮状态压送到喷仓，再在喷嘴处与高压水混合，以较高速度喷射到岩面上。

干喷的缺点是产生的粉尘量和回弹量大，加水是由喷嘴处的阀门控制的，水灰比的控制程度与喷射手操作的熟练程度有关。但使用的机械较简单,机械清洗和故障处理比较容易。

2. 潮喷

潮喷是将骨料预加少量水,使之呈潮湿状,再加水泥拌和,从而降低上料、拌和及喷射时的粉尘。但大量的水仍是在喷头处加入和喷出的,其喷射工艺流程和使用机械与干喷工艺相同。目前施工现场使用较多的是潮喷工艺。

3. 湿喷

湿喷是将骨料、水泥和水按设计比例拌和均匀,用湿式喷射机压送到喷头处,再在喷头添加速凝剂后喷出。湿喷混凝土质量容易控制,喷射过程中粉尘和回弹量很少,是当前发展应用的喷射工艺。但对喷射机械要求较高,机械清洗和故障处理较麻烦。对于喷层较厚的软岩和渗水隧道,则不宜使用湿喷。

4. 混合喷射

混合喷射又称水泥裹砂造壳喷射法,它是将一部分砂加第一次水拌湿,再投入全部水泥强制搅拌造壳;然后加第二次水与减水剂拌和成二次砂浆;将另一部分砂、石和速凝剂强制搅拌均匀,然后分别用砂浆泵和干式喷射机压送到混合管混合后喷出。混合喷射是分次投料搅拌工艺与喷射工艺的结合,其关键是水泥裹砂造壳技术。混合喷射工艺使用的主要机械设备与干喷工艺基本相同,但混凝土的质量比干喷混凝土质量要好,粉尘和回弹率大幅度降低。缺点是使用机械数量较多,工艺较复杂,机械清洗和故障处理很麻烦。因此混合喷射工艺一般只用于喷射混凝土量大和大断面隧道工程中。

2.3.3 钢拱架支护

钢拱架是对锚喷复合衬砌的再加强。钢拱架整体刚度大,能很好地与锚杆、钢筋网、喷射混凝土结合,形成可靠的初期复合衬砌。

钢拱架的构造可以采用型钢、工字钢、钢管或钢筋制成。现场采用以钢筋制作的格栅钢架较多。图 2.17 所示为某工程钢筋格栅拱架构造实例。

在暗挖法施工的地铁隧道中,目前最常用的初期支护形式是锚杆加喷射混凝土,对自稳性较差的软弱围岩,可在喷射混凝土中加入钢纤维或在锚杆端部挂设钢筋网,然后再喷射混凝土;对自稳性很差的软弱围岩,在开挖前要采取辅助加固措施,在开挖后,有时还采用钢拱架加锚喷联合支护的措施。

2.3.4 注意事项

结合有关地铁隧道施工经验,应遵循“管超前、严注浆、短开挖、弱爆破、强支护、快封闭、勤测量、速反馈”的施工原则。针对工程地质条件,地面建筑物密集的特点,施工时应注意以下几点:

(1)根据地质条件变化情况、地层变位监测结果适时调整施工方法和支护参数,确保施工安全。

(2)开挖上断面时,尽可能缩短台阶长度,及早形成封闭结构。

(3)大管棚选用锚索钻机钻孔,以确保管棚一次性贯穿隧道浅埋地段,减少循环。注浆时严格控制注浆压力,既能达到固结破碎岩体,也可防止注浆压力过大引起地表隆起而破坏房屋。

(4)钻爆开挖时,严格按微振控爆施工,控制同段最大装药量,采用高精度非电毫秒编排起爆网络,消除爆破引起的共振现象。同时利用起爆延时人为造成振动波形成的倒相干扰,避免振速过大引起地面房屋开裂和压缩地层产生过大地面沉降。

(5)加强爆破振动对建筑物振动的监测及地面建筑物水平位移与沉降观测,及时反馈并指导施工。

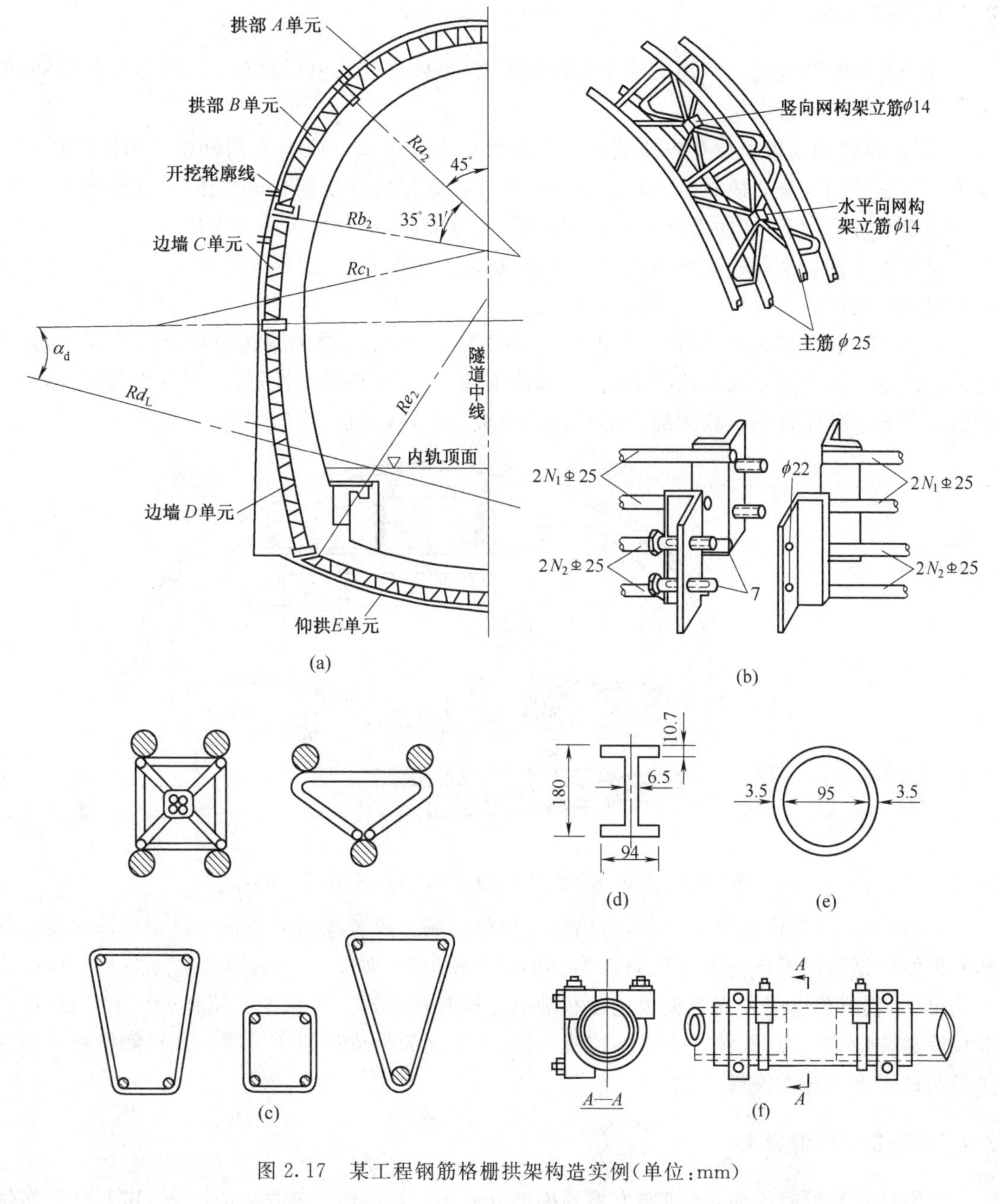

图 2.17　某工程钢筋格栅拱架构造实例(单位:mm)

工作任务 2.4　浅埋暗挖的二次支护

按照浅埋暗挖法施工原理,作为复合受力的二次支护是在围岩或围岩加支护稳定后施作的,此时隧道已成形,因此二次支护多采用顺作法,即由下到上,先墙后拱顺序连续灌筑。在隧道纵向,则需要分段进行,分段长度一般为 9～12 m。二次支护多采用模筑混凝土作为内层衬砌。顺作法模筑混凝土二次支护,须配有足够的混凝土连续生产能力,和相应便于组装就位的模板。施工程序简化,衬砌整体性和受力条件较好。

2.4.1　施工机械

模筑混凝土衬砌施工常用的施工机械主要有:整体移动式模板台车、穿越式(分体移动)模板台车和拼装式拱架模板。

(1)整体移动式模板台车主要适用于全断面一次开挖成形或大断面开挖成形的隧道衬砌施工中。它采用大块曲模板、机械或液压脱模、背附式振捣设备集装成整体,并在轨道上行走,有的还设有自行设备,从而缩短立模时间,墙拱连续灌注,加快衬砌施工速度。

模板台车的长度即一次模筑段长度,应根据施工进度要求、混凝土生产能力和灌注技术要求以及曲线隧道的半径等条件来确定。

(2)穿越式(分体移动)模板台车的生产能力大,可配合混凝土输送泵联合作业,是较先进的模板设备。但其尺寸大小比较固定,可调范围较小,影响其适用性,且一次性设备投资较大。我国有些施工单位自制了较为简单的穿越式模板台车,效果也很好,如图 2.18 所示。

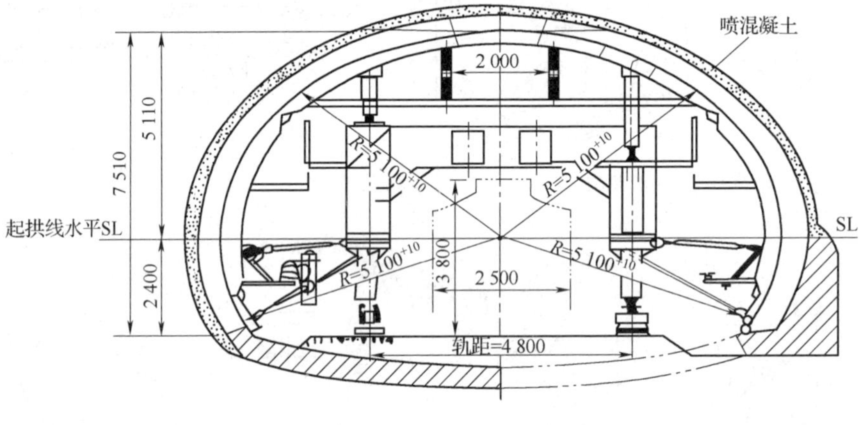

图 2.18　穿越式分体移动模板台车示意图(单位:mm)

(3)拼装式拱架模板设备简单,常由施工单位自制。拼装式拱架模板的拱架可采用型钢制作或现场用钢筋加工成桁架式拱架。为便于安装和运输,常将整个拱架分解为 2～4 节,进行现场组装,其组装连接方式有夹板连接和端板连接两种形式。为减少安装和拆卸工作量,可以做成简易移动式拱架,即将几个拱架连成整体,并安设简易滑移轨道。拼装式拱架模板多采用工厂制作定型组合钢模板。

2.4.2　灌筑衬砌混凝土

在灌注衬砌混凝土时,虽然要求将超挖部分回填,但由于操作方法的原因,其中有些部位并不可能回填得很密实,这种现象在拱顶背后一定范围内较为突出。因此,要求在衬砌混凝土达到设计强度后,向这些部位进行压浆处理,以使衬砌与围岩密贴(全面紧密接触),达到限制围岩后期变形、改善衬砌受力工作状态的目的。

仰拱位于隧道断面的拱底,在侧压和底压较大时,应及时修筑仰拱使衬砌环向封闭,避免边墙挤入造成开裂甚至失稳。但仰拱和底板施工占用洞内运输道路,对前方开挖和衬砌作业的出渣、进料造成干扰。因此，应对仰拱和底板的施作时间、分块施工顺序和运输的干扰问题进行合理安排。

底板提供地下铁道的路基，仰拱和底板的灌注可以纵向分条、横向分段进行。纵向通常可分为左右两部分，交替进行；横向分段长度应视边墙施工缝、伸缩缝、沉降缝及运输要求来确定。当侧压力较大时，底部开挖分段长度不能太长，以免墙脚挤入。为方便施工，仰拱和底板可以合并灌注，但应保证仰拱混凝土强度符合设计要求。

灌注仰拱和底板时，必须把隧道底部的虚渣、杂物及淤泥清除干净，排除积水。超挖部分应用同级混凝土或片石混凝土灌注密实。

隧道衬砌混凝土的灌注应注意以下几点：

(1)保证捣固密实，使衬砌具有良好的抗渗防水性能，尤其应处理好施工缝。

(2)整体模筑时，应注意对称灌注，两侧同时或交替进行，防止未凝固的混凝土对拱架模板产生偏压而使衬砌尺寸不符合要求。

(3)若因故不能连续灌注，则应按规定进行接茬处理。衬砌接茬应顺着半径方向。

(4)边墙基底以上 1 m 范围内的超挖，宜用同级混凝土同时灌注。其余部分的超、欠挖应按设计要求及有关规定处理。

(5)衬砌分段的施工缝应与设计沉降缝、伸缩缝及设备洞位置统一考虑，合理确定。

(6)多数情况下隧道施工过程中洞内的湿度能够满足混凝土的养护条件。但在干燥无水的条件下，则应注意进行洒水养护。采用普通硅酸盐水泥拌制的混凝土，其养护时间一般不少于 7 d；掺有外加剂或有抗渗要求的混凝土，一般不少于 14 d。养护用水温度应与环境温度基本相同。

(7)二次支护的拆模时间应根据混凝土强度增长情况来确定。一般在混凝土强度达到 2.5 MPa时方可拆模。有承载要求时，应根据具体受力条件来确定。

工作任务 2.5　超前支护施工

对地铁隧道工作面实施直接开挖，是以良好地质条件为前提的，但事实上这个假定只能是对稳定性较好的围岩才成立，对于软弱破碎围岩则不然。在这种情况中，即使是采取短进尺开挖，开挖面也会向下坍塌。其结果是造成支护和开挖面前方的更大坍塌，甚至影响后方施作支护部分的稳定或波及地表沉陷。当地下水丰富时，这种情况就更为严重。隧道工程事故主要来自于这一阶段。

为此，对软弱破碎围岩，需采取一些辅助稳定措施。例如：在开挖过程中留核心土稳定工作面，施作超前锚杆来锚固前方围岩，临时仰拱及时封闭，利用管棚超前支护前方围岩，注浆加固围岩和堵水等。以下对较常用的超前锚杆(或小钢管)、管棚、超前小导管注浆技术进行介绍。

2.5.1　超前锚杆(或小钢管)

超前锚杆是沿开挖轮廓线，将锚杆以一定的外插角斜向插入前方，即在开挖的轮廓外周形成对前方围岩的预锚固，使得开挖面的开挖作业在提前形成的围岩锚固圈保护下进行。

超前锚杆(或小钢管)预支护的柔性较大，整体刚度较小。锚杆可以与系统锚杆焊接以增强其整体性，但在围岩应力较大时，其后期支护刚度仍不够大。因此，这种超前支护主要适用于围岩应力较小、地下水较少、岩体软弱破碎和开挖工作面有可能坍滑的隧道施工中,适合用中小型机械施工。

超前锚杆(或小钢管)的设计参数包括直径、超前量、环向间距、外插角等,应视围岩类别、施工断面大小、开挖循环进尺和施工条件等以及参照经验资料综合选用。一般超前长度为循环进尺的3～5倍,搭接长度宜为超前长度的40%～60%,即大致形成双层或双排锚杆。

超前锚杆(或小钢管)的设置应充分考虑岩体结构面特性,一般可以仅在拱部设置,必要时也可以在边墙局部设置。超前锚杆(或小钢管)纵向两排的水平投影,应有不小于1.0 m的搭接长度,如图2.19所示。

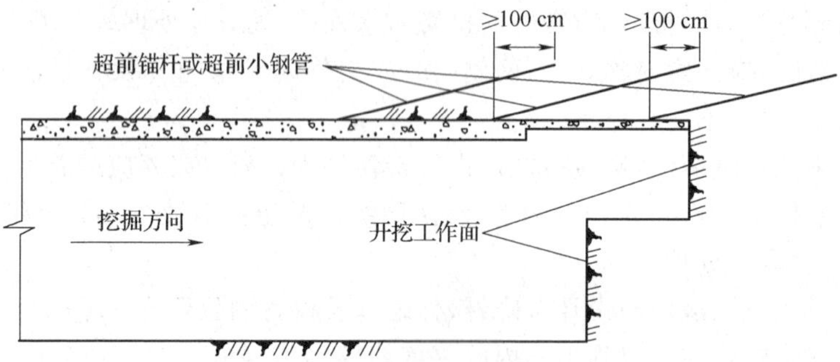

图2.19　超前锚杆(或小钢管)支护布置示意图

超前锚杆(或小钢管)支护宜和钢拱架支撑配合使用,并从钢拱架腹部穿过。超前锚杆宜采用早强砂浆锚杆,使其提早发挥超前支护的作用;超前小钢管应平直、尾部焊箍、顶部呈尖锥形状。在安设前应检查小钢管尺寸,钢管顶入钻孔长度不应小于小钢管长度的90%。

超前锚杆(或小钢管)尾端一般置于钢架腹部或焊接于系统锚杆尾部的环向钢筋上,以增强共同支护作用。超前锚杆可根据围岩具体情况,采用双层或三层超前支护。

2.5.2 管　　棚

管棚是利用钢管或钢插板作为纵向支撑、钢拱架作为横向环形支撑的一种复合衬砌形式。管棚结构的纵、横向整体刚度较大,能阻止和限制围岩变形,并能提前承受早期围岩压力。管棚适用于特殊困难地段,如极破碎岩体、塌方体、岩锥地段、砂土质地层、强膨胀性地层、流变性地层、裂隙发育岩体、断层破碎带、浅埋大偏压等围岩条件。上述地段宜在管内辅以灌浆效果将会更好。如遇流塑状岩体或岩溶严重流泥地段,采用管棚与围岩预注浆相结合措施也是行之有效的预支护方法,如图2.20所示。

此外,一般在无胶结的土质或砂质围岩中,可采用钢插板封闭;在地下水较多时,则可采用钢管注浆堵水和加固围岩。短管棚一次超前量较少,与开挖作业交替进行,占用循环时间较多,而钻孔安装或顶入安装短管棚则比较容易。长管棚一次超前量比较大,可减少安装钢管次数,并减少与开挖作业之间的干扰,适用于大中型机械进行大断面开挖的隧道施工。

管棚预支护结构设计要点:管棚支护结构一般按松弛荷载理论进行设计。根据围岩地质施工条件及力学计算,如需要可在钢管内灌注水泥砂浆或混凝土,也可放置钢筋笼并灌注水泥砂浆,这样可增加钢管刚度;钢管直径宜选用80～180 mm,钢管中心距离为30～50 cm,钢管长度一般为10～45 m。当采用分段连接时,可采用长4～6 m钢管,并用丝扣连接,丝扣长度

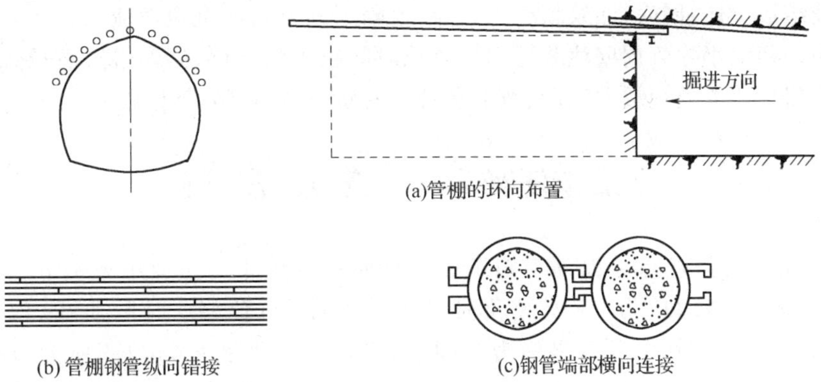

图 2.20　管棚支护示意图

不小于 15 cm；纵向两组管棚间应有不小于 1.5 m 的水平搭接长度。钢管宜采取沿隧道开挖轮廓纵向接近水平方向设置，外插角 1°～2°；钻孔孔径比钢管直径大 2～3 cm，环向间距 20～80 cm，钢拱架常采用工字钢拱架或钢筋格栅。

2.5.3　超前小导管注浆

超前小导管注浆施工是在工作面开挖前，先对工作面及一定长度（通常 5 m）范围内的坑道喷射厚为 5～10 cm 的混凝土，或采用模筑混凝土封闭，然后沿开挖外轮廓线（即坑道周边）向前以一定角度打入管壁带小孔的小导管，并以一定压力（注浆压力为 0.5～1.0 MPa）向管内压注起胶结作用的浆液，待浆液硬化后，坑道周围岩体便形成了具有一定厚度的加固圈。此加固层能起超前预支护作用，在其保护下即可安全的进行开挖作业，如图 2.21 所示。

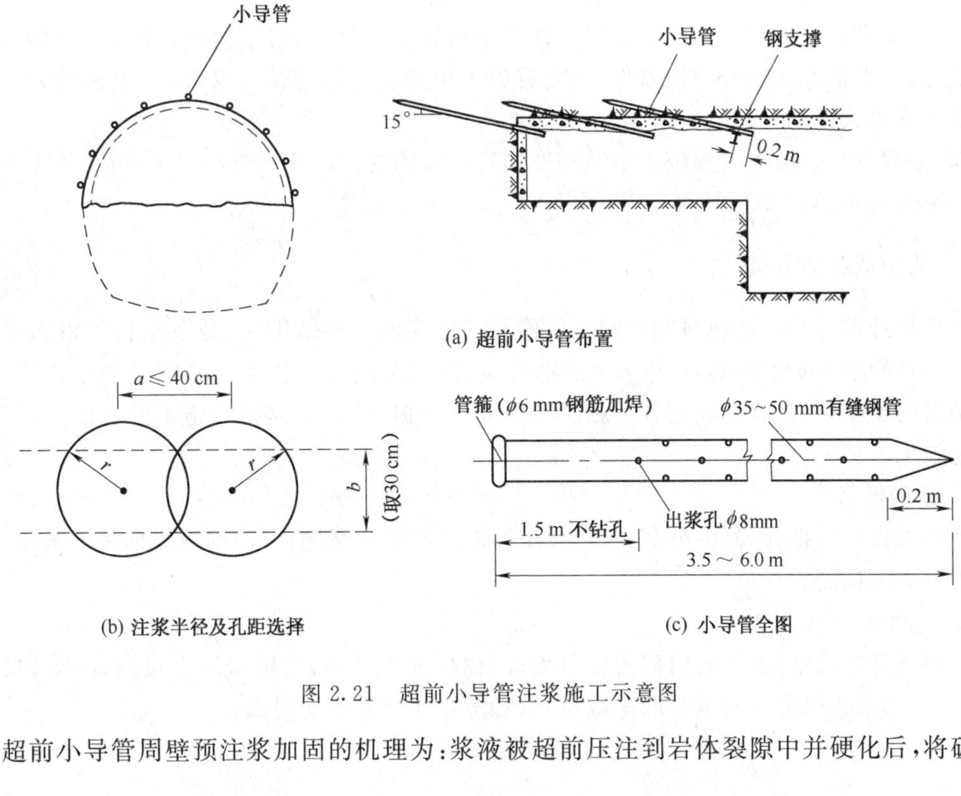

图 2.21　超前小导管注浆施工示意图

超前小导管周壁预注浆加固的机理为：浆液被超前压注到岩体裂隙中并硬化后，将破碎岩块或颗粒胶结成整体,同时,注浆填充了裂隙,阻隔了地下水向坑道渗流的通道,起到了堵水、防水的作用。超前小导管周壁注浆适用于自稳时间很短的砂层、砂卵(砾)石层、断层破碎带、软弱围岩浅埋地段或处理塌方地段、地下水较多的软弱破碎围岩等地段。

工作任务2.6　监控量测

应用监控量测信息指导设计与施工是浅埋暗挖法施工的重要组成部分。根据监控量测的各种变量如位移、应力、应变等及时绘出动态曲线:位移—时间曲线、应力—时间曲线、应变—时间曲线,其中以横坐标为时间,纵坐标为各类变量(位移、应力、应变)。这些曲线可能形成极不规则的散点连线,如果将工序标在水平坐标上,就可以看出各工序对隧道变形的影响。这个散点图作为分析的第一手原始资料,是判断地层是否稳定的重要依据。

2.6.1　监控量测的目的

监控量测在施工中有着极其重要的作用,其目的有:

(1)保证施工安全。浅埋暗挖法施工的地铁区间隧道对周边环境会产生不同程度的影响,因此通过及时、准确的现场监测结果判定地铁隧道结构及周边环境的安全,并及时反馈指导施工,调整设计和施工参数是非常重要的,可以减小对周边环境变形的影响保证施工安全。

(2)量测施工引起的地表变形。根据地表变形的发展趋势决定是否采取保护措施,同时为确定经济合理的保护措施提供理论依据。

(3)控制各项监测指标。根据已有经验及规范要求,检查施工中各项环境控制指标是否超过规定范围,并在发生环境事故时提供有效的仲裁依据。

(4)验证和修正支护结构设计方案。地下结构施工设计中采用的设计原理与现场实测的结构受力、变形情况往往有一定差异,因此将施工中的监测信息及时反馈,对于设计方案的完善和修正有很大帮助。

(5)工程总结。地下工程施工中结构及周边环境的受力和变形资料对于设计、施工及总结经验有很大的帮助。

2.6.2　监控量测的分类

监控量测可分为必测项目和选测项目两类。监测的主要范围是:地下结构物纵向中心线两侧 30 m 范围内的地下、地面建(构)筑物管线、地面及道路。各项观测数据相互验证,确保监测结果的可靠性,为合理确定各项施工参数提供依据,达到反馈指导施工的目的,真正做到信息化施工。

1. 必测项目

必测项目应包括:①洞内外观察;②水平相对净空变化量测;③浅埋地段地表下沉量测;④拱顶相对下沉量测。

2. 选测项目

选测项目应包括:①围岩内部变形量测;②锚杆轴力量测;③围岩压力量测;④支护、衬砌应力量测;⑤钢架内力及所承受的荷载量测;⑥围岩弹性波速度测试。

2.6.3　监控量测项目、测点布置与量测频率

地铁隧道施工前应根据埋深、地质、地面环境、开挖断面和施工方法，参考表 2.1 的测量项目，拟定监控量测方案。隧道断面上监控量测的测点布置可参照图 2.22 所示。

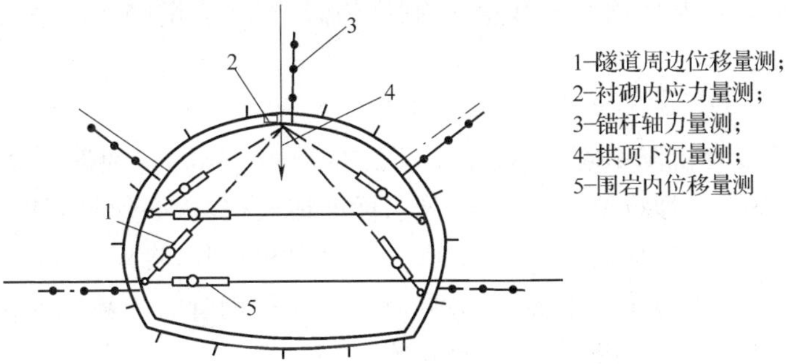

图 2.22　测点布置示意图

表 2.1　监控量测项目和量测频率

类别	量测项目	量测仪器和工具	测点布置	量测频率
必测项目	围岩及支护状态	地质描述及拱架支护状态观察	每一开挖环	开挖后立即进行
	地表、地面建筑、地下管线及构筑物变化	水准仪和水平仪	每 10～50 m 一个断面，每断面 7～11 个测点	开挖面距量测断面前后＜2B 时 1～2 次/d 开挖面距量测断面前后＜5B 时 1 次/2 d 开挖面距量测断面前后＞5B 时 1 次/周
	拱顶下沉	水准仪、钢尺等	每 5～30 m 一个断面，每断面 1～3 个测点	开挖面距量测断面前后＜2B 时 1～2 次/d 开挖面距量测断面前后＜5B 时 1 次/2 d 开挖面距量测断面前后＞5B 时 1 次/周
	周边净空收敛位移	收敛计	每 5～100 m 一个断面，每断面 2～3 个测点	开挖面距量测断面前后＜2B 时 1～2 次/d 开挖面距量测断面前后＜5B 时 1 次/2 d 开挖面距量测断面前后＞5B 时 1 次/周
	岩体爆破地面质点振动速度和噪声	声波仪及测斜仪等	质点振速根据结构要求设点，噪声根据规定的测距设点	隧道爆破及时进行
选测项目	围岩内部位移	地面钻孔安放位移计、测斜仪等	取代表性地段设一断面，每断面 2～3 孔	开挖面距量测断面前后＜2B 时 1～2 次/d 开挖面距量测断面前后＜5B 时 1 次/2d 开挖面距量测断面前后＞5B 时 1 次/周
	围岩压力及支护间应力	压力传感器	每代表性地段设一断面，每断面 15～20 个测点	开挖面距量测断面前后＜2B 时 1～2 次/d 开挖面距量测断面前后＜5B 时 1 次/2 d 开挖面距量测断面前后＞5B 时 1 次/周
	钢筋格栅拱架内力及外力	支柱压力计或其他测力计	每 10～30 榀钢拱架设一对测力计	开挖面距量测断面前后＜2B 时 1～2 次/d 开挖面距量测断面前后＜5B 时 1 次/2 d 开挖面距量测断面前后＞5B 时 1 次/周
	初期支护、二次衬砌内应力及表面应力	混凝土内的应变计及应力计	每代表性地段设一断面，每断面 11 个测点	开挖面距量测断面前后＜2B 时 1～2 次/d 开挖面距量测断面前后＜5B 时 1 次/2d 开挖面距量测断面前后＞5B 时 1 次/周
	锚杆内力、抗拔力及表面应力	锚杆测力计及拉拔器	必要时进行	开挖面距量测断面前后＜2B 时 1～2 次/d 开挖面距量测断面前后＜5B 时 1 次/2 d 开挖面距量测断面前后＞5B 时 1 次/周

注：1. B 为隧道开挖跨度；2. 地质描述包括工程地质和水文地质。

2.6.4　监控量测方法

浅埋暗挖法施工隧道开挖后，地层中的应力扰动区延伸至地表，围岩力学形态的变化在很大程度上反映于地表沉降，且地表沉降可以反映隧道开挖过程中围岩变形的全过程。尤其是对于城市地下工程，若在其四周地表有建筑物时就必须对地表沉降情况进行严格的监测和控制，以保证施工安全。

1. 基点埋设

首先，基点应埋设在沉降影响范围以外的稳定区域内；其次，应埋设至少两个基点，以便基点互相校核；第三，基点的埋设要牢固可靠，采用标准地表桩时，必须将其埋入原状土，并做好井圈和井盖。在坚硬道面上埋设地表桩时，应凿开道面和路基，将地表桩埋入原状土，或钻孔打入 1 m 以上的螺纹钢筋做地表观测桩，并同时打入保护钢管套。基点应和四周水准点联测取得原始高程，基点应埋设在视野开阔的地方，以利于观测。

2. 测点布置与埋设

区间地面及道路沉降测点分别布置在地铁隧道中线上，测点间距 10 m，并相隔每 100 m 左右设一个主观测断面。沉降测点埋设时先用冲击钻在地表钻孔，然后放入沉降测点，测点采用直径 20～30 mm，长 200～300 mm 的半圆头钢筋制成。测点四面用水泥砂浆填实，并在地表做保护井，如图 2.23 所示。

3. 沉降值计算

地表监测基点为标准水准点(高程已知)，监测时通过测得各测点与地表监测基点的高程差 ΔH，可得到各监测点标准高程 H_i，然后与上次测得的高程进行比较，差值 Δh 即为该测点的沉降值。

在施工过程中，通过对四周建筑物的变形监测，随时了解施工对四周建筑物的影响程度及影响范围，便于及早发现问题、解决问题，将变形控制在建筑物安全警界值内，保证四周建筑物的安全。基点的埋设与地表下沉测量方法的埋设相同，埋设时先在建筑物的基础或墙上钻孔，然后将预埋件放入，孔与测点四面空隙用水泥砂浆填实。测点基本布设在被测建筑物的角点上，测点的埋设高度应方便观测，同时测点应采取保护措施，避免在施工和使用期间受到破坏，每幢建筑物上一般布置 4 个观测点，重要的建筑物布置 6～8 个测点，测点的布置参照如图 2.24 所示。沉降值计算与地表沉降计算相同。

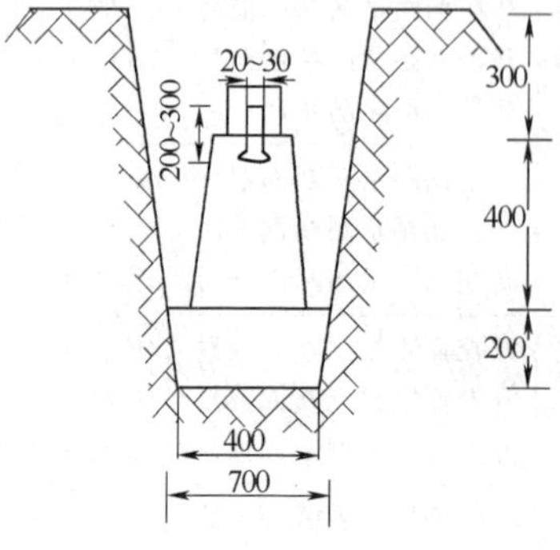

图 2.23　沉降测点埋设示意图(单位：mm)

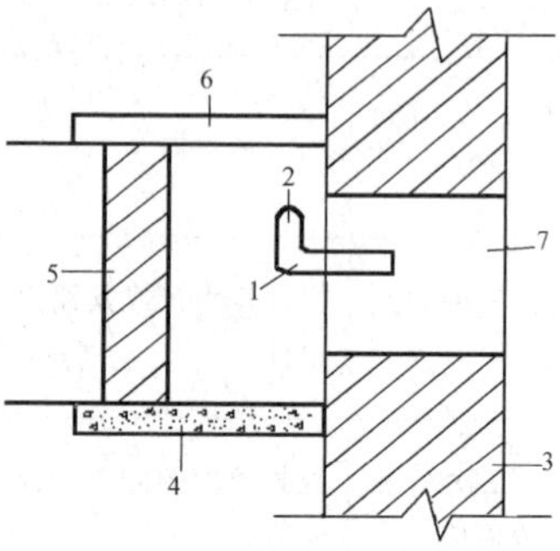

图 2.24　建筑物沉降测点埋设示意图

1—钢筋；2—观测点头部；3—建筑物墙式柱；4—C10 混凝土垫；5—砖砌井壁；6—钢筋混凝土盖板；7—预制混凝土块

因为建筑物的开裂、沉降和倾斜必然导致结构构件的应力调整而产生裂缝，所以裂缝开展状况的监测通常是评价开挖影响程度的重要依据之一。可采用直接观测的方法，将裂缝进行编号并划出测读位置，通过裂缝观测仪进行裂缝宽度测读。由于裂缝数量和位置无法估计，监测数量和位置也无法确定，所以应根据施工及监测情况确定测点位置。在建筑物出现较大变形的同时密切关注是否有裂缝产生，并跟踪观测。

隧道拱顶变形的监测，应根据暗挖施工时隧道初期支护结构拱顶的变形情况，通过数据分析来总结规律，以便顺利和安全施工。可沿区间隧道纵向间距每 10 m 埋设一个拱顶沉降测点，材料选用ϕ22 mm螺纹钢，埋设或焊接在拱顶，外露长度5 cm，外露部分应打磨光滑，以减少与尺面接触时产生不均匀误差，用红油漆标记统一编号。

隧道净空收敛监测是隧道施工中一项必不可少的监测内容。由于地下工程自身固有的错综复杂性和变异性质，传统设计方法仅凭力学分析和强度验算难以全面、适时地反映出各种情况下支护系统的受力变化情况。围岩应力及环境条件发生变化时，周边围岩及支护随之产生位移，该位移是围岩和支护力学行为变化最直接的综合反映，因此对隧道围岩进行位移观测十分重要。

2.6.5　监测数据的应用

(1)最大允许位移值的控制。最大位移值与地质条件、埋深、断面大小、开挖方法、支护类型和参数有关，在规定最大位移值时，必须考虑这些因素的影响。经验证明，拱顶下沉是控制稳定较直观和可靠的判断依据；水平收敛和地表下沉有时也是重要的判断依据。对于地下铁道来讲，地表下沉测量显得尤为重要。

(2)根据隧道周边位移(收敛)量测数据确定净空预留量。根据位移随时间变化测试的资料进行回归分析，推算最终位移值，以此作为净空预留量。

(3)二次衬砌施工时间的控制。按规定，二次衬砌是在初次支护变形基本稳定后施作的。基本稳定的标志是外荷载基本不再增加，位移不再变化，因此可用周边接触应力和位移值这两项指标控制。当隧道断面小于 10 m^2 时，周边位移率 v_n 应小于 0.1 mm/d；断面大于 10 m^2 时，v_n 应小于 0.2 mm/d 或周边接触应力 v_p 应小于 5.0 kPa/d。目前为方便现场掌握，多以机械量测仪器测试位移为主。当达不到基本稳定指标时，应进行补救，其措施为对初期支护进行加强，并立即进行二次衬砌施工。

(4)测试数据对设计的反馈。地质条件的复杂性使地下工程设计不得不采用信息化的设计方法，即通过施工中监测到的围岩动态信息(主要是指位移信息)，采用反分析技术，推求围岩的结构模型和力学参数，如弹性模量、内摩擦角、黏聚力、黏性系数等等。再采用正分析技术，求出围岩和支护结构中新的应力场和位移场，验算和核实预设计的可靠性，并对其进行修改。

监控量测测点的初始读数，应在开挖循环节施工后 24 h 内，并在下一循环节施工前取得，其测点距开挖工作面不得大于 2 m。

相关案例

案例 1　北京地铁 5 号线磁器口车站

1. 工程概况

1)工程内容

磁器口车站位于崇文门外大街与两广大街的交叉路口下，是北京地铁 5 号线与规划中的北京地铁 7 号线的换乘站，车站主体走向与崇文门外大街走向一致。车站中心里程为 K6＋083.390，共设四个出入口，其中西南出入口设置在大都市商业广场上、西北出入口设置在街角绿化带内，东北、东南出入口与规划中的新世界地产建筑物合建；车站南北两端各设置一条风道，风亭分别位于车站西南角和东北角，处于崇文门外大街的道路红线以外。

车站为双层岛式三拱两柱结构，出入口通道为单拱直墙断面；风道为马蹄形双层断面。车站地下一层为站厅层，预留通道实现与 7 号线换乘，地下二层为站台层。车站全长180 m，宽 21.87 m，高 14.933 m。车站建筑面积为 12 244.2 m^2，其中车站主体建筑面积为 7 657.2 m^2；风道建筑面积为 2 470.2 m^2；出入口建筑面积为 2 116.8 m^2。车站主体覆土深度为 9.8～10.3 m；出入口通道覆土深度约为 11.8～12.4 m。车站主要结构示意图如图 2.25 所示。

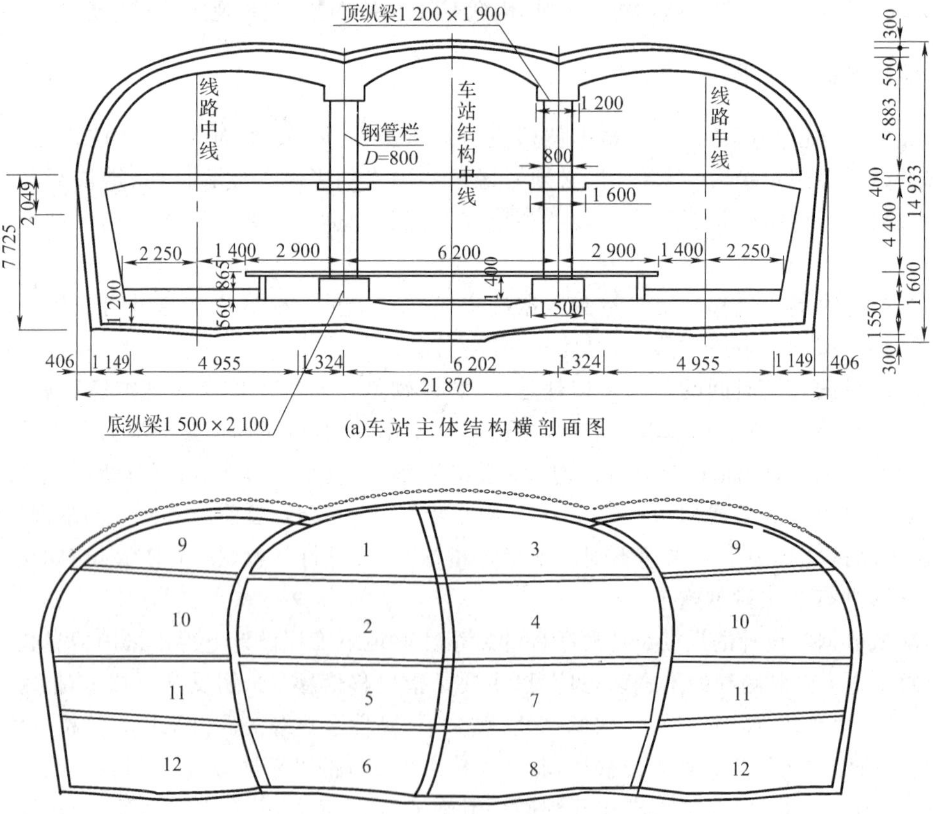

图 2.25　车站主要结构示意图(单位：mm)

2)工程技术标准

(1)结构安全等级：车站与区间结构安全等级均为一级。结构设计基准期均为 50 年，二次衬砌结构设计使用年限均为 100 年。

(2)抗震设防等级：区间与车站抗震设防均为乙类、二级、8 度设防。

(3)防水等级：车站及出入口人行通道防水等级为一级。车站风道和区间隧道防水等级为二级。区间临时竖井不考虑防水要求。

(4)耐火等级为一级;人防等级为三级。

(5)线路标准:双线,标准轨距 1 435 mm,采用整体道床。直线段双线并行线间距为 14.8 m,本标段左右线各有一对反向曲线,半径 500 m。线路最大坡度 10‰。

3)周边环境及管线

车站的道口处建筑密集,为崇文区商业旺区,车站西南侧为已经竣工的北京大都市街商场;西北侧为新世界商务楼;东北侧为新世界新景家园,东南侧为新世界新福房地产及商务楼。根据规划,地铁 7 号线为东西走向,在两广大街下,在设计中考虑将 7 号线从 5 号线下方穿过,7 号线车站置于 5 号线磁器口车站的西侧,两线呈 T 字形换乘,通过通道连接站厅层。崇文门外大街为北京市南北向干道,此路口处地面交通十分繁忙,车流、人流密度大。

4)工程地质及水文地质条件

磁器口站所处地层由上至下依次为:人工堆积层、第四纪全新世冲洪积层、第四纪晚更新世冲洪积层。车站站厅层处于粉细砂和细中砂层,站台层处于粉质黏土、黏土层,底板位于卵石圆砾层。

场址处从上到下有三层水,依次为上层滞水、潜水、承压水。区间和车站全部位于承压水下。

2. 施工

1)总体安排

车站主体结构采用暗挖中洞法施工。施工时利用车站西南风井和东北风井作为施工竖井,利用通风道作为施工通道,风道开挖到主体结构前,将通道加高,从加高段端墙开洞进行车站主体结构施工。

出入口及风道:出入口的口部采用明挖施工,其他部分和施工通道采用暗挖施工。

车站主体的施工顺序是:先施工西南、东北两个施工竖井(风井),再施工通道(风道)。在通道进入车站处采用加高加宽开挖断面,形成方厅。再由方厅进入车站主体施工。

2)车站主体施工

磁器口站主体采用浅埋暗挖法进行施工。先用大管棚超前支护中洞拱部土体,并用小导管注浆加固。中洞开挖采用 CRD 法施工。

(1)施工断面划分

① 中洞开挖断面的划分如图 2.26 所示;

② 边洞开挖断面的划分如图 2.27 所示。

(2)中洞开挖支护

① 管棚超前支护

先放出拱部开挖轮廓线,然后按每米 3 根布设大管棚孔位,大管棚孔中心高于开挖轮廓线 10 cm。为保证管棚施工,开挖线上方要保留 40～50 cm 的空间(工作室)。大管棚采用 ϕ108 mm 的热轧无缝钢管,钢管环向间距 333 mm,管棚每一循环长度18 m,管棚外插角 1.5°～2°,纵向水平搭接 3 m。钢管每节6 m,接头焊接。

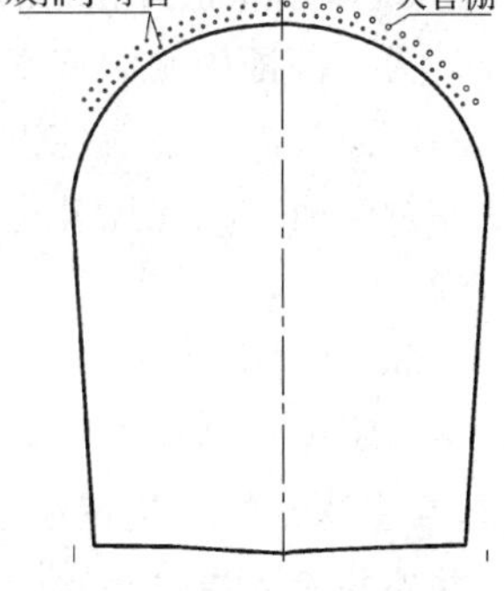

图 2.26　中洞开挖断面图

② 小导管超前支护

每两根管棚之间设一小导管。小导管采用 ϕ32 mm,长 2.5 m 钢管,搭接 1.5 m,小导管环向外插角为 10°～15°,导管壁的注浆孔间距 33 cm。小导管从格栅钢架外缘穿过,尾端与钢架焊接成一体。在地质条件较差地段,适当加大小导管的密度和长度。注浆选用水泥—水玻璃

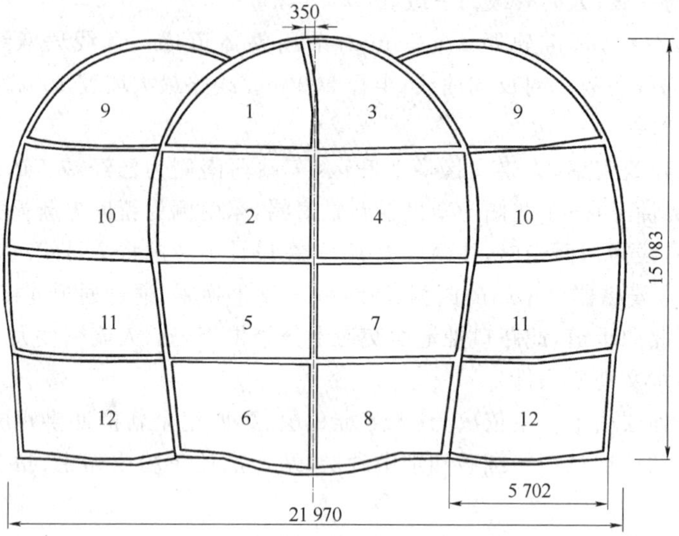

图 2.27　边洞开挖断面图(单位:mm)

浆液或改性水玻璃浆,浆液比为 1.25∶1～0.5∶1,施工根据实际情况通过现场试验确定。

(3)中洞土体开挖

中洞采用 CRD 法施工,为确保衬砌不侵入净空限界,将开挖轮廓扩大,两侧边墙扩大 5 cm,拱部扩大 5 cm,底部扩大 10 cm,作为施工时模板拱架的预留变形量。1～8 部采用人工依次开挖。各部开挖时均采用台阶法施工。台阶高 3～4 m,上下台阶开挖相距 3～5 m,开挖步距为 0.5～0.75 m。开挖过后立即喷射 C20 混凝土,喷射混凝土采用潮喷工艺。

① 中洞开挖中线控制

中洞开挖时,为了保证开挖正确,每个洞室都需要进行测设中线,以控制开挖精度。将水准点随开挖面的延深向洞内传递布设。水准点尽量布设在洞室的一侧,能进行架镜操作即可。

② 车站中洞开挖总体安排

为了保证中洞洞室率先贯通,达到洞内通风流畅,并可以进行测量复核,施工两端时,拱部洞室断面沿同一轴线施工,西南风井进入主体时先开挖施作中洞拱部右侧洞室断面,然后再开挖左侧断面。东北风井进入主体时,先开挖中洞拱部左侧断面,从而实现右线中洞拱部断面的贯通。

③ 洞内排水

由于风道结构二次衬砌在主体开挖前已施做完毕,风道结构底板与主体开挖存在较大高差,在主体开挖前先挖积水坑,主体开挖和结构施工的排水通过水泵抽排至竖井内,然后抽排至井外并流入指定污水管井内。

(4)中洞结构施工

施工总体安排如下:

① 中洞开挖,待两侧全部贯通后再进行中洞内部结构施工。

② 施工顺序由车站中部向两侧安排进行。

③ 分段跳槽施工,分段长度第一次为 7 m,通过 7 m 作为试验段取得信息化数据,指导下部施工。

④ 施工中合理安排施工顺序，做好受力体系转换，根据受力监测情况必要时加设临时钢支撑。

⑤ 做好各项准备，防水材料预先做好检验，钢管柱在专业加工厂施工。

3)站台板施工

本车站为岛式站台，在主体结构施工完成后，进行站台板结构施工。站台板结构采用分段施工，每段长约 20 m，分两步施工：第一步为支撑墙施工，第二步为板体施工。站台板施工工艺见图 2.28。

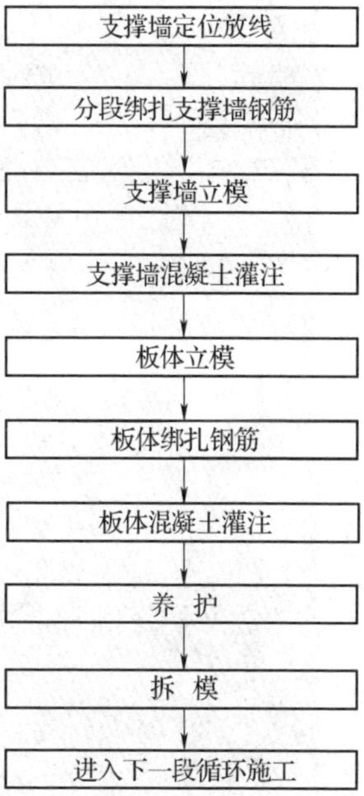

图 2.28　站台板施工工艺流程图

(1)支撑体采用可调式 DWJ 碗扣式支架，为了使支撑墙模板更加牢固，使用穿墙螺栓加固。

(2)模板采用组合钢模板。

(3)采用混凝土输送泵灌注入模，振捣棒专人捣固。

(4)结构钢筋加工按设计加工成型，通过竖井运至工作面安装。支撑墙钢筋与结构底板上的预留钢筋焊接。

(5)板面混凝土初凝后，进行压实、抹面，终凝后用湿麻袋覆盖，设专人定时洒水养护。

4)车站出入口施工

磁器口站在车站东南、东北、西南、西北共设置 4 个出入口，出入口的口部及上部通道采用明挖施工，下部通道采用暗挖施工。明挖段基坑最大开挖深度为 11.3 m。

口部明挖段采用矩形结构，结构衬砌厚 50 cm；通道暗挖段采用单拱直墙断面，拱形断面起拱高度为 1.5 m，初期支护厚度为 30 cm，二次衬砌厚 50 cm。

案例 2　上海轨道交通 4 号线联络通道工程事故(暗挖法)

2003 年 7 月 1 日上午 7 点，上海轨道交通 4 号线某段区间隧道联络通道发生流砂事故，导致隧道附近的土体流失，约 270 m 隧道发生塌陷损坏，地面发生了较大沉陷，最大沉陷量达到7 m左右，事故场区地面商务楼等建筑物发生不同程度倾斜破坏，现场塌方图片如图 2.29 所示。在事故抢险过程中，为平衡隧道内外水土压力，采用了封闭隧道井口并注水的方法。道路、重要建筑和隧道轴线附近进行了大量注浆充填和加固，地面发生较大沉降和破坏的建筑全部拆除，并进行了回填。

发生事故的上海轨道交通 4 号线旁通道，采用的是冻结加固暗挖法施工。6 月底，4 号线浦东南路——南浦大桥段上下行隧道旁通道上方一个大的竖井已经开挖好，在大竖井底板下距离隧道四五米处，还需要开挖两个小的竖井，才能与隧道相通。按照施工惯例，应该先挖旁通道，再挖竖井。但是施工方改变了开挖顺序，这样极容易造成坍塌。事故发生时，一个小竖井已经挖好，另外一个也已开挖 2 m 左右。

在事故发生前，冻结施工单位对原定的施工组织设计擅自进行了调整。专家组的分析也认定，方案调整没有严格遵循冻结法施工工艺的有关规定，导致旁通道冻土结构在施工中出现薄弱环节。调整后的方案，降低了对冻土平均温度的要求，从原方案的零下 10 ℃减少到零下 8 ℃；旁通道处垂直冻结管数量减少，从原方案的 24 根减少到 22 根，而原先为 25 m 深的 7 根垂直冻结管，其中 4 根被缩短到 14.25 m，3 根被缩短到 16 m，造成旁通道与下行线隧道腰线以下交汇部冻土薄弱；下行线仅设单排 6 个冻结斜孔，孔距 1 m，虽然在冻结孔长度上予以增加,但数量偏少、间距偏大,导致冻结效果不足以抵御相应部位的水土压力。

图 2.29 现场塌方图片

6 月 28 日上午隧道下行线小型制冷机发生故障,停止供冷 7.5 h。下午 2 时左右,施工人员在下行线隧道内安装水文观测孔,发现一直有压力水漏出,尽管采取了用木板封堵掘进面等措施,但效果不佳。29 日凌晨 3 时,水阀处测出的水压接近外部第七层承压水水压。险情初露征兆,但现场没有任何人将这一情况向总承包及监理公司汇报,导致险情逐步加剧。

上海地层属于典型的软土,轨道 4 号线隧道所处土层为地下七层,是砂层土,含砂量很高,且有承压水。6 月 30 日晚,施工现场出现流沙,施工单位采取措施,用液氮紧急制冷。7 月 1 日零时许,冻结施工单位项目副经理明知旁通道冻土结构存在严重隐患,竟还擅自指挥当班班长,安排施工人员拆除冻土前掘进面部分封板,用风镐凿出直径 0.2 m 的孔洞,准备安装混凝土输送管。正是这个孔洞出水,水砂从掘进面的右下角和侧墙不断涌出,以致封堵无效,最终酿成事故。

事故抢险结束后,即着手对现场周边环境进行了深入地调研,结合原工程地质勘察和抢险后就地补勘两份报告的对比分析,在充分听取了国内外有关专家意见和建议的基础上,对修复工程提出了原位修复和搭桥(改线)修复两大方案。

(1)从施工难度和风险来看,两个方案的总体难度和风险大致相当。原位方案牵涉的不确定因素较搭桥方案多一些,难度和风险略高。

(2)从环境影响来看,但搭桥方案对浦西段的影响比原位大,而且牵涉浦东段大量房屋拆迁、管线改道和批租地块征用等工作,总体社会影响远大于原位修复方案。

(3)根据初步方案及有关图纸计算,在不计征地拆迁的前提下,搭桥方案比原位方案的工程量略多。但是考虑大量动拆迁和管线搬迁工程量,搭桥方案的实际工作量大大超出原位方案。

(4)从建设工期看,原位修复比搭桥修复的工期稍短。若考虑动拆迁和管线搬迁等因素,搭桥修复的工期也将更长。

根据对工程实施难度及风险、环境影响以及线路使用条件的综合比选,原位修复方案实施难度以及风险相对较大,但线路长期使用条件相对较好,同时对环境综合影响也相对较小,通过采取技术攻关等措施,对原位修复的风险可进行有效控制。故最终考虑采用线路使用条件相对较好的原位修复方案。

修复工程分为三个主要部分:陆地段明挖实施方案、江中区域明挖实施方案以及两端连接段暗挖实施方案。修复工程中明挖修复段的总长度为 274 m。

修复工程选用地下墙厚度 1.2 m,深度 65.5 m,选定德国立勃海尔 HS855HD 型成槽机进行开挖作业,地下墙接头形式采用十字钢板接头。并有针对性地加长止水钢板的长度,提高抗渗性能。

修复施工中遇到超深基坑的围护变形和坑底隆起问题,为基坑和环境安全,必须对基坑底部地基土层进行有效加固。最终决定立足国内设备和工艺,自行研制和开发双高压旋喷加固工艺。

修复施工采用坑内降水的实施方案。降水井全部打设在基坑内部,井深 60 m,利用围护地下墙的屏蔽作用,增长地下水补给路径,从而达到减少坑外水头的目的。

基坑开挖段和两侧清理后的隧道的对接采用冻结暗挖的方式。隧道的抽水清理采用常压法实施,但预留了气压法施工的接口。在抽水清理过程中,采用分步抽水的方式,每阶段清理完成后,采用各种措施严密观测隧道内水位变化情况,计算渗漏量并与隧道正常渗漏量进行比较。

针对修复工程基坑埋深大,周边环境复杂的特点,在临江花苑大厦、地下墙、支撑结构、黄浦江防汛墙以及江中围堰等处均布置了测点(人工及自动化监测点),随着施工的进行,全天候地采集地下墙的水平位移、周边建(构)筑物的变形以及地表沉降等监测数据。通过有效的实时监控量测及时掌握工程实施过程中结构的受力状态以及周边环境和建(构)筑物的变位情况。

2007 年 10 月,修复工程顺利完成,4 号线全线通车。

复习思考题

2.1　浅埋暗挖法在具体选择施工方法时,一般应考虑哪些因素?

2.2　简述全断面法的施工顺序。

2.3　锚杆按其与支护锚固形式可分为哪几种?

2.4　浅埋暗挖的初期支护有哪几种?

2.5　简述浅埋暗挖法在施工时的注意事项。

2.6　隧道施工中隧道超前挖的主要因素有几种?

2.7　隧道施工中控制超挖的主要措施有哪些?

项目3　盾构法施工

项目描述

盾构法施工是以盾构机作为施工机械在地下暗挖隧道的一种施工方法。盾构机是一个既可以支承地层压力又可以在地层中推进的活动钢筒结构。按盾构机横断面形状不同可将其分为：圆形、拱形、矩形、马蹄形四种。其中圆形因其抵抗地层中的土压力和水压力较好、衬砌拼装简便以及可采用通用构件，易于更换，因而广泛应用于地下、水下隧道施工中。本项目主要介绍盾构机类型、盾构开挖方法、盾构法的衬砌、盾构施工的种类步骤、盾构机的保养及维护。

教学目标

1. 能力目标

(1)能够利用盾构机进行盾构施工；

(2)能够组织进行管片拼装作业。

2. 知识目标

(1)了解盾构的构造；

(2)掌握盾构法施工；

(3)掌握泥水加压盾构机和土平压衡盾构机的构造；

(4)了解盾构机的保养和维修。

工作任务3.1　了解盾构机类型及特点

盾构机的全名叫盾构隧道掘进机，是一种隧道掘进的专用工程施工机械。现代盾构掘进机集光、机、电、液、传感、信息技术于一体，具有开挖切削土体、输送土渣、拼装隧道衬砌、测量导向纠偏等功能，涉及地质、土木、机械、力学、液压、电气、控制和测量等多门学科技术，而且要按照不同的地质进行设计制造，其可靠性要求极高。盾构机已广泛用于地铁、铁路、公路、市政、水电等隧道工程施工中。用盾构机进行隧道施工具有自动化程度高、节省人力、施工速度快、一次成洞、不受气候影响、开挖时可控制地面沉降、减少对地面建筑物的影响和在水下施工时不影响水面交通等特点，在隧道洞线较长、埋深较大的情况下，用盾构机施工更为经济合理。

盾构机问世至今已有近200年的历史，盾构法的起源可以追溯到1818年，法国工程师布鲁诺(Brunel)从一种食船虫在船身上打洞一事受到启发，提出了盾构施工法并获得特许，这可以说是敞胸式手掘盾构机的原型。1823～1841年，盾构法首次应用于伦敦泰晤士河下修建的隧道，这是一条全长 458 m、世界上第一条盾构法施工的隧道。1887 年，英国人格雷特海德（Greathead）在伦敦铁路隧道工程中组合使用盾构和气压施工法进行施工，奠定了现代盾构施工发展的基础。近 40 年来，通过对土压平衡式、泥水式盾构机中关键技术的探索和研究，使盾构机在设计、制造和使用上有了很快的发展。例如，德国的盾构机可在施工过程中在保证密封的前提以及高达0.3 MPa气压的情况下更换刀盘上的刀具，从而提高盾构机的一次掘进长度。

从世界范围内来看，盾构法隧道施工技术正在向超长距离、大直径、大埋深、复杂断面和高度自动化的方向发展，在这方面处于领先地位的是日本和欧洲。日本新建成的东京湾海底隧道盾构机直径达 14.4 m，隧道埋深 20 m，海底洞段长 9.5 km。英法合建的英吉利海峡隧道，盾构机直径 7.82 m，隧道埋深达 110 m，海底段长达 39 km。这两项工程的顺利完成，把世界盾构法隧道施工技术推进到了一个新阶段。

3.1.1　盾构机类型与构成

盾构机的基本工作原理就是一个圆柱体的钢组件沿隧洞轴线一边向前推进一边对土壤进行挖掘。该圆柱体组件的壳体即护盾，它对挖掘出的还未衬砌的隧洞段起着临时支撑的作用，承受周围土层的压力，有时还起着承受地下水压以及将地下水挡在外面的作用。挖掘、排土、衬砌等作业在护盾的掩护下进行。据统计，截止 2013 年在北京地铁施工中采用盾构法施工的掘进量占北京地铁施工总量已超过 50%。虽然盾构机成本高昂，但可将地铁暗挖功效提高 8～10 倍，而且在施工过程中，地面上不用大面积拆迁，不阻断交通，施工无噪声，地面不沉降，不影响居民的正常生活。下面介绍一下盾构机的类型和构成。

1. 盾构机的类型

根据盾构机的工作原理、挖掘方式、横断面的形状和盾构机的功能、用途等可将盾构机进行以下分类：

（1）根据工作原理划分：手掘式盾构机、挤压式盾构机、半机械式盾构机（局部气压、全局气压）、机械式盾构机（开胸式切削盾构、气压式盾构、泥水加压盾构、土压平衡盾构、混合型盾构、异型盾构）。

（2）根据开挖方式划分：敞开式、机械切削式、网格式和挤压式等，如表 3.1 所示。

表 3.1　盾构机按开挖方式的分类汇总表

挖掘方式	构造类型	盾构机名称	开挖面稳定措施	适用地层	附注
手工挖掘式	敞胸	普通盾构机	临时挡板支撑千斤顶	地质稳定或松软均可	辅以气压、人工井点降水及其他地层加固措施
		棚式盾构机	将开挖面分成几层，利用砂的摩擦角安插棚板	砂性土	
		网格式盾构机	利用土和钢制网状格棚的摩擦	黏土淤泥	
	闭胸	半挤压盾构机	胸板局部开孔，依靠盾构千斤顶推力土砂自然流入	软可塑黏土	
		全挤压盾构机	胸板无孔，不进土	淤泥	
半机械挖掘式	敞胸	反铲式盾构机	手掘式盾构机装上反铲式挖土机	土质紧硬，稳定而能自立	辅助措施
		旋转式盾构机	手掘式盾构机装上软岩掘进机	软岩	

续上表

挖掘方式	构造类型	盾构机名称	开挖面稳定措施	适用地层	附注
全机械挖掘式	敞胸	旋转刀盘式盾构机	单刀盘加面板,多刀盘加面板	软岩	辅助措施
		插刀式盾构机	千斤顶支撑挡土板	硬土层	
	闭胸	局部气压盾构机	面板与隔板间加气压	含水松软地层	不再另设辅助措施
		网格式挤压盾构机	胸板为网格,土体通过网格孔挤入盾构机	淤泥	辅助措施
		泥水加压盾构机	面板与隔板间加有泥水	含水地层冲积层、洪积层	
		土压平衡盾构机	面板隔板间充满土砂产生的压力和开挖处的地层压力保持平衡	淤泥,淤泥夹砂	

(3)按盾构机横断面的形状划分:半圆形、圆形、椭圆形、马蹄形、双圆塔接形(竖双圆形、横双圆形)、三圆塔接形、矩形(矩形、凸字形、凹字形)。

(4)按盾构机的功能和用途划分:直角弯隧道盾构、偏心急弯曲线盾构、大坡度盾构、地中对接盾构(CID 工法、MSD 工法)、侧接盾构、站盾构分岔盾构、路线可变扭曲盾构、竖向掘削盾构(上、下掘盾构)、扩径盾构、变径盾构、大深度盾构、长距离盾构机、高速掘进盾构机。

我国的地铁施工也经历了手掘式、半机械式和机械式盾构机的发展历程。当前,手掘式、半机械式盾构机趋于淘汰,圆形截面的土压平衡盾构机使用最为广泛。

2. 盾构机的构成

盾构机按整体结构从前往后依次为盾构机本体(刀盘、前盾、中盾、盾尾三部分)、连接桥架、1 号～5 号台车,图 3.1 为盾构机本体图片。

(a) 刀盘　(b) 前盾

(c) 中盾　(d) 盾尾

图 3.1　盾构机本体图

盾构机按构造主要划分为五部分:壳体、排土系统、推进系统、衬砌拼装系统和辅助注浆系统。

(1)壳体

盾构机的通用标准外形是圆筒形,壳体由切口环、支承环和盾尾三部分组成,并与外壳钢板连成一体,图 3.2 为盾构机的构造简图。

① 切口环

它位于盾构机的最前端,施工时切入地层并掩护开挖作业。切口环前端设有刃口,以减少切土时对地层的扰动。切口环的长度主要决定于支撑和开挖方法、槽上机具和操作人员的工作回旋余地等。大部分手掘式盾构机切口环的顶部比底部长,犹如帽檐。有的还设有千斤顶操纵的活动前檐,以增加掩护长度。机械化盾构机的切口中容纳各种专门挖土设备。在局部气压式、泥水加压式和土压平衡式盾构机中,其切口部分的压力高于隧道内常压,故切口环与支承之间需用密闭隔板分开。

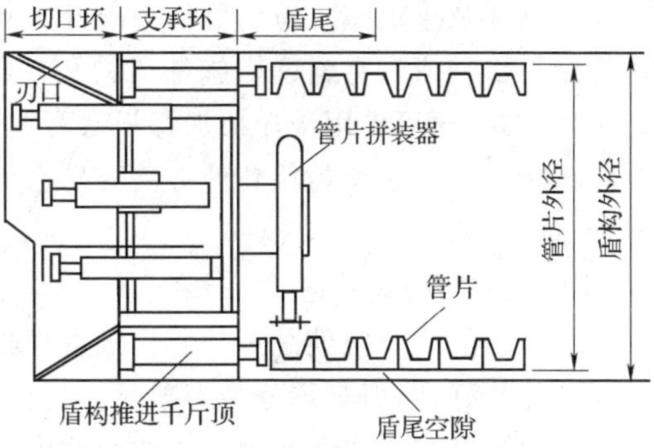

图 3.2　盾构机的构造简图

② 支承环

支承环紧接于切口环后,位于盾构机中部。它是一个刚性较好的圆环结构。地层土压力、所有千斤顶的顶力以及切口、盾尾、衬砌拼装时传来的施工荷载均由支撑环承担。支承环的外沿布置盾构推进千斤顶。大型盾构机的所有液压、动力设备、操纵控制系统、衬砌拼装机具等均设在支承环位置。中、小型盾构机则可把部分设备移到盾构机的后部车架上。当正面局部加压盾构机的切口环内压力高于常压时,支承环内要设置人工加压与减压闸室。

③ 盾尾

盾尾一般由盾构机外壳钢板延长构成,主要用于掩护隧道衬砌的安装工作。盾尾末端设有密封装置,以防止水、土及注浆材料从盾尾与衬砌之间进入盾构机内,盾尾密封装置损坏时应及时进行更换。盾尾长度要满足以上各项工作的进行。盾尾厚度从结构上考虑应尽可能减薄,但盾尾除承受地层土压力外,遇到隧道纠偏及弯道施工时,还有一些难以估计的施工荷载,受力情况复杂,所以其厚度应综合上述因素来确定。

(2)排土系统

排土系统由切削土体的刀盘、泥土仓、螺旋出土器、皮带传送机、泥浆运输电瓶车等部分组成。控制螺旋出土器排土的速度和盾构推进速度,可以保持开挖面土体的平衡。

(3)推进系统

推进系统是由液压设备和盾构千斤顶组成,可使盾构机在土层中向前推进的机构,主要设备是设置在盾构壳内侧环形中梁上的推进千斤顶群。

(4)衬砌拼装系统

衬砌拼装系统由举重臂和真圆保持器组成,其中举重臂(也称衬砌拼装器或机械手)是拼装系统的主要设备,常以油压系统为动力。

(5)辅助注浆系统

辅助注浆系统包括浆液搅拌机、注浆泵等设备。管片衬砌离开盾尾时,要及时压注浆液充填环形衬砌外的建筑间隙,以减少地面的沉降。

3.1.2 盾构开挖方法

常用的盾构开挖方法有敞开式开挖、机械切削式开挖、网格式开挖和挤压式开挖等多种工法。

1. 敞开式开挖

手掘式及半机械式盾构机均为敞开式开挖,这种方法适用于地质条件较好、开挖面在掘进中能维持稳定或在有辅助措施能维持稳定的情况,其开挖一般是从顶部开始逐层向下挖掘。若土层较差,还可借用千斤顶加撑板对开挖面进行临时支撑。采用敞开式开挖方法时,处理孤立障碍物、纠偏、超挖均比其他方法容易。为尽量减少对地层的扰动,要适当控制超挖量与开挖面暴露时间。

2. 机械切削式开挖

机械切削式开挖就是对与盾构机直径相仿的全断面采用旋转切削刀盘的开挖方法。根据地质条件的好坏,刀盘可分为刀架间无封板和有封板两种。刀架间无封板适用于土质较好的地质。刀盘开挖方式在弯道施工或纠偏中不如敞开式开挖,此外,清除障碍物也不如敞开式开挖。使用刀盘的盾构机构造复杂,消耗动力较大,目前国内外较先进的泥水加压盾构机和土压平衡盾构机均采用这种开挖方式。

3. 网格式开挖

采用网格式开挖的开挖面由网格梁与格板分成许多格子。开挖面的支撑力是由土的黏聚力和网格厚度范围内的阻力产生的。当盾构推进时,土体就从格子里挤出来。根据土的性质来调节网格的开孔面积。采用网格式开挖时,在所有千斤顶缩回后,会产生较大的盾构后退现象,导致地表沉降。因此,在施工时务必采取有效措施,防止盾构后退。

4. 挤压式开挖

全挤压式和局部挤压式开挖,由于不出土或仅部分出土,对地层有较大的扰动,在施工放线时,应尽量避开地面建筑物。局部挤压施工时,要精心控制出土量,以减少和控制地表沉降。全挤压式施工时,盾构把四周一定范围内的土体挤压密实。

3.1.3 盾构法的特点

1. 优点

(1)地面作业很少(除竖井外),隐蔽性好,噪声、振动对环境的影响小。

(2)隧道施工的费用和技术难度基本不受覆土深度的影响,适用于深埋隧道。

(3)穿越河底或海底时,不影响通航,也不受气候的影响。

(4)在地面建筑群和地下管线密集的区域施工时对周围环境影响较小。

(5)自动化程度高,劳动强度低,施工速度快。

2. 缺点

(1)施工设备费用高。

(2)覆土较浅时,地表沉降较难控制。

(3)施作小半径隧道时掘进比较困难。

3.1.4 盾构技术在我国的应用和发展

我国自 20 世纪 50 年代才开始采用盾构法修建隧道工程的。虽然起步较晚,但由于注意参考和借鉴别国成功的经验和失败的教训，所以发展很快，特别是近二十年来随着我国城市地铁建设规模的扩大，盾构技术也得到了广泛的应用和很大的提高。

1970 年，上海隧道工程公司使用直径为 10.2 m 的挤压式盾构机修建了穿越黄浦江的第一条水下隧道，从而实现了中国用盾构法修建隧道"零"的突破。1988 年完工的另一条黄浦江水下隧道——延安东路北线隧道，盾构施工段长 1 476 m，线路平面呈 S 形，曲率半径 500 m，纵坡 3%。隧道除了穿越黄浦江外，还要在高层建筑群和地下管线等重要环境保护地段通过。此隧道是用我国自行设计和制造的直径为 11.3 m 网格式水力机械盾构机修建的。进入 20 世纪 90 年代，上海地铁 1 号线采用法国 FCB 公司设计的盾构机（其车架、拼装机、螺旋机、皮带机及搅拌机等设备在上海配套制造），完成了总长 18.5 km 的单线圆形区间隧道（内径 5.5 m，外径 6.2 m）施工。

目前，我国地铁盾构法隧道管片环宽度已从 1.0 m 普遍加大到 1.2 m，在广州地铁 2 号线率先采用了 1.5 m 环宽的管片，是目前地铁区间隧道所用的最宽管片，有利于提高隧道结构的整体刚度，减少拼装接缝，提高安装效率，并节约成本。接缝防水大多采用遇水膨胀橡胶或三元乙丙橡胶弹性密封防水，使隧道建成后不渗不漏，达到 A 级防水标准。

我国盾构施工中的地表隆沉量一般可控制在 +10～−20 mm 以内，可以在距建构筑物很近的情况下安全掘进隧道。例如广州地铁 2 号线越三区间隧道穿越地面有 14 股的铁路轨道，要求轨面沉降控制在 5 mm 以内，轨道沉降差小于 2 mm；再如上海地铁 2 号线近距离下穿地铁 1 号线区间隧道、引水箱涵和地下室，地面沉降控制要求在 3.5～8.5 mm，利用盾构施工，沉降量控制都满足了要求。我国盾构掘进速度平均一般为 180～200 m/月以上，广州地铁 2 号线越三区间最高月进尺 405 m，平均进度为 236 m/月。而在类似地质的广州地铁 3 号线大汉区间，盾构施工进度平均已达 334 m/月，最高月进度达到 562.5 m，达到当时国际先进水平。

工作任务 3.2 盾构法的隧道衬砌

隧道衬砌是直接支撑地层、保持规定的隧道净空、防止渗漏、同时又能承受施工荷载的结构。它由管片拼装的一次衬砌组成，必要时在其内灌注混凝土作为第二次衬砌。一次衬砌为承重结构的主体，二次衬砌是为了一次衬砌的补强、防水和防侵蚀而修筑的。

3.2.1 衬砌类型与构造

盾构法修建的区间隧道衬砌类型，按照建筑材料划分有铸铁、钢管、钢筋混凝土和钢纤维混凝土等；按制作方法划分有单层装配式、双层复合式和挤压混凝土整体式衬砌三大类，如图 3.3 所示。

1. 单层装配式衬砌

单层装配式衬砌为工厂预制的构件，称为管片，是在盾构尾部拼装而成的。

(1)管片的类型

① 按材料可分为钢筋混凝土、钢、铸铁以及由几种材料组合而成的复合管片。

钢筋混凝土管片的耐压性和耐久性都比较好，目前采用抗压强度达 60 MPa、渗透系数小于 10^{-11} m/s 的管片，这种管片刚度大，由其组成的衬砌防水性能有保证。

钢管片的强度高，具有良好的焊接性，便于加工和维修，重量轻，便于施工。与混凝土管片相比，钢管片刚度小、易变形，而且容易锈蚀，在不做二次衬砌时，必须有抗腐、防锈措施。

铸铁管片强度高，防水和防锈蚀性能好，易加工。和钢管片相比，刚度亦较大，故在早期的

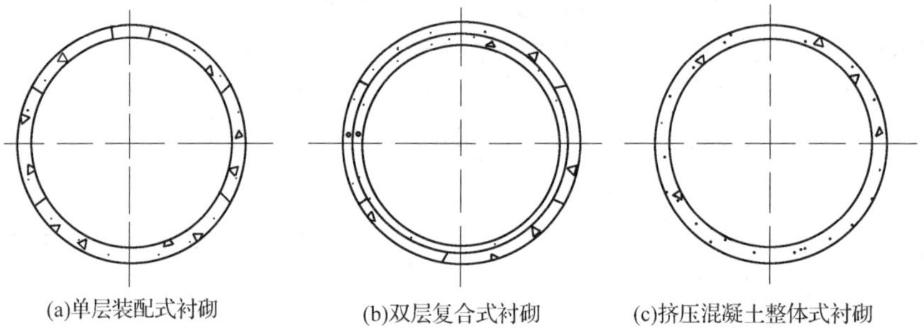

图 3.3　盾构法修建的隧道衬砌横断面示意图

地下铁道区间隧道施工中得到广泛的应用。

钢和铸铁管片造价较高，除了在需要开口的衬砌环或预计将承受特殊荷载的地段采用外，一般都采用钢筋混凝土管片。

复合管片包括填充混凝土钢管片和扁钢加筋混凝土管片二种。填充混凝土钢管片是以钢管片的钢壳作为基本结构，在钢壳中用纵向肋板设置间隔，经填充混凝土后成为简易的复合管片结构；扁钢加筋混凝土管片是控制矩形和椭圆形等特殊断面管片厚度和钢筋用量，谋求降低制作成本为目的而开发出的管片结构。

② 按管片螺栓手孔成形大小还可将管片分为箱形和平板形等几类。

箱形管片是指因手孔较大而呈肋板形结构，如图 3.4 所示。手孔较大不仅方便接头螺栓的穿入和拧紧，而且也节省了材料，使单块管片重量减轻，便于运输和拼装。但因截面削弱较多，在盾构千斤顶推力作用下容易开裂，故只有强度较大的金属管片才采用箱形结构。当然，直径和厚度较大的钢筋混凝土管片也有采用箱形结构的。

在箱形管片中纵向加劲肋是传递千斤顶推力的关键部位，一般沿衬砌环向等距离布置，加劲肋的数量应大于盾构千斤顶的台数，其形状应根据管片拼装和是否需要灌注二次衬砌的施工要求而定。

平板形管片是指因螺栓手孔较小或无手孔而呈曲板形结构的管片，如图 3.5 所示。由于管片截面削弱少或无削弱，故对盾构千斤顶推力具有较大的抵抗力，对通风的阻力也较小。无手孔的管片也称为砌块，现代的钢筋混凝土管片多采用平板形结构。

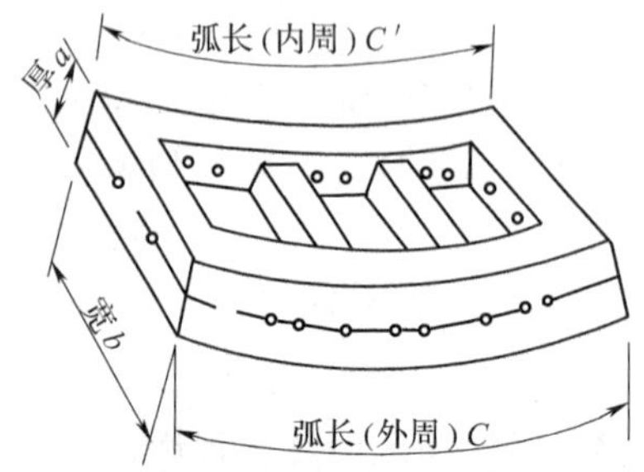

图 3.4　钢筋混凝土箱形管片示意图

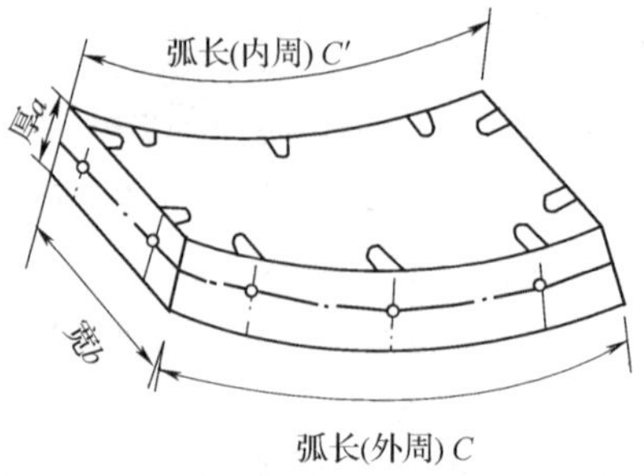

图 3.5　钢筋混凝土平板形管片示意图

(2) 管片的连接

衬砌环内管片之间以及各衬砌环之间的连接方式，从其力学特性来看，可分为柔性连接和刚性连接，前者允许相邻管片间产生微小的转动和压缩，使衬砌环能按内力分布状态产生相应的变形。后者则通过增加连接螺栓的排数，力图在构造上使接缝处的刚度与管片本身相同。

实践证明,刚性连接不仅拼装麻烦、造价高,而且会在衬砌中产生较大的次应力,带来不良后果,因此,目前较为通用的是柔性连接,常用的有以下几种形式:

① 单排螺栓连接。按螺栓形状又可分为直螺栓连接、弯螺栓连接和斜螺栓连接三种,如图3.6所示。其中弯螺栓连接多用于钢筋混凝土管片平板形接缝上,由于它所需螺栓手孔小,截面削弱少,接缝刚度大,能承受较大的正负弯矩。但实践表明,弯螺栓连接容易变形,且拼装麻烦,用料又多,近年来有被其他螺栓连接方式取代的倾向。

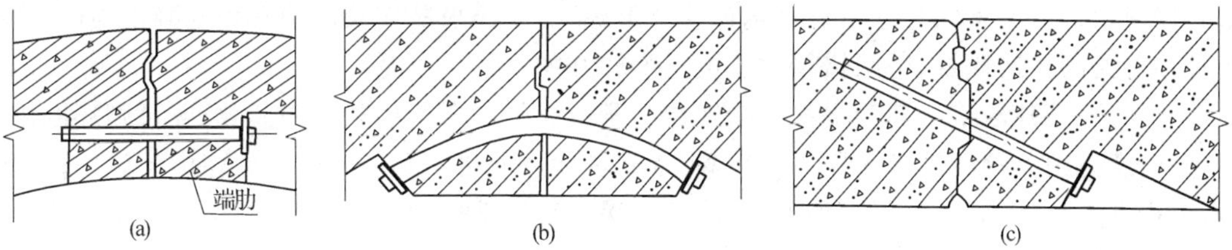

图3.6　管片柔性连接示意图

(a)直螺栓连接;(b)弯螺栓连接;(c)斜螺栓连接

② 销钉连接。销钉连接可用于纵向接缝,亦可用于横向接缝。所用的销钉可在管片预制时埋入,亦可在拼装时安装。销钉的作用除了临时稳定管片、保证防水密封垫的压力外,在安装管片时还起导向作用,将相邻衬砌环连在一起。用销钉连接的管片形状简单,截面无削弱,建成的隧道内壁光滑平整。和螺栓连接相比,既省力、省时,价格又低廉,连接效果也相当好。销钉是埋在衬砌内的,不能回收,故通常都用塑料制成。

③ 无连接件连接。在稳定的不透水地层中,圆形衬砌的径向接缝也可不用任何连接件连接。因管片沿隧道径向呈楔形,外缘宽内缘窄,在外部压力作用下,管片将相互挤紧,而形成一个稳定的结构。

2. 双层复合式衬砌

为了防止隧道渗水、衬砌腐蚀,修正隧道施工误差,减少噪声和振动以及作为内部装饰,可以在装配式衬砌内部再做一层整体式混凝土或钢筋混凝土内衬,即二次衬砌。根据需要还可以在装配式衬砌与内层之间铺设防水隔离层。双层衬砌主要用在含有腐蚀性地下水的地层中。近年来,由于混凝土耐腐蚀性和管片防水性能的提高,采用双层衬砌的必要性已大为减少,但仍有一些国家如日本等坚持使用双层衬砌。

3. 挤压混凝土整体式衬砌

挤压混凝土衬砌(Extrude Concrete Lining,简称ECL)就是随着盾构机向前掘进,用一套衬砌施工设备在盾尾同步灌注的混凝土或钢筋混凝土整体式衬砌,因其灌注后即承受盾构千斤顶推力的挤压作用,故有此称谓。挤压混凝土衬砌可以是素混凝土,也可以是钢筋混凝土,但使用最多的是钢纤维混凝土。

挤压混凝土衬砌一次成型,内表面光滑,衬砌背后无空隙,故无须注浆,且对控制地层移动特别有效。但因挤压混凝土衬砌需要较多的施工设备,其中包括混凝土成型用的框模、拼拆框模的系统和混凝土配送系统,而且混凝土制备、配送、钢筋架立等工艺较为复杂,在渗漏性较大的土层中要达到防水目的尚有困难,故挤压混凝土衬砌在地铁隧道中应用较少。

3.2.2　衬砌的荷载

常用圆环衬砌上的荷载分为基本荷载、施工临时荷载和特殊荷载。

1. 基本荷载

基本荷载主要指土压力、水压力和衬砌自重。

2. 施工临时荷载

钢筋混凝土管片拼装成环时,由于管片制作误差导致端面不平,在拧紧螺栓时往往使局部产生较大的集中应力,导致管片开裂。另一种情况是,因拼装管片误差累计,当盾构千斤顶顶在环缝面上,特别是偏心作用时,也会使管片碎裂,这些临时荷载也是管片设计和制作的一个重要控制因素。改善的方法是合理选择管片形式,提高模板制作精度和管片混凝土强度,在拼装管片时提高拼装质量,采用错缝拼装也是种较好的办法。

此外,因管片压浆局部凝集在一个区域内所造成的圆形变形和集中荷载,或衬砌环刚出盾尾,侧向压力因某种原因尚未作用上来等,都有可能造成更不利的工作条件。由于施工因素复杂,很难事先估计,故常采用附加安全系数,以保证衬砌结构的安全性。

3. 特殊荷载

特殊荷载主要指瞬时动力荷载,如爆炸、冲击、地震等,这个阶段的结构验算往往是控制衬砌结构设计的关键。结构动力计算可以简化为等效静载法,按弹性或弹塑性工作阶段进行计算,并可适当提高材料强度系数和降低强度安全系数,也可立项进行专题分析研究。

3.2.3 衬砌内力计算

盾构隧道衬砌的计算,一般按“荷载—结构”模式进行。

在饱和含水地层中(淤泥、流沙、含水砂层、稀黏土等土壤),因内摩擦角很小,主动与被动土压力几乎是相等的,结构变形不能产生很大抗力,故常假定结构可以自由变形,不受地层约束,认为圆环只是处在外部荷载及与之平衡的底部地层反力作用下工作(地层反力分布情况也较复杂,为便于计算,又假定地层反力沿衬砌环水平投影均匀分布),结构物的承载力由其材料性能及截面尺寸大小决定。

装配式圆形衬砌根据防水要求,管片或砌块间连接构造不同,以及采用错缝拼装还是通缝拼装等,虽然都能拼装成一个整体结构,事实上接缝处的刚度远远小于断面部分的刚度,与整体式等刚度圆形衬砌差异更大。据日本资料,接头刚度折减系数 η,对铸铁管片 $\eta=0.9\sim1.0$,钢筋混凝土管片 $\eta=0.5\sim0.7$。但为了便于计算,特别是早期的铸铁管片,纵向都用双排螺栓,错缝拼装连接,仍近似地将这种圆环视作为整体式等刚度匀质圆环。近年来,考虑接头刚度的变化,把隧道圆形衬砌看成多铰圆环,引入基床系数抗力模型模拟土体的变形限制,增加隧道柔性变形,降低其内力和刚度,管片厚度得以减薄。

圆形隧道受力和变形都受到周围地层的作用,其受力和变形又会引起周围地层应力场和位移的变化。要正确地模拟使用施工阶段隧道和四周地层的共同作用是十分困难的。当前将三维有限元数值方法、半解析数值方法应用于隧道工程,这些方法可计入时间空间变化、几何及材料的非线性,因此更能符合工程实际。

3.2.4 衬砌设计原则

衬砌是盾构隧道的主要结构部分,衬砌设计关系到隧道的安全可靠与经济合理。所以衬砌设计的原则是:首先,衬砌结构必须满足盾构法施工及运营状态下的强度和刚度要求;其次,衬砌结构必须满足裂缝开展、接缝变形与抗渗防漏等安全质量指标。

作用在衬砌隧道断面上的荷载有土压力、水压力以及一些特殊荷载,在已知外荷载作用下，按梁的模式计算埋在土中圆环的内力和位移，以及管片的裂缝宽度限制等。

在核算隧道衬砌强度的安全系数时，通常选择覆土最深、顶压与侧压相差最大处断面，计算施工阶段和使用阶段荷载最不利组合下的管片强度、变形以及裂缝宽度；选择覆土最深与最浅两个断面，按使用荷载与特殊荷载验算管片强度。有关计算公式，可参照钢筋混凝土结构设计原理进行。

工作任务3.3 盾构法施工

盾构施工的主要工序有：盾构机的出发与到达，土体开挖与推进，衬砌拼装与防水等。其中出发和到达是盾构机掘进施工中最容易产生事故的两道工序，也是最关键的工序。

3.3.1 盾构机出发

盾构机进出洞时，均要保证不能给竖井的挡土结构背面、周围路面和埋设物等带来不良的影响。

盾构机出发是指使用安装在竖井内临时组装的管片、反力架等设备，把盾构机在座架上推进，从出发口处贯入围岩并沿着规定路线开始推进的一系列准备工作。

1. 盾构机出发的施工要点

(1)盾构机的安装

所谓安装是指把盾构机组装在竖井内设置的座架上，进入设定位置。设定位置是以设计的中心位置及高度为主，进行若干修正而求出的。所谓修正，是指在软弱围岩中盾构机贯入时，考虑到盾构机下沉而需事先留出一些富余量(数厘米左右)，以便盾构准确就位。

(2)反力架设备

该设备主要是以临时组装的管片和型钢为主材，为保证其能够承受必需的推力，应具有充足的强度和不发生有害变形的刚度。临时组装的管片，需要确保临时安装时的正确位置，以免给其后组装正式管片精度带来不良影响。

(3)始发口

因为始发口的开口作业引起围岩坍塌的危险较大，所以，必须小范围分片拆除临时挡土墙体，在盾构机前面及时进行支护，不得疏忽大意。通常，在靠近始发口处需设置入口密封圈或浇筑洞口混凝土，以确保施工的可靠性和安全性。在设置入口密封圈时，需要充分注意其材质、形状和尺寸是否符合设计要求。

(4)始发方法

盾构机始发的方法很多，根据拆除临时挡土墙方法和防止掘削面地层坍塌方法的不同，主要有掘削面自稳法、拔桩法和直接掘削井壁法等，如表3.2和图3.7所示。

表3.2 常用的盾构机始发方法

<table>
<tr><td rowspan="7">始发工法</td><td rowspan="5">掘削面自稳法</td><td>降水法</td><td rowspan="7">始发工法</td><td rowspan="3">拔桩法</td><td>双重钢板桩法</td></tr>
<tr><td>竖井压气法</td><td>开挖回填法</td></tr>
<tr><td>注浆法</td><td>SMW拔芯法</td></tr>
<tr><td>高压喷射注浆法</td><td rowspan="4">大深度进发、到达部位保护法</td><td>特殊砂浆置换法</td></tr>
<tr><td>冻结法</td><td>冻结法+水中到达法</td></tr>
<tr><td rowspan="2">直接掘削法</td><td>NOMST法</td><td>切割混凝土法</td></tr>
<tr><td>EW法</td><td>滑块法</td></tr>
</table>

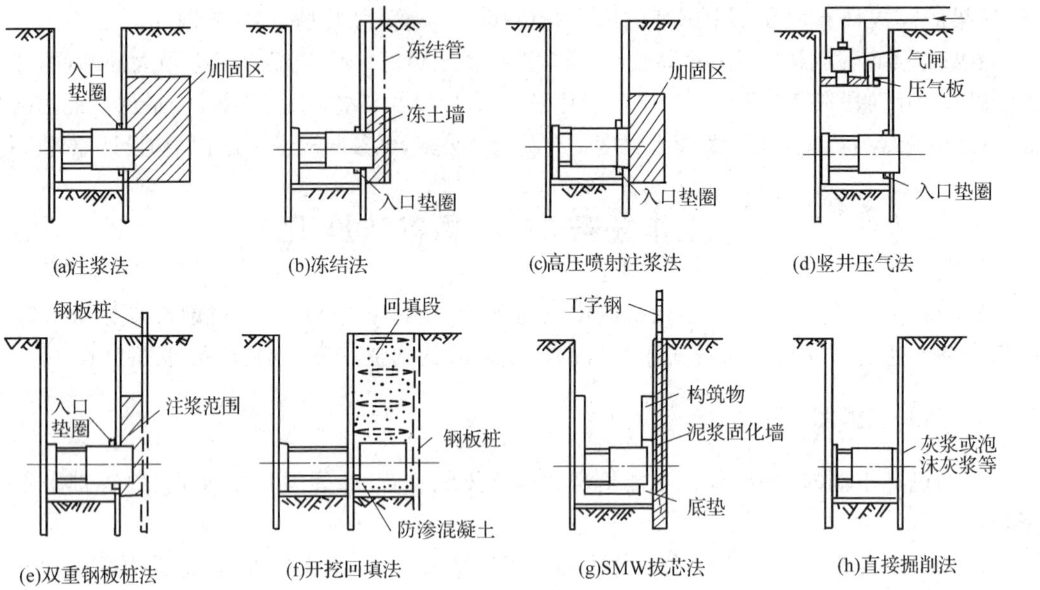

图 3.7 常用盾构机始发方法示意图

这些方法,有单独使用的,有并用的。但不论采用哪种方法,都必须结合土质、地下水、盾构机型、覆土厚度和作业环境等来选定,同时还要考虑安全、经济和工程进度等要求。

2. 盾构机始发的工作内容及工艺流程

盾构机出发施工内容主要包括:出发端头的土体加固、安装盾构出发基座、盾构机下井安装及调试、洞口防水密封的安装、反力设施的安装、负环管片的安装、盾构机试运转、洞门破除等。

盾构机出发主要的工艺流程如图 3.8 所示。

3. 盾构机始发的主要施工技术

盾构机出发施工容易发生各种事故,如出现沉降、涌水、涌泥、大面积塌陷等,发生这些事故的主要原因有:洞门土体存在无支撑或欠支撑的时间过长;洞门处地下水存在直接暴露的可能,盾尾未进入洞门不能同步注浆,洞门帘部止水效果有限。所以严格掌握盾构出发的各项施工技术是保证盾构安全出发的关键。

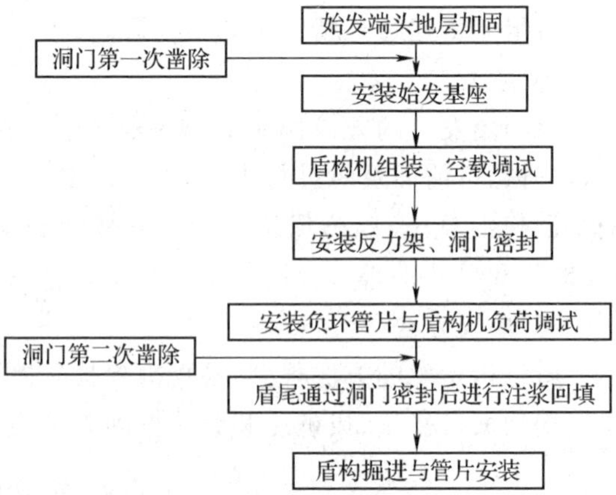

图 3.8 盾构机出发工艺流程图

(1)始发端头的地层加固

盾构机始发之前,要根据洞口稳定情况评价地层,并采取相应的加固措施。常见的盾构机端头地层加固有搅拌桩、旋喷桩、水平冻结及垂直冻结、SMW 工法等方法,但施工成本、施工速度及施工的安全性却各不相同。选择哪一种方法要根据地层具体情况而定,并要严格控制施工过程。

① 加固原则

根据隧道埋深及盾构机穿越地层情况,确定加固方法和范围;充分考虑洞门破除时间和方法，确保洞门破除和盾构机进洞的安全。

② 加固目的

消除构筑竖井时造成的周围土体的松动；防止拆除临时挡土墙时振动的影响；在盾构机贯入掘削面前能使地层自稳及防止地下水流入；降低对入口填塞物的压力；防止因掘削面压力不足引起的掘削面坍塌(特别是泥水式盾构机)；防止地表沉陷或对埋设物产生的影响。

③ 加固要求

加固土体无侧限抗压强度≥1.0 MPa；渗透系数≤1.0×10^{-8} cm/s。

(2)洞门破除

为保证开挖面稳定，洞门破除分两次进行：第一次先将围护结构主体凿除，只保留围护结构的外排钢筋和保护层；在盾构机始发前进行第二次洞门破除，将洞门剩余部分凿除，并确保洞门范围内无剩余钢筋。洞门破除按先下后上、先中间后两侧的顺序进行，切忌大面积同时破除。第二次破除需要速度快，尽量缩短洞门土体无支撑时间。

(3)洞口密封

洞口密封是对起始推进段与盾构机或管片之间的间隙采取的防渗措施，防止地下水和背后所注砂浆外泄，确保施工可靠和安全。即在盾构机开始推进后不久，就可以对开挖面加压，盾构机尾部通过洞口之后，立即进行壁后注浆，尽早稳定洞口。

洞口密封的施工分三步：第一步是在始发井结构施工过程中，要做好预埋件的安装工作，特别注意的是预埋件必须与始发井结构钢筋连在一起，保证预埋件的锚固长度；第二步是在盾构机始发之前完成洞口密封的安装，特别要检查螺栓的紧固程度；第三步是在盾尾进入洞门后，壁后注浆开始前，在洞门密封压板上设置防反转装置。

(4)反力架和始发托架的安装

反力架(后座)设计制造必须满足以下几个要求：

① 要有足够的强度和刚度，保证传力的可靠性。

② 留有足够的空间，使垂直运输和水平运输方便通过，尤其要保证后续台车的通过。

③ 保持盾构机推进轴线和后座壁垂直，保证盾构机推进方向的准确。

④ 反力架基面要有足够的平整度，以保证管片的拼装质量。

⑤ 反力架的结构形式要根据始发井的结构形式进行设计，要做到因地制宜。

⑥ 反力架的结构最好做成组装的形式，便于吊运和安装。

反力架的安装时间根据始发井的大小来确定，安装好后需对反力架进行加固，保证能提供足够的反力。

盾构始发托架不仅用作安装和搁置盾构机，更重要的是通过设在托架上的导轨使盾构机进出洞时能获得正确的导向。因此盾构托架除了要满足承受盾构机自重外，还要满足盾构机在导向钢轨上移动时摩擦力引起的位移。盾构机始发之前，对始发托架两侧用H型钢进行加固。同时在盾构机推进过程中，在中盾和前盾的盾壳上加焊抗扭转牛腿，如图3.9所示。

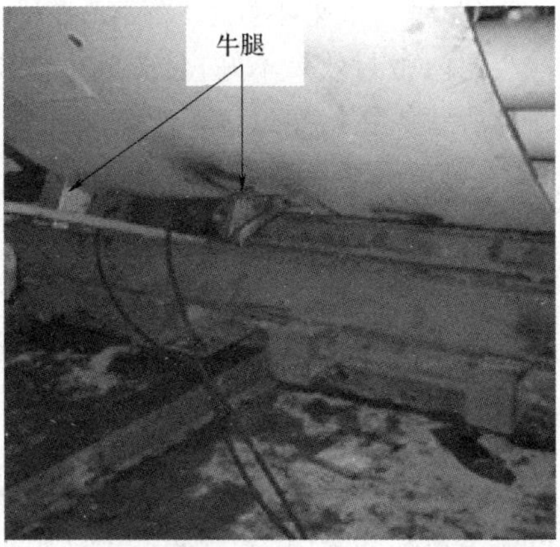

图3.9 盾壳上加焊抗扭转的牛腿

导轨需要根据隧道的设计轴线、盾构机进洞时的施工条件等因素决定其平面位置、高程和坡度。在围护结构破除后,始发台与开挖面的空间很大,为保证盾构在始发时不至于刀盘和盾体悬空太多而产生盾构机"磕头"现象,需要将导轨接长至洞口。同时要求导轨末端留有足够的空间,以满足刀盘旋转。

(5)反力架、钢管片和负环管片

反力架的确定主要依据洞口第一环管片的起始位置、盾构的长度、洞门的厚度以及刀盘在始发前所能到达最远的位置决定。

(6)第一环负环管片安装

在安装负环管片(盾构始发时,在始发竖井里盾构机的后端是一个反力架,盾构机向前推进时需拼装管片环并向后安装到位以给盾构机掘进提供反作用力,从反力架到始发竖井井壁之间安装的管片就是负环管片,负环管片段实际上全部在始发竖井中。)前,为保证负环管片不破坏盾尾尾刷和负环管片能顺利向后推进,在盾尾内安设厚度为盾尾间隙大小的方木,以保证管片在盾构机内的位置准确。

负环管片的最终位置通过推进油缸的行程进行控制,在负环管片与钢管片之间的空隙要用钢板或铜板塞满。

(7)盾构机始发

盾构机始发采取小推力、低扭矩向前推进。刀盘进入洞门前,在刀头和铰接密封装置上涂抹油脂,以避免刀盘上刀头损害洞门密封装置。

推进过程中,跟踪加固负环管片。在负环管片脱出盾尾后,及时用钢丝拉结和木楔子等进行加固,以保证在传递推力过程中管片不会浮动和下沉变位。

(8)洞口注浆

当盾尾完全进入洞体以后,停机调整洞门密封,采用壁后注浆的方式进行洞口注浆。

4. 常见问题的预防和处理

(1)洞门失稳

破除洞门时易发生洞门失稳现象,主要表现为土体坍塌和水土流失,其根本原因就是端头加固不好所致。在小范围的情况下,可在破除洞门混凝土的同时喷素混凝土对土体临空面进行封闭。当坍塌失稳情况严重时,只有封闭洞门,重新加固。

(2)密封效果不好

洞门密封效果不好,会造成土体流失,其主要原因也是端头加固不好和洞门密封安装精度不高所致。在始发过程中发现洞门密封效果不好时,及时通过调整配合比,使注浆后能及早封闭,也可以采用在洞门密封外侧向洞门内部注快凝的双液浆来解决。

(3)地面沉降较大

由于始发的特殊性,往往导致始发阶段的地面沉降量较大。因此在始发阶段应尽快地建立土压平衡模式,并严密注意出土量及土压力情况,同时加大监测频率,控制地面沉降。必要时,通过事先向土仓内灌土,提前建立土压平衡。

(4)始发后盾构机"磕头"

始发推进过程,在盾构刀盘到达掌子面及脱离加固区时,容易出现盾构机"磕头"现象,根据地质条件的不同,有可能出现超限的情况。为此,通常采用抬高盾构机的始发姿态、合理安装始发导轨以及快速通过的办法尽量避免"磕头"或减小"磕头"的影响。例如广州地铁3号线在客大盾构区间始发时,根据现场的洞门距掌子面长的特点,在洞内底部按盾构机的弧面浇筑了素混凝土导台，从而避免了“磕头”现象的出现。

(5)支撑系统失稳

反力架、托架、负环管片等支撑系统，在某些情况下会由于盾构机推进的瞬时推力或扭矩较大而产生失稳，这样将导致整个始发工作失败。对于支撑系统失稳只能从预防角度进行，同时在始发阶段对支撑系统加强监测。

(6)盾尾失圆

由于受盾尾钢板的厚度较薄、始发阶段的约束力小、盾构自重和吊装的影响，盾尾一般会出现失圆，从而引起漏浆、损坏尾刷、轴线偏位等现象。可以采用整圆器进行整圆，必要时在拼装管片前人工对盾尾进行校正。

3.3.2　盾构机到达

到达是指盾构机推进到前方事先准备的竖井壁面(亦称到达面)，然后把盾构机拉到竖井内。

1. 盾构机到达前的准备工作

在盾构机到达前必须对到达竖井洞口段预先加固，其方法有：注浆加固、深层搅拌桩、旋喷桩等化学加固方法，还有井点降水疏干土体、冻结等物理加固方法，如图 3.10 所示。

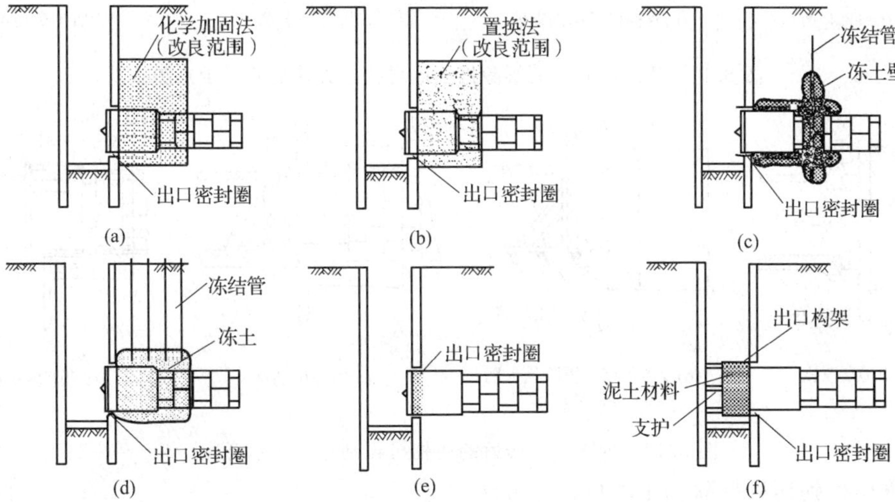

图 3.10　盾构机到达竖井的洞口段加固示意图

为确保顺利到达，还应认真研究确定：到达部分附近的地层是否需要预加固及设置出口密封圈；盾构机位置测量方法和隧道内外的联络方法；减慢推进速度，采用微速推进的开始位置；采用泥水加压式盾构时泥水减压的开始位置；竖井到达面的开挖方法及其开始时间；防止从盾构机主体和到达面的空隙土和砂流入或涌入的对策；到达部分附近的壁后注浆方法；到达竖井内的盾构机承台等临时设备。

盾构机进出竖井前后 50 m 是盾构法施工最困难的地段之一。经常因为地层处理不当引起洞口周围大面积土体的塌陷。在软黏土地质条件下，如果洞口封门材料强度低，抗渗透能力差，则不能起到挡土止水及保证井内工作空间的效果。相反，如果封门材料太硬，洞周土体加固强度过高，又会造成盾构刀盘切削困难。盾构进出竖井必须解决以下几个问题：封门材料选择和制作，洞周土体的滑移和沉陷，盾构机水平和竖直方向的偏移。

同济大学地下工程系和上海市基础工程公司试验研究用膨胀珍珠岩、砂和水泥制作封门填充材料,成功用于上海闸北电厂引水隧道东区水井盾构封门,该封门既能抵抗较大的侧向水土压力,又便于盾构机刀盘切削。上海延安东路南线 2 号井采用 C10 级素混凝土作为封门材料。泥水盾构机刀盘可以直接切削素混凝土进入检修井,代替了传统方法(人工凿除地下连续墙或低药量密孔松动爆破),节约了拆除封门钢筋混凝土结构的劳动力,使盾构机直接进入土体,从而加快了施工进度。

2. 盾构机到达的方法

盾构机到达方法有两种:一种是盾构机到达后拆除到达竖井的挡土墙再推进,如图 3.11 所示;另一种是事先拆除挡土墙,再推进到指定位置,如图 3.12 所示。

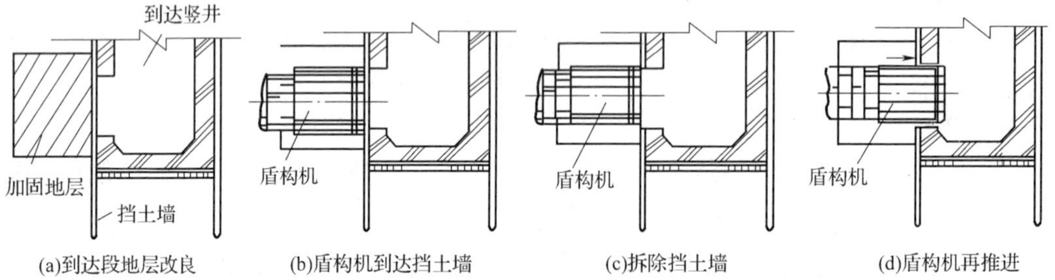

图 3.11 盾构机到达后拆除挡土墙再推进方法的施工示意图

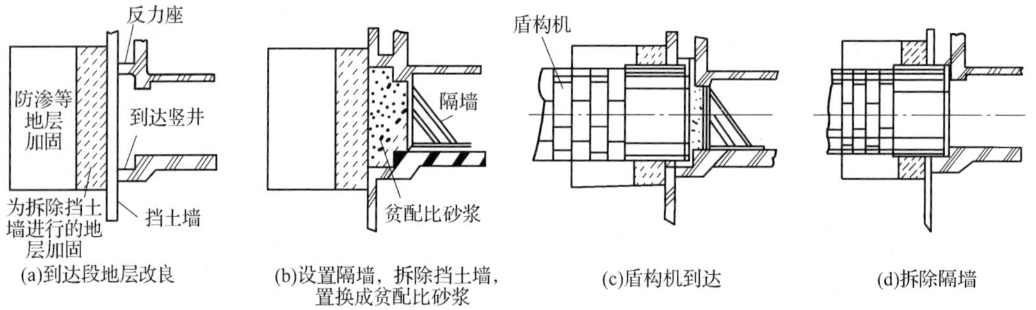

图 3.12 拆除挡土墙后的盾构机再到达施工示意图

(1)盾构机到达后拆除挡土墙再推进方法

该方法是将盾构机推进到到达竖井的挡土墙外,利用地层加固使地层自稳,同时拆除挡土墙,再将盾构机推进到指定位置。

该方法拆除挡土墙时,盾构机刀盘与到达竖井间的间隙小,故自稳性强。但由于工序少,便于施工,而被广泛用于地层稳定性好的中小断面盾构工程。

(2)盾构机到达前拆除挡土墙再推进方法

该方法事先要拆除挡土墙,所以要在拆除前进行高强度的地层加固,在井内构筑易拆除的钢制隔墙,然后从下至上拆除挡土墙,用水泥土或贫配比砂浆顺次充填地层及加固体与隔墙间的空隙。待完成换填水泥土或贫配比砂浆后,将盾构机推进到隔墙前,拆除隔墙,完成到达。因为不让盾构机继续推进,所以有防止地层坍塌之效果,洞体防渗性能也很强。但地层加固的规模增大,而且必须设置隔墙,故扩大了到达准备作业的规模。这种方法多在大断面盾构工程中使用。

3. 盾构机到达的工作内容

工作内容包括:盾构机定位及接收洞门位置复核测量、地层加固、洞门处理、安装洞门圈密封设备、安装接收基座等。盾构机到达施工流程如图3.13所示。

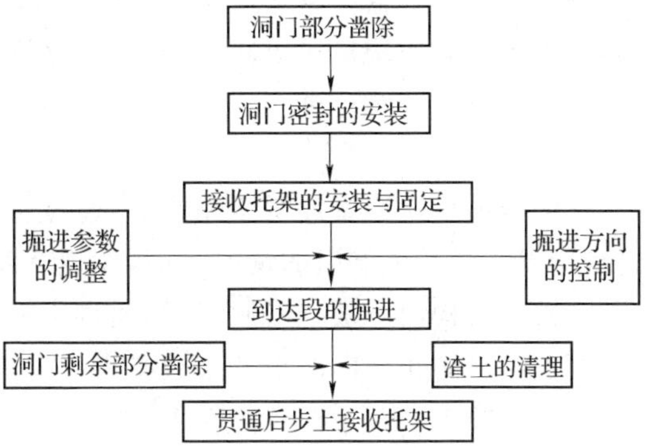

图3.13　盾构机到达施工流程图

(1) 盾构机定位及接收洞门位置复核测量

在盾构机推进至盾构到达范围时,对盾构机的位置进行准确的测量,明确成洞隧道中心轴线与隧道设计中心轴线的关系,同时应对接收洞门位置进行复核测量,确定盾构机的贯通姿态及掘进纠偏计划。在考虑盾构机的贯通姿态时注意两点:一是盾构机贯通时的中心轴线与隧道设计轴线的偏差,二是接收洞门位置的偏差。综合这些因素在隧道设计中心轴线的基础上进行适当调整。纠偏要逐步完成,每一环纠偏量不能过大。

(2) 出洞段的土体加固

到达前一个月进行端头加固,常用的加固方法有高压喷射注浆法、深层搅拌法、冻结法和素混凝土灌注桩法。根据地质情况选择合适的加固方法,并检查加固效果是否满足盾构机到达掘进要求。

(3) 洞门破除

在盾构机距离端头墙前一星期时,对洞门进行第一次破除,先将围护结构的主体凿除,只保留围护结构的外排钢筋和保护层。待盾构机进入加固范围时快速将洞门围护结构剩余部分破除,确保钢筋割除干净。

(4) 安装洞口密封圈

洞口密封圈由止水垫圈、防止垫圈反转的压板及固定它们的铁件构成,在修筑混凝土洞口时密封圈被固定在混凝土洞口上。

(5) 安装接收基座

接收基座的中心轴线应与隧道设计轴线一致,同时还需要兼顾盾构机出洞姿态。接收基座的轨面高程除了适应线路情况外,还要适当降低20 mm,以便盾构机顺利驶上托架。为保证盾构机刀盘贯通后拼装管片有足够的反力,将接收基座以盾构机出洞方向5‰的坡度进行安装。特别注意对接收基座的加固,尤其是纵向的加固,保证盾构机能顺利到达接收基座上。

4. 盾构机到达施工

盾构机到达施工是指从盾构机距离接收井(或矿山法隧道扩大段)之前50 m(称为到达段)时,到盾构机贯通区间隧道进入接收井被推上盾构机接收基座的整个施工过程。施工时应注意下面几点:

(1)根据盾构机的贯通姿态及掘进纠偏计划进行推进,纠偏要逐步完成,每一环纠偏量不能过大。

(2)在盾构机距离端头墙50 m时,选择合理的掘进参数,逐渐放慢掘进速度,控制在20 mm/min以下,推力逐渐降低,缓慢均匀地切削洞口土体,以确保到达端墙的稳定和防止地层坍塌。

(3)盾构机进入到达段后,加强地表沉降监测,及时反馈信息以指导盾构机掘进。

(4)盾构机刀盘距离贯通还剩 10 m 时,在掘进过程中,专人负责观测出洞洞口的变化情况,始终保持与盾构机司机联系,及时调整掘进参数。

(5)在拼装的管片进入加固范围后,浆液改为快硬性浆液,提前在加固范围内将泥水堵住在加固区外。

(6)当最后一环管片拼装完成后,通过管片的二次注浆孔,注入双液浆进行封堵。注浆的过程中要密切关注洞门的情况,一旦发现有漏浆的现象立即停止注浆并进行处理。

(7)当盾构前盾被推出洞门时,通过压板卡环上的钢丝绳调整折叶压板,使其尽量压紧帘布橡胶板,以防止洞门泥土及浆液漏出。在管片拖出盾尾时再次拉紧钢丝绳,使压板能压紧橡胶帘布,让帘布一直发挥密封作用,如图 3.14 所示。

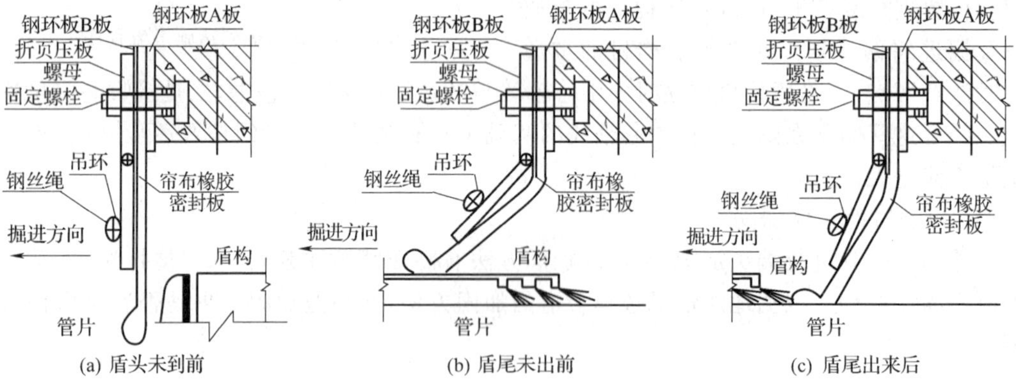

图 3.14　密封橡胶帘布示意图

(8)由于盾构机到站时推力较小,致洞门附近管片环与环之间连接不够紧密,因此做好后 20 环管片的螺栓紧固和复紧工作。并用槽钢沿隧道纵向拉紧后 20 环管片,使后 20 环管片连成整体,防止管片松弛而影响密封防水效果。

5. 常见问题的预防和处理

(1) 洞门失稳

破洞门时易发生洞门失稳现象,主要表现为土体坍塌和水土流失,其根本原因就是端头加固不好所致。在小范围的情况下,可在破除洞门的同时,喷素混凝土对土体临空面进行封闭。当坍塌失稳情况严重时,只有封闭洞门,重新加固。

(2) 密封效果不好

洞门密封效果不好,会造成土体流失,其主要原因也是端头加固不好和洞门密封安装精度不高所致。在到达过程中发现洞门密封效果不好时,及时通过调整配合比,使注浆后及早封闭,同时调整紧固钢丝绳,使帘布紧贴管片。也可以采用在洞门密封外侧向洞门内部注快凝双液浆的办法来解决。

(3) 地面沉降较大

由于到达的特殊性,土压力太大容易造成前方洞门坍塌,太小容易引起沉降量增大。到达阶段应加大监测频率,并严密注意出土量及土压力情况,控制地面沉降。

(4) 洞门附近管片松弛

由于盾构机到达时盾构机的推力较小,洞门附近管片环与环之间连接不紧密,容易引起管片松弛,可以采用多次紧固螺栓和用槽钢纵向将管片连接成整体来预防。

3.3.3　土体开挖与推进

盾构法施工的出发和到达固然重要，但所需时间相对于整个区间施工来说还是较短的，工程量也是较少的。而整个区间土体开挖与盾构机的推进才是工程的主体，所需要的时间也是较长的，在施工中应重点注意以下几个问题。

1. 千斤顶的配置

盾构机是在千斤顶的推力作用下前进的，因此要正确选择推进千斤顶及其数量，以确保所需的推力。合理的使用盾构千斤顶，对正确地沿预定的线路进行推进是至关重要的。推进方向是由施加的推力、千斤顶的位置来决定的，必须事先考虑曲线、坡度等来选择千斤顶的个数和位置。有时在曲线、坡道、蛇行修正等场所，只用单侧的千斤顶推进。

(1)盾构千斤顶的选择和配置

盾构千斤顶的选择和配置应根据盾构的灵活性、管片的构造、拼装衬砌的作业条件等来决定。选定盾构千斤顶必须注意以下事项：

① 采用高液压系统，使千斤顶机构紧凑。目前使用的液态系统压力值为 30～40 MPa。

② 千斤顶的重量要尽可能地小，且经久耐用易于维修、保养和更换。

③ 千斤顶要均匀地配置在靠近盾构外壳处，使管片受力均匀。

④ 千斤顶应与盾构轴线平行。

(2)千斤顶数量

千斤顶的数量要根据盾构直径、千斤顶推力、管片的结构、隧道轴线的情况综合考虑。一般情况下，中小型盾构每只千斤顶的推力为 600～1 500 kN，在大型盾构中每只千斤顶的推力多为 2 000～4 000 kN。

盾构千斤顶的数量 N 可按下式确定：

$$N=\frac{D_e}{0.3}+(2\sim3)$$

式中　D_e——盾构外径，m。

(3)千斤顶的行程

盾构千斤顶的行程应考虑到盾尾管片的拼装及曲线施工等因素，通常取管片宽度加上 100～200 mm 的余裕量。

另外，成环管片总有一块封顶块存在，若采用纵向全插入封顶成环时，在相应的封顶块位置应布置数只双节千斤顶，其行程大致是其他千斤顶的一倍，以满足拼装成环需要。

(4)千斤顶的速度

盾构千斤顶的速度必须根据地质条件和盾构形式来决定，一般取 50 mm/min 左右，且可无级调速。为了提高工作效率，千斤顶的回收速度要求越快越好。

(5)千斤顶块

盾构千斤顶活塞的前端必须安装顶块，顶块必须采用球面接头，以便将推力均匀分布在管片的环面。其次，根据管片材质的不同，还必须在顶块与管片的接触面上安装橡胶或其他柔性材料的垫板，对管片面起到保护作用。

盾构机推进时所需的推力会由于围岩条件(粒度组成、围岩强度、密实度、地下水压等)、盾构形式、超挖量、有无蛇行修正、隧道曲率半径、坡度等情况而有所不同。以不对管片产生不良影响为基础，注意始终使用适当的推力。

2. 不得破坏开挖面的稳定

闭胸式盾构机因同时进行开挖和推进,所以要确保开挖面的稳定,避免发生过量取土和压力舱内堵塞。敞胸式盾构机要根据围岩的情况,开挖后立即推进或开挖同时推进,以免开挖面发生破坏。管片组装完成后,要尽快地进行开挖、推进,而且要尽量减少开挖面的暴露时间。

对于土压平衡盾构机要实现开挖面的稳定,可以通过两条途径:控制土舱压力与开挖面地层压力的差值;控制排土量。土压平衡盾构机是借助土舱压力来平衡工作面的水土压力,以减少推进对地层的扰动。工程实践表明,这是一个动态平衡状态,由于推进速度和排土量的变化,土舱压力也会在地层侧压力值附近波动。因此,应特别注意调整推进速度和排土量,使压力波动控制在最小幅度,始终保持在:

$$p=p_z+p_w\leqslant p_i \tag{3.1}$$

式中 p ——土舱压力,kPa;

p_z——侧向土压力,kPa;

p_w——侧向水压力,kPa;

p_i——密封舱压力,kPa。

由于超挖使土舱压力减少到地层主动土压力,欠挖使土舱压力增大到地层被动土压力时,土体均可产生塑性滑移和失稳。对气压盾构机、泥水盾构机和早期开敞胸板的网格盾构机在施工中也有类似的情况。实践证明,当满足 $p_i\geqslant(1.15\sim1.20)(p_z+p_w)$时,地表变形比较小。盾构机未到达时,地表略有 3～5 mm 隆起,随后为沉降所抵消。

土压平衡盾构机推进中的主要控制参数有:刀盘和密封舱的压力、排土量和推进速度、螺旋出土器转速、千斤顶总顶力和分区千斤顶顶力、注浆压力和时间、注浆量和注浆方式、浆液性能、盾构机的坡度和姿态、管片拼装偏差等。当然这些施工参数与隧道所处区域的水文地质条件和隧道埋深相关。在盾构机推进洞内 50～100 m 范围内,结合地表沉降、土体的水平垂直变形、孔隙水压力、比贯入阻力、标贯指数等参数的量测数据,对盾构机推进的施工参数进行优化选择和实验。其目的在于使盾构机达到最佳的推进状态,即对周围地层及地表面扰动小,地层强度、超孔隙水压力变化小,盾构机推进速度快,轴线控制和管片拼装质量好。

3. 不能损坏管片等后方结构物

推进时最好在考虑了管片强度的基础上,尽量减小每台千斤顶推力。为了减小每台千斤顶推力,尽量使用更多的千斤顶来产生所需的推力。在曲线部分、坡度变化部分、蛇行修正部分等不得不使用部分千斤顶时,也要注意尽量使用多个千斤顶。

当要采用的推力可能损伤管片等后方结构物时,必须对管片进行加固。不得已时,闭胸式盾构机可使用全面外扩式或部分外扩式超挖刀进行超挖;而敞胸式盾构机在确保开挖面稳定的基础上进行超前开挖。

4. 尽量防止横向、纵向和转动偏差的发生

在盾构机推进时,要正确掌握盾构机的位置和方向,同时,使推力作用在适当的位置。当盾构机通过曲线部分、坡度变化部分或进行蛇行修正时,可使用部分千斤顶。为使盾构机中心线和管片面尽量正交,在推进时可采用锥形管片或者锥形管片环。

盾构机的横向偏差、纵向偏差和转动偏差,往往是由于围岩阻力、千斤顶操作误差、盾构机的结构特性、土质变化、管片刚度和测量误差等综合因素引起的。要根据测量取得的数据提前进行修正。

由于软弱地基或管片的结构等原因,使盾构机发生前端低头时,对闭胸式盾构机来说,一

般是对下侧的千斤顶加朝上的力矩向前推进;而对于敞胸式盾构机来说,一般采用在盾构机前端底部浇注混凝土或进行化学加固等方法进行地基改良,或在盾构机前面底部加上抗力板等方法来推进。

另外,敞胸式盾构机在方向急剧变化时,对于可进行超前开挖的土质,有时也采用先进行超前开挖再进行推进的方法。对长径比大的盾构机,因为难以弯曲,可借用反力板辅助转向。

蛇行修正最好尽早进行,趁蛇行量小时进行修正。急剧的方向修正往往会增加相反一侧的蛇行量,造成在盾尾内管片组装的困难,最好考虑在较长的区间内逐渐地进行修正。在推进过程中,土质突变经常是导致蛇行运动的原因,故对土质的变化要予以关注。

横向、纵向和转动偏差要用测锤、倾斜仪、回转罗盘、经纬仪等来检测并适当选定千斤顶来进行修正。对于闭胸式盾构机,转动偏差多通过改变刀盘的旋转方向,施加反向的旋转力矩进行修正,转动偏差的发生会引起施工效率的下降。

3.3.4　衬砌拼装与防水

软土层盾构法施工的隧道,衬砌多数都采用预制衬砌管片(图 3.15)拼装而成,很少采用复合式衬砌或挤压混凝土整体式衬砌。

图 3.15　盾构法隧道衬砌预制管片

预制拼装衬砌通常由称作"管片"的多块弧形预制构件拼装而成。为了闭合拼装方便,通常将管片分成 A、B 和 K 三种类型,而 K 形管片又有半径方向插入与纵向插入之分。衬砌环的拼装程序有"先纵后环"和"先环后纵"两种。先环后纵法是拼装前缩回所有千斤顶,将管片先拼装成圆环,然后用千斤顶使拼好的圆环沿纵向与已安装好的衬砌靠拢联结成洞。此法拼装的特点是环面平整纵缝质量好,但可能形成盾构机后退。先纵后环因拼装时只缩回该管片部分的千斤顶,其他千斤顶则轴对称地支撑或升压,所以可有效地防止盾构机后退。

管片拼装是盾构法施工的一个重要工序,整个工序由盾构司机、管片拼装机操作工和拼装工三个特殊工种配合完成。在整个施工过程中必须由专人负责指挥,拼装前应全面检查拼装机械、工具和索具。施工前应根据所用管片形式和特点详细向施工人员作技术和安全交底。衬砌拼装系统最常用的是杠杆式拼装器,它由举重臂和驱动部分组成。举重臂采用杠杆作用原理,一端为卡钳装置,另一端为可调节的平衡锤。举重臂的功能是夹住管片或衬砌构件,将其送到需要安装的位置。驱动部分由液压系统及千斤顶组成,采用手动操纵阀能驱动举重臂作平面旋转与径向移动。举重臂多数安装在盾构机支承环上,也有与盾构机脱离安装在车架上的。

1. 准备工作

在衬砌管片拼装前必须做好下述准备工作:

(1)盾构推进油缸顶块与前一环管片环面必须有足够的空间可使封顶块插入成环;检查管片与盾尾间隙,结合上一环状态,决定本环拼装时的纠偏量及纠偏措施。盾构纵坡和拼装机在平面、高程的偏离值,决定了管片拼装位置和调整的纠偏值。

(2)清除上一环环面和盾尾内杂物,检查上一环环面防水密封条是否完好,如有损坏应及时修补;发现环面质量问题,应在下一环管片拼装时,进行纠正。

(3)按有关盾构设备操作要求,全面检查拼装机的动力及液压设备是否正常,举重臂是否灵活与安全可靠。

(4)管片在地面上按拼装顺序排列堆放,粘贴好防水密封条等防水材料。准备管片连接件和配件、防水垫圈等,并随第一块管片运至工作面。

2. 拼装作业

管片拼装时,一般应先拼装底部管片,然后自下而上左右交叉拼装其他管片,每环相邻管片应均匀拼装并控制环面平整度和封口尺寸,最后插入封顶块成环。

管片拼装成环时,应逐片初步拧紧连接螺栓,脱出盾尾后再次拧紧。当盾构掘进至下一环衬砌时,在环管片拼装之前,应对相邻已成环的(3环范围内的)管片连接螺栓进行全面检查并再次紧固。逐块拼装管片时,应注意确保相邻两管片接头的环面平整、内弧面平整、纵缝密贴。

封顶块插入前,检查已拼管片的开口尺寸,要求略大于封顶块尺寸。拼装机把封顶块送到位,伸出相应的千斤顶将封顶顶块管片插入成环,对圆环进行校正,并全面检查所有纵向螺栓。

封顶成环后进行测量,并按测得的数据对圆环进行校正,然后再次测量并做好记录。最后拧紧所有纵向和环向螺栓。

按各块管片位置,缩回相应位置的千斤顶,形成拼装空间使管片到位,然后伸出推进千斤顶完成管片的拼装作业。盾构司机在反复伸缩推进油缸时必须做到保持盾构机不后退、不变坡、不变向,同时应与拼装操作人员密切配合。

3. 防水

在含水土层中采用盾构法施工时,其钢筋混凝土管片除应满足强度要求外,还应解决防水问题。管片拼接缝是防水的关键部位,目前多采用纵缝、环缝设防水密封垫的方式。防水材料应具备抗老化性能,在承受各种外力而产生往复变形的情况下,应有良好的黏着力、弹性复原力和防水性能。特种合成橡胶比较理想,实际应用也较多。

衬砌完成后,盾尾与衬砌间的建筑空隙需及时充填,通常采用壁后压浆,以防止地表沉降,改善衬砌受力状态,提高防水能力。

3.3.5 盾构法施工的工序

主要施工工序为:

(1)在盾构法隧道的起始端和终端各建一个工作井,亦称出发井和到达井。

(2)盾构机在起始端工作井内安装就位。

(3)依靠盾构千斤顶推力(作用在已拼装好的衬砌环和工作井后壁上)将盾构机从起始工作井的墙壁开孔处推进。

(4)盾构机在地层中沿着设计轴线推进,在推进的同时不断出土和安装衬砌管片。

(5)及时向衬砌背后的空隙注浆,以防止地层移动,同时可以固定衬砌环的位置。

(6)施工过程中,适时施作衬砌防水。

(7)盾构机进入终端工作井后拆除,如施工需要,也可穿越工作井再向前推进。

3.3.6 施工注意事项

1. 盾构始发

(1)始发基座安装时,要求整个台面处于同一平面上,高度偏差不大于30 mm,前端左右高程偏差不大于 20 mm；始发基座与隧道设计轴线的坡度偏差不大于 5‰；盾构始发后在软岩地层中易出现下沉而偏离隧道轴线，故对始发的高度应预先调整。当盾构在曲线地段始发时，应根据始发段的长度、盾构主机长度、盾构在曲线上的具体位置、盾构始发处的地层状况在曲线的切线与割线之间选择定位位置。

(2)始发基座的主要作用是稳妥、准确地放置盾构机，并在基座上进行盾构机安装与试掘进，所以基座必须有足够的强度、刚度和安装精度，并且考虑盾构机安装调试作业方便。

(3)反力架应与后井壁贴紧，后座的环面应与推进轴线垂直。后座可采用钢管片或钢筋混凝土管片拼成开口环或用钢结构形式，开口长度要满足盾构施工的垂直吊运需要，开口段的上半部分应设有稳固的后支撑体系，横向开口尺寸要保证施工期间设备、盾构施工车架能够顺利通过。

(4)在选择洞口地层加固方法时，主要考虑洞口破除后在主动土压力作用下洞口土体的抗弯、抗折强度。选择洞口加固技术措施时，可单独使用一种或多种方法，但必须满足施工的安全、进度和经济三项要求。

(5)钢板桩封堵采用槽钢组合成矩形断面，安装于盾构井井壁洞口外侧或内侧，井壁外侧钢板桩应竖直安装，而内侧的钢板桩一般是横向安装于洞口处，始发井宜采用外封门形式。

(6)为保证盾构始发掘进段土体的稳定性，需对加固区域土体进行无侧限抗压强度、渗透系数等指标检测，并提供检测报告。

(7)盾构机安装调试运转正常后，即开始在基座导轨上逐环向前推进，直至盾构机刀盘最前端离洞口封门一定距离时停止，此距离按洞口的封门形式而定，当采用外板桩封门时一般为 15～20 cm。

(8)第一环负环管片定位时，应先保证管片横断面与路线中线垂直，待管片完成定位后，将管片与反力架之间的空隙填充密实。

(9)盾构机始发施工中，在负环管片开始后移时，应通过控制推进油缸行程的方法控制负环管片后移，所有推进油缸行程应尽量保持一致。

(10)盾构机在始发基座上向前推进时，由于始发基座条件的限制，一般盾构机的上部千斤顶在一定时间内不能使用，为此要精心调整盾构机正面土体反力以少用或不用底部范围千斤顶，防止盾构上飘以及反力架因受力不匀而破坏。当盾构机始发覆土较浅时，为防止盾构机进洞上飘，需要使用上部推进千斤顶时，则必须安装有足够强度和刚度的支撑，以将上部顶力传至后井壁。

(11)为防止管片发生旋转，始发阶段应注意扭矩控制，一般情况下，始发阶段的盾构机扭矩值不得大于正常掘进的 70%。

(12)在盾构机始发阶段，应注意各部位油脂的使用和消耗情况。

盾构机施工时，一般根据盾构的长度、现场及地层条件将起始段定为 50～100 m。起始段掘进是掌握、了解盾构性能及施工规律的过程。

2. 盾构掘进

(1)作业前，必须根据隧道地质条件、埋深、地表环境、盾构机姿态、施工监测结果以及从上个作业班盾构机姿态测量报表分析出盾构机的推进趋势，通过地面变形测量数据，评定平衡土压力值设定的正确程度，进一步调整施工参数，制定当班盾构机掘进指令，并及时跟踪调整。

(2)盾构机掘进施工指令一般包括以下内容：当班每环推进时的姿态纠偏值、掘进时的土仓压力、注浆压力与每环的注浆数量、管片选型、最大掘进速度与推进油缸行程差、最大推力、最大扭矩、螺旋输送机的最大转速、扭矩等。

(3)在盾构机推进时,操作人员应不断观察设定土压力值、推进速度、推进油压、盾构姿态、刀盘油压及转速、螺旋机的油压及转速、进土速率以及盾构机的推进油缸伸出长度偏差等是否均在优化施工参数范围内,发现有异常情况应及时调整,并做好详细记录。

(4)设备操作按盾构机设备操作规程和安全操作规范进行。

(5)壁后注浆应与盾构机推进同步,注浆要根据盾构机的轴线与隧道轴线相对差值、隧道埋深、土质渗透性能等调整注浆数量和注浆压力,通过地面变形观测评定注浆效果,据此调整注浆数量或位置。注浆司机应做好施工记录。

(6)盾构施工必须严格控制地层变形,使其变形量控制在允许范围内。在施工过程中及时进行监控量测,进行信息反馈,按优化的施工参数控制盾构推进速度、出土量、注浆数量、注浆压力(浆液出口处压力)、注浆时间和注浆位置,并做好记录。

(7)为确保盾构机与管片位置的正确性,必须经常进行人工复核测量,每周不少于1次,最长掘进距离不应超过150 m。

(8)每天人工测量管片位置1次,在硬岩、地下水比较丰富地段、浅埋隧道地段或发现管片位移较大的地段应加大人工测量频率。根据测量结果进行管片位置与位移分析,通过信息反馈,进行掘进参数(盾构姿态、注浆参数、浆液胶凝时间等)的调整。

(9)盾构机操作人员必须严格执行指令,谨慎操作,对初始出现的小偏差应及时纠正,避免"蛇形"前进现象,盾构机一次纠偏量不宜过大,以减少对地层的扰动。

(10)由于特殊原因造成盾构机偏离设计轴线过大,需要进行长距离纠偏时,要根据偏离的实际情况,制定纠偏方案,逐步进行纠偏。

(11)可根据盾构机穿越地层土质状况,向土仓内添加泥浆、水、泡沫剂、聚合物等,通过刀盘的旋转来搅拌切入的土体,使其具有良好的流动性和止水性,以改良仓内土质并保持塑流状态,能使土仓内建立平衡土压力。

(12)排土方式一般为钢制斗车装运,在做计划时应综合考虑隧道断面大小、运输距离、一次掘进排土量、作业循环等因素选定斗车容量与数量。排出的渣土一般呈流动性,应进行泥土固化处理,方法有:太阳晒干处理,水泥、石灰类添加剂处理和高分子添加剂处理。目的是要使泥土达到可运输状态和弃置堆放条件,减少对道路和环境的污染。

(13)若盾构机停止掘进时,应根据停顿时间长短、环境要求、地质条件做好开挖面、盾尾密封以及盾构防后退工作。

(14)遇到盾构机和注浆设备发生故障、施工运输故障以及地质意外变化可能危及盾构与隧道安全时,必须暂停施工。待找出原因、排除故障后方可继续施工。

(15)一般盾构机停止三天以上时,开挖面应进行封闭,盾尾与管片间的空隙作嵌缝密封处理,并在支承环的环板与已建成的隧道管片环面之间进行适当支撑,以防止盾构在停顿期间后退。当地层软弱和流动性较大时,盾构中途停顿须及时采取防止泥土流失的措施。

3. 轴线控制

(1)盾构轴线的控制是盾构机推进施工的一项关键技术。轴线方向控制主要是依靠测量的精确性,在实际施工中盾构机推进轴线控制不可能是理想状况。轴线控制不佳的原因是地质不均匀引起正面阻力不均匀以及施工操作技术水平不高。控制好盾构的推进轴线,才能保证管片拼装的位置准确和隧道竣工轴线误差控制在允许范围内。

(2)盾构机推进及管片拼装施工时,为了减少由于盾构机自转所产生的施工困难,应控制盾构机旋转量在±42′以内。在施工中防止过量旋转的措施有：

① 改变刀盘的旋转方向。

② 改变管片拼装左、右交叉的先后次序。

③ 调整两腰推进油缸轴线，使其与盾构轴线不平行。

④ 当旋转量较大时，可在盾构机支承环或切口环内单边加压重。

⑤ 盾构机在硬岩、地下水比较发育地段、浅埋隧道地段或软弱土层中推进时，特别是在曲线段盾构机逐环转折推进时会引起盾尾后一段隧道的位移，导致测量的后视标志点移动。因此，在盾构机推进轴线和成环管片中心的测量中必须定时严格复测后视标志点的移动值，并及时进行调整，确保盾构机推进导向测量的正确性。

4. 盾构纠偏

在实际施工中，盾构机推进方向可能会偏离设计轴线并超过管理警戒值。在稳定地层中掘进时，因地层提供的滚动阻力小，可能会产生盾体滚偏差；在线路变坡段或急弯段掘进时，有可能产生较大的偏差。应及时调整盾构机姿态，纠正偏差。纠偏需要注意下面两个问题：

(1)盾构机内径与管片外径两者之间有一定施工间隙，盾构纠偏只能在此范围内调整，过量纠偏会使盾壳卡住管片，导致管片被挤坏或增加下一环管片拼装的困难。

(2)纠偏应及时和连续，而且不要过量纠偏。过大纠偏会使盾构轴线与隧道轴线产生较大的夹角，影响盾尾密封效果，产生盾尾漏浆，无法保证空隙填充密实。过量纠偏还会增加盾构对土体的扰动，这些因素都将增大地面变形。

5. 盾构到达

盾构到达是指在稳定地层的同时，将盾构机沿所定路线推进到竖井边，然后从预先准备好的大开口处将盾构机拉进竖井内，或推进到到达墙的指定位置后停下等待一系列的作业。一般距离到达井 50 m 范围为到达段。盾构到达应注意下面几个问题：

(1)盾构到达前需对到达洞口土体进行加固，按照环境、地质条件、洞门尺寸及深度、洞口封门形式来确定洞口土体加固处理方案(降水、化学压浆或其他地基加固方法、土体加固强度及范围)，并对土体加固效果进行鉴定。当加固条件受到限制或加固效果不良时，必须采取其他技术措施，保证盾构到达。

(2)到达井内的盾构接收基座应符合技术要求，导轨应可调节，以适应盾构到达时的姿态。在曲线地段，接收基座应根据曲线在该位置的切线方向进行定位。

(3)盾构机掘进至离洞口封门结构 100 m 时，必须做一次盾构推进轴线方向的传递测量，以逐渐调整盾构轴线。

(4)为防止由于盾构机推力过大和防止切口开挖面土体挤压损坏洞口封门结构，当切口离封门结构 30～50 cm 时停止推进，并使切口开挖面压力降到最低值，以确保洞口封门拆除时的安全。

(5)盾构机停止推进后按计划方法与工艺拆除封门，然后尽快地连续推进和拼装管片，使盾构机能在最短时间内全部进入接收井内的基座上。洞口与管片的间隙必须及时处理，并确保不渗漏。

6. 盾构调头

盾构机调头是指区间施工到达目的地之后，从左(右)线转到右(左)线，重新开始掘进的过程。

盾构调头方法很多，可根据竖井尺寸、设备、盾构直径、重量及移动距离等决定。由于盾构设备重量大、体积大，因此起吊、移动调头工作时间长，必须预先编制调头方案，做到可靠、安全。盾构机在竖井内调头时,要有调头设施。盾构机在竖井内水平移动距离较大时,可采用移车台。小直径且重量轻的盾构,可用起重机直接起吊调头。盾构调头时的注意事项如下:

(1)刀具更换。刀具更换是一项复杂工序。首先除去压力舱中的泥水、残土,清除刀头上黏附的泥沙,确认要更换的刀头,运入工具,设置脚手架,然后拆去旧刀具,换上新刀具。更换刀具停机时间比较长,容易造成盾构整体沉降,引起地层及地表沉降,损坏地表及地下建(构)筑物。因此要求:

① 更换前做好准备工作,尽量减少停机时间。

② 更换作业尽量选择在中间竖井或地层条件较好、较稳定地段进行。

③ 在地层条件较差的地段进行更换作业时,必须带压更换或对地层进行预加固,确保开挖面及基底的稳定。

(2)更换刀具的人员必须系安全带,刀具的吊装和定位必须使用吊装工具。

(3)做好更换记录。更换记录主要包括刀具编号、原刀具类型、刀具磨损量、修复刀具的运行记录、更换原因、更换刀具类型、更换时间和更换人员等。

7. 特殊地段盾构施工

(1)浅覆土层盾构施工

① 严格管理开挖面压力。由于覆土荷载减小,使开挖面压力允许的管理幅度缩小,即使少量的误差,也可能给开挖面稳定带来很大影响。因此,在掘进时,应特别注意泥浆或添加剂的性质以及对开挖面压力的管理,尽量减小对地表或地下建(构)筑物的影响。开挖压力管理值可以通过实验来确定。

② 浅覆土地段的壁后注浆。由于盾尾空隙会立即影响到地面或地下建(构)筑物,要充分的壁后注浆管理工作以控制地层变形。宜使用有早期强度的壁后注浆材料,采用同步注浆方法进行施工。注浆参数等可以通过实验来确定。

③ 穿越河流的浅覆土施工。应对开挖面的稳定、泥浆或添加材料的泄漏或喷出采取预防措施,还应注意采取相应措施防止隧道的上浮或管片的变形。

(2)小半径曲线盾构施工

① 超挖量。用部分外扩式超挖刀进行开挖时,超挖量大,使得小半径曲线施工较为容易。但是,这样会产生由于围岩的松动、壁后注浆材料绕入开挖面而使推进反力下降,隧道变形增大。因此,要考虑地层的稳定性,把超挖量控制在允许范围内。

② 壁后注浆。小半径曲线施工时,管片从盾尾脱出后如果不能立即与围岩形成一体,盾构推进就不能充分取得反力,导致产生较大的管片变形和隧道位移的危险性。应选择体积变化小、早期强度高的注浆材料。考虑到超挖量,注入量也需要适当的增加。为了防止注入材料绕入开挖面等,可在管片背面安装填充袋并向该袋内注入混凝土。

③ 线路测量。应根据需要增加测量频率。

④ 在地层稳定性差的地段,为了防止曲线部分超挖引起地层松动,可采用化学加固或高压喷射水泥砂浆等辅助施工法。

(3)大坡度区段盾构施工

① 盾构前部比较重,上坡掘进时需要加大下半部盾构千斤顶推进能力。对于后方台车应采取防止脱车措施。

② 大坡度施工中的壁后注浆材料,宜采用体积变化小、早期强度高的瞬结性材料。下坡度时,壁后注浆材料绕入开挖面的可能性大,应注意采取措施解决这一问题。

(4)地下管线区段盾构施工

应特别注意详细查明地下管线分布、管线类型和业主提出的允许变形值，制定具体保护措施。

(5)地下障碍物处理

要详细查明地下障碍物的具体位置与实物，原则上采取提前在地面上拆除和回填的办法处理。在洞内拆除困难很大，国内也尚无这方面经验。因此，采取洞内拆除，需进行可行性研究和有效的安全措施。

(6)穿越建(构)筑物施工

对地表已有建(构)筑物进行加固或对盾构隧道上方与建(构)筑物之间地层进行加固，应根据具体地层、埋深、隧道直径、建(构)筑物现状等条件，制定加固范围与方法。宜通过试验段施工，根据量测评定其效果来选择合理的方法。

(7)小净距隧道施工

小净距隧道双洞的中间岩柱宽度介于连拱隧道和双线隧道之间，一般小于 1.5 倍隧道开挖断面的宽度。小净距隧道施工的相互影响因施工条件各不相同，一般要考虑：

① 后续盾构的推进对先行隧道的挤压和松动。

② 后续盾构的盾尾通过时对先行隧道的松动。

③ 后续盾构的壁后注浆对先行隧道的挤压。

④ 先行盾构引起的地层松弛对后续盾构的偏移等。

伴随以上现象会发生管片变形、接头螺栓的变形和断裂、漏水、地表下沉量的增大等。观测到异常变形时，应立即停止施工，查明原因，同时根据情况，采用辅助工法进行施工。

(8)穿越江河地段施工

江河部分施工地层情况和地下水流动情况，对选择盾构机类型和制定施工措施非常重要，必须详细进行水文地质调查，包括地质钻孔的位置与对施工的影响。

① 河床地质和水文地质条件复杂，在水底部分水压力比覆土压力更大，必须根据地层的水土压力设定适合的开挖面压力。

② 预测盾构施工对堤岸、周边结构物的影响，根据需要采用辅助工法保证堤岸周边结构的安全。

③ 除了要考虑开挖面的稳定、泥浆和添加材料的泄漏或喷出外，还需要特别考虑隧道上浮和管片的变形问题，并采取相应措施加以解决。

(9)砂卵石地段施工

盾构机在砂卵石地段施工时，刀具磨耗大，更换刀具频繁。对于较大直径砾石的处理，其方法是在开挖面上安装特种刀具或选用带破碎机的盾构机进行施工，也可采用爆破方法破碎大直径砾石。对于采用泥水平衡盾构机的排渣管道，应注意防止砾石引起的堵塞。

8. 管片与拼装

盾构机推进时，依次把将要脱离盾尾的成环管片环向、纵向螺栓用扳手拧紧至设计要求。拼装过程中，遇有管片损坏，应及时使用规定材料修补；管片损坏超过标准时，应调换；在拼装过程中应保持成环管片的清洁，如后期发现损坏的管片也必须进行修补。

平面曲线段隧道使用楔形环管片拼装后形成曲线，拼装方法与直线段施工相同。

为了保证隧道曲线精度，必须保证楔形管片成环精度，而且要求第一环管片定位准确。

9. 壁后注浆与隧道防水

壁后注浆是盾构法施工必不可少的工序。壁后注浆起着控制地层变形、减少隧道沉降、加强衬砌防水性能和改善衬砌受力状态(保持管片衬砌拼装后的早期稳定)的作用。在盾构施工时,可选择合理的位置注浆,实现盾构纠偏。

(1)壁后注浆

① 常规要求

注浆工艺的选择应根据隧道变形及地层变形的控制要求决定。注浆工艺一般有同步注浆、即时注浆、二次补强注浆等类型。浆液应根据地层性质、地面荷载情况、允许变形速率等要求进行合理选定。惰性浆液一般不适于对地面和隧道沉降要求高的工程。

注浆原材料的选用应按地层条件、施工条件和材料来源合理选定。浆液必须满足工程使用要求:注浆作业中不产生离析;具有较好的流动性,易于注浆施工;压注后浆液固化收缩率小;有较好的防渗性能;压注后强度能很快超过土层。

注浆原材料使用前必须进行材料试验,符合要求后方可正式用于工程。

② 注浆参数的选择

在管片外部土压力大或地下水头压力大的地段,注浆压力应根据计算决定。

注浆出口压力应稍大于注浆出口处的静止土压力 0.1~0.2 MPa。通过计算的注浆压力不应出现过大浆液溢出地面或造成地表隆起,也不应过小而降低注浆作用。

同步或即时注浆的注浆量宜按下式计算:

$$Q=\lambda V \tag{3.2}$$

式中 Q——注浆量,m^3;

λ——充填系数,根据地质情况、施工情况和环境要求确定;

V——充填体积,m^3,计算公式如下:

$$V=\pi(D^2-d^2)L/4 \tag{3.3}$$

其中 D——盾构切削外径,m,

d——预制管片外径,m,

L——每次充填长度,m。

上述计算值,可在施工中按注浆效果进行调整。注浆量与盾构推进时扰动土层的范围有关,扰动范围是变量,一般情况下充填系数取 1.30~1.80。在裂隙比较发育或地下水量大的岩层地段,充填系数一般取 1.50~2.50。

③ 注浆设备

注浆设备按采用的注浆工艺合理选择,主要包括浆液拌制机、注浆泵、软管、管接头、阀门控制系统等。选用的设备应保证浆液流动畅通,接点连接牢固,不漏浆。

浆液拌制机宜用强制式搅拌机,其容量要与施工用浆量相适应。拌浆站必须配有浆液质量测定的稠度仪,随时测定浆液流动性能。

④ 注浆作业

注浆时要随时观察注浆状况,控制好注浆压力并记录注浆点位置、压力、注浆量。当注浆作业发生故障时,应立即通知停止盾构掘进施工,及时排除故障。

注浆结束时应在一定压力下关闭浆液分配系统,同时打开回路管停止压浆。注浆管路内压力降至零后拆下管路并清洗干净。

⑤ 注浆质量控制

注浆质量控制以达到保护工程环境效果为目的,一般采用注浆压力、注浆数量进行双重控制。

(2)隧道防水

盾构隧道渗漏水的位置是管片的接缝、管片自身小裂缝、注浆孔和手孔等，其中以管片接缝处为防水重点。

为了保证隧道防水，应注意以下几点：

① 隧道管片接缝防水的构造形式、截面尺寸和材料性能，是根据隧道纵向变形允许值和计算出的管片环缝张开值确定的，故接缝防水密封垫的防水效果是盾构隧道的防水重点。

管片螺栓孔的防水按设计要求和构造尺寸制成环状垫圈，依靠紧固螺栓而达到防水目的。必要时，应按设计要求进行螺栓孔注浆。

隧道变形缝和柔性接头是变形集中、变形量大的特殊部位，因此防水处理和结构施工应严格按设计要求实施，以达到隧道整体防水的目的。

② 管片接缝防水密封条为工厂制造，厂方应按设计生产，必要时应在现场实际验证。

③ 作业前的运输、堆放、翻动等工作均不得损坏管片防水槽等关键部位；防水密封条粘贴后，在运输时应保护好，发现问题及时修补后，方能下井进行拼装。

10. 盾构法施工中地面沉降及控制

盾构法隧道施工会引起较大的地面沉降，特别是在软土条件下，即使采用世界上最先进的盾构机，用盾构法修建隧道也要产生一定的沉降。盾构选型合理，施工工艺先进，施工技术参数合理，可以将地面沉降控制在较小的范围（＋1～－3 cm）。要减少盾构法施工对周围环境的影响，其主要的关键技术是保持开挖面的稳定和管片脱出盾尾后及时注浆填充间隙。

(1)地面沉降的原因

盾构推进过程中引起地面沉降的原因大致可分为土体损失和土体固结两个方面，具体是：

① 密封舱压力不足，前方土体松弛。

② 螺旋出土器转速过快，出土量过多。

③ 盾构纠偏或曲线推进时，造成过量超挖。

④ 盾构外壳拖带土体，增加土体的损失。

⑤ 管片衬砌接缝不密封，水和泥浆渗入造成土体损失(流砂地层尤为明显)。

⑥ 盾构外壳直径与管片拼装后隧道外径不同，产生建筑间隙，管片脱出盾尾，土体失稳塌陷。

⑦ 隧道衬砌变形。

⑧ 推进过程中土体孔隙水压力变化和土体的固结沉降。

⑨ 土体由于施工扰动引起次固结沉降。

⑩ 注浆填充材料凝固收缩产生的沉降。

上述①～⑤条，必须保证开挖面稳定，控制挖土速度，不断优化掘进施工参数，用信息反馈指导施工来控制；⑥～⑩条，必须依靠同步注浆、二次压浆和后续补浆，选择合理的浆液材料和注浆方法，有效控制土体沉降和变形。

依据理论分析和大量的实测资料，可将盾构法施工引起的地面沉降分为五个阶段：盾构到达前、盾构到达时、盾构通过时、管片脱出盾尾时以及长期变形阶段。各阶段地层移动预测可以有塑性理论和固结理论公式分别求解，因为客观环境因素复杂，介质材料参数取值不准，计算结果仅能作为工程技术参考。

(2)地面沉降的控制措施

防止盾构机推进引起地表沉降的措施主要有：

① 对盾构机推进中的施工参数进行优化，确保开挖面的土体应力接近初始地应力场，控制出土速度，不使超挖和欠挖。

② 管片脱出盾尾时，于衬砌背后适时注浆，控制好注浆压力、浆液材料性质、注浆量等，这些均是防止隧道上部土体塌陷、后期固结变形的有效方法。

③ 盾构机进出工作井前后 50 m 是施工中控制地表沉降的关键地段，可采取恰当的洞周围土体加固方法。

工作任务 3.4　掌握泥水加压盾构机与土压平衡盾构机的构造

盾构机类型有多种，但现在我国最常用的是泥水加压盾构机与土压平衡盾构机，本节着重介绍这两种机型的结构和施工。

3.4.1　泥水加压盾构机

泥水加压盾构机由盾壳、开挖机构、推进机构、送排泥浆机构、拼装机构、附属机构等部分组成，其主要结构如图 3.16 所示。

泥水加压盾构机的操作原理是：在开启刀盘转动的同时，向开挖面送入泥水，使泥水和被切削的土混合，形成高浓度泥水，以平衡开挖面的压力。此后，根据开挖面的土压，控制泥水室中排出去的泥浆量和泥浆浓度。当盾构机向前推进到一个衬砌环宽度后，跟进拼装管片，然后进入下一施工循环。

1. 盾壳

泥水加压盾构机的壳体同样由切口环、支承环和盾尾三部分组成，其切口环为平直式，环口呈内锥形切口。盾尾密封装置为多级密封构造，如图 3.17 所示。

2. 开挖机构

开挖机构由切削刀盘、泥水室、泥水搅拌装置、刀盘支承密封系统、刀盘驱动系统等部分组成。

(1)切削刀盘

切削刀盘包括刀盘、主(副)刀槽、主(副)刀梁、切削刀头和转鼓。刀盘盘面有呈放射状的主、副刀槽，刀盘背面焊有径向加劲肋和环形座，环形座将刀盘和刀梁连接成一体。刀槽开口大小与主、副刀槽的个数取决于土质、地下水量、开挖速度、砾石大小等因素。刀梁有主、副刀梁，均在刀槽的中间，断面呈箱形，是开挖机构中的传力与承力结构。刀梁上固定着刀头，刀头分切削刀、超挖刀、保护刀等，其中最多的是切削刀，呈环状或螺旋状。转鼓呈阶梯形环状结构，前端有凸台，通过凸台与切削刀盘上的环形座相连接。转鼓的后端连接有环状接盘，接盘上有内、外齿圈，供马达驱动刀盘做正、逆转动。

(2)泥水室

泥水室由切削刀盘、切口环锥形切口、固定鼓、支承密封结构、转鼓、圆形隔板围成的区域等构成。在泥水室的上部有压力泥水的进入口，下部有搅拌器和泥浆排出口。泥水室和开挖面之间只有刀槽，刀盘与切口环端部接缝处是相通的，其余为完全封闭状态。

(3)刀盘支承系统

刀盘的支承方式必须符合开挖面直径、土质条件、排土机构等要求，通常有中心支承式、中间支承式和周边支承式三种，如图 3.18 所示。

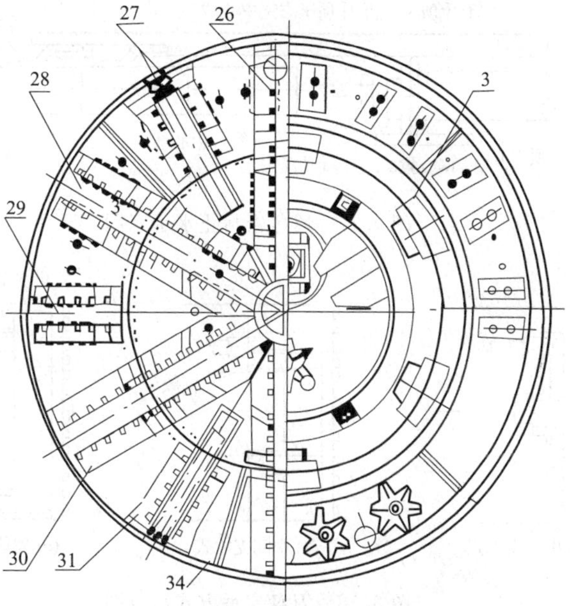

(a)横断面图

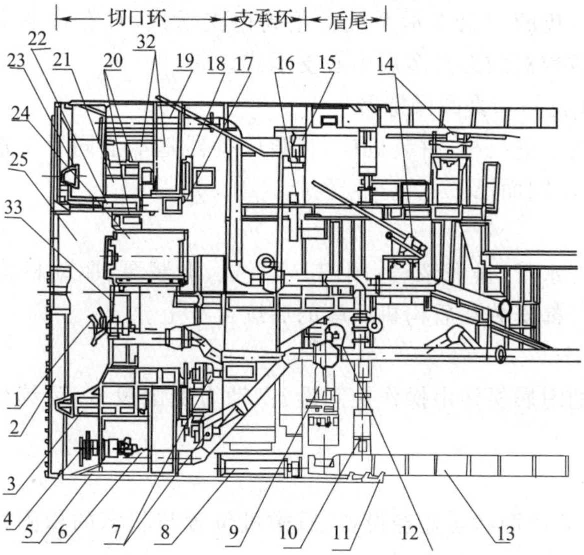

(b)纵断面图

图 3.16　泥水加压盾构机示意图

1—中部搅拌器；2—切削刀盘；3—转鼓凸台；4—下部搅拌器；5—盾壳；6—排泥浆管；7—刀盘驱动马达；8—盾构千斤顶；9—举重臂；10—真圆保持器；11—盾尾密封；12—闸门；13—衬砌环；14—药液注入装置；15—支承滚轮；16—转盘；17—切削刀盘内齿圈；18—切削刀盘外齿圈；19—送泥浆管；20—刀盘支承密封装置；21—转鼓；22—超挖刀控制装置；23—刀盘箱形；24—进入孔；25—泥水室；26—切削刀；27—超挖刀；28—主刀梁；29—副刀梁；30—主刀槽；31—副刀槽；32—固定鼓；33—隔板；34—刀盘

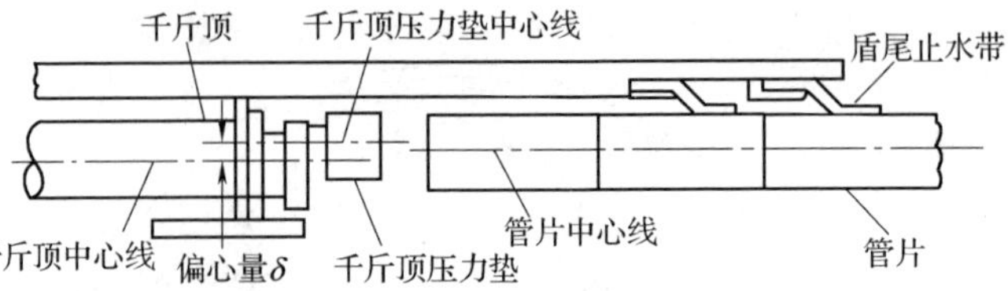

图 3.17　盾尾密封止水示意图

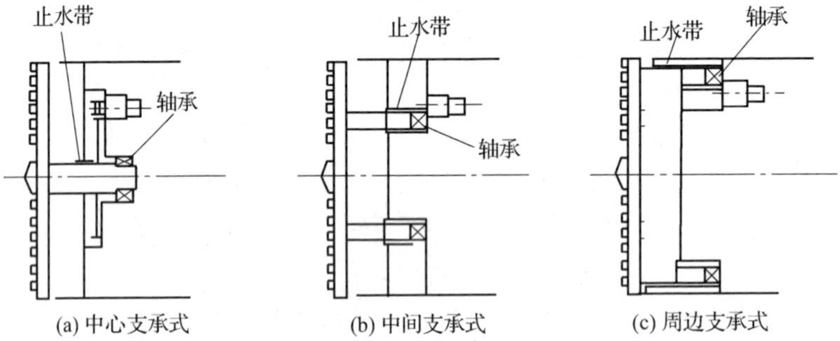

图 3.18　刀盘支承方式示意图

泥水加压盾构机刀盘支承系统的结构随刀盘支承形式不同而异。周边支承式的结构由固定鼓、转鼓、复合式或多层式密封环、径向和轴向轴承等组成。

大型泥水加压盾构机的刀盘支承系统常用周边支承式,具有作业空间大,受力较好等特点。中小型泥水加压盾构机的刀盘多用中心支承式。

3. 推进机构、拼装机构和真圆保持器

泥水加压盾构机的推进机构、拼装机构、真圆保持器基本上同手工挖掘式盾构机,仅结构尺寸、数量、行程、功率不同而已。

4. 送排泥机构

送排泥机构由送泥水管、排泥浆管、闸门、碎石机、泥浆泵、驱动机构、流量监控机构等组成。该机构大部分设备都安装在盾构机后端的后续台车上。

5. 附属机构

泥水加压盾构机的附属机构由操作控制设备、动力变电设备、后续台车设备、泥水处理设备等组成。

(1)操作控制设备

操作控制设备有:开挖面状态监控设备、盾构机位置与状态的检测控制设备、泥浆输送与排出的控制设备等。

开挖面状态监控设备主要有:超声波检查仪和压力、流量测量装置。前者用来监测盾构机拱部的塌陷量,后者测量切削量即排出泥渣量。拱顶的坍塌情况也可用刀盘上伸出的探针来测量。

盾构机位置与状态检测和控制设备有:速率积分陀螺仪或激光测量装置和加速度计。前者用来检查盾构机本身的方位角,后者用来检查盾构机的俯仰与旋转角。

土渣和泥浆的输送与排出,通常采用测量泥浆浓度与流量的办法进行控制,或者用差压式密度计来进行测量。

上述监控设备测得的数据可直接输入电子计算机进行综合处理,实现了自动调节控制。

(2) 后续台车设备

后续台车设备有以下几组平板车:动力组台车、自动闸门台车、碎石机台车、差压式密度计台车、注浆设备台车、送排泥浆泵台车等。上述这些后续台车是与盾构机连接在一起的。

(3) 泥水处理设备

泥水处理设备由泥浆制备与泥水分离两部分组成,设备的规模大小,取决于开挖速度与土质等条件。

6. 工作过程

泥水加压盾构机施工过程为:

(1)开启刀盘驱动液压马达,驱动转鼓并带动切削刀盘转动。

(2)开启送泥泵,将一定浓度的泥浆经送泥浆管压入泥水室中。

(3)开启盾构千斤顶,使盾构机向前推进。此时切削刀盘上的切削刀便切入土层,切下的土渣与地下水顺着刀槽流入泥水室中,土渣经刀盘与搅拌器的搅拌而成为浓度更大的泥浆。随着盾构机不断地推进,土渣量不断地增加,泥水不断地注入,泥水室内的泥浆压力逐渐增大,当泥水室的泥浆压力足以抵抗开挖面的土压力与地下水压力时,开挖面就能保持相对的稳定而不致塌陷。只要控制进入泥水室的泥水量和土渣量与从泥水室中排出去的泥浆量相对平衡,开挖工作就能顺利进行。

(4)当盾构机向前推进到一个衬砌环宽度后,即可进行拼装衬砌。然后将缩回的千斤顶继续伸出,重新推进,进行下一工序。

(5)从泥水室排出的浓泥浆经排泥管、碎石机及排泥泵运至地面泥水处理设备处进行泥水分离处理,被分离出的渣土运至弃渣场,处理后的泥水再送入泥水室继续使用。

7. 特点

(1)优点

① 它能获得其他类型盾构机难以达到的较小的地表沉陷与隆起。

② 由于开挖面泥浆的作用,刀具和切削刀盘的使用寿命也会相应地增长。

③ 盾构机土渣的排出方式为泥浆输送管道,较其他排渣设备结构简单方便。

④ 泥水加压盾构机的操作控制亦比较容易,可实现远距离的遥控操作与控制。

⑤ 由于泥水加压盾构机的排渣过程始终在密闭状态下进行,故施工现场与沿途隧道十分干净,而且不受土渣污染。

(2)缺点

① 由于切削刀盘和泥水室泥浆的阻隔,不能直接观察到开挖面的工作情况,对开挖面的处理和故障的排除都十分困难。

② 泥水加压盾构机必须有泥水分离设备配套才能使用,而泥水分离设备结构复杂,规模较大,尤其在黏土层中进行开挖时,泥水分离更加困难。庞大的泥水处理设备占地面积亦较大,难以用于市内建筑物稠密区。

③ 泥水加压盾构机在目前各类盾构机中是最为复杂的,也是价格最贵的。

8. 适用范围

泥水加压盾构机适用范围较大,多用于含水率较高的砂质、砂砾石以及江河、海底等特殊超软弱地层中。

9. 注意事项

(1)刀盘槽口

从掘削土砂易于取出的角度考虑,槽口开大为好。从掘削面稳定的角度考虑,槽口以小为好。槽口的宽度因土质的不同而异,通常按表 3.3 设计。

表 3.3　不同土质时的槽口宽度

土　质	条　件	槽口宽度(mm)	土　质	条　件	槽口宽度(mm)
黏性土	黏性高	200～250	砾石	砾径<100 mm	砾径的三倍
砂土	松散	150～200	巨砾	使用砾石破碎机	250～250

(2)刀具

选用 E_3～E_5 合金钢刀具。粉砂、砂层情形下,刀具刃尖角要小;砾石层情形下,刀具刃尖角要大。耐磨措施有:增加刀具的排数;刀具分两层;设先行刀具;刀具背面实施耐磨措施(埋入刀具和硬化加厚基材);设刀具磨耗检测器。

(3)扭矩系数 α 与土质的关系

α 与土质的关系如表 3.4 所示。

表 3.4　扭矩系数与土质的关系

土　质	α(kN/ m^2)	土　质	α(kN/ m^2)
坚硬黏土、密实砂砾层	8～10	松散砂层	7～8
坚固粉砂、黏土	8～9	软质淤泥	6～7

(4)防止舱内黏土固结的措施

对易固结的土质而言,易使刀盘槽口、刀盘中央、舱的弯角等部位出现泥水滞留及沉积黏贴。防止措施如下:

① 把舱内弯角等部位设计成砂易流动的形式。

② 设置喷管冲洗、去除沉积。

③ 在易沉积的部位安装超高分子聚乙烯板以减小黏附力。

④ 舱内设置搅拌棒。

⑤ 盾构机连续运转。

⑥ 向泥水中或直接向舱内投放界面活性剂。

(5) 设置机内注入管

从机内向舱内和外壳板外侧设置多条 ϕ5 cm 的注入管,以备下列场合应急:

① 向掘削面和外围地层注浆。

② 向盾构机外侧注入润滑剂降低推进阻力。

③ 替代舱内喷射管。

3.4.2　土压平衡盾构机

土压平衡盾构机的工作原理是:利用安装在盾构机最前面的全断面切削刀盘,将正面切削下来的土送进刀盘后面的密封舱内,并使舱内具有适当压力与开挖面水土压力平衡,以减少盾构推进对地层土体的扰动,从而控制地表沉降或隆起。在出土时由安装在密封舱下部的螺旋运输机向排土口连续地将土渣排出。土压平衡盾构机在结构和原理上与泥水加压盾构机有很多相似之处。此不予赘述。

1. 土压平衡盾构机的类型

(1) 削土密闭型

又称压力保持型和密闭加压型，是土压平衡盾构机的基本形式，适用于松软黏性土。盾构掘进时，由刀盘切下的泥土进入泥土室，再通过螺旋输送机向后面排送。由于泥土经过刀盘切削和扰动后，会增加泥土的塑流性，因此即使黏结性较大的泥土，在受到刀盘旋转切削和螺旋输送机传送后，也会变得更为松软，与原状土相比具有较大的流动性，因而能较好的充满泥土室和螺旋输送机的全部空间，使泥土室内压力传递均匀，开挖面得到稳定的支护。

(2) 加泥型

当盾构穿越的土层含砂量超过一定限度时，由于土砂摩擦角大，流动性差，单靠刀盘旋转搅动很难使土砂达到足够的塑流状态，一旦在泥土室内充得过满，就会压密固结，致使排土阻力过大而无法进行排土，对开挖面的土压也就无法进行平衡，从而引起开挖面土层崩塌。遇到这种情况，就必须向盾构刀盘面上、泥土室以及螺旋输送机壳体内注入特殊黏土泥浆材料，再通过刀盘搅拌翼的作用，使黏土材料与开挖的土砂混合，而将泥土室内的土砂转变为具有流动性好和不透水的泥土，能及时充满泥土室和螺旋输送机的全部空间，并能顺利地由螺旋输送机排出。

一般说来，通过注入黏土泥浆材料和强力搅拌，无疑能将各种土质改良成符合土压平衡盾构机工作所需的泥土，因此，这种盾构机理论上能适应各种软土地基的隧道施工。

但是另一方面，注入的黏土泥浆浓度、黏性愈高，往往又难以进行均匀的搅拌，因而也大大地增加了机械负荷，甚至使机械运转发生困难。为此，近来又开发了一种特殊泡沫材料，这种材料具有比重小、搅拌负荷轻并能把泥砂搅拌得更均匀的性能，进一步提高了泥土的流动性和不透水性，从而更进一步拓宽了加泥型盾构机的适用范围。

(3) 加水型

在砂层、砂砾层等透水性大的地层中，还可以采用加水式土压平衡盾构施工。这种盾构机是在基本型土压平衡盾构机基础上，在螺旋输送机的排土口安装一只排土调整箱，在调整箱中注入压力水，使其与开挖面土层地下水压保持平衡，将进入排土调整箱中的土砂与压力水搅拌混合后形成泥浆，再通过管道输送排出坑外。

由于砂层、砂砾层渗水性大，必须对开挖面土压和水压分别采用平衡措施。采用土压平衡盾构机时，施工中开挖面的土压由泥土室压相平衡，而地下水压则与注入的水压相平衡，这样就可以取得对开挖面较好的平衡效果。同时土砂颗粒之间的空隙也被压力水充填，使土砂颗粒之间的应力得到相应的减少，从而增加了泥土室内土砂的流动性，使泥土能及时充满泥土室和螺旋输送机的全部空间，对开挖面起到一定的支护作用，使排土更为流畅。

与泥水平衡盾构机相比，土压平衡盾构机加入的压力水主要是清水，无黏粒材料，故无需对注入压力水进行浓度控制，而且对排出的泥水分离处理工艺和设备也大为简化。

2. 土压平衡盾构机的构造

土压平衡盾构机主要由盾壳、开挖机构、推进机构、拼装机构、真圆保持器、排土机构和附属机构等部分组成。

(1)盾壳

与泥水加压盾构机的盾壳结构相同。

(2)开挖机构

开挖机构由切削刀盘、泥土仓、切削刀盘支承系统、切削刀盘驱动系统等部分组成。除泥土仓不同于泥水室外，其余基本上与泥水加压盾构机相同。

土压平衡盾构机的泥土仓是由刀盘、转鼓、中间隔板所围成的空间。转鼓呈内锥形，前端与切削刀盘外缘连成一体，后端与中间隔板相配合。泥土仓与开挖面之间的唯一通道是刀槽，其余处于完全封闭状态。

土压平衡盾构机的刀盘支承系统一般为混合支承式,既有周边支承,也有中心支承。混合支承式是大型土压平衡盾构机常用的刀盘支承形式。

(3)推进机构、拼装机构和真圆保持器

土压平衡盾构机的推进机构、拼装机构及真圆保持器与手工挖掘式盾构机的相同。

(4)排土机构

土压平衡盾构机的排土机构由大螺旋输送机、小螺旋输送机、排土闸门、闸门滑阀、驱动马达等组成。排土闸门是土压平衡盾构机的关键部位,常用的排土闸门形式有活瓣式、回转叶轮式和闸门式。

(5)附属机构

土压平衡盾构机的附属机构由操作控制设备、动力变电设备、后续台车设备等组成。在操作控制设备中,重点是对土压的管理。土压管理主要是通过电子计算机将安装于盾构机有关重要部位的土压计信号收集并综合处理,进行自动调节控制;或者发出信号,输出有关数据以便进行人工调节控制。

3. 土压平衡盾构机的工作过程

(1)开启液压马达,驱动转鼓带动切削刀盘旋转,同时开启盾构千斤顶,将盾构机向前推进。

(2)土渣被切下并顺着刀槽进入泥土仓。随着盾构千斤顶的不断推进,切削刀盘不断地旋转切削,经刀槽进入泥土仓的土渣不断增多。

(3)开启螺旋输送机,调整闸门开度,使土渣充满螺旋输送机。当泥土仓与螺旋输送机中的土渣积累到一定数量时,开挖面被切下的土渣经刀槽进入泥土仓内的阻力加大,当这个阻力足以抵抗土层的土压力和地下水的水压力时,开挖面就能保持相对稳定而不致坍塌。这时,只要保持从螺旋输送机与泥土仓中输送出去的土渣量同切削下来流入泥土仓中的土渣量相平衡,开挖工作就能顺利进行。土压平衡盾构机就是通过土压管理来保持土压力或土渣量的相对平衡与稳定来进行工作的。

4. 土压平衡盾构机的特点

(1)优点

① 能适应较大的土质范围与地质条件,如黏结性、非黏结性、含有石块和砂砾石以及有水与无水等多种复杂的土层。

② 不需要泥水处理设备。

③ 施工速度快,与泥水加压盾构机相比造价低。

④ 能获得较小的沉降量,可实现自动控制与远距离遥控操作。

(2)缺点

① 土压平衡盾构机由于有隔板将开挖面封闭,不能直接观察到开挖面变化情况,开挖面的处理和故障排除较为困难。

② 切削刀头、刀盘盘面磨损较大,刀头寿命比泥水加压盾构机刀头寿命短,要求刀头的耐磨性高。

工作任务 3.5　盾构机的保养与维修

盾构机在使用过程中,必须进行日常巡检和定期保养,以使盾构机能处于正常或最佳状态。

盾构机日常巡检的工作内容是“检查、调整、紧固、润滑、清洁”，并对检查中发现的问题及时处置。保养人员对盾构机运转状况进行外观目测和仪表数据观测，采用视、听、触、嗅等手段，检查盾构机及后配套设备的运转情况，观测主控室的运转参数，检查机件的异响、异味、发热、裂纹、锈蚀、损伤、松动、油液色泽、油管滴漏等，初步判断盾构机的工作状态。

盾构机定期保养是指按规定的运转周期或掘进长度对盾构机及后配套设备进行检查和维护，可分为周、月、季、半年和年保养与维修。

3.5.1 周保养与维修

(1)检查油位、液压油滤清器有无泄漏。

(2)检查旋转接头，用润滑脂枪给轴承注润滑油。

(3)检查刀盘驱动主轴承，检测润滑油污染程度、含水量；检查刀盘驱动行星齿轮的油位，监听运行声音。

(4)检查推进油缸和如润滑关节轴承。

(5) 检查螺旋输送机变速器的油位、润滑螺旋输送机轴承、后闸门、伸缩导向(土压平衡盾构)。

(6)清理电动机、液压油泵的污物。

(7) 检查铰接油缸，对润滑点注脂。

(8) 润滑管片拼装机、管片吊机、管片输送机的润滑点，润滑所有轴承和滑动面。

(9) 检查送排泥泵的密封及送排泥管道的磨损情况(泥水盾构)。

(10) 检查空压机温度，检查凝结水和冷却器污染。

(11) 液压油箱油位开关并测试。

(12)检查皮带运输机各滚子的转动、刮板磨损情况(土压平衡盾构)。

(13) 检查壁后注浆系统所有接头处的密封情况，润滑所有润滑点，彻底清理管线。

(14) 检查并清洁主控室 PLC 及控制柜，检查旋钮、按钮、LED 显示的工作情况。

(15) 检查并清洁风水管卷筒及控制箱、高压电缆卷筒及控制箱、传感器及阀组、接线盒及插座盒、送排泥泵站、照明系统等。

(16)检查变压器的油温、油标，清除变压器上的水污，监听变压器运行声音。

(17) 检查刀具的磨损情况，当刀具磨损达到一定程度或由于地层条件变化时，进行刀具更换。刀具更换必须在确保安全的前提下进行，并做好更换记录。

3.5.2 月保养与维修

(1)润滑铰链。

(2)检查螺旋输送机的螺旋管壁厚(土压盾构)。

(3)检查皮带运输机变速器油位、皮带张力(土压盾构)。

(4)液压油取样检测，按质换油；检查或更换滤芯。

(5)检查管片拼装机轴承的紧固螺栓。

(6)检查空压机皮带，更换机油过滤器，按质换油。

(7)润滑后配套拖车行走轮的调节螺栓和轮轴。

(8) 检查注浆压力表及传感器，检查蓄能器氮气压力，必要时添加。

(9) 检查刀盘驱动装置行星齿轮的冷却水系统。

3.5.3 季保养与维修

(1)润滑膨润土泵轴承(土压盾构),更换油脂泵齿轮油。

(2) 更换后配套空压机空滤器和油滤器,检测溢流阀,紧固电气接头。

(3) 检查循环水回路的水质。

(4)润滑送排泥泵的轴承(泥水盾构)。

(5) 用超声探测仪检查送排泥弯管、送排泥泵壳体的壁厚(泥水盾构)。

(6)测量送排泥泵电动机的绝缘电阻(泥水盾构)。

3.5.4 半年保养与维修

(1)更换所有液压油滤清器。

(2)检查刀盘驱动的齿轮油,必要时予以更换。

(3)检查电缆卷筒、水管卷筒传动装置油位,检查链条张紧程度并润滑。

(4)用压缩空气清洁后配套空压机溢流阀。

3.5.5 年保养与维修

(1)对注浆泵进行安全检查,检查主轴密封状况。

(2)更换空压机空滤器,检查分离器,按质换油。

(3)润滑电缆卷筒、水管卷筒的轴承,按质更换变速箱齿轮油。

(4)检查紧固变压器接头,用干燥压缩空气清除灰尘。

(5)更换皮带输送机齿轮油(土压盾构)。

(6)后配套拖车操作运行安全检查。

盾构机是盾构法施工的关键设备,若发生故障,轻则造成停工停产,重则造成工程质量事故和人身安全事故,因此,必须强制执行保养维修制度。

盾构机长期停止运行时,仍必须进行保养,其主要包括:

每个系统的设备空载运行(每隔 10～15 d);暴露于空气中的接合面上涂抹油脂;润滑维护。

相关案例

案例——南京地铁 2 号线某区间盾构施工

1. 工程概述

该段盾构区间包括集庆门—茶亭、茶亭—莫愁湖、莫愁湖—汉中门三个主要单位工程。

集庆门—茶亭、茶亭—莫愁湖、莫愁湖—汉中门区间西起于经四路东侧的集庆门大街站北端,向北以 400 m 半径的曲线穿过规划第二长途电信枢纽和密集民房后拐入水西门大街北侧,穿过茶亭站沿茶亭东街北侧向东延伸,经过北圩路,北拐下穿金基花园,在莫愁湖公园西北角进入莫愁湖站,穿越莫愁湖站后沿汉中门大街向东,经蔚蓝之都,以 400 m 的半径曲线北转,下穿秦淮河,过汉中门立交桥后,进入汉中门站。

该段线路设有半径分别为 400 m、550 m、600 m 的曲线,线间距由 10.0 m 渐变为 15.2 m。线路纵坡有“N”、“V”形坡,最大坡度 30‰,最小坡度 2‰;区间最大埋深约 18.6 m,最小埋深在秦淮河底。施工时覆土为5.3 m，河道整治后埋深为4.4 m。

2. 地质概况

(1)地形地貌

本标段属长江低漫滩地貌，地形较为平坦，施工时面高程约在7.08～9.29 m，原地面高程约在6.00 m左右，人工堆填土约2.00 m。

(2)工程地质

场地上部以淤泥质粉质黏土为主，下部以粉土、粉细砂为主，基岩面以上均为第四纪松散层，覆盖层厚度大，基岩埋深60 m左右，区间地质条件差，隧道主要穿越地层为流塑淤泥质粉质黏土和粉细砂层，局部穿越粉土。

(3)水文地质

本标段贮存于黏性土中的地下水属孔隙潜水，贮存于砂层中的地下属微承压水。

地下水主要补给来源为大气降水及地表水体的入渗，深部承压含水层中地下水与秦淮河有一定的水力联系，勘察期间测得地下水初始水位埋深介于0.95～2.40 m之间，相对静止水位埋深介于0.50～2.50 m之间。

3. 盾构始发准备与下井组装

采用两台小松铰接型加泥式土压平衡盾构机，左线一台(6号盾构机)、右线一台(7号盾构机)。由莫愁湖站盾构始发井先左线进行隧道掘进，到达汉中门站，解体吊出，然后转场到莫愁湖站南端头后二次始发，掘进至茶亭站后过站，继续掘进到集庆门大街站吊出退场。左线掘进顺序与左线相同。始发均采用安装临时钢制反力架和组装临时管片的始发方案。

(1)场内主要设施施工

① 龙门吊轨道梁

龙门吊轨道分别设置于车站顶板的纵梁和围护结构冠梁上，轨道平整度控制在±3 mm内。

② 集土坑

集土坑要尽可能具有较大的容量，共约2 000 m^3，满足日出土量的需要。采用钢筋混凝土基础，型钢与预制混凝土板作为围挡。

(2)主要配套设备安装

① 龙门吊安装与检验

场内2台45 t龙门吊负责出土、下管片等，1台25 t汽车吊装卸管片。龙门吊安装前要向主管部门报装，并邀请对安装调试过程进行监督，及时通过检验，以便按时投入使用。

② 同步注浆砂浆拌和站

配置750砂浆拌和站，布置好材料堆放场地，做好除尘密封设施，减少环境污染。

③ 电力系统

积极与电力部门取得联系，严格按照用电安全规程做好电力系统布置。

④ 通风系统

根据隧道的长度及施工环境配置两台37 kW的轴流风机，设置于车站结构的底板上。

⑤ 充电设备

按照电瓶车的数量及电池组的数量，在车站结构的底板上设置12台充电柜。

(3)盾构机进出洞端头土体加固

根据工程地质及水文情况，集庆门站、茶亭站、莫愁湖站始发北端头的加固方法是：靠近车站主体结构前3排和加固范围的四周均采用ϕ600 mm高压旋喷桩加固，其余采用ϕ700 mm

双轴搅拌桩加固，考虑莫愁湖站南端头靠近莫愁湖，加固采用 ϕ850 mm 三轴深层搅拌桩进行加固施工，汉中门站南端头采用地面花管注浆的方法加固。

(4)洞门的凿除

本标段共有 12 个洞门需要在始发或到达前将洞门端头围护结构进行凿除。凿除洞门采用人工风镐的方法。

(5)始发设施安装

① 始发托架安装

始发井，清理基坑后，将始发托架依据隧道设计轴线安装定位。考虑始发托架在盾构机始发时要承受纵向、横向的推力以及抵抗盾构机旋转的扭矩，所以在盾构始发之前，对始发托架两侧用 H 型钢进行加固。始发托架的形式如图 3.19 所示。

图 3.19　始发托架的安装、定位

② 始发设施加固预埋件安装

沿线路掘进方向，在车站底板上预埋 500 mm×500 mm×10 mm 的钢板。

③ 反力架安装

在盾构主机与后配套连接之前进行反力架安装时，要保证反力架端面与始发台纵向水平轴线垂直，以便盾构机轴线与隧道设计轴线保持平行。

(6)洞门密封

其施工分两步进行：第一步在始发端墙施工中，做好始发洞门预埋件的埋设工作，预埋件必须与端墙结构钢筋连接在一起；第二步在盾构机正式始发之前，清理完洞口的渣土，完成洞口密封压板及橡胶帘布板的安装。

(7)组装及吊装设备

盾构机的组装场地分成三个区：后续台车存放区、主机存放区、吊机存放区；盾构机按后配套拖车、主机依次进场组装。吊装设备为：主吊 400 t 履带吊机一台，辅吊 100 t 轮胎式吊机一台，80 t 液压千斤顶两台，小型泵站一台，以及相应的吊具、机具、工具。在 400 t 履带吊机安放前对安放位置进行处理，安放位置经过碾压后做厚 500 mm 的 C50 混凝土面层，安放吊车时，在吊车轮下铺一层 20cm 厚钢板。

(8)盾构机组装顺序

① 组装始发台、托架：盾构机运输到施工场地，组装盾尾、焊接盾尾及盾尾密封刷，组装第五节台车，临时托架吊入井内；洞内铺设轨道。

② 组装四节台车:第四节台车吊入井内,同时组装第三节台车并送到井口;将第三节台车吊入井内,同时完成第二节台车的组装及井内第三、四节台车的连接;依次类推,完成四节台车的组装下井及连接。

③ 组装桥架:第四节台车吊入井内的同时对桥架进行组装,桥架吊入井内。

④ 吊装螺旋输送机:完成桥架与后配台车的连接,螺旋输送机吊入井内。

⑤ 吊装中盾:螺旋输送机后移,中盾吊入井内。

⑥ 组装前盾与中盾:中盾后移,前盾吊入井内。

⑦ 组装刀盘:前盾与中盾的连接及后移,刀盘吊入井内。

⑧ 组装管片拼装机和盾尾:主机连接及前移,管片拼装机及盾尾吊入井内并拼装。

⑨ 组装螺旋输送器:螺旋输送器前移,螺旋输送器吊入及组装。

⑩ 设备连接和安装反力架:反力架吊入井内,安装反力架,盾构机设备的连接。

⑪ 完成组装和准备始发:完成组装,盾构机调试,准备始发。

4. 初期掘进施工

(1)初期掘进长度的确定

① 初期掘进长度设定为100 m,主要考虑了以下几个因素:

a. 盾构机和后方台车的长度($L=64.526$ m)。

b. 工作井内井口处布置双线道岔。

c. 管片与土体之间的摩擦力足以支持盾构机的正常掘进。

② 同时将莫愁湖站—汉中门站左线的前100 m作为掘进试验段,此段由盾构机生产厂家人员操作盾构机,通过设立试验段,可达到以下目的:

a. 用最短的时间对新盾构机进行调试,熟悉机械性能。

b. 了解和认识本工程的地质条件,掌握该地质条件下复合式盾构机的施工方法。

c. 收集、整理、分析及归纳总结各地层的掘进参数,制定正常掘进各地层操作规程,实现快速、连续、高效的正常掘进。

d. 熟练管片拼装的操作工序,提高拼装质量,加快施工进度。

e. 加强对地面变形情况的监测分析,掌握盾构机进洞以及推进时对周围环境的影响,确定盾构推进参数及同步注浆量。

(2)盾构机试掘进的数据记录

盾构机在完成前100 m的试掘进后,将对掘进参数进行必要的调整,为后续的正常掘进提供条件。并做好施工记录,记录内容有:隧道掘进进度、注浆量和测量。

5. 正常掘进施工

铰接型加泥式土压平衡盾构机具有敞开式、半敞开式及加泥式土压平衡三种掘进模式。为了获得理想的掘进效果,保证开挖面稳定,不发生涌水、涌砂及坍塌等事故,有效控制地表沉降及确保地面建筑物安全,必须根据不同的地质条件选择不同的掘进工况。本区间盾构工程隧道穿越的地层为流塑淤泥质粉质黏土和粉细砂层,局部穿越粉土,因此盾构机在全程推进过程中主要采用加泥式土压平衡模式,局部若发现有岩层,将根据具体地质情况采用半敞开式或敞开式掘进。通过试验段的掘进选定了六个施工管理指标来进行掘进控制管理:①土仓压力;②推进速度;③总推力;④排土量;⑤刀盘转速和扭矩;⑥注浆压力和注浆量。其中土仓压力是主要的管理指标。

6. 管片拼装

(1)管片选型原则

① 管片选型要适合隧道设计线路。

② 管片选型要适应盾构机的姿态。

③ 根据现有的管模数量、类型及生产能力选型。

(2)安装管片

管片拼装采用错缝拼装,采取自下而上的原则:由下部开始,先装底部标准块(或邻接块),再对称安装标准块和邻接块,最后安装封顶块,封顶块安装时,先径向搭接 2/3,径向推上,然后纵向插入。

7. 同步注浆

系统配置了一个 4.1 m^3 左右的浆液箱,内有搅拌叶可以对浆液进行搅拌及给活塞泵喂料,一个 0.9 m^3 的 B 液(水玻璃)箱和泵送挤压泵,另外配置了一个高压水泵及水箱,可分别通过管路连接到盾壳上的四个注浆点。在盾壳上设置四个注浆点,每一点上有 3 根管路,一根 ϕ20 mm 的 B 液浆管路,并且在紧靠出口处与一根 ϕ45 mm 的 A 液(或单液浆)管路相连,第三根为清洗管路。高压水泵可对注浆管路自动进行清洗。

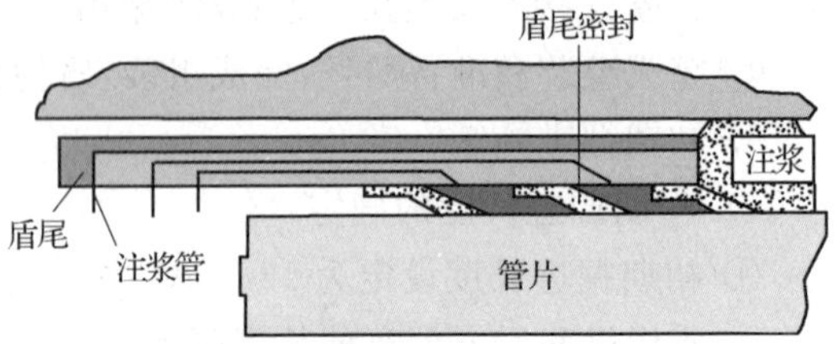

图 3.20　同步注浆示意图

同步注浆如图 3.20 所示。

8. 施工监测

(1)监测目的

为确保工程安全,并保护周围环境,需要在施工全过程中进行监测。根据监测结果,在施工过程中积极改进施工方法、施工工艺和施工参数,最大限度减小地层变形。

(2)施工监测的主要目的

① 认识各种施工因素对地表和土体变形的影响,以便有针对性地改进盾构施工工艺和施工参数,减小地表和土体变形,保证工程安全。

② 预测施工引起的地表和土体变形,根据地表变形发展趋势和周围建(构)筑物、地下管线沉降情况,决定是否需要采取保护措施,并为确定经济、合理的保护措施提供依据。

③ 检查施工引起的地表沉降和建(构)筑是否超过允许范围,并在发生环境事故时提供仲裁依据。

④ 为研究地层、地下水、施工参数和地表和土体变形的关系积累数据,为研究地表沉降与土体变形的分析预测方法等积累资料,并为改进设计提供依据。

(3)监测项目与测点布置

根据招标文件,在施工过程中盾构段需要进行监测的项目有:

① 土体变形监测,如地表沉降;

② 建筑(构)物监测,如房屋沉降与倾斜、地下管线沉降等。

9. 施工到达

(1)到站阶段的工作内容

在盾构到站期间,要完成区间隧道贯通前的控制点测量与复测,并进行测量误差调整,预留洞口岩壁的处理或加固,以及必要的洞门处理。

(2)洞门准备

① 洞口加固

盾构到站之前要根据洞口地层的调查情况对地层稳定性进行评价,并采取有针对性的加固措施。地层加固一般采取如“固结灌浆”“冷冻法”“插板法”“浇注混凝土岩墙”“增加斜撑”等措施进行洞门加固处理。

② 洞口维护桩的处理

根据经验,在盾构到达前最少一个月,开始着手进行洞口维护桩的凿除。整个施工分两次进行,第一次先将围护结构主体凿除,只保留维护结构的最内层钢筋和钢筋保护层,在盾构到站后将最内层钢筋割除。在割除完最后一排钢筋之后,要及时检查到站洞口的净空尺寸,确保没有钢筋侵入设计轮廓范围之内。

③ 到站导轨的安装

隧道贯通、盾构刀盘露出洞口后,清除洞口渣土,根据刀盘与接收小车之间的距离与高差情况,安设盾构到站接收导轨(图 3.21)。

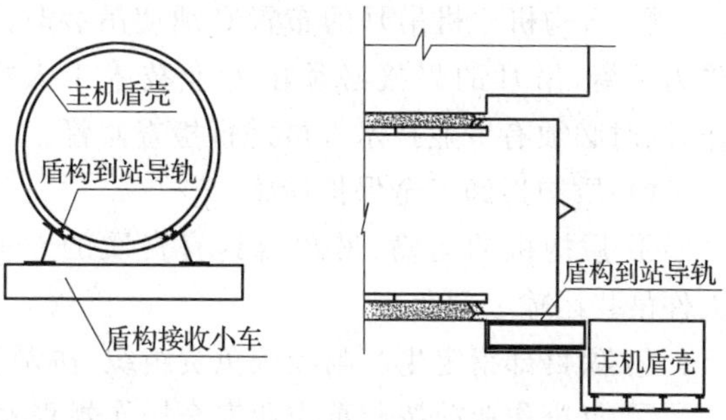

图 3.21　到站导轨示意图

④ 洞口密封的安装

为防止背衬注浆砂浆或渣土外泄,必须在洞口安设洞口密封。洞口密封的施工分两步进行,第一步在车站结构的施工工程中,做好始发洞门预埋件的埋设工作。在埋设过程中预埋件必须与车站结构钢筋连接在一起。第二步在盾构刀盘露出洞门端头之前,清理完洞口的渣土,完成洞口密封的安装。

盾构到达的施工流程如图 3.22 所示。

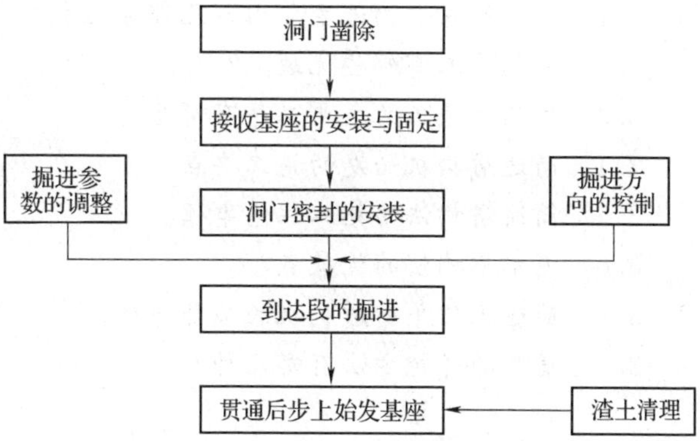

图 3.22　盾构到达施工流程图

(3)到站接收小车的准备

在隧道贯通后,迅速清除洞口的渣土,然后开始安装到站接收小车。根据隧道贯通时刀盘的姿态确定出接收小车的中心位置,根据刀盘的高度和线路坡度情况确定出接收小车的高度和小车坡度。

10. 盾构机拆卸

(1)拆卸场地布置及吊装设备

盾构大件拆解吊离拆机井后马上转移至另一工地或维修存放场地。大件的吊卸由 250 t 吊机完成,后配套拖车由 40 t 门吊完成。拆卸主要设备有 250 t 履带式吊机一台,90 t 汽车吊一台,50 t 液压千斤顶两台,以及相应的吊具。

(2)拆卸顺序

盾构机拆卸程序见图 3.23 所示。

(3)盾构拆卸技术措施

① 盾构拆卸前必须制定详细的拆卸方案与计划,同时组织有经验的经过技术培训的人员组成拆卸班组。

② 履带吊机工作区应铺设钢板,防止地层不均匀沉陷。

③ 大件组装时应对车站端头墙进行严密的观测,掌握其变形与受力状态。

④ 大件吊装时必须有 90 t 以上的吊车辅助翻转。

⑤ 拆卸前必须对所有的管线接口进行标识(机、液、电)。

⑥ 所有管线接头必须做好相应的密封和保护,特别是液压系统管路、传感器接口等。

⑦ 盾构机主机吊耳的布置必须使吊装时的受力平衡,吊耳的焊接必须由专业技术工人操作,同时必须有专业技术人员进行检查监督。

(4)盾构拆卸安全保护措施

① 盾构机的运输、吊卸由具有资质的专业大件吊装运输公司负责。

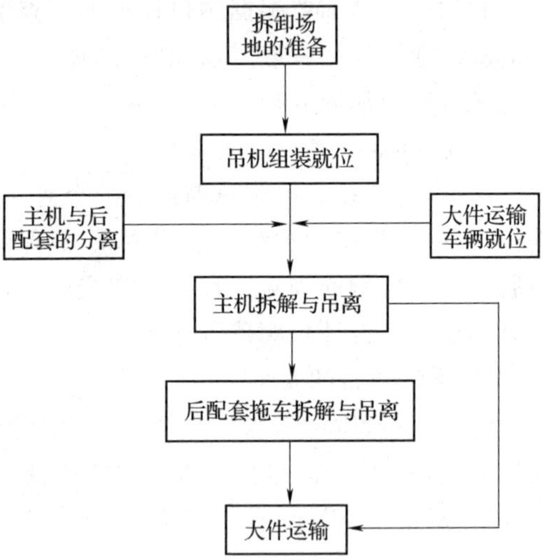

图 3.23　盾构拆卸程序框图

② 项目部指定生产副经理负责组织、协调盾构机拆卸工作,并组建专业班组。

③ 每班作业前按起重作业安全操作规程及盾构机制造商的拆卸技术要求进行班前交底,完全按有关规定执行。

复习思考题

3.1　盾构的基本构造主要由哪几部分组成?

3.2　盾构施工有哪些优缺点?

3.3　盾构法施工的主要工序有哪些?

3.4　简述盾构机始发的施工要点。

3.5　简述盾构法的施工注意事项。

3.6　泥水盾构法的优缺点?

3.7　简述土压平衡盾构机的工作原理。

3.8　盾构的开挖方法有哪几种?

项目 4　沉管法施工

项目描述

沉管法是在水底建筑隧道的一种施工方法。沉管隧道就是将若干个预制段分别浮运到海面(河面)现场,并一个接一个地沉放安装在已疏浚好的基槽内,以此方法修建的水下隧道。沉管法最大的优点是:现场施工工期短,即两岸工程、基槽开挖和管节预制可同时施工。本项目主要介绍沉管法隧道的发展史、沉管基础的施工、管节施工。

教学目标

1. 能力目标

(1)能够组织进行沉管的基础施工;

(2)能够组织进行管节施工。

2. 知识目标

(1)了解什么是沉管法;

(2)掌握沉管的基础施工;

(3)掌握沉管法的管节施工。

工作任务 4.1　沉管法的基础施工

4.1.1　沉管法隧道施工的发展史

自从 1910 年在美国底特律河用沉管法修建第一座用于交通运输的水下隧道算起,沉管法修建水下隧道已有 100 多年的历史了。

日本于 1935 年开始修建沉管隧道。据不完全统计,就沉管的结构形式来说,约 60%是矩形钢筋混凝土结构,40%是圆形钢壳混凝土结构。日本沉管隧道的修建技术,也是从钢壳结构形式开始的,后逐步被矩形钢筋混凝土的结构形式所代替(图 4.1)。

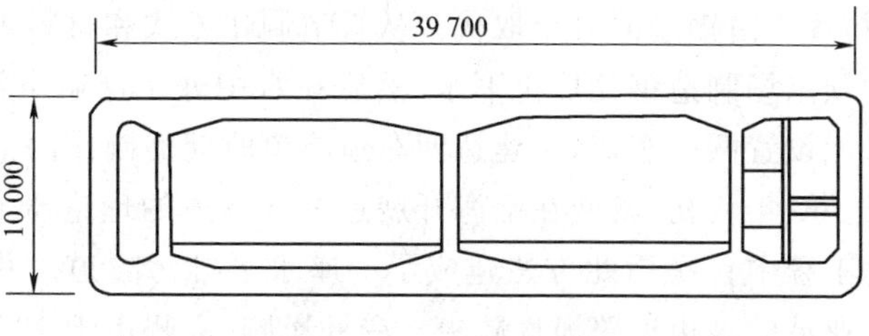

图 4.1　日本大马隧道横断面图(单位:mm)

荷兰于 1942 年修建位于鹿特丹的 Mass 河隧道,这是荷兰的第一座沉管隧道,也是世界上首次采用矩形钢筋混凝土管节的沉管隧道,它代表了西欧在这一领域的技术特点,与美国形成了鲜明的对比。管节之间水压接头的发明(图 4.2,这种水下水压接头普遍采用 GINA 橡胶止水带作为初始密封,Ω 橡胶止水带作为永久性密封)、大体积钢筋混凝土浇筑裂缝的控制、混凝土抗渗能力的提高等都促进了沉管隧道修建技术的高速发展,当时荷兰的这些技术在世界上处于领先地位。

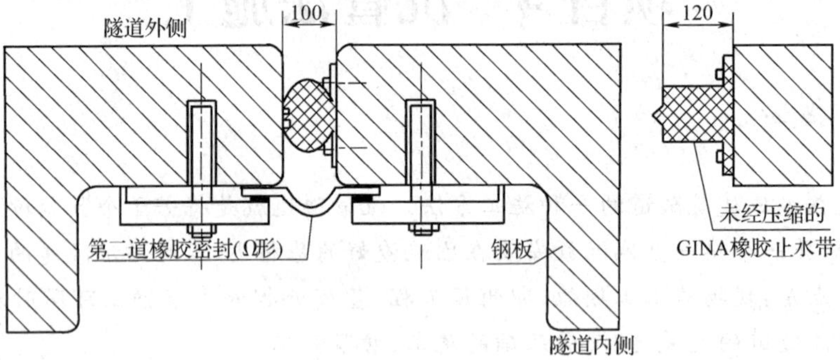

图 4.2　管节之间水下水压接头典型结构横断面图(单位:mm)

圆形钢壳混凝土结构与矩形钢筋混凝土结构沉管隧道在抗浮层设置上有较大差异。圆形钢壳混凝土结构的管节,在浮态时干弦高度较大,因此压重层一般设在钢壳的外顶部;而矩形钢筋混凝土结构的管节,在浮态时干弦高度较小,因此压重层一般在管节内底部。

从美、日、荷沉管隧道工程发展历史中,可以看出世界沉管隧道的技术发展趋势:

(1)每节管节长度越来越长,每节管节中的车道数越来越多。1910 年在美国底特律河下用沉管法施工的隧道全长只有 782 m,由 10 节管节组成,每节长 78.2 m。而后来 1970 年在旧金山建成的海湾地区快速交通运输系统(BART)海底隧道全长 5 825 m,由 57 节管节组成,每节长 102.2 m。目前世界上的沉管隧道每节管节长一般在 100～130 m,最大重量一般在30 000～40 000 t范围之内。而荷兰京斯麦尔隧道仅有 4 节管节,每节长度 268 m,重达 50 000 t。

(2)从单一用途向多用途发展。最初的沉管隧道亦像用矿山法或盾构法修建的隧道一样,用途较为单一,即为城市道路(公路)或为铁路(地铁)水下隧道。随着沉管技术发展,特别是矩形钢筋混凝土结构形式的沉管隧道出现,其横断面宽度尺寸可以较大,这样就出现了城市道路与地铁、公路与铁路共管设置,甚至可同时设置公共管廊。通行轨道运输系统的沉管隧道最近亦发展为能通行高速地铁的水下隧道,隧道内的行车速度最大可达 200 km/h,平均达160 km/h。

(3)沉管隧道的地基适应性越来越广。沉管隧道可修建在较坚硬地基(河、海床)上,亦可修建在软弱地基(河、海床)上。世界上已建成的 100 多座沉管隧道中,不少是修建在软弱地基上的。

(4)制造管节材料逐步由钢筋混凝土取代。从管节制作方式和材料来看,圆形钢壳混凝土结构往往先在岸边的预制场制造钢壳后再下水,然后在水中处于浮态下浇注内衬混凝土。这种圆形隧道内一般只能设置两条车道,在建造四车道隧道时就需制作两个并列管节。

我国早在 20 世纪 60 年代初,就曾在上海开展过沉管隧道的理论研究。1976 年在我国杭州湾的上海金山石化工程中首次用此方法建成了一座水下排污隧道。我国香港地区于 1972 年建成了跨越维多利亚港的城市道路海底隧道。受此影响,广州市于 1974 年正式开始了用此方法修建城市道路水下隧道的研究。进入了 20 世纪 80 年代,我国广州、宁波两市用沉管法修建了城市道路水下隧道。到了 20 世纪 90 年代初我国广州、宁波两市的沉管隧道相继建成通车。其中于 1993 年底建成通车的广州黄沙至芳村珠江水下隧道，成为我国大陆首次用此方法建成的第一座大型公路与地下铁道共用的水下隧道。广州珠江、宁波甬江水下隧道的建成，上海黄浦江下游环城高速公路的八车道水下隧道和武汉跨越长江的城市道路与地下铁道共管的水下隧道，标志着我国在这一技术领域进入一个新的发展阶段。

4.1.2　选择沉管法修建水下隧道的原则

1. 符合城市总体规划要求，解决两岸交通问题是决定采用沉管隧道的基本依据

例如，我国广州黄沙至芳村珠江水下隧道，在工程立项及编制可行性研究报告阶段，规划部门已明确要求，该处的过江通道在北岸必须与广州市原道路网的内环线的黄沙大道、六二三路及其高架路（现已改造为城市内环快速高架路的一段）相连接。

2. 合适的河（海）航道、水文及河（海）床条件是修建沉管隧道的必要条件

一般多在江河的下游修建沉管隧道，因为在下游河床比较平坦，水流速度不会过大。如水流速度大于 3.0 m/s，或水流方向极不稳定，或河床有深沟、地形陡峭，都会造成管节浮运、沉放和对接困难。

若水深超过 40 m，则矩形钢筋混凝土管节的沉放、对接困难，亦难以实现水下水压对接形成临时密封（因 GINA 橡胶止水带选型困难），也不可能采用水中的最终接头。对于圆形钢壳与混凝土组合的管节，由于难以实施水下焊接及水下混凝土的浇筑工艺，水下接头处理亦十分困难。

沉管隧道对地基承载能力要求不高，所以很多沉管隧道都修建在软弱地基上，但亦不能忽视软弱地基的河（海）床稳定性。沉管隧道的设计寿命一般为 100 年，沉管隧道修建完成后，如因河（海）床冲刷，软弱地基大面积横向或纵向位移，或出现深沟（槽），后果不堪设想。因此，软弱地基的河（海）床稳定性是修建沉管隧道的前提条件。

沉管隧道最大优点是现场施工工期短，即两岸工程、基槽开挖、管节预制可同时施工。管节的浮运、沉放、水下对接和基础处理等工序相对总工期来讲比较短。这些工序完成后，隧道内实施其他工程项目（例如压载水舱的拆除、压重层的浇注、接头处理、路面及内装修、机电安装工程等）对外部没有什么影响。因此，航道条件（能否有足够水深和足够宽的航道来实施管节浮运、转向）、是否能在隧道地址附近选到合适的干坞（包括水文、地质条件，足够大的干坞面积）或在隧道口部是否有可能为干坞利用的地形等，都是采用沉管工法的重要条件。

沉管段的基础施工是沉管隧道施工的重要工序之一，具有如下特点：沉管隧道水中的沉管段对基础的要求不高，因为在长期运营工况下其抗浮系数仅为 1.1。可以说，沉管段是怕浮起，而不是重点考虑其对基础承载能力的要求。

在一般地面建筑工程中，如地基的工程地质条件较差，就必须建造适当的基础，不然就可能发生有害沉降，甚至出现坍塌危险。如遇有流沙，施工时还须采取疏干或其他特殊措施，否则就难免发生意外。而在水底的沉管隧道中情况不同，首先不会产生由于土体剪切或压缩而引起的沉降，因为放置管节后作用在基槽底面的应力要比原始应力小得多。

4.1.3　沉管隧道沉管段基础施工的目的

沉管段虽对各种地质条件的适应性强，一般不需构筑人工基础，但施工时仍须进行基础处理。其目的不是为了对付地基土的固结沉降，而是为了解决基槽开挖作业所造成的槽底不平整问题。因为不论使用任何种类的挖泥船，浚挖后的基槽底表面，总留有 15～50 cm 的不平整度（铲斗挖泥船可达 100 cm），这使基槽底表面与管节底面之间存在着众多不规律的空隙，导

致地基土和管节结构受力不均而局部破坏,引起不均匀沉降。所以沉管隧道的基础处理就是将基础垫平,以消除这些有害空隙。

4.1.4 沉管隧道沉管段基础施工的主要方法

基础处理方法可大体上分为先铺法和后填法两大类,即:

- 基础施工(基础垫平)
  - 先铺法——刮铺法
    - 刮砂法
    - 刮石法
  - 后填法
    - 灌砂法
    - 喷砂法
    - 灌囊法
    - 压浆法

1. 先铺法

先铺法实际上只有刮铺法一种,早期刮铺法采用一个简单的钢刮板对铺垫材料进行扫平,后来采用一种不受潮汐影响的刮板船替代。刮铺法因所用铺垫材料颗粒的大小不同,又分为刮砂法和刮石法两种,两种工法的操作基本相同。

(1)简易刮铺机刮平

① 在基槽开挖时,往下超挖 60～80 cm。

② 在基槽底两侧打设二排短桩,安放控制高程及坡度用的导轨。

③ 用抓斗或通过刮铺机的输料管,投放铺垫材料(粗砂或最大粒径不超过 100 mm 的碎石),每次投料铺垫宽度可为管节底宽加 1.5～2 m,长度则与一节管节长度相同。

④ 按导轨调整铺垫料的厚度、高程以及坡度,用简单的钢犁或特制的刮铺机刮平,如图4.3所示。

(2)水下人工刮平工法

① 铺设水下导轨支座。

② 铺设行走导轨,要求导轨面高程误差不超过±20 mm。

③ 给砂(或石)装置沿导轨行进,由工程船舶上的给料斗不断供砂(或石)由潜水员在水下人工刮平。

(3)先铺法的主要缺点

① 须制造专用刮铺船舶,费用昂贵。如用简单的钢犁进行刮平作业,则精度较难控制,作业时间亦较长。

② 须按设计高程、坡度以及厚度要求,在水底架设导轨。导轨的安装须具有较高的精度,否则会造成基础处理失败。潜水员在水底架设导轨时间较长。

③ 刮铺完成后,仍有回淤或坍坡,必须不断加以清除,直到管节沉放完毕为止。

④ 刮铺作业时间比较长,作业船在水上停留占位时间较长,对航运影响较大。

⑤ 在流速大、回淤快的河(海)道上施工较困难。

⑥ 管节底宽超过 15 m 左右时施工比较困难。

⑦ 在地震区应尽量避免采用刮砂垫层,只能采用刮石垫层。

2. 后填法

后填法主要有灌砂法、喷砂法、灌囊法、压浆法和压砂法等几种方法。

(1)灌砂法

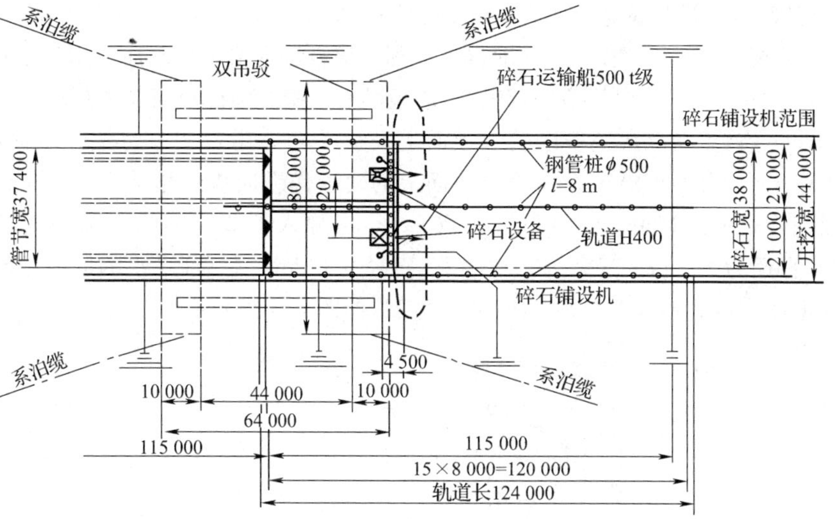

(a) 平面图

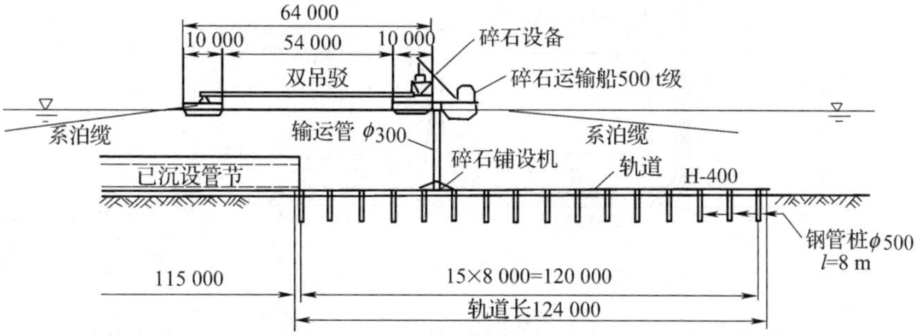

(b) 纵剖面图

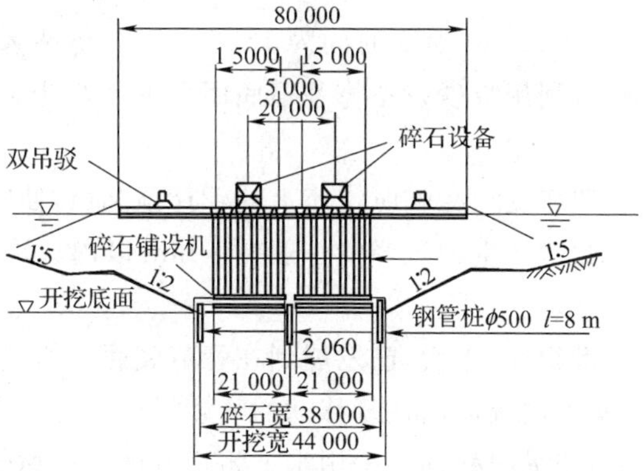

(c) 横断面图

图 4.3　刮铺机示意图(单位:mm)

管节沉放完毕后,从工程船舶上通过导管沿着管节侧面向管节底部灌填粗砂,构成纵向垫层。此法不需专用设备,施工方便,较适用于底宽较小的钢壳圆形、八角形或花篮形管节。这是一种最早的后填法的基础处理方式,美国早期的沉管隧道沉管段的基础处理常用此法,1969 年建成的阿根廷隧道亦用此法。

(2)喷砂法

管节宽度较大时,先铺法、灌砂法均不适用。在 1942 年建造荷兰 Mass 河隧道(世界上第一条矩形断面沉管隧道,管节底宽为 24.79 m)时,丹麦 Christiani-Niclsen 公司研究成功了一种新的后填法基础处理新工艺——喷砂法,并取得了专利。该方法主要是在水面上用砂泵将砂、水混合料通过伸入管节底面的喷管向管节底部喷注,以填满其空隙。喷砂所筑的垫层厚一般为 1 m。

喷砂作业之前,需在沉放完毕的管节顶面上安设一套专用台架。台架在水面以上的部分作为施工工作平台,台架可沿铺设在管节顶面上的轨道作纵向前后移动。在台架的外侧,吊着一组由三根钢管组成的管组。管组下端弯成 L 形,以伸入管节底下的空隙中去,管组中间的一根为喷管,直径为 10 cm。其旁为二根吸管,直径为 8 cm。在喷砂、水的同时,经二根吸管抽汲回水。根据回水的含砂量断定喷填的密实程度,如图 4.4 所示。

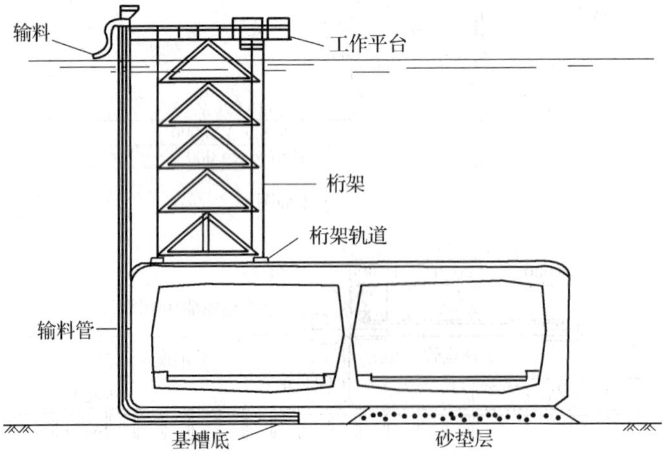

图 4.4　喷砂法的施工工艺图

喷砂作业时,先从管节的前端开始,逐步喷填到管节后端,然后用浮吊将台架吊移到管节的另一侧,再从后端向前端喷填。喷砂作业的施工速度约为 200 m^2/h。当管节底面积为 3 000～4 000 m^2 时,喷砂作业所需时间为 15～20 h,一般两天可完成。

在喷砂开始前,可利用吸砂设备将基槽底面上的回淤土或松散的土块清除干净。此亦为喷砂法的特点。

喷砂完毕后,随即将支承在临时支座上的千斤顶卸荷,使管节全部(包括压重层)重量压到砂垫层上使之压密,此时产生的沉降量一般在 5 mm 以内。竣工、通车后的最终沉降量一般在 15 mm 以内。

该方法到了 20 世纪 80 年代,已发展到在管节底面下的空隙中设置一套能纵向(沿管节纵向)移动的导架,导架上放置横向往复移动的喷砂机械手,由水面工程船舶通过输砂管输砂,导架由水面工程船舶拖拽纵向移动。采用水下闭路电视监视喷砂充填空隙的效果。

新喷砂法如图 4.5 所示。

(3)灌囊法

首先在开挖好的基槽底面先铺一层砂、石垫层,然后于管节沉放前在管节底面下系上空囊袋一并下沉,先铺垫层与管片底面之间留出 15～20 cm 的空间。

待管节沉放完毕后,从工程船舶上向囊袋内灌注由黏土、水泥和黄砂配成的混合沙浆,直至管节底面以下的空隙全部充填满为止,如图 4.6 所示。

囊袋的尺度按一次灌注量而定,一般不宜过大,以能容纳 5～6 m^3 为度。制造囊袋的材料要有一定牢度,并有较好的透水性和透气性,以便灌注砂浆时顺利地排出囊袋中的

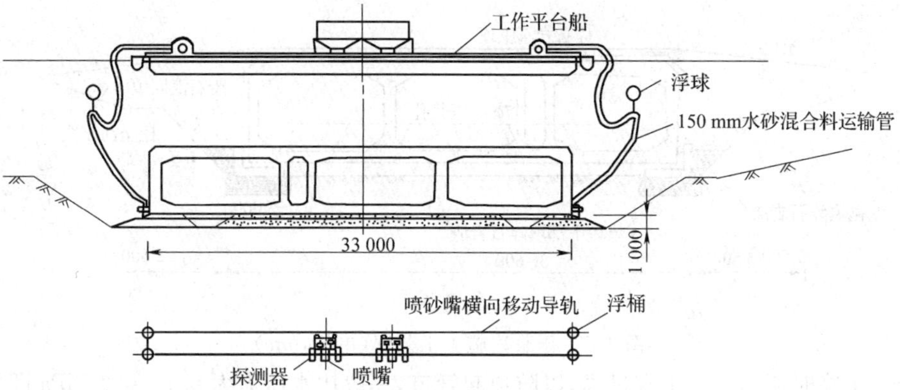

图 4.5　新喷砂法的施工工艺图(单位:mm)

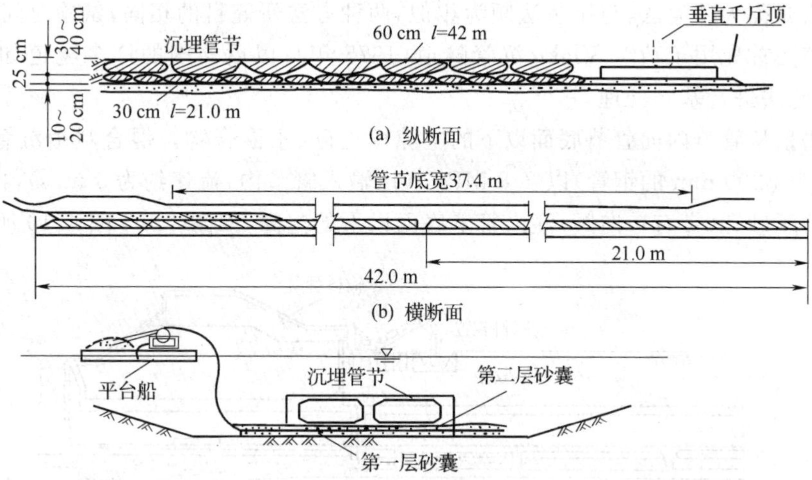

图 4.6　灌囊法施工工艺图

水和空气。

混合砂浆的强度要求不高,只需略高于基槽原状土即可,但其流动度应较大。灌浆时,从水面通过 100 mm 直径的消防软管,靠砂浆自重自行灌注,而不用加压(所以不称为"压浆")。灌注时须采取适当措施防止管节顶起,除密切观测外,还可采取间隔(跳挡)轮灌等措施。

(4)压浆法

压浆法是在灌注法基础上进一步改进和发展而来的,可省去较贵的囊袋、繁复的安装工艺、水上作业和潜水作业。

采用此法时,沉管段基槽亦须向下超挖 1 m 左右,然后摊铺一层碎石(厚约 30～40 cm),但不必刮平,再堆设作为临时支座的碎石堆。管节沉放对接结束后,沿着管节两侧边及后端底边抛堆砂石混合料至离管节底面高程以上 1 m 左右,以封闭管节周边,然后从管节内部用通常的压浆设备,经预埋在管节底板上带单向阀的压浆孔(直径 80 mm),向管节底部空隙压注混合砂浆,如图 4.7 所示。

压浆所用混合砂浆是由水泥、蒙脱土、砂和适量缓凝剂配成的。蒙脱土亦可用黏土代替,其掺用目的是为了增加砂浆的流动性,同时又节约水泥。混合砂浆的强度只要 5 MPa 左右,且不低于地基原状土体的强度便可。因管节作用在基槽底面上的压力很小,一般只有 1～2 MPa,最大亦仅 31 MPa 左右。每立方米混合砂浆的配比为:水泥 150 kg、蒙脱土 25～30 kg、砂 600～

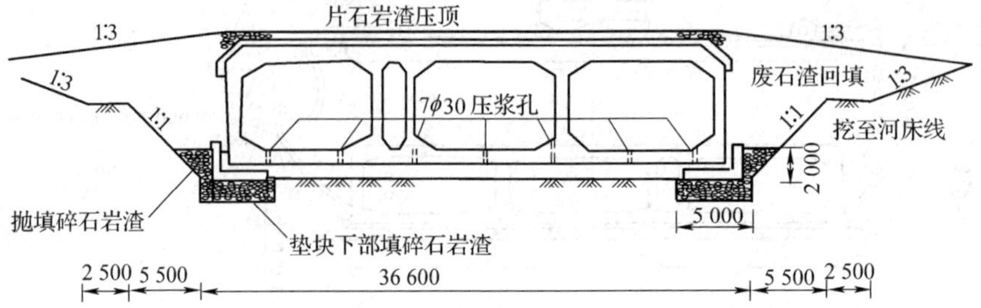

图 4.7　压浆法施工工艺图(单位:mm)

1 000 kg。压浆时所用压力不宜过高,以防顶起管节,一般比水压力大 0.1～0.2 MPa 即可。

(5)压砂法

压砂法亦称为砂流法,与压浆法颇为相似,两种方法研究目的相同,试验时间相近,思路亦颇相仿。该法首先用于荷兰 Vlake 沉管隧道(1975 年),以后该国的许多隧道如 Botlek 隧道等,均采用此法进行基础处理。

压砂法是从管节内向管节底面以下的空隙压注砂、水混合物。混合料由沉管隧道一端经管道(一般为 ϕ200 mm 的钢管)以 2.8 MPa 气压输入管节内(流速约为 3 m/s),再经预埋在管节底板上的压砂孔(带有单向阀)注入管节底面以下的空隙,如图 4.8～图 4.10 所示。

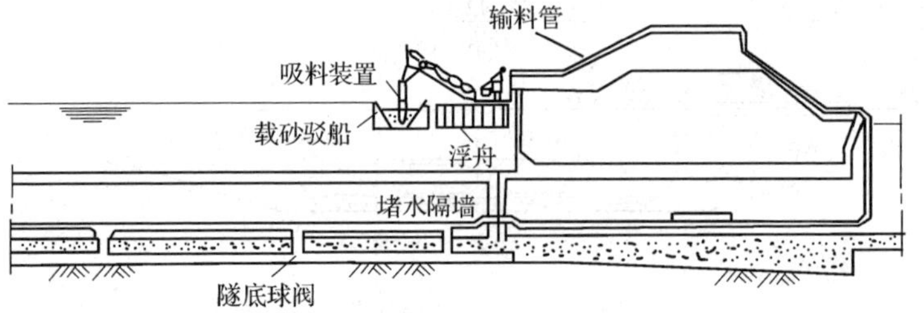

图 4.8　压砂法工艺图

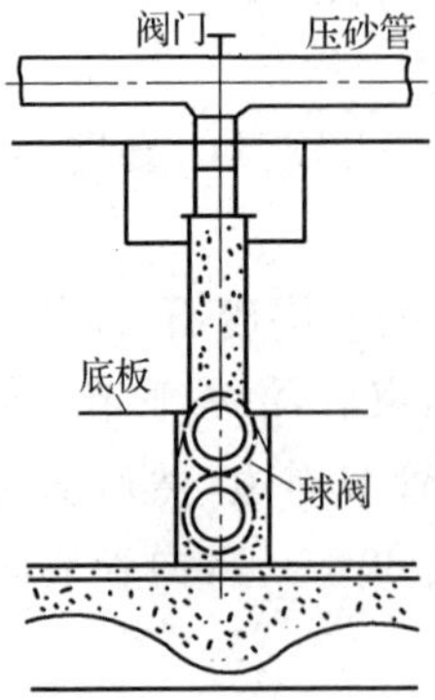

图 4.9　在管节内的压砂孔及压砂管

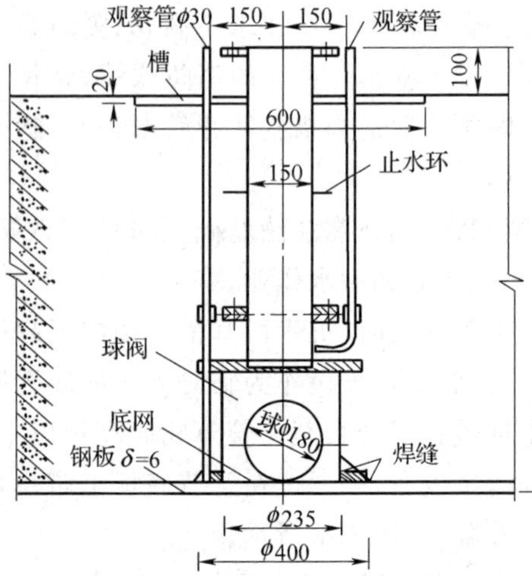

图 4.10　单向球阀断面图(单位:mm)

(6)灌砂法

该方法介于喷砂和压砂两种方法之间,是在管节底板中等距离预埋横向灌砂管,在灌砂管中向下开若干个灌砂口,用短管连接直通至管节底面,如图 4.11 所示。

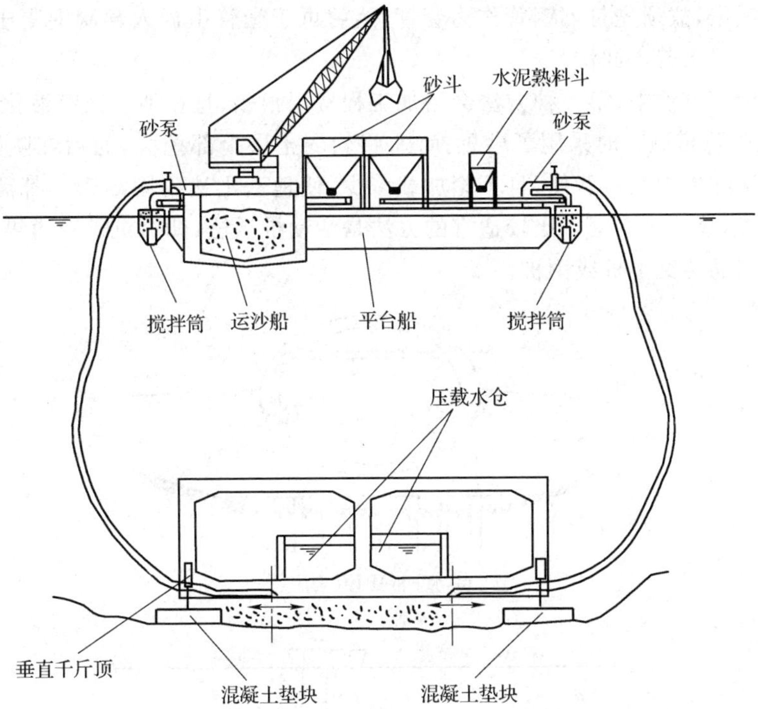

图 4.11 我国台湾省高雄过港隧道灌砂法基础处理

先铺法和后填法相比较,后填法的主要优点是:临时支座小而少,因而设置临时支座的潜水工作量远较先铺法为少;高程调节简便,精度易于达到要求;作业时,施工设备占用河道时间短,对航运的干扰少。

4.1.5 软弱土层上的沉管段基础施工方法

在选择基础施工方法时主要考虑:沉管段基槽底的工程地质条件、抗震设防要求、航道通航及封航要求、管节尺寸(主要是管节底宽尺寸)、沉管隧道所在地区充填料供应条件、沉管隧道所在地区现有可供施工选择的工程船舶配备条件、河(海)水深、工期及经济性要求等。在各国的沉管隧道中,曾采用过的施工方法主要有以下三种。

1. 水下混凝土传力法[图 4.12(a)]

基桩打设好后,先浇一、二层水下混凝土,将桩顶裹住,然后再于其上设置刮砂或碎石垫层,使管节荷载经砂、石垫层和水下混凝土层传递到桩基上去。美国的 Bankhead 道路沉管隧道(1940)曾用此法。

2. 灌囊传力法[图 4.12(b)]

在管节底面与桩群顶部之间,用灌囊法(即后填法之一)填实。瑞典 Tingstad 沉管隧道曾用此法。

3. 活动桩顶法[图 4.12(c)]

在所有的桩上设一小段预制混凝土活动桩顶。活动桩顶与预制混凝土桩之间留有一空隙,周围用尼龙布(积物、能排水与气)裹住,形成一个囊袋。管节沉放后,向囊袋里灌注水泥和砂浆,将活动桩顶升起,使之与管节底面密贴接触。待砂浆强度达到要求后,卸除支承千斤顶,管节荷载便能均匀地传到桩群上去。在使用此法时,预制混凝土桩不能直接打入土中,因顶部空腔不能承受锤击,故须先打入钢管作为套管,然后再于套管中插入预制混凝土桩,荷兰鹿特丹地下铁道沉管隧道曾用此法。

在以上各施工方法中,第一种方法会增加工程费用很多,且在地震区有液化的危险。丹麦的 Limfjord 沉管隧道施工时采用了砂置换法,将软弱土层全部挖去,而后在隧道附近取砂回填。第二种方法除增加工料费外,且不论加载多少,使地基土达到固结密实都需要很长时间,对工期影响太大,故一般不用。比较适宜的方法是活动桩顶法,即沿沉管隧道纵向每隔一定距离打入若干排钢筋混凝土桩或钢桩。

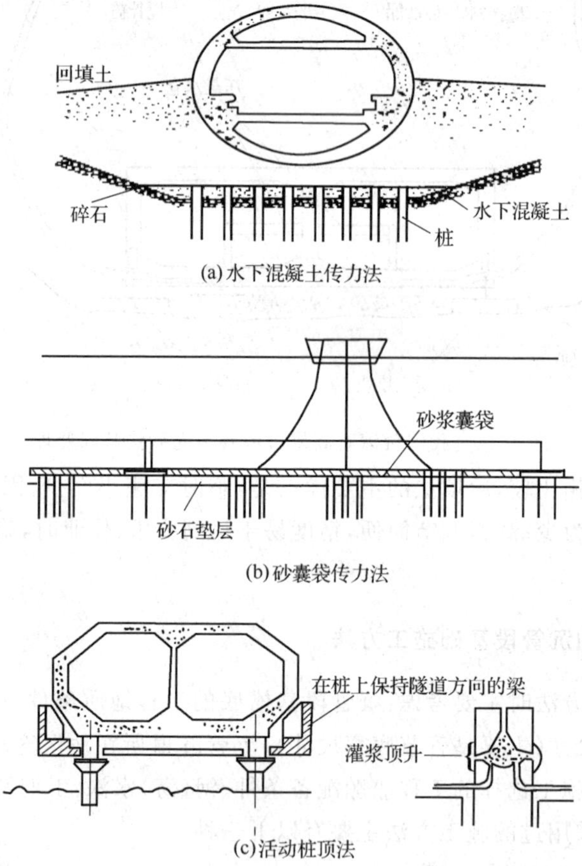

图 4.12　几种施工方法简介图

在沉管段中采用桩基时,会遇到一个地面建筑所碰不到的特殊问题,即桩群的桩顶高程在实际施工中不可能达到绝对的齐平,而管节又是在干坞预制的,管节沉没后,无法保证所有各桩均与管节底面接触,所以必须采取一些措施以使各桩均匀受力。

如果沉管段管节底面以下的地基土过于软弱,则仅作“垫平”处理是不够的。这虽在实际工程中不多见,但如遇到这种情况,则必须认真对待,一般解决的方法有:

(1)以粗砂置换软弱土层。

(2)打砂桩,并加载预压。

(3)减轻管节重量。

(4)采用桩基。

工作任务4.2 管节施工

管节施工包括制作、浮运、沉放、对接等施工工序。

4.2.1 管节制作

矩形钢筋混凝土管节先在临时干坞内制作，制成后往坞内灌水，使之浮起并拖运至预定位置沉放。在管节的同一横断面内可以容纳4～8条车道。这种管节优点是：横断面空间利用率较高，建造多车道隧道时尤为突出；车道的高程可以抬高，隧道埋深较浅，隧道长度也相应较短，因而工程量及造价较低，并可节省大量钢材。但由于管节宽度较大，基础处理不如圆形横断面简便，同时为保证防水、抗渗及干舷高度要求，对钢筋混凝土管节制作工艺要求较高。但采用钢筋混凝土管节是大势所趋。

在钢筋混凝土管节预制过程中，需采取多种混凝土裂缝控制的技术措施以确保其质量，特别要防止贯穿裂缝的出现。在目前世界上一些新建的沉管隧道中，除采用传统技术措施控制混凝土裂缝的产生外，为了增加管节结构的抗拉强度，还采用了纵向预应力措施。另外，也有采用钢纤维或化学纤维混凝土的，例如采用Dura纤维——美国Hill兄弟化工公司生产的高强聚丙烯单丝或网状纤维，可以极为有效地控制管节混凝土塑性收缩及裂缝，大大改善钢筋混凝土管节的抗渗能力。

钢筋混凝土管节的预制，由传统干坞预制发展到工厂化流水线生产。例如1995年7月动工修建、2000年6月建成通车的丹麦哥本哈根到瑞典Malmo之间的Dragden海峡沉管隧道。沉管段长3.5 km，由20节钢筋混凝土管节组成，每节管节长175 m，宽42 m（分八个施工段浇注）。预制厂濒临海边，东西向布置（东面临海），西端设预制车间，内有两条平行的浇注管节生产作业线。预制场东面设置高低两蓄水区（高蓄水区底的高程在海平面之上，低蓄水区底的高程在海平面以下，两蓄水区的水深都能保证管节起浮的吃水深度），高蓄水区西端设置滑行闸门，低蓄水区东端设置浮运闸门，滑行道延至高蓄水区内（超过一节管节长度）。当浇注完成的管节滑至高蓄水区内时，关闭两端闸门，往高蓄水区注水，管节起浮后，浮运至低蓄水区，然后打开东端的浮运闸门，高蓄水区的水排至海中，管节即可浮运出低蓄水区，如图4.13所示。

4.2.2 管节浮运

1. 管节浮运前的准备工作

管节浮运前，首先应做好管节沉放点的基槽检查，包括临时支座安放位置及顶面高程的检查，已完工的岸上段对接端面或已沉放好管节对接端面的检查，系泊锚块安放位置的检查等。

其次，要对预定浮运沉放段日期前后7～10 d的气象做出预报，估算浮运沉放作业时最大风速，一般应小于10 m/s。

第三，要进行浮运沉放日水文调查，浮运沉放时间宜选在上午10:00。水文调查包括水的比重和水温、两次高潮位的时间及潮高、两次低潮位的时间及潮高、水流速度。

最后，向港务及港监部门申请浮运沉放作业时间。

2. 管节在干坞内起浮

管节在干坞内起浮前，应对压载水舱注水调平，并安装好必要的附属设施，包括系缆柱、缆

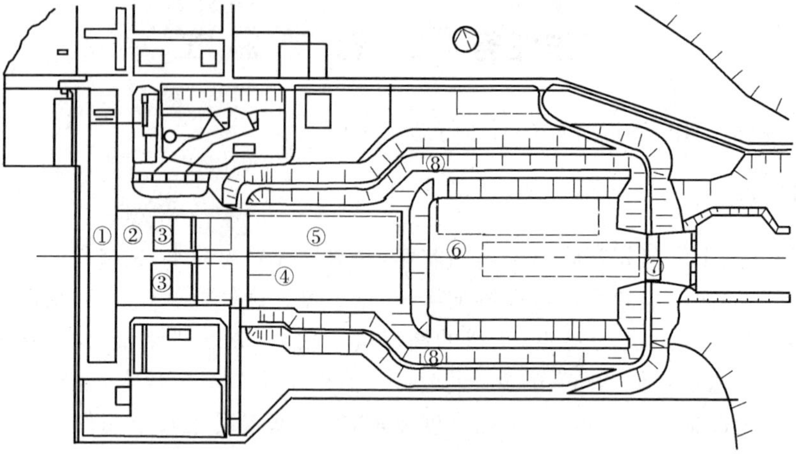

图 4.13　Dragden 海峡沉管隧道施工平面图

①—钢筋预制车间；②—预浇筑车间；③—浇筑底座；④—滑动门；⑤—高蓄水区；⑥—低蓄水区；⑦—坞门；⑧—干坞围堰

绳、导轮等。

为了保证管节在干坞内顺利起浮，根据需要可在干坞周边设置系缆柱及必要的系缆绞车。一般在管节起浮过程中都用这种系缆系统来稳定管节。由于管节起浮时系缆系统将承受较大的冲击力，故起浮后要重新检查系缆系统。但在某种情况下如不能采用系缆系统时，就要待管节起浮后，再由潜水员系上出坞牵拉缆。

为了使管节起浮就必须排除掉压载水舱中的部分水量，此时可把压载水舱分为若干个排水区，一边观察每个排水区水位，一边用阀门来控制排水量，从而保证管节慢慢安全地起浮。对于多管节一起预制的干坞，管节的起浮可按出坞浮运的顺序一节一节起浮。

由于管节内温度、湿度都很高，可能会降低排水泵等电器设备的稳定性，因此事先要进行试运行。

管节起浮后，一侧可利用干坞的系缆柱系泊，另一侧可利用尚未起浮的管节系缆柱系泊，确保起浮的管节平稳无漂移，如图 4.14 所示。

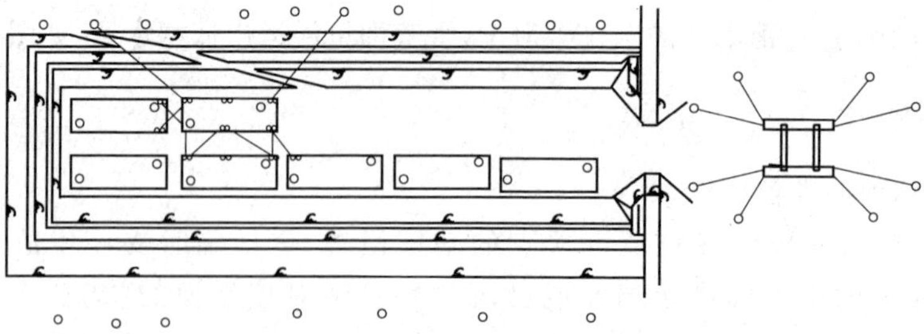

图 4.14　管节在干坞内起浮时的绳缆系泊系统示意图

起浮的管节系泊好后，向坞内灌水至坞内外水位一致后，打开坞门或破除坞堤。如采用双吊驳吊沉管节，则需把双吊驳对着坞口中线在坞口附近系泊好。

3. 管节出坞

管节可通过绞车系泊缆绳系统牵引出坞。出坞作业应选在高潮的平潮前半小时进行。

图 4.15～图 4.20 表示了管节移动了 1 个、2 个、3 个管节位置的情况以及移出坞口和移到坞口外的情况。

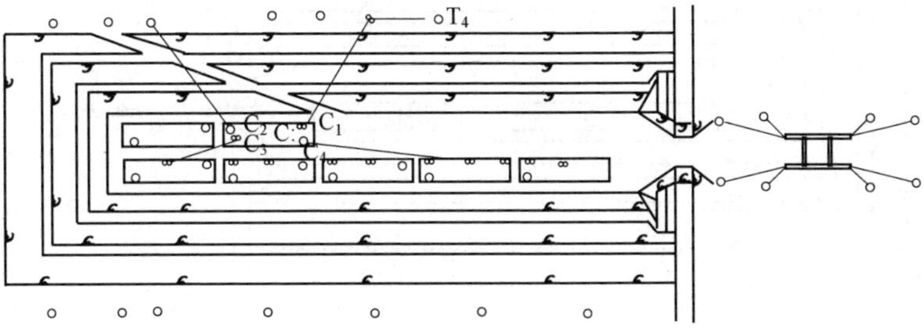

图 4.15　出坞管节出坞第一步示意图

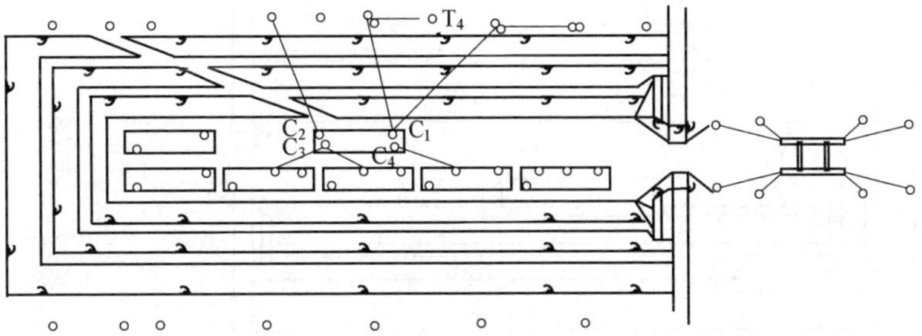

图 4.16　出坞管节出坞第二步示意图

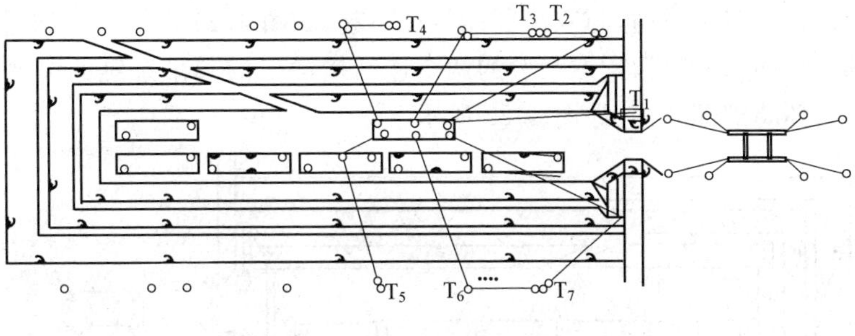

图 4.17　出坞管节出坞第三步示意图

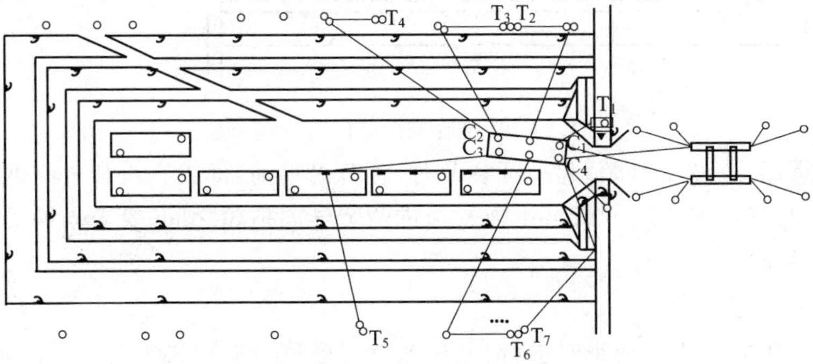

图 4.18　出坞管节出坞第四步示意图

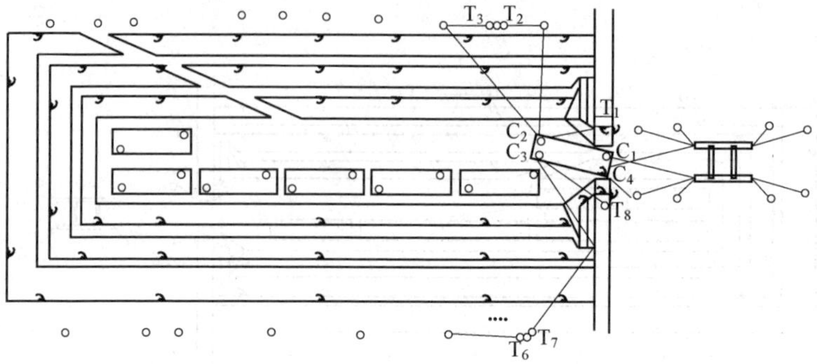

图 4.19　出坞管节出坞第五步示意图

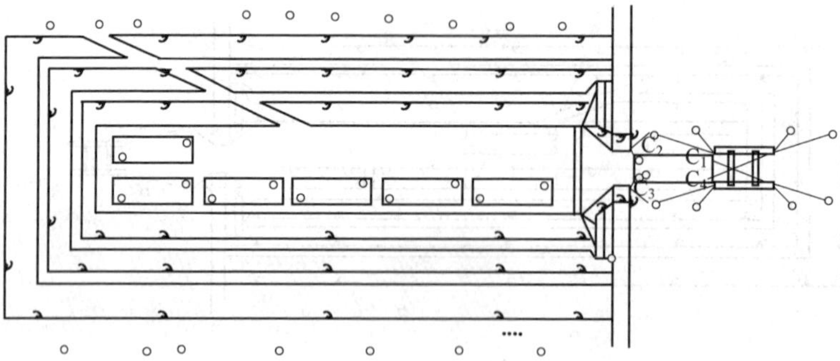

图 4.20　出坞管节结束示意图

管节出坞后,移至双吊驳内,与双吊驳连结在一起,如图 4.21 所示。并通过缆绳系统把管节与双吊驳系泊在一起。然后,用双吊驳的两个连结横梁上的起吊系统的缆绳挂住管节上的四个起吊环,起吊环的细部结构,如图 4.22 所示。

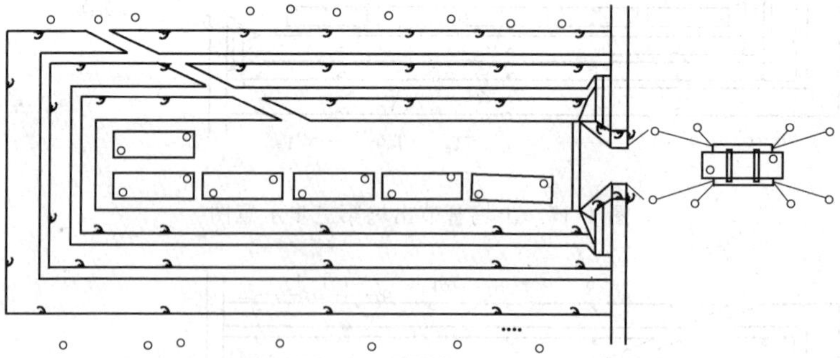

图 4.21　管节在双吊驳内系泊在一起

如采用起重船(或专用船舶)起吊沉管节时,管节出坞前,即先在坞口外将两艘导向拖轮对称坞口中线锚泊定位,出坞后的管节由拖轮拖进两艘导向拖轮之间,管节与两艘导向拖轮用缆系统系泊在一起。

4. 浮运

管节浮运应在水流速度最小时进行,并根据上述模型试验结果配备拖轮和拖轮马力。

大型管节从存泊区浮运到沉放位置之前,要安装拖缆。管节在浮运时,虽然其在水中重量较轻,但是由于管节质量大,惯性力和水阻力也很大,因此要用很大拖拽力才能使静止的管节起动或运动的管节停下。在拖航时,主拖轮与侧拖轮一起实现拖航,并在管节后部用制动拖轮

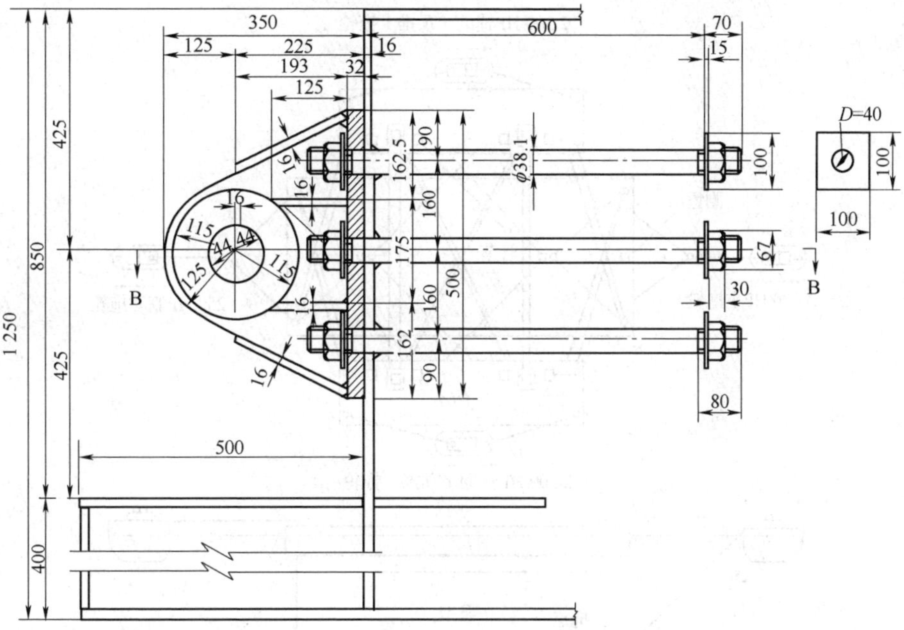

A–A

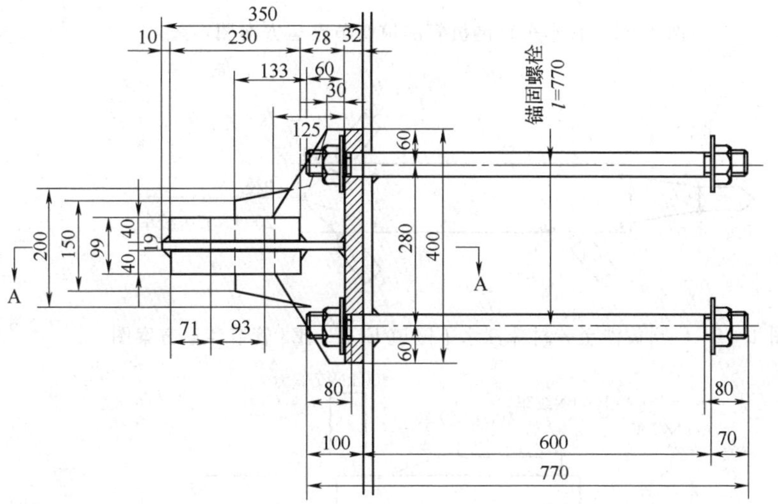

B–B

图 4.22　管节吊环的细部结构图(单位:mm)

来系拽缆,如图 4.23 所示。

日本东京港沉管隧道管节浮运距离约 4 km,浮运作业时间一天,包括了拖、拽缆系的时间,实际浮运时间为 2 h。主拖轮3 000 HP、最大拖力 40 t,考虑到浮运过程拖力作用方向变化,所以每个拖点要按承受 40 t 力来设计。

广州黄沙至芳村珠江水下隧道管节浮运方案,由于干坞设在芳村岸上段,管节浮运距离很短,江面宽只有 400 m 左右,主要采用绞车拖航方式。第一节管节与干坞(芳村侧)对岸的黄沙侧岸上段对接,因而把拖运管节的主绞车设置在黄沙岸上段处,如图 4.24 所示。

最后第二节和最后一节(E4、E5)管节实际上是在干坞口部附近沉放,其浮运方式如图 4.25所示。

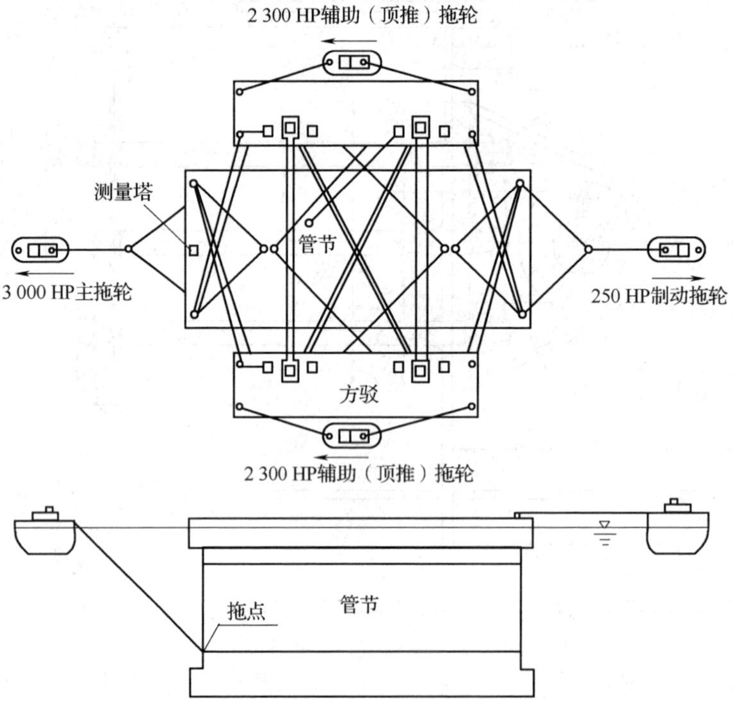

图 4.23　日本东京港沉管隧道管节浮运方案图

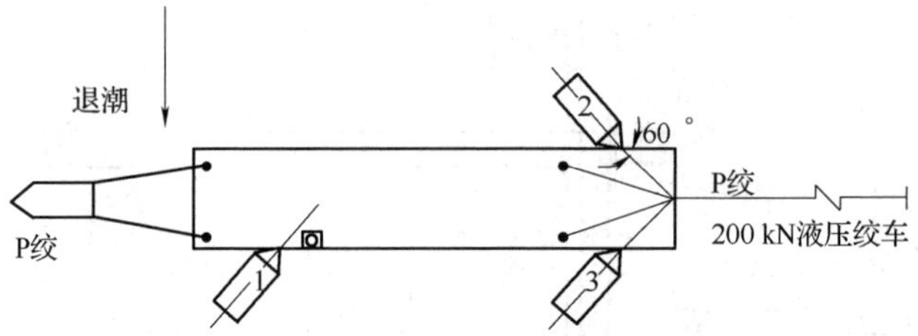

图 4.24　广州黄沙至芳村珠江水下隧道 E1、E2、E3 管节浮运方案图

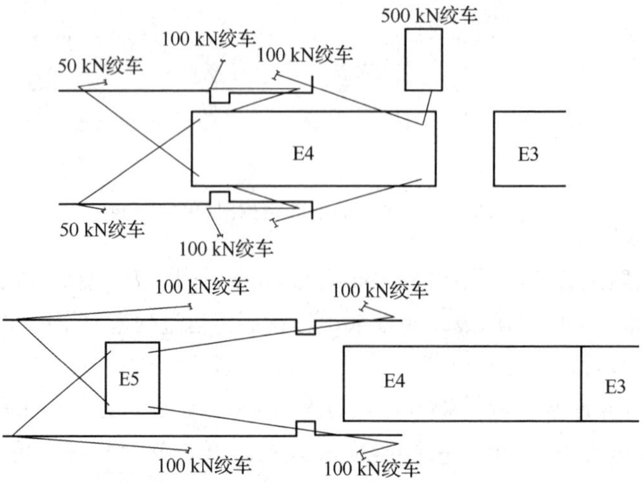

图 4.25　广州黄沙至芳村珠江水下隧道 E4、E5(最后一节)管节浮运方案图

4.2.3　管节沉放

1. 沉放作业

管节应在高潮位时下沉就位，若一个潮期不能沉放好，要使管节保持在基槽内，以减少水流对管节的影响，待下一个潮时再沉放，但应力争在一个潮期沉放完毕。因此，管节锚泊系统的锚泊力应能抗拒大于模型试验所确定的水流速度最大时整个系统的总阻力。

管节下沉过程一般分为三个阶段：

(1) 当管节完成吊挂作业，利用调节缆调整好管节位置时，开始强制灌水作业。管内压载水舱的注水由值班人员控制，负浮力状态由沉放船舶吊挂系统上的测力计反映，加载过程与沉放过程是一个连续工况，管节顶面沉入水面下 20 cm，即停止初始负浮力的加载，这一过程在 1 h内完成。根据模型试验，负浮力控制在 2 000～4 000 kN 范围。下沉速度一般为 0.3～0.5 m/min，在平潮期下沉速度可能小于 0.025 m/s。下沉至管节顶面距水面 4 m 时，管节受力状态最为复杂，各种作用力变化很大，必须引起重视，并要有足够的安全保证措施，以防万一。

(2) 管节底面距基槽底 2～2.5 m 时停止沉放，利用沉放船舶的吊挂系统对管节进行调坡(即基本上与设计坡度相似)，然后平移沉放船舶，使两个管节的对接端面相距 600 mm±30 mm，初步调整各项误差，再连续下沉至距设计高程 500 mm 处，用对接定位装置(鼻式托座或导向定位梁)进行水平定位，定位范围为±170 mm。

(3) 精确就位。利用对接定位装置不断减少管节的横向摆幅，并自然对中，以提高安装精度，管节继续缓慢下沉，后支承装置较对接定位装置提早着地(高差 100 mm)，后临时支承即开始起作用；当管节基本稳定后，管节对接端继续下沉至对接定位装置起垂直导向作用为止。此时通过测量校正误差，使管节的左右误差小于±20 mm，高程误差小于±20 mm。

在沉放过程中，要注意管节底面下的河(海)水的浮力将随着管底与基槽间隙的减少而逐渐加大，尤其是在泥砂含量较高的江、河中更为明显，需及时调整负浮力或采取其他措施，保证管节能继续下沉就位。

2. 管节沉放的辅助设备

(1) 管节沉放用的测量塔(如塔上设有控制室亦可称为控制塔)

单纯用作测量的测量塔其结构形式如图 4.26 所示。一般是每节管节配备一套。如果测量塔兼作管节沉放对中微调绞车安装平台时，一般在管节顶面上配置两套(每端一套)。

测量塔的设计一般考虑两种工况：第一种工况为台风吹袭；第二种工况为测量。

一般在测量塔内还设置人孔井，供施工人员由水面进入管节内。

(2) 管节微调对中系统

微调对中系统有两种形式：一种是将微调绞车安装在测量塔顶部平台上；另一种是将微调绞车及其缆绳系统安装管

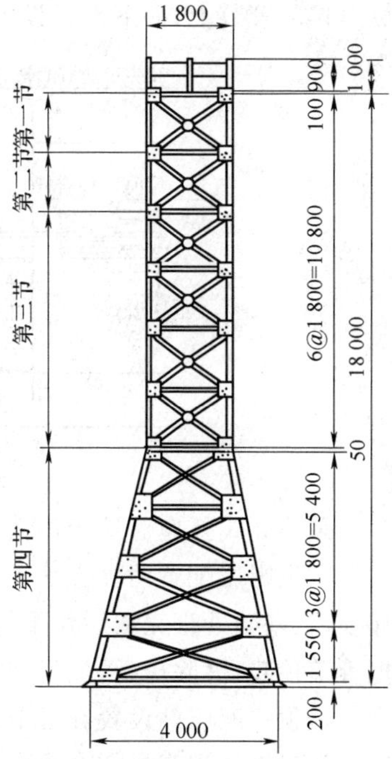

图 4.26　测量塔的结构图(单位：mm)

节顶面上。

(3) 拉合千斤顶

一般在管节沉放、对接时需要在管节端部配置两套拉合千斤顶，其拉力根据 GINA 橡胶止水带的尖肋压缩力及总长度来确定。一般每套拉合千斤顶的拉力为 200 t 左右，行程一般为 1.00～1.20 m。拉合千斤顶有两种设置方式：一种是将拉合千斤顶设置在已沉放好管节内，其优点是整套液压站(包括油管)都设在管节内，而且拉合力均匀。其缺点是伸出水中的千斤顶活塞杆穿过的端封墙上需要设置密封装置，其次活塞杆端部的拉合头要在水中连接上另一要对接的管节，增加水下工作量。第二种是拉合千斤顶及拉合座设置在管节顶面端头，其优点是从水面放下拉合千斤顶十分方便，其缺点是油压站设置在水面工程船舶上，需要很长的油管；其次拉合力偏离管节垂向中心线，如图 4.27 所示。

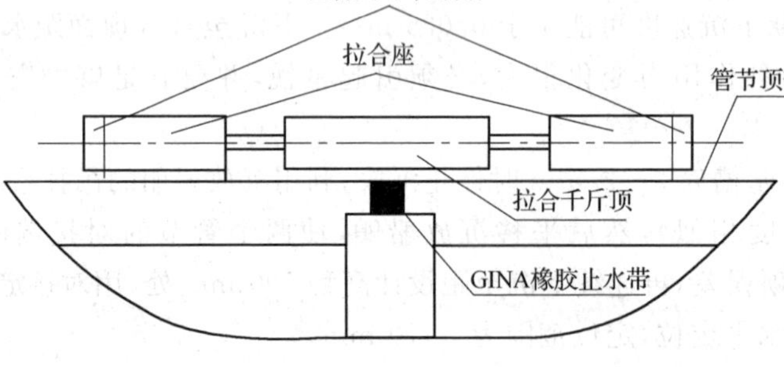

图 4.27　拉合千斤顶设在管节顶部

(4) 管节对接定位设施

目前沉管隧道管节沉放、对接普遍采用鼻式托座的定位设施，它一般被放置在管节对接端的隔墙上，共有两对，对称布置，每对由上下鼻托组成，如图 4.28 所示。上鼻托设置在准备沉放对接的管节上，而下鼻托设置在先前已沉放好的管节(或岸上段对接管节端头)。

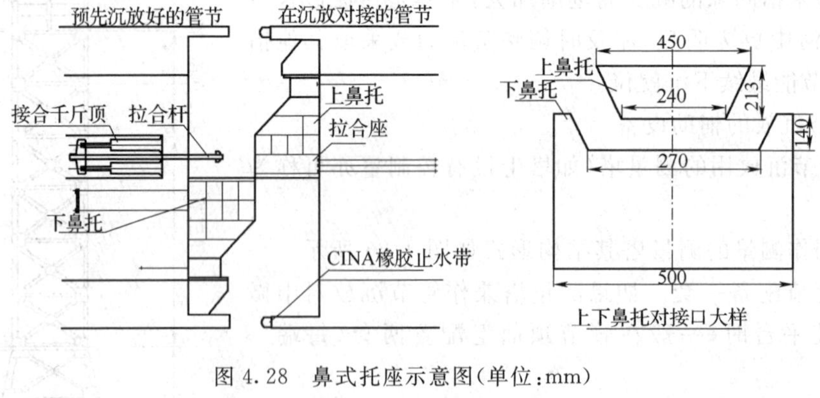

图 4.28　鼻式托座示意图(单位：mm)

采用鼻式托座对接定位精度高，上、下鼻托悬臂较小，受力状态好。但在沉放对接的管节的另一端则需配置两套支承千斤顶及相应的两块临时支座。在每一套鼻托上还需配置顶升千斤顶，在基础处理完成后用配置在已沉没好的管节(或岸上段与管节对接端)上的顶升千斤顶，把管节顶起，拆除鼻托，然后油缸泄压，再把沉放对接好的管节放回到已处理好的基础上。顶升千斤顶的液压站设置在管节内，油管要穿过管节的端封墙，顶升千斤顶(包括连接油管)在管节沉放对接过程都暴露在水中。

如果每节管节配置四个支承千斤顶及相应的四块临时支座，则在鼻托上可不设顶升千斤顶，而用靠近管节对接端的两个支承千斤顶代替顶升千斤顶的作用。但此时需在被沉放的管节顶面放置两根对接定位梁，在先前已沉放好的管节(或岸上段与管节对接端)的顶面上设置对接定位座，如图 4.29 所示。这种对接定位方式成功地用于广州黄沙至芳村珠江水下隧道中。

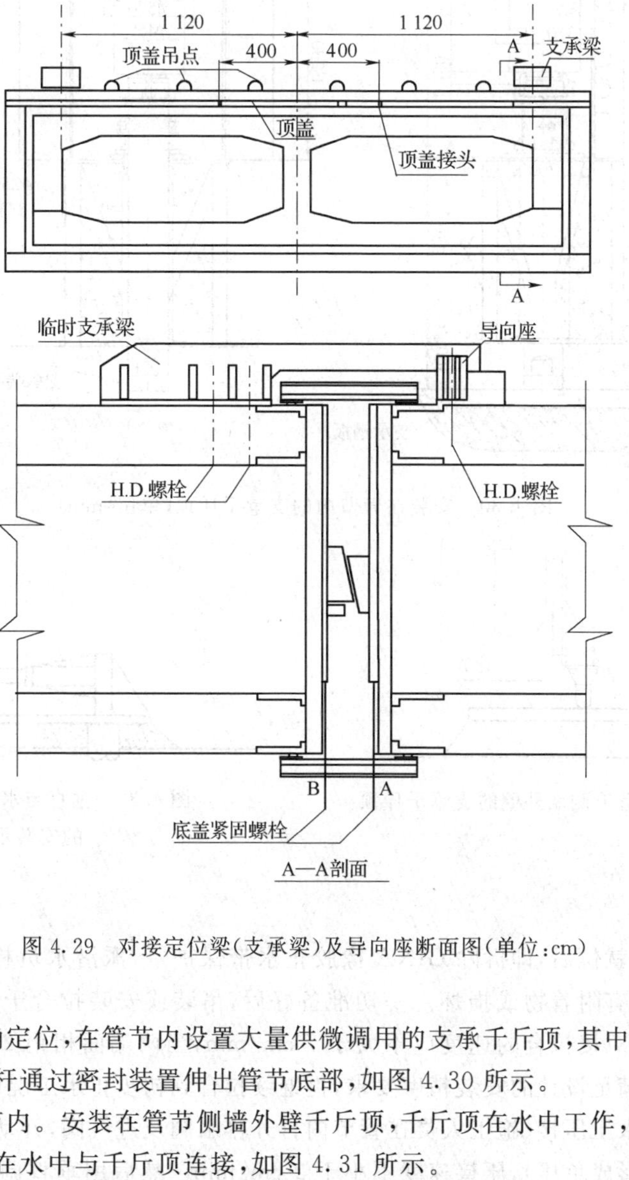

图 4.29　对接定位梁(支承梁)及导向座断面图(单位:cm)

(5) 支承千斤顶

为了管节的精确定位，在管节内设置大量供微调用的支承千斤顶，其中包括安装在管节内支承千斤顶，其活塞杆通过密封装置伸出管节底部，如图 4.30 所示。

液压站设在管节内。安装在管节侧墙外壁千斤顶，千斤顶在水中工作，液压站设置在水面的工程船舶上，油管在水中与千斤顶连接，如图 4.31 所示。

垂直与水平调节千斤顶可以有两种安装方式：垂直与水平调节千斤顶一并安装在临时支座上，液压站设置在水面的工程船舶上，油管在水中与千斤顶连接；垂直支承千斤顶安装在管节内，水平调节千斤顶安装在临时支座上，如图 4.32 所示。

(6) 管节沉放时管内其他设备

为了安全施工，管节内还需设置一些临时设施，包括施工临时通风系统(风机、风阀)，动力照明配电系统等，由工程船舶提供动力照明电源和供电电缆，通过入孔管井接入管节内，管内设置配电屏对动力、照明进行配电和施工用临时照明等。

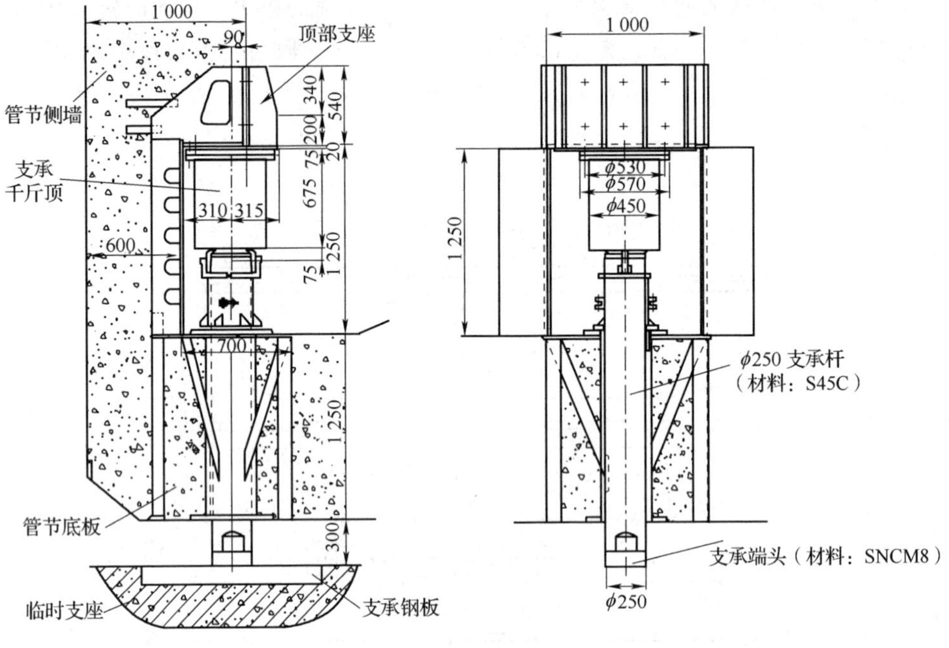

图 4.30 安装在管节内的支承千斤顶(单位:mm)

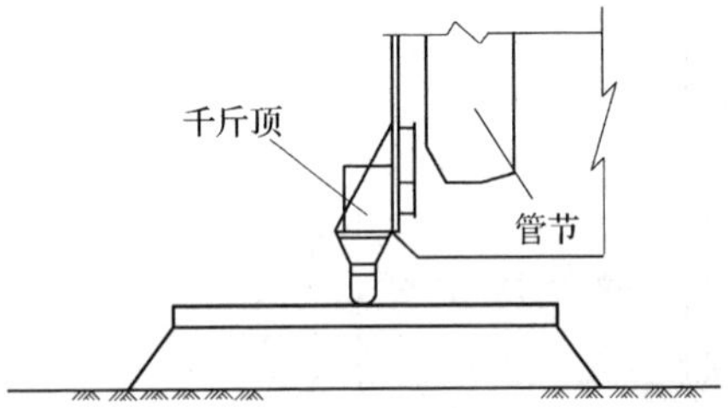

图 4.31 安装在管节侧墙外壁的支承千斤顶

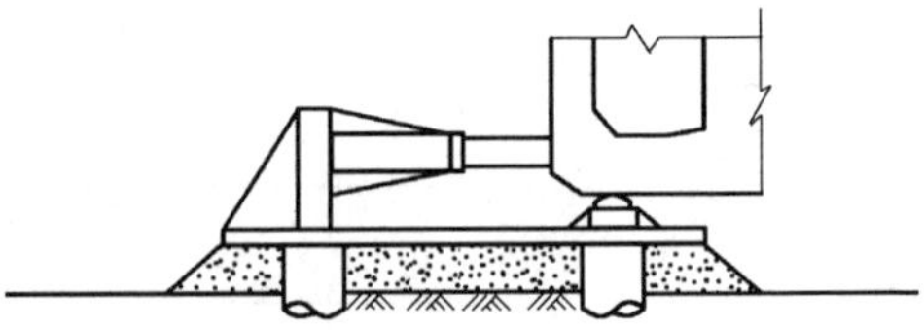

图 4.32 垂直与水平调节千斤顶的安装示意

4.2.4 对　　接

管节沉放精确就位后,即拆除 GINA 橡胶止水带保护罩,派潜水员检查 GINA 橡胶止水带及对接端面是否有附着物或损坏。一切准备好后,吊装或安装拉合千斤顶,对 GINA 橡胶止水带进行预压。对接拉合的速度应不大于 7 cm/min,当两端面相距 210 mm 时,对管节进行精细微调,直至满足设计的安装精度要求,再继续拉合到初步止水工况。潜水员检查初步止水没问题后,进行水压压接(施工人员在管节内打开排水阀及进气阀,开动排水水泵,抽掉两管节间隔舱中的水,形成负压),压接速度不小于 2 cm/min。然后用垂直调整系统(支承千斤顶和鼻托上的顶升千斤顶)把管节顶起,顶起高度为基础处理所需的预留量,最后再灌水加载至负浮力 12 000～15 000 kN,使其抗浮系数达 1.05。

加载完毕后,撤除沉放及其他工程船舶、锚泊系统,解除封航,打开对接舱门(水密门),同时接通岸上段的电力、通风系统,测量管节安装后的各项误差。潜水员下水拆除管节预留的各种临时施工设施。安装 OMEGA 橡胶止水带,安装前要检验 OMEGA 橡胶止水带的水密性能。第二道 OMEGA 橡胶止水带安装完毕后,可拆除接口隔舱两侧的端封墙,沉放、对接作业即告完成。

相关案例

案例 1　上海外环线黄浦江水下隧道

1. 概况

上海外环越江沉管隧道工程位于距吴淞口约 2 km 的吴淞公园附近，工程西起浦西同泰北路西侧，东至浦东三岔港，工程位置如图 4.33 所示。该隧道为双向八车道公路沉管隧道。越江处江面宽度为 780 m，工程全长 2 882.8 m。包括江中沉管段 724 m(4 节 100 m，3 节 108 m，并内含一段长为 2.5 m的最终接头)，浦西暗埋段 469 m，浦西引道段 270 m，浦东暗埋段 177 m，浦东引道段 149 m，接线道路 537.127 m。浦东设有隧道管理中心大楼；浦西设有风塔 1 座。全线设 2 座降压变电所、2 座雨水泵房、2 座消防泵房、2 座江中泵房。工程于 1999 年 12 月 28 日动工，2003 年 6 月 21 日正式建成通车。隧道纵剖面如图 4.34 所示。

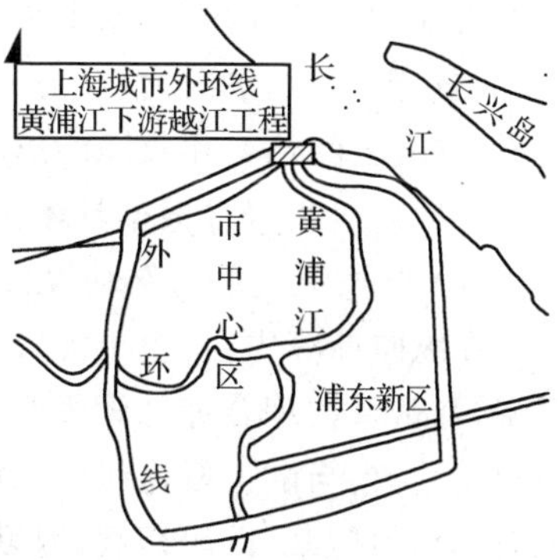

图 4.33　工程位置规划图

由于工程区段河床断面深潭位置紧逼浦西侧凹岸，所以隧道江中段最低点偏向西侧，江中线路设 1 个变坡点，竖曲线半径为 3 000 m。

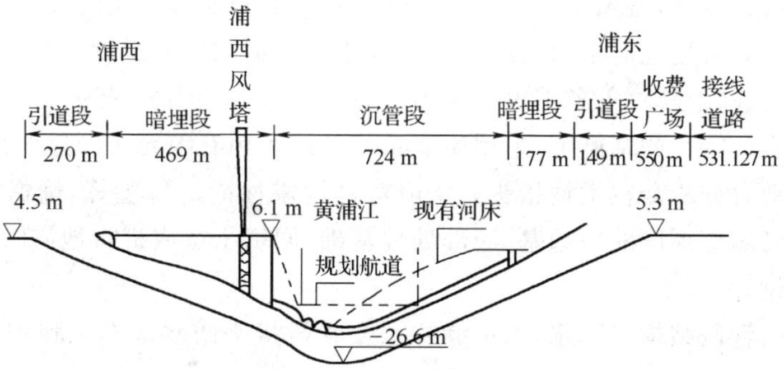

图 4.34　隧道纵剖面图

管段断面宽 43 m、高 9.55 m(风机壁龛处高为 10.15 m)，为 3 孔 2 管廊 8 车道形式，结构底板厚 1.5 m，顶板厚 1.45 m，外侧墙厚 1 m，内隔墙厚 0.55 m(管段横截面如图 4.35 所示)。

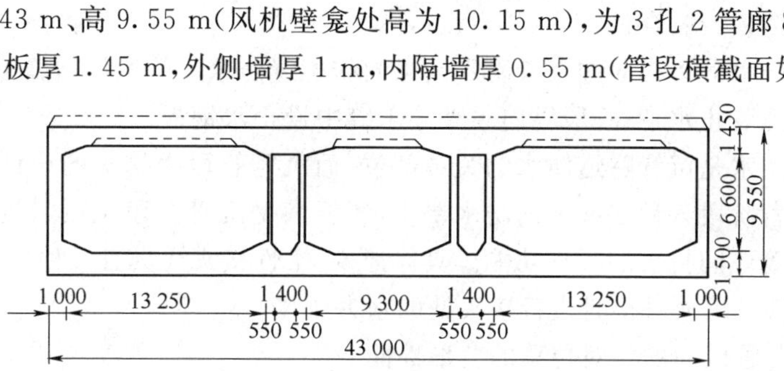

图 4.35　管段横截面(单位：mm)

2. 段结构及防水设计

沉埋管段结构全长 724 m,由 7 节预制管段(4×100 m+3×108 m)组成,其中包含 1 个长度为 2.5 m 的最终接头。管段设计应满足结构在施工、使用阶段各工况下的强度、刚度和稳定性要求。荷载等级:计算荷载为汽车—超 20 级,验算荷载为特—20、特 300。结构设计水位按千年一遇设计;地震设防标准按 7 度设防;管段浮运干舷高度为 10～15 cm;稳定抗浮安全系数在沉放就位后为 1.04,在运营使用阶段为 1.1。

1)管段结构设计

(1) 管段横向静力结构设计

管段横断面静力结构按框架模型设计,用有限元法以梁单元进行计算。结构底部考虑水压力荷载,并以刚度不等的支承弹簧来模拟不均匀的基底反力。计算时考虑的主要荷载有:自重、活载、土压力、水压力、浮力、扬压力、地基反力、地基沉降的影响、温度变化的影响、施工期荷载、混凝土的徐变和收缩的影响、预应力引起的荷载、地震、其他(海啸、抛锚或走锚、沉船、爆炸等的影响),其组合根据具体情况适当确定。

(2) 管段纵向静力结构设计

在纵向计算中,将整个沉管看作是一置于地基上的梁,在分析中采用 Winkler 弹性地基梁模型,弹簧系数综合考虑管段底基础垫层的变形系数及下卧地基变形系数。综合考虑管段接头刚度系数、与陆上段连接处刚度系数、基床不均匀支承弹簧系数、管段沉放时三点支承状况、纵向不均匀荷载、沉船荷载、温度荷载等各种工况条件进行分析计算后,可得出结论:管段间以及管段与两岸陆上段间采用柔性接头对整个管段纵向静力结构设计大大有利。

(3) 管段抗震分析

隧道横断面抗震设计,必须验算在地震荷载作用下的断面壁厚及管段结构的抗滑稳定性,验算的计算方法一般采用地震系数法或反应变位法。隧道纵向抗震设计则应综合隧道管段主体、周围地基、风塔、陆上隧道等各部位并作为整体进行设计,同时,应在考虑地基与结构物的相互作用和地层震动特性的基础上,采用质点系模型或利用有限元法的连续介质模型,按地震反应计算法进行动力分析。在柔性接头处也应对其抗震性能进行验算,确保接头在地震时的止水功能。而沉管隧道周围的原地基、底部处理基础、回填土也应进行地震时的稳定性验算。

2)管段防水设计

管段防水包括管段结构自防水,施工缝防水及管段接头防水。本工程中管段结构以混凝土结构自防水为根本,要求不出现结构贯穿裂缝,表面裂缝宽度≤0.2 mm。管段混凝土外防水层,在顶板与外侧墙表面采用自闭性聚合物灰浆防水涂层(2 mm),在底板采用带键 PVC(改性聚氯乙烯)薄板或胶合板。

管段施工缝防水分为横向施工缝防水及纵向施工缝防水。管段横向施工缝设遇水膨胀腻子止水条和钢片橡胶止水带;管段纵向水平施工缝中设止水钢板。

管段的接头防水是沉管隧道防水的关键部位,而沉管管段中接头的设计不仅要满足接头部位在施工及运营阶段各种工况下的防水要求,还要满足沉管管段沉放对接施工中接头的水力压接功能以及管段间接头的柔性功能。具体地说,柔性接头要具有三种功能:

(1) 能使各管段沉放对接时进行接头处的水力压接。

(2) 能吸收各管段间的相对位移的变形性能。

(3) 能确保隧道的防水性能。

因此,一般来说构成柔性接头的构件有如下几种:

① GINA 橡胶止水带:既能防水又能承受轴向拉伸及压缩的类似弹簧作用的构件。

② 二次防水橡胶(Ω 橡胶止水带):是进一步提高防水性且安全可靠的防水材料。

③ 水平和垂直抗剪键:用来防止管段在水平及垂直方向相互错位,是一个夹入衔接的缓冲豫胶垫,也是一个起到类似弹簧作用的构件。

④ 接头连接钢缆或 W 形钢板:与 GINA 止水带一起形成组合弹簧系统,以阻止接头部的开口位移。

⑤ GINA 止水带闭锁装置:控制 GINA 止水带压缩位移量在容许范围内的钢制防水材料。

⑥ 端部钢壳:既是管段的一部分,又是安装、补强 GINA 止水带和使端面平坦的构件。

3. 干坞

干坞是沉管管段的预制场地,在规模、地址、技术条件及经济性上需满足沉管管段的制作以及总体工程的要求。干坞选址在浦东三岔港边的黄浦江滩地处。在隧道轴线两侧建造两个可同时制作工程所需的所有(7 节)管段的干坞:A 坞和 B 坞,其中 A 坞占地面积为 4.9 万 m^2,位于隧道南侧,可一次性制作 E7、E6 节管段;B 坞占地 8.1 万 m^2,位于隧道北侧,可一次性制作 E1、E2、E3、E4、E5 节管段。两干坞总开挖土方量近 120 万 m^3。

为了避免管段制作时因干坞地基变形产生裂缝,干坞施工时对干坞的坞底基础作了换填处理,换填厚度为 1.0 m。由于坞底基础不但要满足承载变形要求,而且要能消除管段起浮时的吸附力,因此管段下换填基础的上层为 42 cm 的碎石起浮层。

坞底排水系统分为地下排水系统和坞底明排水系统。地下排水系统采用 ϕ100PVC 打孔排水管,横向间隔布置于管底换填基础中的倒滤层中,双向坡度为 3‰,并与纵向排水明沟相接,以将坞底地下水收集后排入排水明沟,虽后流入集水井里。坞底明排水系统由顺管段方向的明沟和周边边沟以及设于干坞转角处的集水井组成。

4. 管段制作

江中段的混凝土管段采用本体防水结构,管段制作时的裂缝控制和干舷控制是管段制作的关键。

混凝土配合比的设计中应用了掺加粉煤灰和外加剂的“双掺”技术,以减少水泥用量,降低水化热,提高混凝土工作性和抗渗性,并可补偿收缩,从而最终达到减少裂缝产生、提高混凝土抗裂和抗渗性的目的。通过对多组配合比的混凝土强度、抗渗、重度、施工性能,以及绝热温升等指标的测定比较,选择了表 4.1 的管段混凝土配合比。

表 4.1　每立方混凝土配合比　　单位:kg,混凝土等级:C35

52.5 级 P·O 水泥	水	砂	石子	粉煤灰	外加剂
296	185	739	1021	104	17.4

根据地基沉降分析结果,管段制作采用由中间向两端推进的分节浇筑流程。每节管段共分 6 小节,每小节浇筑长度控制在 13.50～17.85 m。每两小节间设宽 1.5 m 左右的后浇带以减少管段因温度应力及纵向差异沉降而产生的裂缝。每小节的管节分 3 次(底板、中隔墙、顶板及外侧墙)浇筑。为减少新老混凝土间的不利约束,严格控制各次混凝土浇筑的间隔时间,其中底板和侧墙的浇捣间隔时间不超过 20 d。

为了减少混凝土结构的渗水路径,在模板设计中取消了外侧墙模板的对拉螺栓,而改为采用具有大刚度的侧墙靠模系统,且模板采用具有低热传导的竹夹板。

管段结构采用的混凝土的绝热温升较高,如不采取降温措施,墙体的内外温差可能超过

40 ℃,裂缝比较容易产生,所以必须采取冷却措施。根据理论计算,底板和顶板的温度应力远小于同期混凝土的抗拉强度。所以冷却管的布置范围仅为外侧墙内。冷却管双排布置,排间距为 500 mm。底层冷却管布置在底板与侧墙的施工缝以上 200 mm 处,共布置 2 列 20 根冷却管。每列冷却管为独立的冷却系统,每个系统的冷却水流量和进水温度根据混凝土水化热历时曲线和环境温度进行调节,以防止混凝土温度过度降低而使冷却管周混凝土冻裂。当测点的混凝土温度回落 2～4 ℃时,及时停止冷却混凝土。每小节管节制作时分别对底板、侧墙和顶板进行了温度监测。经实测数据分析,采用冷却措施后,混凝土温度应力可降低 50% 以上。

管段混凝土采用泵送。外侧墙与顶板一次浇捣完成,以减少施工缝的形成。外侧墙浇捣过程中,使用了浇捣串筒,以防止混凝土离析,同时采用分层浇捣以保证混凝土的密实。管段养护时,底板和顶板采用蓄水养护;中隔墙采用喷水保湿养护;外侧墙外侧采用带模和覆盖的保温保湿养护方法,内侧则采用悬挂帆布封闭两端孔口后保湿养护的办法。

后浇带是为控制混凝土收缩和地基差异沉降引起的裂缝而设的,其必须在相邻管节的混凝土达到设计强度、相邻管节的沉降基本稳定、外侧模板拆除后进行施工,一般控制后浇带施工和管节施工的间隔时间不少于 40 d。后浇带施工同样分 3 次制作。

5. 基槽浚挖和清淤

江中基槽浚挖和基槽内清淤处理是管段沉放前的重要工作。

利用高精度双 GPS-RTK 定位定深监控系统,其平面定位精度为 2～3 cm,高程定位精度为4～6 cm。系统能以平面和剖面的图形数据形式将泥斗位置和深度显示在监控屏幕上,以指导操作者挖泥。

基槽浚挖分为普挖与精挖两步进行。普挖是对基槽底面以上 3 m 至河床顶面部分的挖掘,精挖为对剩余部分的挖掘。挖泥采用由定位定深监控系统控制的 8 m^3 抓斗挖泥船施工;基槽浚挖时江中采用逆流施工;两岸浅滩处则采取顶滩展布作业。施工时分条分层作业,每条宽 16 m,每层挖深 3 m。

6. 管段浮运与沉放

管段浮运沉放的技术关键是管段水平和垂直控制的方法,以及管段水下沉放对接的姿态监控和管段沉放后的稳定。

管段出坞采用坞内绞车和拖轮结合的方法,过江浮运采用 4 艘3 400 kN全回转拖轮拖带管段的方法,另用 2 艘拖轮辅助克服管段在江中浮运受到的水流阻力。管段沉放采用双三角锚的锚缆系统,该系统最大的特点是对航道的影响小,理论上仅为管段的长度。沉放时江中沿管段两端延长线距管段 100 m 布置 2 对 4 只 170 t 沉放用横向定位锚固块(为吸附式重力锚块)。沉放时以安置在管段前后两个测量塔上的 6 台 10 t 卷扬机控制管段在涌中的平面位置。

管段沉放采用双浮箱吊沉法。钢浮箱按 1% 的管段负浮力设计。管内水箱的储水量按 1.04 倍的管段抗浮安全系数设计,可为管段在沉放的各个阶段提供相应的负浮力。水箱设计除考虑黄浦江河道积淤严重的问题外,还考虑了管段拖运沉放时 ±6° 的最大纵、横摆角,管段内共设置 18 个容量为 300 m^3 的水箱。管段每孔中的各个水箱由 1 根进、排水总管连接,并配水泵 1 台。左右 2 孔的两根水管之间设 1 根连通管,以便 2 根总管相互备用。进排水系统可采用强制进水、自然进水和隔腔排水等操作方式。管段支承采用四点支承方式,前端搁置在 2 个鼻托上,后端两个垂直千斤顶搁置于临时支承上。临时支承采用钢管桩。

此后的管段下沉、连接、回填与覆盖等工序，限于篇幅这里不再介绍。

案例2　港珠澳海底隧道

港珠澳大桥是连接香港、珠海和澳门的跨海大桥，于2009年12月正式动工，预计2016年完工。大桥全长近50 km，主体工程长度约35 km，包含离岸人工岛及海底隧道，大大缩短穿越三地时间。其中5 664 m的海底隧道由33节钢筋混凝土结构的沉管对接而成，将是世界上最大的海底沉管隧道，建好后为双向六车道的公路隧道。2013年4月21日，位于桂山牛头岛的预制厂顺利完成首个海底隧道标准管节。2013年5月6日，首节沉管顺利完成浮运、沉放和安装任务，4.4万t超级沉管在12 m海底实现厘米级精确对接。港珠澳大桥海底隧道首节沉管施工现场如图4.36所示。

图4.36　港珠澳大桥海底隧道首节沉管施工现场

截止到2014年3月24日，港珠澳大桥珠江口的伶仃洋深海区完成第10节海底隧道沉管浮运安装。至此，港珠澳大桥海底隧道的长度已经突破1 600 m，接近全长的三分之一。未来的2年中，20多节8万t规格的沉管，将陆续在平均40 m的海底精确对接，贯通成一个海底隧道，然后连接两个已经筑起的人工岛，最后通过跨海大桥，将香港、澳门、珠海连接在一起。

复习思考题

4.1　简述沉管隧道沉管段基础施工的主要方法。

4.2　管节施工包括哪些工序？

4.3　先铺法的主要缺点是什么？

4.4　后填法主要有哪几种方法？

4.5　简述管节浮运前的准备工作。

4.6　沉管隧道施工应注意哪几项？

项目5　高架结构施工

项目描述

当城市地形、地势低，城市道路比较适合高架结构时，城市轨道交通可采用高架结构。高架结构是空中城市轨道交通运营的载体，主要包括高架车站和站间高架桥，均属永久性城市建筑物，他们必须符合安全、适用、经济、美观、环保、维修方便等基本原则。本项目主要介绍高架结构的施工准备和施工技术。

教学目标

1. 能力目标

(1)能够完成高架桥的施工准备；

(2)能够组织高架桥的施工；

(3)能够组织高架车站的施工。

2. 知识目标：

(1)了解高架桥的施工组织；

(2)掌握高架桥施工的工序流程；

(3)掌握高架车站施工的工序流程。

工作任务5.1　施工准备

在城市建设中，除了楼房、传统道路和桥梁等重要基础设施外，城市轨道交通的高架结构也是看得见、摸得着，与人们的生活有着重要关联的新型建筑，为了保证其安全、适用、经济、美观、环保和维修方便，下面介绍高架结构施工的要求和施工前的准备工作。

5.1.1　施工要求

高架桥的构件力求标准化、工厂化并采用机械化施工；对上下部结构进行多方案比选，选择最佳结构方案；在安全、适用和经济的前提下，尽可能使桥梁具有优美的造型并与城市建筑及环境相协调。与一般桥梁相比，城市轨道交通轨道结构还有一些值得注意的特殊要求：

(1)高架结构的施工应考虑到尽可能避免对城市交通和市民生活的干扰，施工中应尽量不中断市内交通，设法降低噪声，特别要避免在靠近原有建筑物地区采用打入桩。对地下管线要调查探明，若与其他结构的基础有干扰时，要采取适当的避让措施等等。

(2)高架桥要特别注意防水、排水、伸缩缝、栏杆、灯柱、防撞墙等配套构件的功能完善和外观协调，这些都是被关注的对象，直接影响到城市的文化生活。

(3)高架桥在必要地段要设置隔声屏障以减轻车辆运行的噪声，桥上应设置养护、维修人员及疏散旅客的安全通道。

(4)高架桥的主要技术标准采用1 435 mm的标准轨距，跨越铁路、公路、城市道路和河流时的桥下净空应满足有关规范的限界规定。

高架车站是为旅客乘车服务的设施。车站的选址、布置和规模等以轨道交通运营效果为依据。车站除满足运营使用功能外，应保证乘客使用安全、方便和舒适，并与周围景观相协调。

5.1.2　施工准备

在高架结构施工中，为了保证施工进度和施工质量，施工的准备工作是很有必要的。施工准备工作的主要内容包括熟悉设计文件与施工方案、技术交底与施工组织设计、测量调查与编制施工预算、劳动组织和施工现场的准备等内容。

1. 熟悉设计文件与施工方案

1)熟悉设计文件

(1)承建单位接到中标通知后，要认真组织工程技术人员熟悉、研究所有技术文件和图纸，全面领会设计意图。

(2)检查所有设计文件、图纸、资料等是否齐全、清楚，图纸与各组成部分之间有无欠缺、错误和互相矛盾的情况。

(3)检查几何尺寸、坐标、高程、说明等方面是否一致，技术要求是否正确。

(4)与现场情况进行核对，必要时应进行补充调查，同时，需要做好详细记录。

2)编制施工方案

(1)对投标时初步确定的施工方案和技术措施等进行重新评价和研究，以制定出详尽的更加符合现场实际情况的施工方案，报上级批准。

(2)施工方案的主要内容包括：编制依据、工期要求、工程特点、施工方法、材料及机具数量、劳动力的布局、进度要求、完成工作量和临时设施的初步规划。

(3)对临时性结构的施工设计，应在保证安全的前提下尽量考虑使用现有材料和机械设施，因地制宜，使设计出来的临时结构经济、适用、安装拆卸方便。

2. 技术交底与施工组织设计

1)施工前技术交底

技术交底由建设单位主持，有设计、监理和承建单位参加。技术交底的主要内容有：工程设计概况、设计说明、结构尺寸及相互关系、施工工艺、安全措施、规范要求、质量标准、对工程材料的要求、试验项目、施工注意事项等，其主要程序如下：

(1)设计单位出示工程的设计依据、意图和功能要求，并对特殊结构、新材料、新工艺和新技术提出设计要求。

(2)施工单位根据研究图纸的记录以及对设计意图的理解，提出对设计图纸的疑问、建议和变更。

(3)在统一认识的基础上，对所探讨的问题逐一作好记录，形成“设计技术交底纪要”，并由建设单位正式行文，参加单位共同会签盖章。该“设计技术交底纪要”是与设计文件同时使用的技术文件和指导施工的依据，也是建设单位与施工单位进行工程结算的主要依据。

2)施工组织设计

施工组织设计是施工准备工作的重要组成部分，也是指导工程施工中全部生产活动的基本技术经济文件。编制施工组织设计的目的在于全面、合理、有计划地组织施工,从而具体实现设计意图,优质高效地完成施工任务。

3. 测量调查与编制预算

1)测量调查

(1)对高架结构中线位置桩、三角网基点桩、水准基点桩等及其测量资料进行检查核对,如若发现桩标志不足、不稳妥、被移动或测量精度不符合要求时,应进行补测、加固、移设或重新校验。

(2) 在高架结构开工前的准备阶段中,应充分调查有无地下管线或其他地下建筑物等障碍物,若施工中涉及与其他部门有关的问题,应事先联系,加强协作,或者签订合同协议。

2)编制施工预算

施工预算是施工企业内部控制各项成本支出、考核用工、签发施工任务单、限额领料以及基层进行经济核算的依据,同时,也是制定分包合同时确定分包价格的主要依据。施工预算是按照高架结构施工图纸的工程量、施工组织设计或施工方案、施工定额等文件进行编制的。

4. 劳动组织准备

(1)准备工作内容

按照施工组织设计的具体要求,对物资进行必要的准备工作,其主要内容有:工程材料的准备(例如钢材、木材、水泥、砂石材料等,其规格、标准、生产厂家都必须符合设计要求)、工程施工设备的准备(各种各样的起吊设备、混凝土搅拌设备、浇筑设备、振捣设备和预应力机具等)及各种小型工具与配件的准备等。

(2)建立组织机构

对高架结构的劳动组织准备,首先需要确定组织机构,其基本原则是:根据高架结构工程项目的规模、结构特点和复杂程度来决定其机构中各职能部门的设置,坚持合理分工与密切协作相结合的原则,分工明确,责权具体。总之,建立组织机构便于管理与指挥。

(3)合理设置施工班组

具体的施工过程中,需要合理建立施工班组,特别需要考虑专业与工种之间的合理配置,技工与普工的合理比例,尽可能地符合流水作业方式的要求,并制定出该工程所需劳动力数量的计划。

(4)岗位培训

要集结施工力量,组织劳动力进场,对进场前的工人必须进行技术、安全操作规程、消防及文明施工等方面的岗前培训教育,培训合格后发放相应的岗位证书和技能证书,实现持证上岗。

(5)建立管理制度

为了更好的高速、优质、低耗完成高架结构的修建,必须建立各项管理制度。其主要内容有:工程技术档案管理制度、技术质量责任制度、施工图纸学习与会审制度、技术交底制度、材料出入库制度、工程材料和构件的检查验收制度、安全操作制度、机具使用保养制度、工程质量检查与验收制度等。

5. 施工现场的准备

(1)建立施工控制网

根据勘察设计单位提供的高架结构总平面图和测量控制网中所设置的基线桩、水准标点以及重要标志的保护桩等资料,进行控制网的复测。并根据高架结构的精度要求和施工方案,补充施工所需要的各种标桩,建立能满足高架施工要求的平面与立面施工测量控制网。

(2)四通一平

在高架结构施工前,必须完成“四通一平”工作,即路通、水通、电通、通信和平整场地等。

(3)墩(桩)位补充钻探

在高架结构初步设计时所依据的地质钻探资料往往因钻孔较少、孔位过远而不能满足施工的需要,因此必须对有些地质情况不了解的墩位进行补充钻探,以查明地质情况和可能发生的隐蔽物,为基础工程的施工创造有利条件。

(4)搭建临时设施

根据施工总平面图的布置,将所有的生产、生活、办公、居住和仓库等临时用房建造好,同时将便道、码头、混凝土搅拌站以及构件预制场地等建造好。

(5)安装施工机械

在高架结构施工开工前,对所有参与施工的机械、机具进行安装并且检查和调试,还要保证某些易损部件有备用件等。

(6)材料的试验与堆放

根据设计要求,有计划地对所用的材料进行试验,例如混凝土、砂浆的配合比与强度,钢材的机械性能等试验。同时组织好材料进场,并按指定的地点和规定的方式进行堆放储存。

(7)冬雨季施工

根据施工组织设计的具体要求,认真落实冬雨季施工的临时设施和技术措施,切实做好施工安排,尽可能避免劳动力的浪费。

(8)建立各种制度

根据高架结构施工的特点,制定出一套切实可行的消防、保安规章制度,安排好消防与保安人员,提出具体的消防与保安措施。

6. 现场布置的原则

(1)缩短运距

施工场地内的运输应尽可能做到方便、合理、节约,力求来料加工或成品堆放形成流水作业,做到运距短、装卸快、费用低。大型的机具、材料和构件等,尽可能存放在施工现场。

(2)危险品存放

在布置施工场地时,对容易燃烧和爆炸的危险品存放地点,必须符合安全和消防的有关规定和要求。

(3)场内交通

根据场地内运输要求,合理布置临时道路(便道),尽可能地满足施工要求。

(4)节约用地

在高架结构的施工中,必须尽可能地节约用地。

(5)工地生活

施工现场必须注意福利条件,尽量满足职工的生活、学习和文化娱乐的要求。

工作任务5.2　高架桥施工

高架桥施工主要包括基础施工、墩台施工、桥跨施工和附属结构施工等部分。

高架桥的基础工程常在地面以下或水中,并且涉及水、岩石以及城市地下管线等,从而增加了它的施工难度和复杂程度。根据桥梁基础工程的结构形式和施工方法可分为:明挖基础、桩基础、沉井基础和组合基础等。地铁与轻轨高架桥桥墩及车站框架柱对沉降要求较高,因此一般采用桩基础,而对于车站框架结构则应另加连续梁。本任务重点介绍常用的桩基础施工、墩台和桥跨结构施工。

5.2.1　桩的施工

1. 桩的类型

用于高架结构的桩基础按施工方法分主要有预制桩和灌注桩两种。

(1)预制桩就是在工厂或施工现场按规定的材料预先制作桩，而后运到墩台位置，依靠沉桩设备将预制桩直接打入、振入或旋入地层中。按沉桩设备划分主要有锤击沉桩、振动沉桩、射水沉桩以及静力压桩。

(2)灌注桩是在施工现场的桩位上采用机械或人工成孔，然后在孔内浇筑混凝土(或钢筋混凝土)。根据成孔方法的不同可分为:钻孔、挖孔和冲孔灌注桩，套管成孔灌注桩，爆扩成孔灌注桩等。在高架桥施工中常用的是钻孔灌注桩，其施工过程如图 5.1、图 5.2、图 5.3、图 5.4 所示。

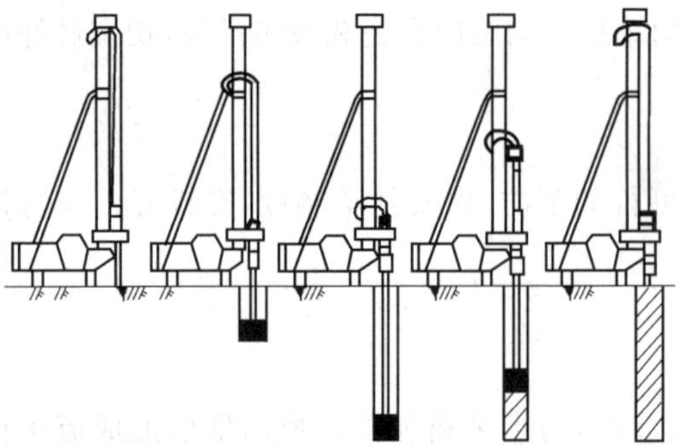

(a)　(b)　(c)　(d)　(e)

图 5.1　粉体喷射深层搅拌桩施工示意图
(a)对准桩位；(b)正转下降；(c)钻至设计深度；
(d)反转喷灰搅拌提升；(e)桩柱制成

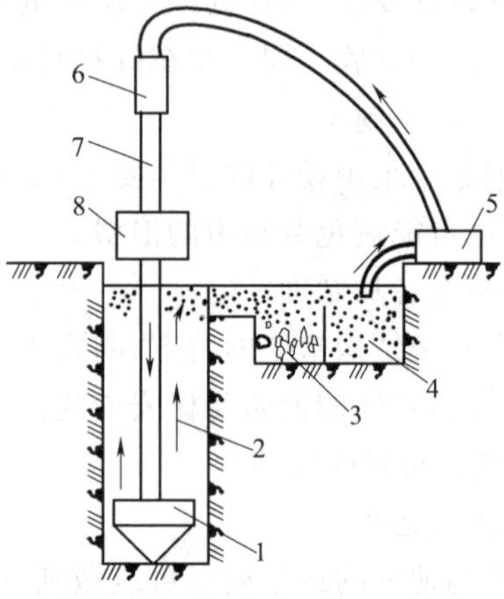

图 5.2　正循环钻机成孔施工示意图
1—钻头；2—泥浆循环方向；
3—沉淀池及沉渣；4—泥浆池及泥浆；
5—泥浆泵；6—水龙头；
7—钻杆；8—钻机回转装置

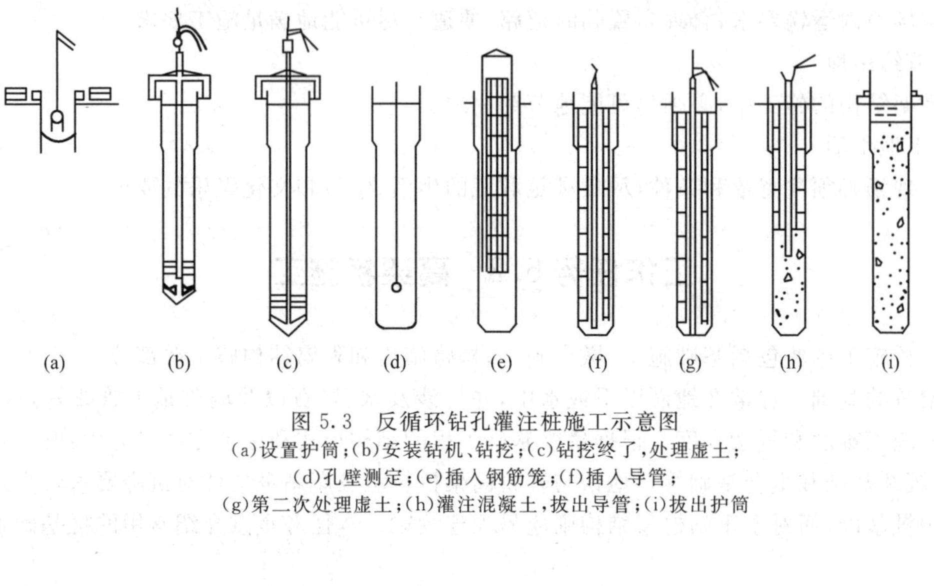

(a)　(b)　(c)　(d)　(e)　(f)　(g)　(h)　(i)

图 5.3　反循环钻孔灌注桩施工示意图
(a)设置护筒；(b)安装钻机、钻挖；(c)钻挖终了，处理虚土；
(d)孔壁测定；(e)插入钢筋笼；(f)插入导管；
(g)第二次处理虚土；(h)灌注混凝土，拔出导管；(i)拔出护筒

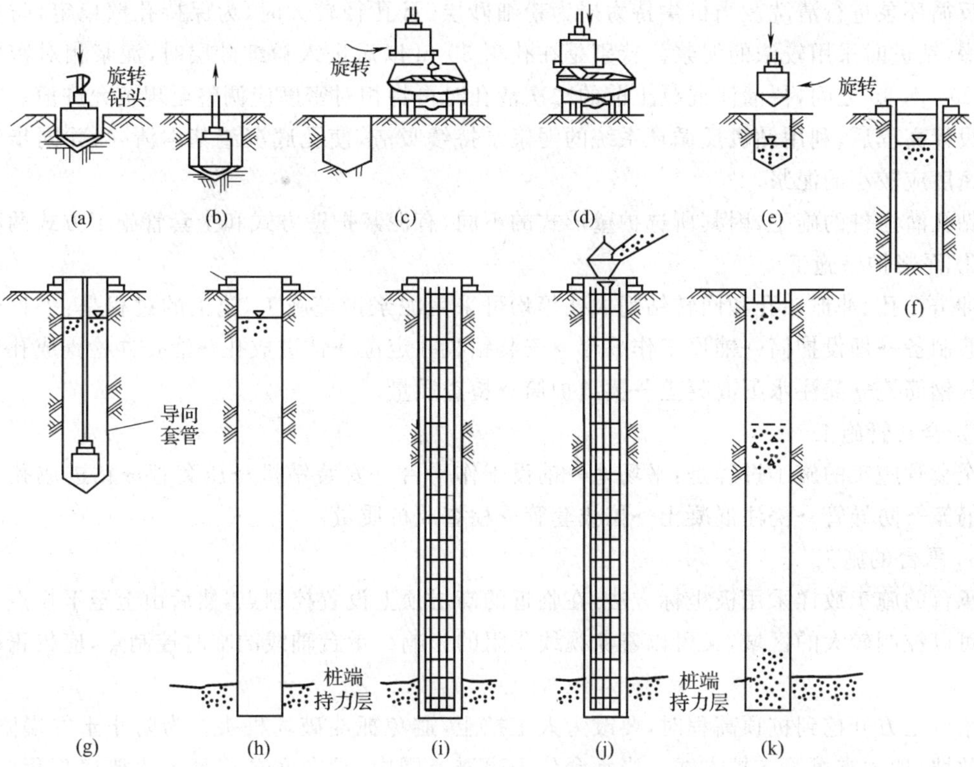

图 5.4　钻斗钻机灌注桩施工示意图

(a)开孔；(b)卷起钻头，开始灌水；(c)卸土；(d)关闭钻头；
(e)钻头下降；(f)埋设导向护筒，灌入泥浆；(g)钻进开始；
(h)钻进完成，第一次清渣测定深度和孔径；(i)插入钢筋笼；
(j)插入导管，灌注混凝土；(k)混凝土灌注完成，拔出导管，拔出护筒，桩完成

2. 桩的施工

(1)桩的构造

桩的横截面尺寸经常采用：预应力钢筋混凝土圆桩，桩径 ϕ600 mm；预制钢筋混凝土方桩，一般为 450 mm×450 mm 断面；钻孔灌注桩和挖孔桩，桩径有 ϕ800 mm、ϕ1 200 mm 和 ϕ1 500 mm三种。桩长、地质情况和承载力要求按设计确定。桩基础一般坐落于粉细砂层和基岩上。桩头需伸入承台底面 100 mm，桩头钢筋留长 45 mm。

(2)施工要求

预制桩特别是 PHC(预应力高强混凝土)桩一般由工厂预制，在场地允许情况下也可以在现场制作钢筋混凝土方桩。预制桩一般分上、下两节，上节桩为 C40 混凝土，下节桩为 C35 混凝土。当混凝土强度达到设计强度的 85%时可以吊运，打桩时混凝土强度应达到设计强度的 100%，且龄期不小于 28 d，贯入度控制为 30～70 mm/10 击。此外，还应考虑以下两种情况：一是贯入度满足要求，但桩顶高程大于设计高程，其值小于 50 cm 时，继续锤击 30～50 次，如发现异常可停锤，如其值大于 50 cm 时，与设计单位联系研究决定；二是与灌注桩距离小于 50 m范围内的沉入桩，均应在灌注桩龄期 28 d 后进行，或者先施工沉入桩，后施工灌注桩。

根据地质情况和施工经验，钻孔灌注桩一般采用 C25 级混凝土，使用 GPS-10 型和 GPS-15 型钻机，成孔时采用原土造浆正循环方法。对于 ϕ1 500 mm 桩，在钻进到孔的设计深度后

使用反循环泵进行清洗。当桩尖持力层为粉细砂层、且孔径较大时,为保持孔壁稳定,防止孔底坍塌,钻进时采用较浓的泥浆。特别是在孔深 30 m 以后进入粉细砂层时,泥浆相对密度应在 1.25～1.35 之间,待灌注混凝土前的二次清孔时再将相对密度应调整至规范允许值。当钻进到设计高程后,利用钻机反循环系统的泥浆泵持续吸渣,使孔底沉渣基本清除,并同步灌入相对密度应较小的泥浆。

钻孔灌注桩的施工,因其所选护壁形式的不同,有泥浆护壁方式和全套管施工方式两种。

① 泥浆护壁施工

冲击钻孔、冲抓钻孔和回转钻削成孔等均可采用泥浆护壁施工,施工的过程是:平整场地→泥浆制备→埋设护筒→铺设工作平台→安装钻机并定位→钻进成孔→清孔并检查成孔质量→下放钢筋笼→灌注水下混凝土→拔出护筒→检查质量。

② 全套管施工

全套管施工的施工过程是:平场地→铺设工作平台→安装钻机→压套管→钻进成孔→安放钢筋笼→防导管→浇注混凝土→拉拔套管→检查成桩质量。

3. 承台的施工

承台的施工放样采用极坐标方法,在临近的高层顶上设置控制点,然后由上至下投点。这样既可以控制较大的区域,又可以避免视线受阻的影响。承台轴线的临时控制点,应校正后再使用。

承台土方开挖到桩顶高程时,要改为人工挖土,避免抓斗破坏桩头。为防止土方塌陷,应采取放坡、加木支撑等支护方式。当承台位于边滩范围内、承台底高程高于边滩底高程时,挖去剩余淤泥,填充碎石,应清理积水后再浇注混凝土。

承台可采用大型木模板,拼装时采用拉条螺栓,拆模后凿除外露螺栓,并用砂浆修补。在有条件的情况下也可采用钢模板。

5.2.2 墩(台)的上部施工

墩(台)的上部施工主要是指墩(台)身和墩(台)帽的施工。墩(台)是高架结构的重要组成部分,墩台施工工程量大,高空作业多,其施工质量的好坏直接关系到上部结构的制作与安装质量,并且影响高架结构的使用安全。地铁与轻轨高架结构墩(台)施工常用现场浇筑混凝土墩(台),也可使用预制装配法建造墩(台)。

1. 墩(台)身的施工

(1)现场浇筑混凝土墩台施工

现场浇筑混凝土墩台施工有两个主要工序,即制作与安装墩台模板和混凝土浇筑。现场浇筑混凝土墩台施工有三种基本方法:

① 分节立模,间歇灌注法

将墩台沿高度分成若干节,分别制作各节模板。自底节开始,立一节模板,灌注一节混凝土,待混凝土强度达 1 200 kPa 后,再立第二节模板,灌注第二节混凝土,这样逐节升高,直至墩台灌注完毕。此法的优点是需要的设备简单,其缺点是施工速度较慢,适用于一般高度的墩台。施工接缝处应安插接头短钢筋或埋接缝石,以提高墩台的整体性。

② 分节立模,连续灌注法

在灌注第一节墩台混凝土时,同时在地面将第二节模板拼组好,待第一节混凝土灌注完后,立即将第二节模板整体吊装,并在混凝土允许间歇时间(一般为 2 h)内安装完毕,继续灌注第二节混凝土，如此循环直至墩台灌注完毕。此法施工速度快，墩台整体性好，但应有相应的起吊设备。

③ 滑动模板施工

滑动模板是用一节模板连同工作脚手架以整体形式安装在基础顶面，依靠自身的支撑部分和提升系统，在灌注混凝土的同时，模板也慢慢向上滑升，这样可连续不断地灌注混凝土。墩台整体性好，施工速度快，高空施工安全。

(2)装配式墩台施工

装配式墩台的优点是：结构形式轻便、建桥速度快，对现有交通影响少，圬工省，预制构件质量有保证等。目前常用的有砌块式、柱式和管节式或环圈式墩台等。

装配式墩台的施工是组件在工厂或工地集中预制，再送到现场装配成墩的形式。

2. 墩(台)帽的施工

墩帽是桥墩顶部的传力部分，它通过支座承托上部结构，并将荷载传递到墩身上。因此，墩帽本身应有足够的强度，墩帽多用强度等级为C20及以上的混凝土，并加配构造钢筋或采用钢筋混凝土(采用钢筋混凝土时，混凝土不低于C25)做成。

在施工时，要注意墩(台)帽混凝土浇筑前，必须对墩(台)中线、高程及各部位尺寸进行复核，并准确放样，标出预留孔道、预埋件位置，并对基面进行凿毛清理干净。钢板预埋件应设排气孔，混凝土应加强振捣防止空鼓，振捣时不得碰撞预埋件。

5.2.3　桥跨施工

桥跨结构施工方法常用的有现场就地浇筑施工和预制装配式施工，下面介绍梁式桥跨结构的施工。

1. 梁式桥的就地浇筑施工

其工序为：搭设支架、安装模版、绑扎钢筋、浇筑混凝土、养生、拆卸模板与支架。

(1)支架

支架按其构造分为支柱式、梁式及梁柱式三种，如图5.5所示。

① 立柱式支架

立柱式支架构造简单，可用于陆地或不通航河道以及桥墩不高的小跨径桥梁施工。支架通常由排架和纵梁等构件组成。排架由枕木或桩、立柱和盖梁组成，如图5.5 (a)、(b)所示。

② 梁式支架

根据跨径不同，梁可采用工字钢、钢板梁或钢桁架，如图5.5(c)、(d)所示。一般情况下工字钢用于跨径小于10 m，钢板梁用于跨径小于20 m，钢桁梁用于跨径大于20 m的情况。梁可以支承在墩旁支柱上，也可支承在桥墩预留的托架上或支承在桥墩处的横梁上。

③ 梁柱式支架

当桥梁必须在支架下设置孔道通行时可采用梁柱式支架，如图5.5 (e)、(f)所示。梁支承在桥墩台及临时支柱或临时墩上，形成多跨的梁柱式支架。

(2)模板

就地浇筑桥梁的模板常用木模和钢模。模板形式的选择主要取决于同类桥跨结构的数量和模板材料的供应情况。当建造单跨或多跨不同桥跨结构时，一般采用木模；当有多跨同样的桥跨结构时，可采用大型模板块件或用钢模。

(3)混凝土的浇筑

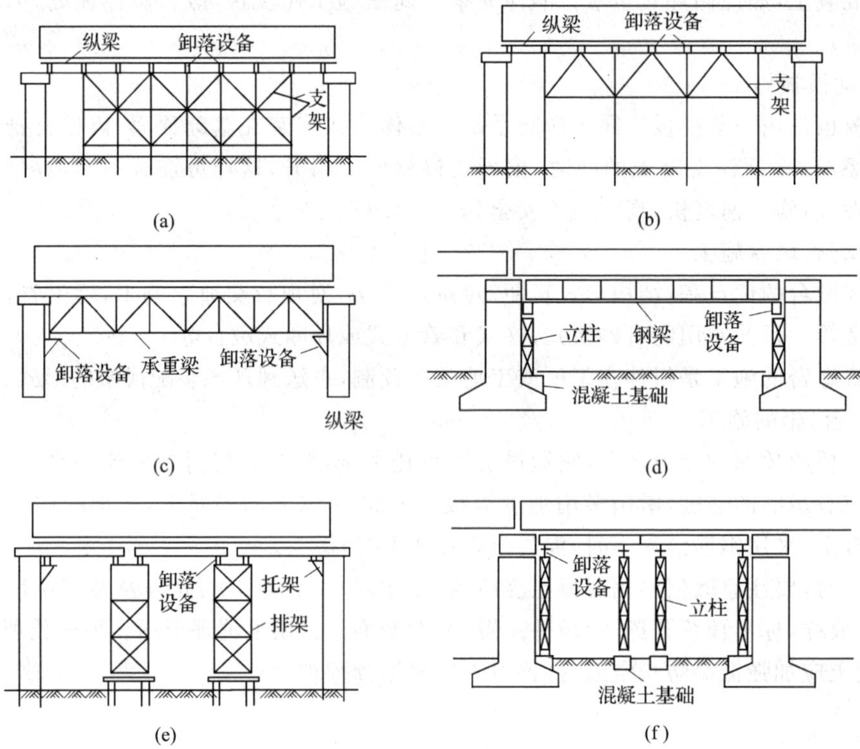

图 5.5　常用支架的示意图

在浇筑混凝土前要进行周密的准备和严格的检查。准备工作主要是对各种施工设备进行试运转,以防止在使用中发生故障,并对支架、模板、钢筋和钢索位置等进行检查。

① 简支梁桥混凝土的浇筑

分层浇筑:对于跨径不大的简支梁桥,可在一跨全长范围内分层浇筑,在跨中合龙。分层的厚度由振捣器的能力而定,一般选用 15~30 cm;当采用人工捣实时 ,可选 15~20 cm。

斜层浇筑:简支梁桥的混凝土浇筑应从主梁的两端用斜层浇筑法向跨中浇筑,在跨中合龙;T 形梁和箱梁采用斜层浇筑的顺序如图 5.6 (a)所示。当采用梁式支架,支点不设在跨中时,则应在支架下沉量大的位置先浇混凝土,使应该发生的支架变形及早完成,其浇筑顺序如图 5.6 (b)所示。采用斜层浇筑时,混凝土的倾斜角与混凝土的稠度有关,一般可用 20°~25°。

当桥梁跨径较大时,可先浇筑纵横梁,待纵横梁完成浇筑后,再沿桥的全宽浇筑桥面混凝土,在桥面与纵横梁间应设置工作缝。对于中大跨径预应力简支箱梁,可分两次浇筑,第一次浇腹板顶部,第二次浇筑顶板及翼缘板,这样施工便于布索及绑扎钢筋。

单元法浇筑法:当桥面较宽且混凝土数量较大时,可分成若干纵向单元分别浇筑。每个单元可沿其长度分层浇筑,在纵梁间的横梁上设置连接缝,并在纵横浇筑完成后填缝连接。

② 悬臂梁和连续梁混凝土的浇筑

悬臂梁和连续梁桥的桥跨结构在支架上浇筑时,由于桥墩为刚性支点,桥跨下的支架为弹性支撑,在浇筑时支架会产生不均匀沉降,因此在桥墩处应设置接缝,待支架沉降稳定后,再浇筑墩顶处梁的接缝混凝土。大跨径梁桥,除在桥墩处设置接缝处,还可在支架的硬支点附近设置接缝。

梁段间的接缝一般宽 0.8～1.0 m，两端用模板间隔，并留出分布加强钢筋通过的孔洞。浇筑接缝混凝土时先将两端面浮浆除掉、凿毛，用清水冲洗后，再绑扎接缝分布钢筋，浇筑接缝混凝土。当悬臂梁设有挂梁时，须待悬臂梁混凝土强度达到设计强度的 70%以上时方可进行挂梁施工。

③ 混凝土养护、预应力筋张拉及模板拆除

混凝土浇筑完成后进行养生能促使混凝土硬化，并在获得规定强度的同时，防止混凝土干缩引起的裂缝。防止混凝土受雨淋、日晒、受冻及受荷载的振动、冲击。由于混凝土在硬化过程中发热，在夏季和干燥的气候下应进行湿润养生，而冬季则主要保护其不受冻，采用加温养生。

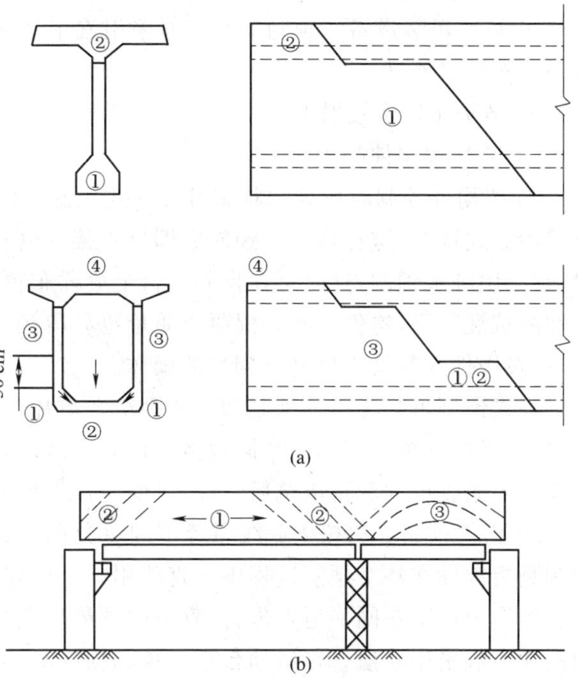

图 5.6　简支梁桥在支架上的浇筑顺序

预应力筋张拉：后张法预应力混凝土梁，须待混凝土强度达到设计要求后(强度达到设计强度的 70%以上)才能进行张拉。

模板拆除及卸架：一般要在混凝土达到设计强度的 25%以后，拆除侧模，当混凝土强度不小于设计强度的 70%以后，方可拆除梁的其他模板。

对于预应力梁，应在预应力筋张拉完毕或张拉到一定数量后再拆除模板，以免梁体混凝土受拉。

梁的落架程序应从梁挠度最大处的支架节点开始，逐步卸落相邻两侧的节点，并要求对称、均匀、有顺序地进行；同时要求各节点应分多次进行卸落，以使梁的沉落曲线逐步加大。通常简支梁和连续梁可从跨中向两端进行；悬臂梁则应先卸落挂梁及悬臂部分，然后卸落主跨部分。

2. 装配式钢筋混凝土梁桥的桥跨施工

装配式钢筋混凝土梁桥的桥跨施工包括分片或分段构件的预制、运输、安装三阶段。桥梁的预制构件一般在预制场或预制工厂内进行，再由运输工具运至桥位安装。横向分片预制件可采用吊机或架桥机架设；纵向分段在桥头串联张拉后，用吊机或架桥机架设。

(1)装配式梁桥的特点

采用预制安装法施工的装配式梁桥与就地浇筑的整体式梁桥相比较，有下列特点：

① 加速施工进度。由于装配式梁桥的梁片预制可与桥梁下部结构同时施工，对加速施工进度、缩短施工工期效果明显，从而减少了对城市的影响。

②节省支架、模板。装配式梁桥常采用无支架或少支架施工，预制场采用钢模板浇筑预制件，模板可反复使用，达到节约木材的目的。

③ 提高工程质量。装配式梁桥的预制梁片可以标准化，采取钢模板使梁体表面光洁美观，生产流程可以达到自动化、机械化、梁体混凝土计量自动化，振捣及养生均能达到理想要

求,对梁体质量有较高保证。

④ 需要吊装设备。预制梁片一般采用汽车吊、履带吊机、浮吊进行吊装架设,桥梁较长时可采用架桥机架设。

⑤ 结构用钢量较增大。

(2)装配式构件的预制工艺

① 按构件预制时所处的状态可分立式预制和卧式预制两种:等高度的T梁和箱梁在预制时采用立式预制,这样构件在预制后即可直接运输和吊装,无须进行翻转作业。对于变高度的梁,宜采用卧式预制,这时可在预制平台上放样布置底模,侧模高度由梁宽度决定,便于绑扎钢筋和浇筑混凝土,构件尺寸和混凝土质量也易得到保证。卧式预制的构件需在预制后翻身竖起,一般构件在起吊之后进行翻身的操作。

卧式预制可分为单片预制和多片叠浇。单片预制就是在构件预制的底座上先预制一片构件,待其吊离后再预制第二个同规格的构件。多片叠浇则是在同一底座上预制数片构件,在前一片之上涂脱模剂后再浇筑后一片,以前一片做后一片的底模。

② 构件预制方法按作业线布置不同可分固定式预制和活动台车预制两种方法。固定式预制是指构件在整个预制过程中一直使用一个固定底座,立模、绑扎钢筋、浇筑和养护混凝土等各个作业依次在同一地点进行,直至构件最后制成被吊离底座。一般规模桥梁工程的构件预制大多数采用此法。在活动台车上预制构件时,因台车上具有活动模板(一般为钢模板),能快速地装拆,当台车沿着轨道从一个地点移动到另一个地点时,作业也就按顺序一个接一个地进行。预制场布置成一个流水作业线,构件分批地进入蒸养室进行养护。如果是后张式预应力构件,则从蒸养房出来后,即进入预应力张拉作业点。用这种方法预制构件,可采用强有力的底模振捣和快速有效的养护,使构件的预制质量和速度大为提高。这种方式适用于大批或永久性制造构件的预制工厂采用。

③ 预应力构件按预制工艺不同可分为先张法和后张法两种。先张法需张拉台座,所以一般在预制场进行。在台座上绑扎钢筋,布置预应力束(筋),利用张拉台座张拉预应力束并锚固,再浇筑梁体混凝土,待混凝土强度达到规定要求后在梁体外切割预应力束(筋)。后张法是先在梁体内按设计要求预留预应力束(筋)孔道,然后浇筑混凝土,待梁体混凝土达到规定强度时,再在预留孔道内穿预应力束(筋),并进行张拉、锚固,最后在管道内进行压浆。所以后张法预应力构件可在现场进行制造。桥位现浇箱梁均采用后张法工艺。

(3)预制梁的出坑和运输

预制构件从预制场的底座上移出来,称为"出坑"。钢筋混凝土构件在混凝土强度达到设计强度70%以上,预应力混凝土构件在预应力张拉以后才可出坑。构件出坑方法,一般采用龙门吊机将预制梁起吊出坑后移到存梁处或转运至现场,如简易预制场无龙门吊机时,可采用汽车吊机起吊出坑,或用横向滚移出坑。

预制梁从预制场至施工现场的运输称为场外运输,常用大型平板车运至桥位现场。预制梁在施工现场内运输称为场内运输,常用龙门轨道运输、平车轨道运输和平板汽车运输,也可采用纵向滚移法运输。

(4)预制梁的安装

预制梁常采用龙门吊机、汽车吊机及履带吊机进行安装,跨越河流的高架预制梁安装常用穿巷吊机安装、浮吊安装及架桥机安装等。

相关案例

广州地铁4号线钢结构高架车站施工

广州市地铁4号线从新造至金洲段共8个高架车站，站台部分全部采用钢结构。设计造型各有不同，但结构形式基本为门式刚架结构，主要采用焊接变截面H型钢，但刚架全部为弧形结构。而刚架与基础采用铰接的形式，钢结构施工技术难度较大，针对各站的设计不同，现场采用了不同的吊装工艺。石碁车站的效果图如图5.7所示。

图5.7　车站效果图

1. 工程特点和难点

石碁站工程主要特点是施工场地狭窄，高架桥已施工完成，吊装条件差，采用机械吊装难度大，而且多采用分段吊装，临时支撑在受力、吊装精度方面要求较高。由于设计柱脚处为铰轴连接，测量定位困难，必须采用先进的仪器进行跟踪测量校正。

2. 吊装方案选择

由于各高架车站的结构形式基本一样，因此根据工程特点、结构形式、构件重量及场地情况确定钢结构吊装方案，采用“整体分段拼装、整体分段吊装、单侧整体吊装和散件吊装相结合”的工艺进行。主吊机械沿着结构外侧进行吊装，在地面上布置1台80 t汽车吊用于主刚架吊装，1台50 t汽车吊用于次刚架、连梁及檩条的吊装。同时在桥面轨行区内布置一台25 t轮胎吊，负责轨行区间部分次刚架及支撑等构件的吊装。

3. 施工程序

1)主刚架拼装

依据吊装方案，大部分构件在工厂内分段制作，现场拼装。为了保证吊装精度，现场依据工厂制作工艺图进行放样，并将其放样在刚性平台上，下面采用路基板作为拼装基础，在路基板上吊装台架，保证刚架拼装时的精度，同时对焊接变形起到控制作用。主刚架拼装如图5.8所示。

2)吊装工艺

(1)刚架分段

刚架分段基本以高低跨刚架分别作为一个吊装段，中间腹杆为散件吊装。每段达18 t，分段如图5.9所示。分段吊装难度大，但此分段既减少临时支撑数量，又可减少空中对接焊缝数量，有利于保证焊接质量，同时可节省机械台班费用。

(2)索具的确定

主刚架拼装后总长度达40 m，其形状为“7”字形。吊装时重心计算相当复杂，一次便找准吊点是困难的。为了准确确定吊点位置及索具的长度，充分利用CAD实体求出构件的重心，这一方法比以往的计算要简单，而且比较准确。由于主刚架截面大，其吊装点位置间距不宜过大，而间距越小，索具受力越有利。在实际施工中，为确保构件在吊装中不产生变形，起吊时配合 1 台 25 t 汽车吊进行翻身。

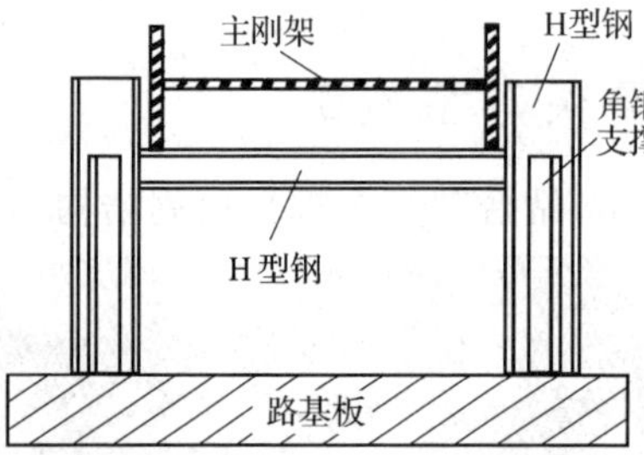

图 5.8 主刚架拼装示意图

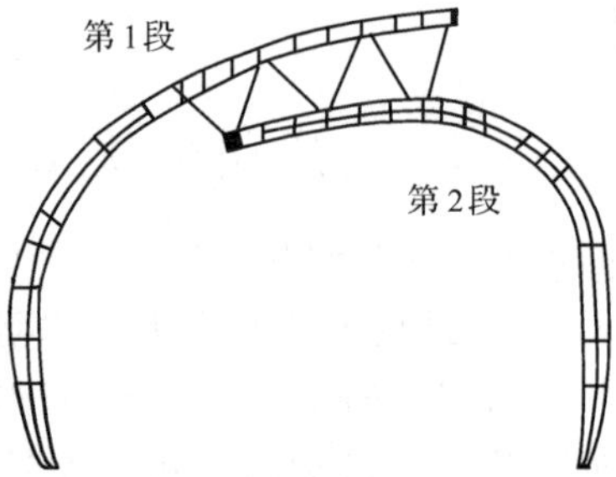

图 5.9 刚架分段示意图

(3)吊装步骤

基座→临时支撑→低跨主刚架吊装→腹杆吊装→高跨主刚架吊装→次刚架、连梁、中间檩条吊装。

① 支座吊装

由于支座是主刚架的主要基础部分,其吊装精度必须达到要求,如支座出现高程误差时,会造成刚架整体旁弯。支座高程调整可通过螺母进行调节,待整个支座调整好后,再进行复测,复测无误后焊接限位挡板,然后进行高强无收缩料灌浆。达到强度后再进行刚架吊装。

② 临时支撑吊装

主刚架吊装前先吊装临时支撑,临时支撑高度较低,一般 8 m 左右,在吊装过程中相当于主要受力柱,其不仅要求吊装位置准确,而且必须达到受力要求。临时支撑采用 ∟100×6 角钢制作成 2 000 mm×2 000 mm 的格构式柱,部分采用 ϕ 273 mm×8 mm 无缝钢管作为立柱。

临时支撑采用 50 t 汽车吊在站台下面两侧进行吊装,吊装后采用 4 根缆风绳从四个方向加以固定,吊装时必须采用全站仪跟踪测量,保证主刚架准确落在临时支撑上,而且须达到轴心受压。临时支撑下面的底座可直接落在轨行区中间道床板上,但下面需利用木板或橡胶板进行保护,防止道床板破坏。

③ 主刚架吊装

当临时支撑就位固定后,进行主刚架吊装,主刚架吊装首先要进行翻身。翻身在整个刚架吊装过程中是难度最大的工序。吊装时采用 2 台吊车,其中 1 台主吊机械,1 台配合机械。主吊机械在翻身后直接起吊,配合机械在翻身后配合主吊机械进行起吊,当主吊机械起吊至一定位置,且主刚架离开地面时,配合机械缓慢松钩。当主吊机械转动主臂,配合机械吊索不再受力时,将配合机械移走,由主吊机械完成主刚架的就位。

在主刚架吊装时,首先吊装低跨主刚架,低跨主刚架吊装就位并进行测量校正后,进行低跨主刚架之间连梁的吊装,同时进行顶部两端腹杆的吊装。腹杆吊装后即可吊装高跨主刚架,高跨主刚架吊装同低跨基本相同。但高跨主刚架吊装直接就位于高低跨之间的腹杆上,校正准确后再进行其他腹腔杆的安装。

④ 主刚架校正

当主刚架吊装就位后,利用全站仪定位测量。测量准确后,在临时支架上焊接支托板,将刚架直接落在临时支架托板上,如图 5.10 所示。

为避免卸载后桁架高程低于设计高程，在吊装时采用预起拱的方案，将主刚架的顶高程调高 30 mm 左右，以保证刚架卸载后高程基本与设计相近。校正主要从两个方面加以控制，即轴线和高程。

校正轴线主要是利用刚架上的两根缆风绳加以控制，高程控制以千斤顶作为主要调节工具。当高程与轴线全部准确后，将刚架与临时支撑挡板加以点焊固定，同时将下面铰支座与预埋件固定。

⑤ 次刚架、连梁、檩条吊装

主刚架吊装校正后，进行次刚架及檩条的吊装，其吊装比较简单，基本吊装原则是从中间向两端吊装。中间部分次刚架及檩条主要采用轨行区上面的 25 t 轮胎吊，其移动方便，基本不受轨行区道轨的影响。

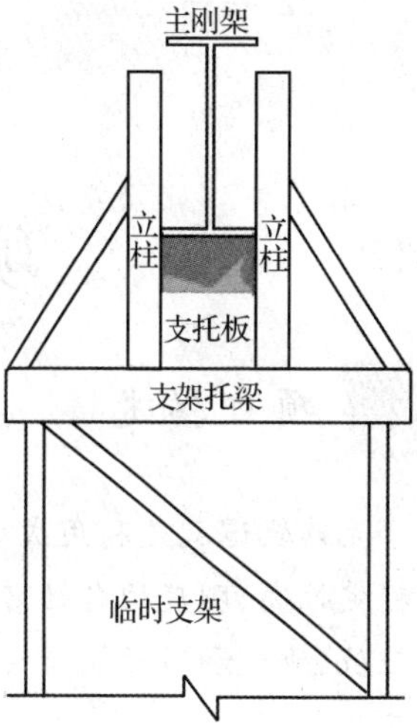

图 5.10　主刚架校正

⑥ 焊接施工

所有车站结构的对接焊缝均为一级焊缝，其他焊缝多为二级焊缝，檩条为三级焊缝，焊接工程量大。钢材材质全部为 Q345B 低合金钢，焊材选用 E5015 系列焊材。高空焊接多采用手工电弧焊，施工中均实行了三检制度，以保证焊接质量。

4. 卸载方案

作为大跨度钢结构，采用分段吊装时应设计卸载工艺。由于卸载过程是一个力的传递和受力体的转换过程，因此是一个动态过程。在此过程中，力的传递与受力体的转换必须要遵循“合理、有序、平稳、缓慢、均匀”的原则。卸载主要采用液压千斤顶作为卸载工具。首先将千斤顶全部置于临时支撑托梁上，即钢架梁下面，并与托梁加以固定，然后同时开始顶升千斤顶。当千斤顶顶紧刚架后，利用割枪将托板割掉，最后同时放松千斤顶。

卸载时要统一指挥，保证同步且严格执行卸载方案，不可一次性卸载完成，应分两步进行卸载。卸载时要全程进行跟踪测量和监控。

复习思考题

5.1　高架施工主要由哪几部分组成？

5.2　简述高架施工工序。

5.3　简述高架施工的施工要求。

5.4　简述高架施工前的准备工作。

5.5　高架结构的桩基础有哪几种？

5.6　简述高架施工的吊装步骤。

项目6　无砟轨道施工

项目描述

无砟轨道就是利用成型的组合材料代替有砟轨道，将轮轨力分布并传递到路基上，具有轨道稳定性高、刚度均匀性好、结构耐久性强、维修工作量显著减少的突出优点，所以被应用在城市轻轨、地铁和城际轨道交通中。本项目主要介绍无砟轨道的类型、特点、构造及无砟轨道的施工。

教学目标

1. 能力目标

(1)能够完成无砟轨道的施工组织；

(2)能够组织无砟轨道的施工。

2. 知识目标

(1)了解无砟轨道的类型及特点；

(2)掌握无砟轨道的构造；

(3)掌握无砟轨道施工的流程。

工作任务6.1　了解无砟轨道的类型及特点

轨道是轨道交通运营设备的基础，它直接承受列车荷载，并引导列车运行。对于有砟轨道而言是将钢轨用连接件固定在轨枕上，轨枕埋设在道砟内。而无砟轨道则是通过连接件将钢轨与混凝土道床或桥面直接联结起来，以便更能满足城市轨道交通维修量小、运营时间长和维修时间短的要求。

6.1.1　无砟轨道的类型

按照无砟轨道结构分类，可分为整体结构式和直接支撑结构式。整体结构式是指支承钢轨的混凝土块与混凝土基础浇注或预制成为一体，所以按照建造工艺又可分为现浇混凝土式和预制板式。直接支撑结构式是指在基础上直接铺设无砟轨道的一种结构。

按照钢轨支承方式可分为间断支承式和连续支承式两种方法。

6.1.2　无砟轨道的特点

1. 良好的结构连续性和平顺性

有砟轨道采用均一性较差的天然道砟材料，在列车荷载作用下其道床肩宽、砟肩堆高、道床边坡、轨枕间距及轨枕在道床中的支承状态相对容易变化，并导致轨道几何形变。

无砟轨道的下部基础、底座、道床板（或CA砂浆调整层）均为现场工业化浇筑，双块式轨枕、轨道板、微孔橡胶垫层、轨下胶垫、扣件、钢轨等均为工厂预制件或标准产品，可以保证其性能有较好的均一性。由此组成的轨道整体结构与有砟轨道相比具有更好的结构连续性和弹性均匀性，为提高轨道的平顺性，改善乘车质量提供了有利条件。

2. 良好的结构恒定性和稳定性

无砟轨道结构中，作为无缝线路稳定性计算参数的轨道横向阻力、轨道纵向阻力不再依赖于材质和状态多变的有砟道床，其整体式轨下基础可为无缝线路提供更高和更恒定的轨道纵、横向阻力，具有更好的耐久性和更长的使用寿命。

3. 延长维修周期和轨道使用寿命

无砟轨道维修工作量大大减少，被称为"省维修"轨道，为延长线路的维修周期和列车的高密度、准点正常运行提供重要保证。

城际间线路的行车速度高、密度大，所有线路地面检查、维修作业都必须在"天窗"时间内进行。

无砟轨道采用整体式轨下基础，与采用散粒体结构的有砟道床基础相比，在列车荷载作用下不会产生道砟颗粒磨耗、粉化、相对错位所引起的道床结构变形；在列车荷载反复作用下不会产生变形积累，使轨道几何尺寸的变化基本控制在轨下胶垫、扣件及钢轨的松动和磨损等因素之内，从而大大降低轨道几何状态变化的速率，减少养护维修工作量，延长维修周期和轨道使用寿命。

4. 减少工务养护和维修设施

由于维修工作量减少，可以延长每个综合维修中心和维修工区的管辖范围，从而减少维修部门的数量。同时也可相应减少每个部门配置的维修机械、停车股道数量和房屋等设施。

5. 免除高速条件下有砟轨道的道砟飞溅

行车试验表明：行车速度达到250 km/h时，道心道砟出现飞砟现象，造成车辆转向架部分的车轴、制动缸等被道砟打击（这种飞砟现象与线路开通前道床表面细砟、粉尘较多也有一定的关系）。根据法国TGV铁路的运营经验，有砟轨道在列车速度达到350 km/h时，出现较严重的道砟飞溅现象，将速度降到320 km/h时，飞砟现象才有所改善。此外，在严寒冬季，冻结在车体下部的冰块融化时，冰块打在道砟上，溅起的道砟会打坏钢轨踏面。另外，在进行道床维修施工作业后，由于表层道砟松散，粉粒较多，也会产生飞砟，此时要求限速170 km/h行车。法国TGV铁路在严寒多雪地区，为了防止下雪天因道砟表面裹雪被列车风吹起，曾采取过在道床表面喷撒乳胶和雪天降速运行等措施。

采用无砟轨道之后，就可以完全免除道砟飞溅的顾虑。

6. 有利于适应地形选线，减少线路的工程投资

无砟轨道的纵、横向稳定性较之有砟轨道大大增加。在选线困难的地段可以利用无砟轨道能承受较大轮轨横向力的有利条件，在保证舒适度的前提条件下，适当放宽曲线允许超高、欠超高的限制，减小最小曲线半径，从而有利于选线，减少工程量。

由于轨道建筑高度小，所以在隧道内可减少隧道净空，在桥梁上可减少桥梁的建筑高度，降低了工程造价。

工作任务 6.2 掌握无砟轨道的构造

在城市轨道交通工程和城际轨道交通工程中,常用的无砟轨道有:板式无砟轨道、双块式无砟轨道和长枕埋入式无砟轨道。

6.2.1 板式无砟轨道的构造

板式无砟轨道的优点:①轨道建筑高度低,自重轻,造价低,组装、施工进度快;②适宜工厂化、机械化生产,劳动强度低;③采用乳化沥青砂浆作为轨道板与混凝土基础板的隔离层和调整层,便于对轨道施工中产生的误差进行控制和调整,也便于修复。为此,板式无砟轨道被广泛应用于路基、桥梁、隧道和路桥过渡段。

1. 板式无砟轨道的类型

板式无砟轨道一般分为普通型和减振型两种。

普通型板式轨道由钢轨、扣件、预制混凝土轨道板(简称轨道板)、乳化沥青水泥砂浆调整层(简称 CA 砂浆调整层)、混凝土凸形挡台(简称凸形挡台)及混凝土底座(简称底座)等部分组成,如图 6.1 所示。凸形挡台周围采用树脂材料充填。扣件铁垫板上设置充填式垫板。

减振型板式轨道的结构组成除在轨道板底面设置橡胶垫层外,其余与普通型板式轨道相同,如图 6.2 所示。

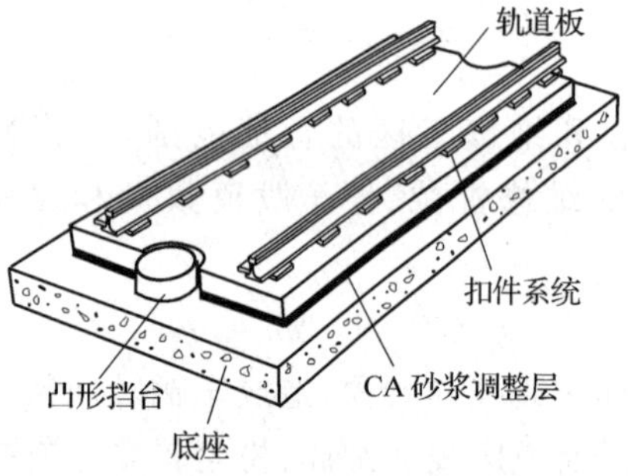

图 6.1 普通型板式轨道

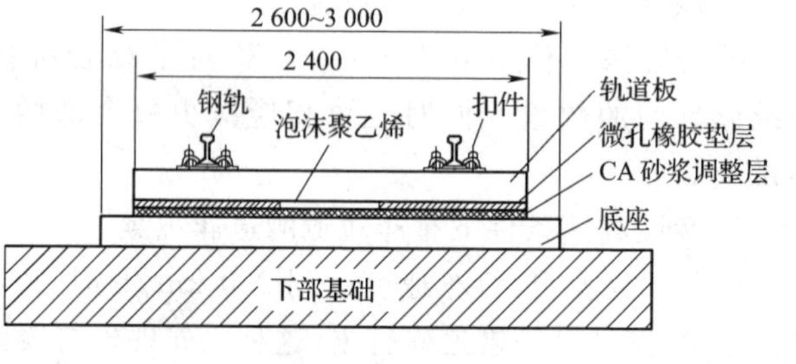

图 6.2 减振型板式轨道(单位:mm)

2. 板式无砟轨道的设置要求

1)路基上板式无砟轨道

(1)在路基面构筑的混凝土支承层上,直接构筑混凝土底座与凸形挡台,如图 6.3 所示。厚度与宽度范围应根据结构承载能力、荷载传递特性及道床厚度确定。通常,路基上支承层宽度为 3 200～3 800 mm,厚度根据支承条件来计算确定,但不得小于 300 mm。每隔二个板单元设一个横向伸缩缝,宽度为 20 mm,用沥青板填充。

(2) 由于板式轨道底座直接构筑在混凝土支承层上,因此在过渡段区域的混凝土支承层应预埋与底座间连接的钢筋。

(3) 为防止地面水渗入路基,对混凝土支承层两侧的路基面,应采取沥青混凝土封闭或其他防水措施。在施工过程中,还应注意支承层两侧与防水层搭接处的防水处理。

2)隧道内板式无砟轨道

与路基、桥梁相比,隧道基础为无砟轨道应用提供了较好的承力层,除过渡段外,与路基上的无砟轨道相比要简单得多。此外,隧道内板式无砟轨道还具有温差小、紫外线强度弱等优

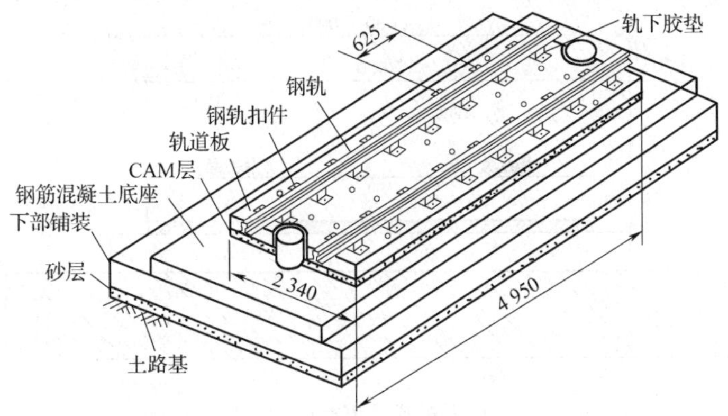

图 6.3　路基上板式轨道(单位:mm)

点。借鉴日本板式轨道在隧道内的应用经验,以及我国隧道内板式无砟轨道的试验,得出隧道内无砟轨道底座与凸形挡台可直接在隧道基底回填层上构筑的结论。图 6.4 所示为隧道内板式无砟轨道。

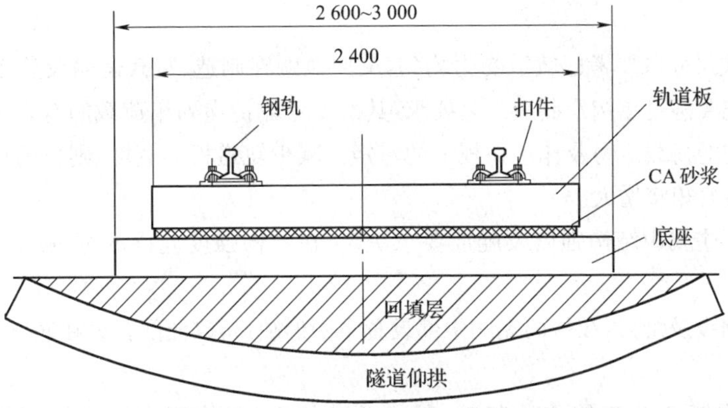

图 6.4　隧道内板式无砟轨道横断面(单位:mm)

隧道内板式无砟轨道底座混凝土伸缩缝的设置:洞内每 3 个轨道板单元处(约 15 m)设置 1 个;洞口向内延伸 200 m 范围内,约每 5 m 处设置 1 个。为保证与隧道沉降缝变形协调,在沉降缝处,底座对应设置伸缩缝。

双线线路中心积水可通过底座内预埋横向排水管与外侧水沟相连来解决。排水管的直径及设置间隔则根据隧道具体水文情况确定。

3)桥上板式无砟轨道

轨道在路基纵向可以认为是不移动的,但是桥梁却由于制动力、牵引力和温度荷载的影响会产生纵向位移。无砟轨道在与桥梁进行力的传递时,在桥梁上部结构和轨道上部结构的过渡区,会因为端部的扭转及下部的变形在轨道上出现向上的力。图 6.5 所示为桥上板式轨道。

高架桥上板式轨道的底座直接在桥面上构筑,为保证无砟轨道结构与梁体的可靠连接,实现梁体与无砟轨道道床间结构变形的协调,在混凝土底座范围内的桥面,应设置一定数量的连接钢筋。连接钢筋的数量应根据无缝线路纵向力的大小及无砟道床与桥面间的摩擦力大小来确定。

(1) 底座每隔一个板单元设一个横向伸缩缝。

(2) 由于板式轨道的轨道板为平板,线路的竖曲线只能通过底座、CA 砂浆调整层的厚度,以及扣件垫板进行设置。设计中应根据竖曲线半径的大小,尽量通过底座和 CA 砂浆调整层进行设置,

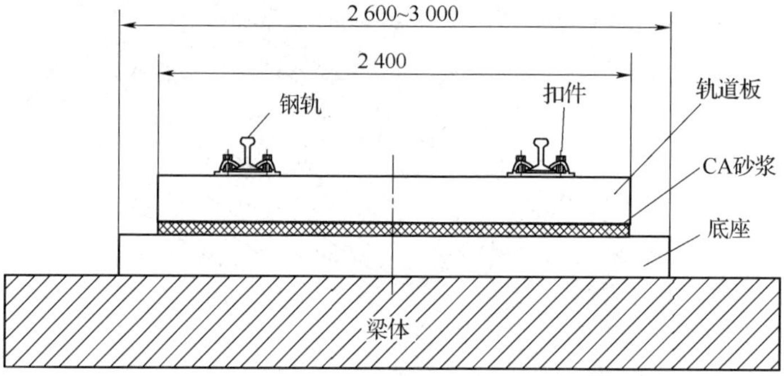

图 6.5　桥上板式轨道横断面(单位:mm)

为扣件留出足够的调整量,以利于后期对轨道状态的调整。

根据桥上无砟轨道技术条件的要求,应尽量减小梁端转角和变形对扣件系统的影响,轨道板、道床板结构端部距第一个扣件节点中心,必须控制在 250 mm 以上。

3. 板式无砟轨道的构造

1)轨道板

轨道板的形式尺寸既要考虑轨道受力均匀,又要兼顾在制造、装载运输及施工时的可操作性。轨道板的宽度首先要满足结构及制造工艺要求,其次要考虑传递列车荷载的有效范围,并尽可能减少传递到板下结构的荷载应力及作用在板上的弯矩。减少轨道板的宽度,则板的横向正弯矩减小,纵向弯矩及横向负弯矩将增大。

轨道板的厚度主要由结构强度及配筋要求决定,在结构强度允许的范围内,一般取板厚度为 190 mm。

考虑到方便铺设及维修,在板两端的中部设置半圆形缺口,以便配合设在底座上的凸形挡台。

2)底座

混凝土底座是板式轨道的支承基础,其主要功能有:①修正在无砟轨道施工前下部基础(如桥梁上拱、路基沉降)的变形与施工偏差;②实现曲线地段板式轨道的超高设置。底座宽度的设计应在保证结构强度的前提下,考虑板式轨道施工设备和机具的使用。其厚度和配筋应根据下部基础的变形(如桥梁的跨中挠度、路基承载力,以及不均匀沉降等)条件来确定。由于缓和曲线地段的超高是逐渐变化的,每个底座单元的高度应根据超高变化合理设置。底座宽度为 2 600～3 000 mm,厚度根据具体铺设区段的基础支承条件计算确定。底座伸缩缝对应凸形挡台中心位置,宽度为 20 mm,用沥青板填充。

曲线超高在底座上设置,缓和曲线及圆曲线范围的底座厚度根据实际设计超高计算确定。根据我国板式轨道的设计经验,要求底座的最小厚度为 100 mm,特别是曲线地段的内轨一侧,由于下部基础的施工偏差,为保证 CA 砂浆调整层的厚度,很容易造成底座厚度的不足,这点除了在设计中给予考虑外,在下部基础施工过程中应严格控制顶面高程偏差。

3)凸形挡台

凸形挡台作为板式轨道的一个重要组成部分,其主要功能是限制轨道板的纵、横向位移。设计采用圆形截面,外形必须与轨道板相匹配。

凸形挡台顶面应与大板顶面基本保持同一高度,既能保证板端而受力均匀,又不凸出过高,凸形挡台高度取 250 mm。凸形挡台周围采用弹性好、强度高的树脂材料替代 CA 砂浆。

底座内应预设与凸形挡台的连接钢筋。凸形挡台的结构配筋应考虑线路最大纵向力、横向力，以及与底座间的连接要求。

凸形挡台是板式轨道的限位装置，直接承受线路的纵向力和横向力。为便于现场施工，板式轨道底座与凸形挡台所用混凝土的强度等级一致。

4)CA 砂浆调整层

通常采用乳化沥青水泥(CA)砂浆作为填充调整层材料。该材料将水泥砂浆具有的强度、耐久性与沥青砂浆具有的弹性结合起来成为一种合成材料，具有良好的施工性，以满足充填轨道板与底座空隙的要求，并具有足够的强度、耐久性、稳定性及相应的弹性。在满足结构受力的前提下，普通型和减振型板式轨道的板下 CA 砂浆调整层厚度分别取 50 mm 和 40 mm。

5)板下橡胶垫层

在无砟与有砟轨道过渡段及特殊减振区段，应采用减振型板式轨道。减振型板式轨道采用在钢轨下部轨道板底粘贴橡胶垫层、线路中部轨道板底设泡沫聚乙烯中空材料的方式构成，其厚度均采用 20 mm。

6)充填式调高垫板

当板式轨道应用于轨面高程渐变的缓和曲线与竖曲线地段时，最小厚度为 2 mm 的轨下调高垫板，难以实现对板长范围内轨道不平顺的精细调整，必须有与板式轨道相配套的充填式无级调高垫板，以实现对快速线路的高平顺性要求。因而研制出了充填式调高垫板。

充填式调高垫板在日本新干线板式轨道结构上得到广泛应用。在其所修建的山阳新干线中，由于大量采用板式轨道，因此研制出一种内腔充填树脂(PV101 型)的囊袋式无级调高垫板，用来精细调整轨面的高低。其安放位置：①直结 4 型不分开式扣件(图 6.6)插入轨下垫板与轨道板之间；②直结 5、7、8 型分开式扣件，插入轨下垫板与铁垫板之间(图 6.7)。

图 6.6　日本充填式垫板在直结 4 型扣件上的应用

图 6.7　充填式垫板在直结 8 型扣件上的应用

6.2.2　双块式无砟轨道的构造

由于双块式无砟轨道的道床为现场混凝土浇筑，且便于施工，道床板与底座的宽度设计一致，适合在各种环境条件下铺设。

1. 双块式无砟轨道的组成

双块式无砟轨道由钢轨、扣件、双块式轨枕、道床板、底座(路基和隧道区段可不设)等五部分组成，如图 6.8 所示。

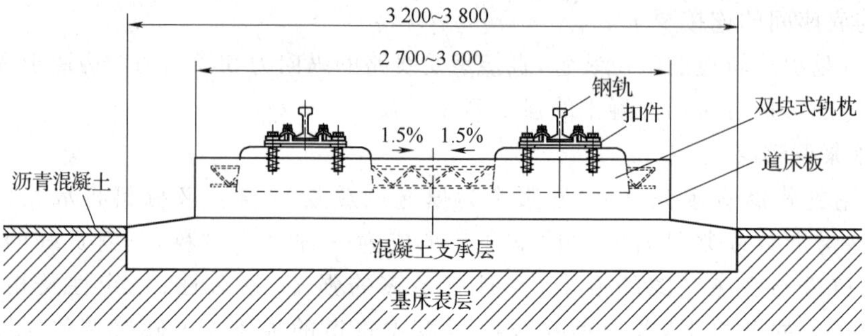

图 6.8　双块式无砟轨道结构组成(单位:mm)

2. 双块式无砟轨道的设置要求

1)路基上双块式无砟轨道

(1) 在路基基床结构的表层(级配碎石层)构筑混凝土支承层,混凝土支承层的宽度一般在 3 200～3 800 mm,其厚度一般不小于 300 mm。伸缩缝采用 20 mm 厚的沥青板进行填充,伸缩缝间距为 10 m 左右。

(2) 道床板结构直接在混凝土支承层上构筑。在过渡段区域(如路桥、路隧等),混凝土支承层内应预埋与道床板间的连接钢筋,以增强结构的整体性。

(3) 混凝土支承层两侧的路基面采用沥青混凝土封闭或其他防水措施。

2)隧道内双块式无砟轨道(图 6.9)。

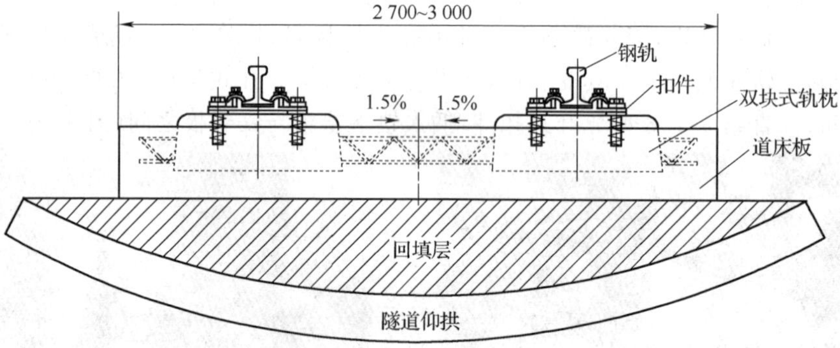

图 6.9　隧道内双块式无砟轨道横断面(单位:mm)

(1) 隧道内道床板直接在隧道基底回填层上构筑。

(2) 由于隧道内温度变化小,道床板混凝土伸缩缝的间距可适当增大,在洞口附近 200 m 范围内,温度变化较大,伸缩缝间距应缩小。隧道内的道床板每隔 3 个板单元设一个横向伸缩缝。距隧道洞口 200 m 范围内,每隔一个板单元设一个横向伸缩缝。伸缩缝位置应结合隧道内沉降缝设置。

3)桥上双块式无砟轨道(图 6.10)。

(1) 无砟轨道结构设有底座,直接在桥面上构筑,并通过梁体预埋钢筋与桥梁相连。

(2) 对于桥上双块式无砟轨道的混凝土底座,应在每个底座单元的端部设置凹槽,以限制上部道床板的纵、横向位移。凹槽尺寸应根据桥上无缝线路纵向力、横向力的最大值计算确定。支承层两侧的路基面上应采取沥青混凝土封闭或其他防水措施。

(3) 底座与道床板之间应设置隔离层。

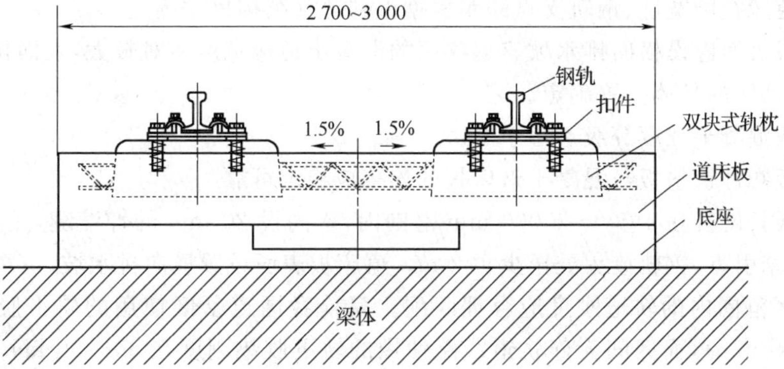

图6.10　桥上双块式无砟轨道横断面(单位:mm)

3. 注意事项

由于双块式无砟轨道的道床板为混凝土现浇,且便于施工,道床板与底座的宽度要求一致。根据下部基础条件、外荷载的大小以及荷载传递情况确定道床板的宽度。为保证变形协调,底座与道床板伸缩缝位置应一致。

(1) 双块式无砟轨道道床板长度相对板式轨道要灵活一些,其长度可根据具体地段、扣件节点间距以及道床板端部距第一个扣件节点中心距离不小于250 mm等条件确定,在路基和隧道区段双块式无砟轨道道床板长度一般在4 000～6 000 mm,扣件节点间距为625 mm,道床板宽度为2 700～3 000 mm。

桥上道床板与底座的标准长度为4 856 mm,扣件节点间距为617 mm。相邻道床板及相邻底座的间隔缝除梁跨端部外均为80 mm。道床板宽度与路基一致。

(2) 在直线或曲线超高较小的区段,道床板表面设横向人字坡,而在曲线超高较大的地段,道床板表面应设单面坡。一般区段道床板表面设1.5%的横向人字坡。

(3) 道床板的厚度和配筋应根据下部基础的支承条件(如桥梁的跨中挠度、路基承载力及不均匀沉降等)以及轨道电路设计中钢轨阻抗参数的设计要求确定。

6.2.3　长枕埋入式无砟轨道

长枕埋入式无砟轨道适用于道岔区铺设。本节就此种无砟轨道的结构组成及施工技术要点等方面进行说明。

1. 长枕埋入式无砟轨道的组成

长枕埋入式无砟轨道由钢轨、扣件、轨枕、道床板及混凝土支承层等部分组成,如图6.11所示。

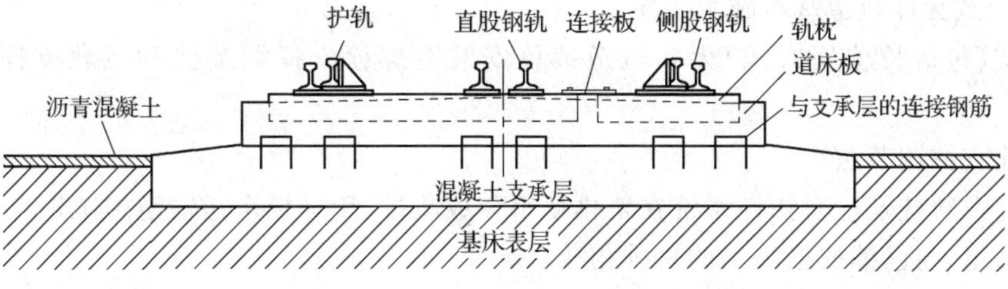

图6.11　长枕埋入式无砟轨道结构的组成

2. 长枕埋入式无砟轨道的设置要求

(1)在路基基床上构筑混凝土支承层,支承层内应预埋与道床板的连接钢筋。

(2)道岔道床板的宽度、钢轨支点间距根据上部道岔结构尺寸确定。

(3)道床板表面应设横向排水坡。道岔区的混凝土道床宽度相对较大,表面排水坡度应根据道床板在道岔区的具体位置确定。

(4)道床板混凝土强度等级不小于C40。

(5)道床板扣件铁垫板与混凝土道床板的连接应稳定可靠。

(6)道床板长度宜在4 000~6 000 mm范围内,板间设20 mm的伸缩缝,用沥青板填充。伸缩缝宜避开牵引点、钢轨接头处至少1.2 m。道床板表面设置横向排水坡。

(7)道岔区范围内的轨道刚度应合理匹配。目前我国道岔区使用的轨下胶垫刚度较大(100~150 kN/mm),而区间无砟轨道线路使用的轨下胶垫刚度在30~50 kN/mm,两者差异较大。在目前我国道岔区使用的轨下胶垫刚度难以降低的情况下,必须设置轨道刚度过渡段。因此,道岔前后端与区间轨道之间应设置至少30 m的轨道刚度过渡段,分级过渡。

(8)无砟道床的结构设计应考虑电务设备的安装要求。在转辙机区段的道床由于转辙机拉杆净空的要求,必须在道床设计上预留出相应的空间,预留坑的宽度、该处的轨枕间距、轨枕宽度、最外层钢筋的混凝土保护层厚度等,应根据转辙机拉杆的需要而定,同时要考虑满足相关规范的要求。

工作任务6.3　无砟轨道的施工

当路基、隧道和桥梁的主体工程施工结束后,即可进行无砟轨道的铺设安装。所谓的主体工程结束指的是:路基沉降变形已满足设计要求;隧道主体工程(包括隧道铺底、仰拱及填充)完成及检验合格;桥梁梁体预应力筋张拉结束后至少60 d,且桥梁主体(桥面防水层除外)施工结束。

6.3.1　无砟轨道基本施工工序

1. 板式无砟轨道基本施工工序

板式轨道主要是轨道板铺设与CA砂浆灌注,而这两方面都与施工现场的具体条件密切相关,同时也取决于可利用的施工工期,以及施工单位现有的机具、材料等。

板式无砟轨道铺设安装基本工序见图6.12。凸形挡台周围填充树脂灌注工艺流程如图6.13所示。轨道用无级调高充填式垫板施工工艺流程如图6.14所示。

2. 双块式无砟轨道基本施工工序

双块式(包括长枕埋入式)无砟轨道铺设安装有螺栓支撑调节法和钢轨支撑架法两种方法。

1)螺栓支撑调节法

(1)钢轨、轨枕及配套扣件系统在轨排场组装成轨排,用平板车运输至施工地点,利用两台小龙门吊吊运,与已铺或已施工的轨排相接。

(2)利用轨枕上预埋的带螺纹的套管及调节螺栓支承起轨排,然后立模。

(3)利用基标、直角道尺、万能道尺调整轨道:

① 利用轨排两侧轨枕与模板间的侧向支撑来调整轨排平面位置;

② 用轨枕上的调节螺栓调整轨排高度;

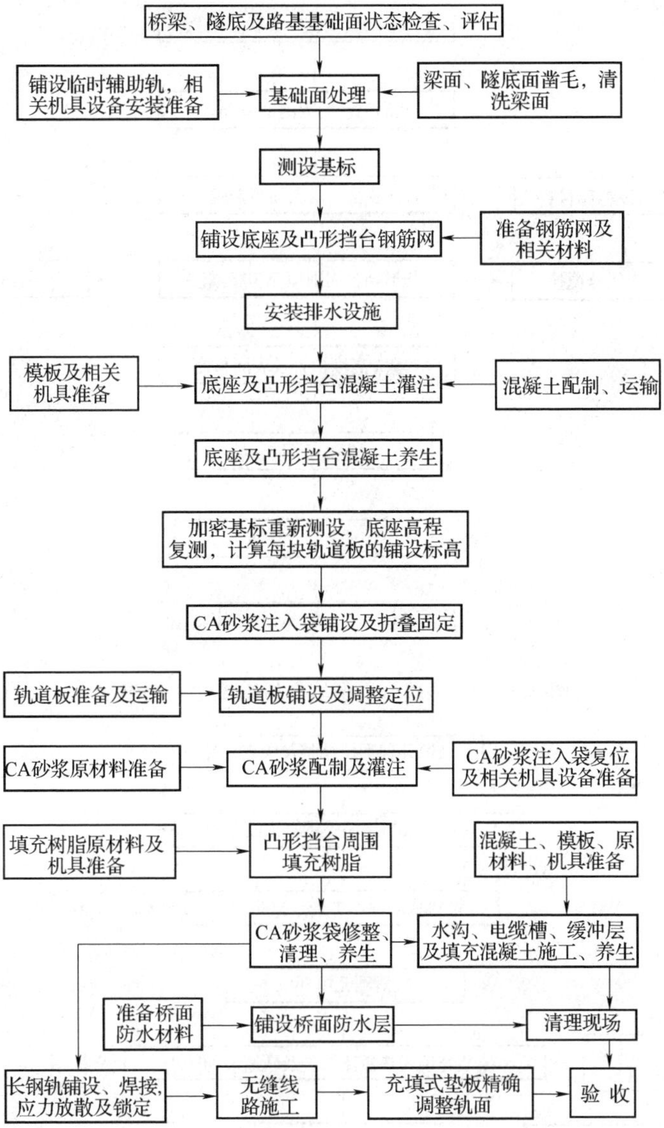

图 6.12　板式无砟轨道基本施工工序

③ 通过粗调、精调、微调三次调整来确定轨排的方向和高低。

(4)全面检查模板支撑、轨距、高程、水平位置等，全部合格后即可就地浇注道床混凝土。

(5)待道床混凝土强度达到 5 MPa 时拆除模板，拧下调节螺栓以重复使用。调节螺栓形成的孔洞，采用同强度的混凝土充填密实。

该方法更适合长枕埋入式无砟轨道。

2)钢轨支撑架法

(1)将钢轨、轨枕及配套扣件系统按设计的支承间距组装成轨排，用平板车运输至施工地点后，采用两台小龙门吊运至特制的钢轨支撑架上。

(2)利用钢轨支撑架精密调整轨道的方向、水平高低。

(3)就地浇筑混凝土道床，待混凝土硬结并具有一定强度后拆除钢轨支撑架，以重复

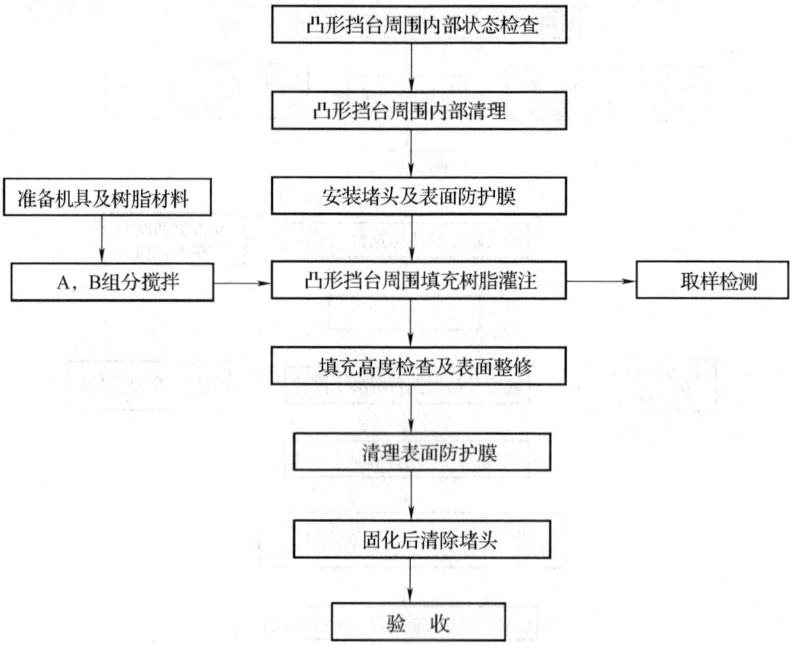

图 6.13　凸形挡台周围填充树脂灌注工艺流程

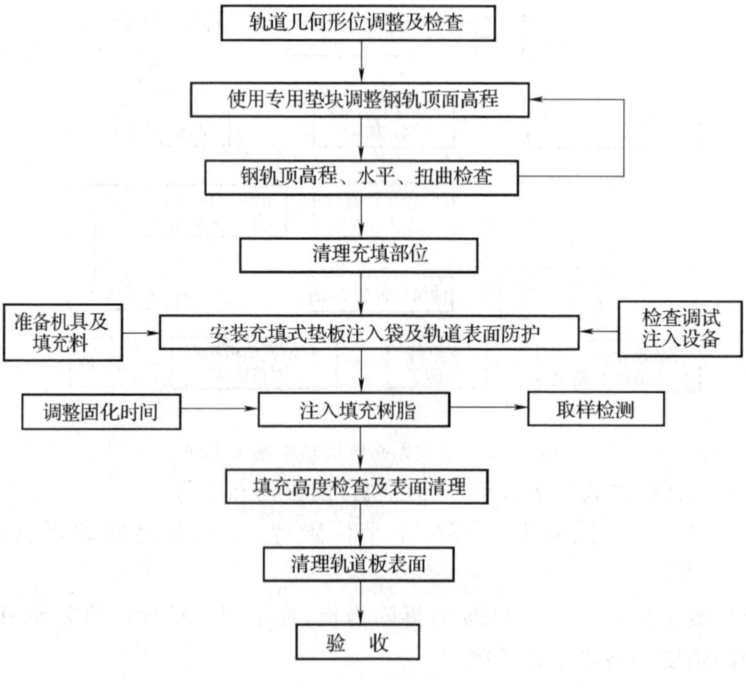

图 6.14　充填式垫板施工工艺流程

使用。

采用钢轨支撑架施工方法时，双块式无砟轨道基本施工工序如图 6.15 所示。

无砟轨道铺设安装时，可并行的工序应尽可能安排同时进行，顺序施工的工序应尽量减少时间间隔，以加快施工进度。轨排一次组装长度宜为 100 m。

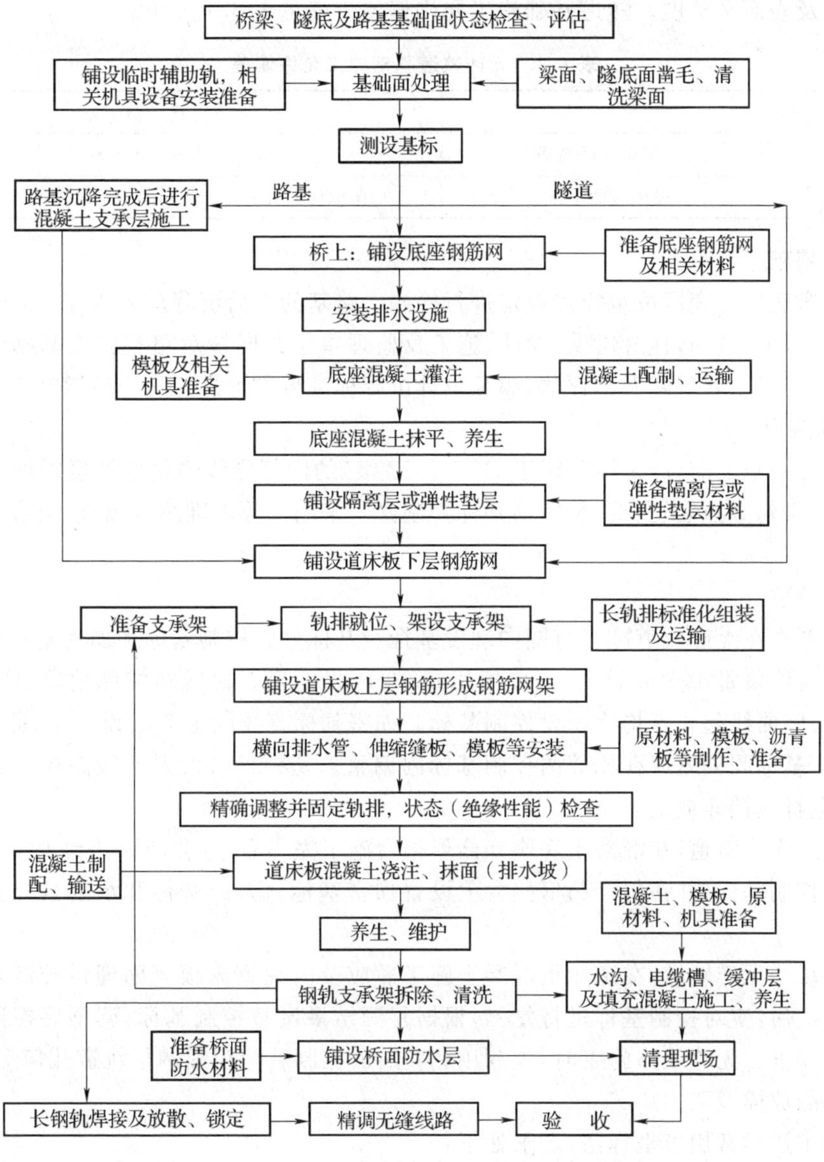

图 6.15　双块式无砟轨道基本施工工序

6.3.2　基础施工

1. 基本要求

1)桥梁基础

(1) 桥梁徐变上拱：自无砟轨道铺设后，梁体产生的残余徐变上拱值不大于 7 mm。

(2) 梁体横向水平挠曲：水平挠曲变形不大于梁体计算跨度的 1/4 000，且相邻梁跨水平挠曲变形引起的钢轨相邻支点的横向相对位移不大于 1 mm。

(3) 墩台沉降控制，自无砟轨道铺设后，墩台的均匀沉降不大于 20 mm，相邻墩台的沉降差不大于 5 mm。

2)隧道基础

隧道基底承载力不应低于 0.2 MPa，仰拱回填混凝土强度不应低于 C20。应严格控制基础顶面高程及表面平整度。隧道基础施工允许偏差应满足表 6.1 要求。

表 6.1　无砟轨道基础施工允许偏差

序　　号	项　　目	允　许　偏　差
1	基础顶面高程	+0～-20 mm
2	基础表面平整度	凹陷深度不大于 4 mm/m 或低洼长度不超过 50 mm

3)路基基础

路基基床底层与表层填筑应按规定进行检测。路基的工后沉降应不大于 3 cm,不均匀沉降应不大于 2 cm/20 m,且由建设、设计、施工及监理单位共同核对路基施工基础记录和影像资料,对路基施工工后沉降做出评估,满足设计沉降标准后方可进行无砟轨道施工。

2. 基标测设

混凝土底座施工前,应采用起闭于 GPS 点(B 级)的四等导线测量的精度对线路中线进行贯通测量,并且建立独立、完整、精准的基标控制网。采用二等水准测量精度,对高程进行系统复测。

1)基标的位置

按设计要求在无砟轨道施工范围内埋设基标。基标分为控制基标和加密基标两种。控制基标原则上直线段每 100 m 设一个,曲线段每 50 m 设一个。对线路特殊地段、曲线控制点、线路变坡点、竖曲线起止点均应增设控制基标。加密基标直线段每 6 m 设一个,曲线段每 5 m 设一个,加密基标间偏差应在相邻两控制基标内调整。基标桩可设置于线路中心、水沟、电缆槽、接触网电杆或挡砟墙上。

对于板式无砟轨道,在混凝土底座和凸形挡台施工完毕后,宜在凸形挡台上重新沿线路中线方向设置控制基标,并在每个凸形挡台上设置加密基标。方向基标和水准基标宜设置在同一位置。

对于双块式无砟轨道,在道床板混凝土施工后应及时在道床板表面埋设控制基标。无砟轨道铺设完成后,应对控制基标进行复测,根据复测结果调整控制基标,调整后控制基标精度应符合设计要求。无缝线路施工时,应利用调整后的控制基标精细调整轨道几何形位。

2)基标的放样

基标施工放样常用极坐标法,要求如下:

(1) 放样时应置镜于导线点且不得转点,前视边长度不得大于 150 m。

(2) 两测回定点,一测回检核,测站限差要求同精密导线。检核水平角校差不大于 6″,距离校差不大于 2 mm。

(3) 基高程程自水准基点引出,按精密水准方法往返观测。

(4)基标允许误差:

① 控制基标。方向允许误差为 6″;高程允许误差为±1 mm;距离允许误差为直线 1/5 000,曲线 1/10 000。

② 加密基标。直线上偏离控制基标方向的误差为±1 mm;曲线上采用偏角法测量,在偏角方向线上允许误差为±1 mm;每相邻基标间距离允许误差为±2 mm;每相邻基高程程允许误差为±1 mm。

(5)基标测设和施工测量应符合施工测量规范的有关规定。

3. 底座及凸形挡台混凝土施工

(1)底座及凸形挡台钢筋网绑扎前,应对底座、凸形挡台及道床板范围内的基础混凝土表面凿毛,用高压水或高压风冲洗干净,并将水排干。

(2)底座及凸形挡台混凝土采用的水泥、砂、石、水等原材料及施工要求应符合有关规范的规定。

(3)底座施工前应先沿线路中心线做桥面、路基面或隧底面高程检测,且高程按精密水准要求往返测量,闭合于水准基点,然后根据实测高程和相应轨面设计高程推算混凝土底座实际厚度。底座实际厚度与设计值相差的允许值在桥上为±10 mm,对于路基为±10 mm,对于隧道为−20～0 mm以内。

(4)底座及凸形挡台混凝土应连续浇注。混凝土浇注时,应在浇注地点随机取样制作试件,同一配合比每 50 m^3 混凝土或每班组制作一组试件,并与底座及凸形挡台混凝土同条件养护。试件的强度应符合设计文件的有关规定。

(5)板式无砟轨道底座及凸形挡台的尺寸允许偏差应满足设计要求。根据凸形挡台上水准基标测量底座顶面高程,底座顶面高程允许偏差也应满足设计要求。

(6)双块式无砟轨道底座混凝土施工完成后,其尺寸允许偏差应满足设计要求。双块式无砟轨道底座混凝土养生期满后,在其表面铺设隔离层,在凹槽的竖直侧面粘贴弹性垫层。

(7)轨道板强度符合要求后方可吊运,并必须按设计吊点位置起吊。起吊应平起平落,吊运应匀速前进。

(8)轨道板在两凸形挡台之间大致就位后,应根据凸形挡台上方向和水准基标采用专用机具精确调整对位。轨道板位置的允许偏差应满足设计要求。

(9)在轨道板下灌注 CA 砂浆。

(10)在挡台周围灌注树脂。

在板底 CA 砂浆固化、轨道板支撑螺栓撤除后,灌注凸形挡台周围的填充树脂。凸形挡台与轨道板之间的间隔缝不得小于 30 mm。

凸形挡台周围填充树脂施工应符合如下技术要求:

① 灌注前,应将填充间隙的垃圾、尘土、浮浆等异物处理干净,擦去水、油类物质,保证施工面干燥、清洁。

② 树脂 A、B 材料及配制后的填充材料应符合《板式无砟轨道树脂材料技术条件》的规定。

③ 树脂应在混合后 20 min 内注入。

④ 树脂应缓慢、连续注入,防止带入空气及水分,保证灌注密实。

⑤ 相同材料、相同配合比情况下,每作业班次随机取样制作两组强度及弹模试件。

⑥ 树脂材料注入过程中,应用塑料薄膜覆盖凸形挡台周围的轨道板,溢出、漏泄的树脂应立即擦除,不得残留脏污。

⑦ 树脂灌注施工应避开明火,隔离热源。

6.3.3 CA 砂浆的施工

CA 砂浆的配制与灌注技术是板式轨道施工的关键技术之一。

1. CA 砂浆的概述

CA 砂浆即水泥沥青砂浆,是由乳化沥青、水泥、砂、水及外加剂等拌和而成的。CA 砂浆属于水泥系和沥青系中间领域的注入材料,是利用沥青的弹性和水泥的刚性而构成的半刚性的胶泥。CA 砂浆的强度主要由水泥砂浆体系提供,而弹性主要由沥青来提供,但从微观上说,CA 砂浆的性能绝不是两种材料性质的简单叠加,而是各组成成分之间相互作用、相互影响的结果。

CA 砂浆垫层是板式无砟轨道的中间垫层,除了要具有一定的强度和适宜的弹性外,还应具有良好的稳定性和耐久性。为了填充轨道板与混凝土基床板之间的间隙,要求 CA 砂浆具备适当的注入流动性。由于水泥和乳化沥青一经混合就起反应,致使黏度逐渐增大,因此 CA 砂浆的可使用时间有限。CA 砂浆的流动性受气温、配合比以及搅拌设备和工艺的影响,故 CA 砂浆必须在现场进行配合、搅拌、注入等作业。为保持已调整定位的轨道板不产生移动,一般采用自流式灌注,而不是压力注入。

为了满足灌注施工需要,CA 砂浆未固化物应有适当的黏度并可保持一定的时间,使其能够灌满板下的空间。CA 砂浆还应具有较好的施工环境适应性,以满足在不同季节、气候环境下施工的要求。CA 砂浆的固化速度应满足后续工作需要,从灌注到固化的不同时期应有不同的强度指标,固化后各组成成分应保持混合时的均匀状态,不能分离。初步固化后应有一定程度的膨胀,以完全充满所处的空间,同时提供一定的预应力,防止在四角的支承螺栓卸下后轨枕板的下沉。我国制定的 CA 砂浆技术指标如表 6.2 所示。

表 6.2　CA 砂浆混合液和固化物的性能指标要求

<table>
<tr><th colspan="3">内　　容</th><th>指　标　要　求</th></tr>
<tr><td rowspan="5">混合液</td><td colspan="2">砂浆温度(℃)</td><td>5～30</td></tr>
<tr><td colspan="2">流动速度(s/m)</td><td>16～26</td></tr>
<tr><td colspan="2">可工作时间(min)</td><td>≥30</td></tr>
<tr><td colspan="2">含气量(%)</td><td>8～12</td></tr>
<tr><td colspan="2">单位容积质量(kg/L)</td><td>>1.3</td></tr>
<tr><td rowspan="9">固化物</td><td rowspan="3">抗压强度(MPa)</td><td>1d</td><td>>0.1</td></tr>
<tr><td>7d</td><td>>0.7</td></tr>
<tr><td>28d</td><td>1.8～2.5</td></tr>
<tr><td colspan="2">弹性模量(MPa)</td><td>100～300</td></tr>
<tr><td colspan="2">材料分离度(%)</td><td><3</td></tr>
<tr><td colspan="2">膨胀率(%)</td><td>1～3</td></tr>
<tr><td colspan="2">泛浆率(%)</td><td>0</td></tr>
<tr><td colspan="2">抗冻性</td><td>300 次冻融循环试验后,相对动弹模量不得小于 60%,质量损失率不得大于 5%</td></tr>
<tr><td colspan="2">耐候性</td><td>外观无异常、相对抗折强度不低于 100%</td></tr>
</table>

2. CA 砂浆的配制

1)原材料

(1) 水泥:为了获得较好的早期强度和对环境的适应性,应该使用高强和早强水泥,一般采强度等级为 42.5R 的普通硅酸盐或快硬硫铝酸盐水泥。

(2) 乳化沥青:乳化沥青是 CA 砂浆的关键原料,应具备较好的稳定性,在与水泥、砂子混合后应有适宜的破乳速度,同时沥青乳化后不能过多地损失沥青的原有性能。根据国内乳化沥青使用的情况我国提出的乳化沥青技术指标如表 6.3 所示。

表6.3　乳化沥青的性能指标

项　　目		指标要求	试验方法
外　观		浅褐色液体、均匀、无机械杂质	JC/T 797
颗粒电荷		+	JTJ 052—T 0653
恩氏黏度(25 ℃)		5～15	JTJ 052—T 0622
筛余物(1.18mm)(%)		<0.1	JTJ 052—T 0652
储存稳定性(1d,25 ℃)(%)		<1.0	JTJ 052—T 0655
低温储存稳定性(-5 ℃)		无粗颗粒或块状物	JTJ 052—T 0656
水泥混合性(%)		<1.0	JTJ 052—T 0657
蒸发残留物	残留物含量(%)	58～63	JTJ 052—T 0651
	针入度(25 ℃,100 g)(0.1 mm)	60～120	JTJ 052—T 0604
	延度(15 ℃)(cm)	>100	JTJ 052—T 0605
	溶解度(三氯乙烯)(%)	>97	JTJ 052—T 0607

表中外观指标是考察乳化沥青的直观性质,颗粒电荷表明乳化沥青为阳离子型,恩氏黏度、筛余物、储存稳定性和低温储存稳定性主要考察乳化沥青的黏度及稳定性,水泥混合性是表明乳化沥青属于慢裂乳化沥青。

(3) 聚合物乳液:聚合物乳液的加入是为了改善CA砂浆的耐久性等性能。聚合物乳液必须具有与乳化沥青、水泥的相容性,不能对CA砂浆的流动性产生过大的影响,其采用的乳化剂必须与乳化沥青所用的乳化剂相容,以防止产生凝聚、结块等现象。聚合物乳液应具有优良的综合性能和经济性,可起到改性、防水、黏结等作用。

(4) 细集料(砂):砂的粒径分布对CA砂浆的分离度影响很大。细度模数过小时,为获得合适的流动度所需的水量较大,细度模数过大时,则砂子易产生沉降。细集料的最大粒径应小于2.5 mm,细度模数为1.4～2.2。砂子应保持洁净、坚硬、耐久,不应含有泥土和有机质等有害杂质,含水量也应控制在较小的范围内。

(5) 混合材料:使用混合材料的目的是防止砂浆材料分离,增加流动性,防止收缩。混合材料是有一定膨胀性的水泥混合料。混合材料应具有较好的分散性和膨胀性。主体成分为硫铝酸钙系矿物。

(6) 铝粉:铝粉作为CA砂浆尚未凝结前的膨胀剂,同水泥和水起膨胀反应而使CA砂浆完全充满所处的空间,并形成一定的膨胀应力,以克服拆除支撑后由于预制板的自重造成的轻微下沉,同时使CA砂浆与预制板结合更加紧密。铝粉以薄磷状粉末为好,铝的活性成分应较高,细度应较小,尽量减少大气泡产生的数量,以免对强度和抗冻融性产生不利的影响。

(7) 消泡剂:采用消泡剂的目的是消除搅拌过程中产生的大气泡。

(8) 引气剂:加入引气剂是为了在CA砂浆中引入一定量均匀分布的微小独立气泡,提高尚未凝固CA砂浆的和易性,减少材料的分离,而且对固化后的CA砂浆也能增强它的抗冻性。

2)CA砂浆配制

根据使用环境的不同,CA砂浆配方可分为温暖地区配方和寒冷地区配方,两者的区别主要表现在对抗冻性的要求上:前者较少考虑产品的耐寒性,在配方中不添加或少添加聚合物乳液;对寒冷地区使用的CA砂浆,考虑到低温冻融的影响,添加聚合物乳液以提高产品的低温性能,同时通过添加引气剂和消泡剂,控制搅拌速度和时间以及在CA砂浆中引入一定数量的微小气泡,可以提高砂浆的抗冻性能。

CA砂浆的配制应在精确计量的基础上按基本配合比进行。现场配制时,应根据原材料、施工温度、施工机具设备、拌和工艺等具体条件,在基本配合比的基础上作相应调整。

3. CA砂浆的灌注

板式轨道CA砂浆调整层的厚度在一般区段不得小于40 mm,在板底粘贴橡胶垫层区段,厚度不得小于30 mm,高限不得超过100 mm。

CA砂浆的施工应符合以下技术要求。

(1) 配制CA砂浆的乳化沥青、水泥、细砂、水及外加剂等原材料及配制后的CA砂浆的技术性能必须符合《板式无砟轨道CA砂浆技术条件》的规定。

(2) 现场拌制CA砂浆前,应根据具体工点的温度、湿度、原材料的性能等现场具体条件,通过现场试验修正标准配合比,满足设计要求后,方可拌制灌注。

(3) CA砂浆所用的各种原材料应精密称量,误差应控制在1%以内。CA砂浆拌制必须严格按照标准拌制工艺进行操作。

(4) CA砂浆注入袋在铺设轨道板前应按要求平铺、折叠、固定牢靠。轨道板铺设、调整、侧向支撑固定好后,CA砂浆注入袋打开折叠,且不得有折皱。

(5) CA砂浆搅拌好后放置在缓冲灌注罐中,灌注罐必须保持30r/min的搅拌状态。

(6) 拌制后的CA砂浆应在规定时间内灌注完成。

(7) CA砂浆的灌注宜在5～25 ℃的温度下进行。

(8) CA砂浆灌注时,应将注入口与CA砂浆注入袋口牢固连接,由专业施工人员控制阀门注入。

(9) 每块轨道板下的CA砂浆应一次灌注完成。

(10) 在纵坡及曲线地段,应从较低一侧注入口灌注CA砂浆,且CA砂浆注入袋必须固定牢靠。

(11) 注入作业结束时,CA砂浆注入袋四周边缘应饱满圆顺。

(12) CA砂浆强度指标达到0.1MPa(可承受轨道板重量)后,应及时撤除支撑螺栓。

(13) 同一配合比每班次制作两组强度及弹模试件,以备验收。

6.3.4 道床板混凝土施工

路基与隧道内道床板底层钢筋绑扎前,应将道床板范围内的基础面清扫干净,排除积水。桥上可直接在底座的隔离层上绑扎钢筋。混凝土浇筑前,应将轨枕混凝土表面充分润湿。

道床板混凝土浇筑前,应复测轨排几何形位、保护层厚度,且由专业人员检测长轨排绝缘性能,符合要求后(每一块道床板单元的钢筋网架绝缘指标均需有检测、确认、签字记录)方可进行混凝土浇筑。

在浇筑过程中应加强对轨枕底部及其周围混凝土的振捣。应随时监测轨排几何形位的变化。

道床板混凝土浇筑振捣密实后,道床板表面需按设计要求做好横向排水坡整平、抹光及高程复核工作。

道床板混凝土施工完成后,其尺寸允许偏差应满足设计要求。当道床板混凝土初凝后应及时松开所有钢轨扣件。

道床板混凝土强度达到 5MPa 时可拆除支承架，混凝土强度达到设计强度的 75%时方可承重。

6.3.5　道岔区无砟轨道施工

道岔区无砟轨道采用轨枕埋入式结构，该结构由道岔、扣件、岔枕及道床板组成。

1. 施工工序

道岔区无砟轨道施工流程如图 6.16 所示。

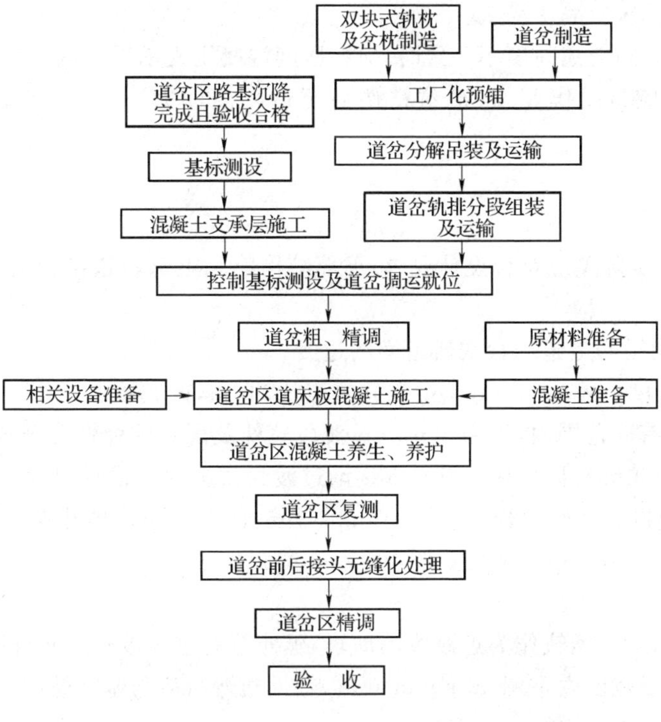

图 6.16　道岔区无砟轨道施工工艺流程图

2. 道岔预组装、调试及运输

每组道岔出厂前均需进行厂内预组装。调试组装完毕后，要严格检测道岔各部分尺寸和几何形位，消除超限点位。同时应安装电务转换和锁闭装置，进行道岔工务和电务系统的联合调试。预组装、调试合格后，对道岔各部件做出对号标记，拆解后包装发运。如果道岔较短（如 12 号道岔），可在厂内预铺后分段直接装运，不再分解成散件，避免重复预铺。

道岔运输应符合相应技术条件的规定。

3. 道岔的现场组装、吊装及调整

在施工现场，建立道岔组装平台，进行道岔预铺组装。

道岔轨排分段运至铺设地点，用大型吊车和道岔专用吊具整体吊装。

采用平移小车抬轨梁，使道岔轨排轨向及高低达到粗调精度。

采用方尺调整道岔始端与尖轨尖端，调整尖轨、心轨密贴和顶铁间隙，同时与调整轨距和支距相结合，经反复调整，直至满足设计要求为止。

精调起平道岔，道岔高低、水平不超过设计限值；滑床台板坐实坐平，精确控制垫板与台板的间隙不超标。

精确安装道岔尖轨、可动心轨转辙机构,进行工电联调。

使用轨检小车检测道岔方向、高低、水平、轨距等几何形位指标,对超限点做局部精细调整。

4. 道岔区道床混凝土施工

道岔区无砟轨道道床混凝土施工工艺的特殊要求如下:

(1)施工前,首先检查模板加固、混凝土泵送和捣固设备的状态,确保混凝土浇筑施工能够顺利进行。道岔位置应由调整螺栓牢固保持,在混凝土初凝后,调整螺栓应及时取出。为保证道岔的铺设精度,道床应隔块浇筑。

(2)道岔区与区间轨道高度不一致时,应在区间混凝土支承层上调整。

(3)施工期间应封闭作业,自道岔精调后至道床浇注完 2 d 内,严禁行人和施工车辆行驶。

6.3.6 过渡段施工

过渡段施工后沉降差应符合设计要求,下部结构物和上部轨道结构的过渡点应相互错开施工。

1. 桥上有砟轨道与隧道内板式轨道间的过渡

轨道过渡段长度一般为 45 m,其中有砟轨道长 20 m,板式轨道长 25 m,即与隧道相连的第一跨桥上 20 m 有砟范围内,采用 2.6 m 过渡段轨枕及配套的弹性分开式扣件,有砟道床厚度在与隧道相邻的 9 m 范同内由 250 mm 逐渐过渡到桥上道床设计厚度 350 mm。从隧道口第一块轨道板开始的五块轨道板底粘贴 20 mm 厚微孔橡胶垫板,微孔橡胶垫板应符合相关技术要求。对应隧底回填层在轨下位置按 400 mm 间距埋设"门"型连接钢筋,钢筋伸出部分与混凝土底座内钢筋网相连。

桥上设置 50 kg/m 钢轨作为过渡段辅助轨,延伸至隧道内板式无砟轨道 4.8 m,且要求辅助轨在 25 m 过渡段范围内采用 50 kg/m 新轨,辅助轨弯折后与基本轨中心距为 520 mm。

2. 路基上双块式无砟轨道与有砟轨道间的过渡

过渡段总长度一般为 45 m,其中双块式无砟轨道长 25 m,该范围对应轨下位置在混凝土承载层基础上按 400 mm 间距预埋"门"形钢筋,钢筋伸出部分与道床板内钢筋相连。

有砟轨道长 20 m,采用长度为 2.6 m 过渡段轨枕,基本轨扣件采用弹条Ⅱ型扣件。路基上无砟轨道的混凝土支承层延伸至有砟轨道的长度为 15 m,板厚由 300 mm 递减至 210 mm,对应过渡段内道砟厚度由 210 mm 逐步渐变到 300 mm。

过渡段设 60 kg/m 的辅助轨及配套扣件,辅助轨长度 25 m,伸进无砟轨道内 4.8 m,辅助轨与基本轨中心距为 520 mm。

3. 不同无砟轨道间的过渡

不同无砟轨道结构间的过渡与基础结构物的过渡段应错开设置。减振型板式轨道与普通型板式轨道,或与框架式板式轨道连接处,通过采用不同净刚度的轨下弹性垫板过渡,过渡长度为每边 15m。板式无砟轨道与双块式无砟轨道间直接连接,不设置过渡段。

4. 道岔区与区间无砟轨道过渡段

按设计规定通过调整道岔区前后扣件弹性垫板的净刚度来实现刚度过渡。

6.3.7　长轨排组装及架设

双块式轨枕、钢轨、扣件等轨道部件进场时，必须按相应技术条件及有关标准进行检验。应采用无损伤、顺直、合格的新钢轨组装轨排。扣件锚固螺栓拧紧扭矩为 700 N · m，T 型螺栓拧紧扭矩为 300 N · m。轨排组装经检查合格后方可使用。

轨排组装时，应根据设计图纸要求正确安放扣件。轨枕应与轨排中线垂直，枕间距允许偏差应符合设计规定，并应采取必要加固措施，保证轨排在吊装、运输中不发生变形。

轨排采用专用运输车与龙门吊进行吊装运输，吊运到施工位置后，应对轨排位置进行复测，以基标为基准，调整轨排的方向、高低、水平和中心线位置。轨排架设时，直线上以左股钢轨为准、曲线上以内股钢轨为准来调整轨顶高程和方向，然后再调整右股或外股钢轨。轨排架设符合要求后，应对所有支承架的竖直顶丝、水平顶丝和轨卡螺栓进行复检。

轨排支承架设计与加工制造时，应充分考虑浇注混凝土时轨排的上浮及变形。支承架自重不宜太轻，单台支承架重量应在 250 kg 以上。

6.3.8　无砟轨道工程质量的检验标准

1. 质量检验项目的划分

无砟轨道工程施工质量划分为分项、分部和单位工程进行检验和评定。

分项工程按工种和工序划分，其检验项目包括保证项目、基本项目和允许偏差项目。

分部工程按一个完整部位或主要结构及施工阶段划分。

单位工程按完整工程或一个相当规模的施工范围划分。

2. 质量标准

分项工程、分部工程、单位工程的质量检验标准如下：

(1)分项工程质量合格标准

保证项目必须符合该项目规定的质量要求；基本项目抽验的点(处、件，下同)应符合本标准对该项目规定的合格要求；允许偏差项目抽验的点数中应有 80%及以上的实测值在该项目规定的允许误差范围内。

(2)分部工程质量合格标准

所含分项工程的质量全部合格。

(3)单位工程的质量合格标准

所含分部工程的质量全部合格。

相关案例

北京地铁十号线某标段轨道施工

1. 工程概况

北京地铁十号线一期工程是一条先东西走向，后南北走向的半环线。线路全长 24.684 km，全部为地下线，共设 22 座车站，平均站间距 1 116 m。正线道床为短轨枕整体道床，特殊减振地段为钢弹簧浮置板道床。采用了接触轨固定与道床的设计与施工一体化技术。

2. 基地筹建

在安定路业主规定用地范围内布设铺轨基地，根据需要设置轨料存放区、轨排拼装区、钢筋及模板加工区等，以满足地下线轨道铺设施工轨排组装的要求。基地内架立 10 t－17 m 跨度门式桁架起重机 2 台，用于轨排生产、成品轨排堆码、材料装卸及存放等。

轨道工程施工所需的施工设备及部分临时工程用料等通过国铁运至铁路车站货场后，再用汽车分别倒运至安定路铺轨基地。其中大型施工机械设备委托北京市大货运输公司倒运进场。

施工人员的办公、食宿房屋临时设施等，根据现场实际情况和铺轨基地施工人员的需求情况，合理安排和统一规划，必要时就近租用民房，尽量减少建设临时房屋，降低工程成本。

3. 道岔、钢弹簧浮置板整体道床施工

单开道岔、交叉渡线道岔、钢弹簧浮置板整体道床轨道均采取提前预铺施工完成。

道岔预铺一般开设一个作业面(针对花园东路站单开道岔和交叉渡线道岔集中地段开设两个作业面)，钢弹簧浮置板一般开设两个作业面(针对熊猫环岛站至八达岭高速站间钢弹簧浮置板道床数量大的控制地段开设三个作业面进行抢铺)，按照总体铺轨方向先由安定路铺轨基地向 02 合同段起点(K5＋200)、后由铺轨基地向 02 合同段终点(K15＋300)方向连续施工，在正线轨道铺设施工到达前完成预铺项目，确保正线轨道连续铺设施工。工程材料及施工机具采用汽车运送到预铺地段就近的下料口处(盾构井、车站风井或竖井)，再吊放至地下，然后倒运至作业面进行铺设。

4. 正线整体道床轨道施工

根据本标段工程特点，以安定路铺轨基地为中心，将正线划分为两个施工区段分别组织施工完成。第一区段：从安定路铺轨基地 K10＋150 至 02 合同段起点 K5＋200 段；第二区段：从安定路铺轨基地 K10＋150 至 02 合同段终点 K15＋300 段。开设两个作业面，分左、右线采用“轨排架轨法”由东向西依次平行施工第一区段，完成后再由西向东施工第二区段。

安定路铺轨基地建成并达到生产能力后，将 25 m 钢轨与混凝土短轨枕组装成轨排，用 2 台 10 t 桁架门式起重机通过下料口吊装至 2 辆地铁专用平板车上(每组车装轨排 3 节)，采用 JY600DT 型大功率地铁专用重型轨道车运送到施工地段，再由 2 台铺轨门吊将轨排吊铺到位，采用钢轨支撑架进行架轨，调好轨道方向、高低、水平、三角坑、轨距、超高及接触轨短轨枕水平面，使轨道几何尺寸达到设计标准后，浇筑混凝土支墩，使轨道固定，支墩混凝土强度达到一定程度时，拆除钢轨支撑架，浇筑轨行区道床混凝土，待铺轨门吊走行轨拆除后，完成两侧混凝土浇筑施工。所铺无孔钢轨用无孔夹板连接。道床混凝土采用商品混凝土，用混凝土搅拌运输车运送至下料口，通过泵送或漏斗输送到地下线平板车混凝土受料斗内，轨道车推送至工作面进行浇筑完成。

5. 联络线及配线施工

联络线及配线施工由正线道床施工作业队负责，采用“散铺架轨法”进行施工。在各区段正线铺通后，利用作业面转区作业空隙，采用已通正线轨道运输轨料进入施工现场，短距离倒运轨料到作业面进行施工完成。

复习思考题

6.1　无砟轨道按结构分为哪几种形式?

6.2　无砟轨道的特点有哪几种?

6.3　无砟轨道的构造有哪几种?

6.4　简述道岔区无砟轨道道床混凝土施工工艺的特殊要求。

6.5　CA砂浆在配置时应具备哪几种条件?

项目 7　无缝线路施工

项目描述

在城市轨道交通工程中采用的轨道结构一般为无缝线路。无缝线路是由多根标准钢轨焊接起来的线路。无缝线路是一种新型轨道结构，也是轨道结构技术进步的重要标志之一。无缝线路以其高速行车、运行平稳和便于养护维修的优越性，正日益取代普通线路而大量使用。本项目主要介绍无缝线路的结构特点、无缝线路的长钢轨焊接、无缝线路的铺设、无缝线路的应力放散和特殊地段无缝线路的施工技术。

教学目标

1. 能力目标

(1)能够组织完成无缝线路焊接施工；

(2)能够完成无缝线路的铺设作业；

(3)能够组织完成无缝线路的应力放散工作。

2. 知识目标

(1)了解无缝线路的焊接施工；

(2)掌握无缝线路的铺设作业；

(3)掌握无缝线路的应力放散工作；

(4)了解特殊地段无缝线路的施工。

工作任务 7.1　掌握无缝线路的构造及特点

地下铁道设计规范规定，地铁隧道内直线和曲线半径为 250 m 及以上的曲线地段，应铺设无缝线路。铺设无缝线路的最小曲线半径必须符合稳定性要求。轨道的横向阻力越大，对保持曲线轨道的稳定就越有利。在地下铁道内铺设无缝线路，由于不受阳光照射，温度变化小，再加上轨道结构为混凝土道床，以及采用扣压力大的弹条Ⅰ型扣件而使轨道刚度加大，扣压力增强，道床的横向阻力可达 120 N/cm 以上，因此，在曲线半径 300 m 及以上的曲线上铺设无缝线路是没有问题的。目前，地铁洞内直线和曲线半径为 300 m 及以上的曲线上全部铺设无缝线路。

7.1.1　轨道线路的特点

1. 普通线路

(1)钢轨接头

普通线路是由许多根标准长度的钢轨或标准缩短轨用夹板连接而成的，为适应热胀冷缩的需要，钢轨与钢轨接头之间要预留一定数量的轨缝。有轨缝的钢轨接头是普通线路结构不可缺少的组成部分，又是普通线路上的薄弱环节之一，它为线路运营和养护维修带来诸多弊端。线路上钢轨接头的数量是由钢轨的长度决定的。而钢轨长度又受制于制造、运输、铺设、养护和轨缝的允许限值等方面的技术。钢轨长度主要是由轨缝的允许限值来控制：在夏天，当轨温升高时，钢轨接头必须为钢轨的膨胀提供条件，以减少钢轨内部的温度力；在冬天，当轨温降低时，钢轨收缩，钢轨接头轨缝不能过大，必须保证列车安全通过线路。钢轨越长接头越少，但钢轨越长，需要预留的轨缝就越大，车轮通过轨缝时产生的振动也越大，所以钢轨不能过长。

(2)接头病害

多年来，为了改善钢轨接头的工作状态，提高线路运行质量，延长轨道各部件的使用寿命，工务部门加强了对钢轨接头的养护和维修，并从接头的构造上、材质上采取了多项措施。为提高线路质量，人们作出了不懈的努力，但均未从根本上解决问题，接头病害依然存在，主要有：

① 淬火钢轨端部的鞍形磨耗：磨耗深度一般为 2.5～6 mm，长度一般为 200～300 mm。

② 低接头：这种病害一般均发生在捣固不良地段，尤以曲线下股比较多见。

③ 钢轨破损：主要是淬火区钢轨顶面剥落、掉块和螺栓孔裂纹。这类病害多发生在淬火层分界处和轨端，以曲线上股多见。

④ 夹板弯曲或断裂：主要是顶部中央出现细小裂纹，以后逐渐扩大。

⑤ 混凝土轨枕破裂：主要发生在轨下断面。

⑥ 道床硬结、溜塌，翻浆冒泥：前者主要发生在铺设混凝土轨枕并有鞍形磨耗的地段。

产生接头病害的原因主要有两个：

第一个是钢轨接头受到较大的破坏力，这是由它本身的特点所决定的。因为接头破坏了钢轨的整体性，使列车通过时产生较其他部分更大的挠度。这种情况犹如线路上出现一段很短的轨道不平顺一样，引起较大的冲击力。引起接头冲击力主要有三个因素：轨缝（接头处两根钢轨之间存在的缝隙）、台阶（接头处两根钢轨的端部不在同一水平面上，驶入端高于驶出端，或驶入端低于驶出端）和折角（低接头而形成）。我们可以把接头看成是线路上先天性的不平顺，这种不平顺是潜在的，只是当列车通过时才出现，列车通过以后就不存在了。

第二个是由于接头上的较大破坏力，导致线路病害发生，增加养护维修工作的困难。养护维修不当或质量不好，更增加冲击力对接头的破坏作用。由此造成接头破坏力加大和接头病害扩大的恶性循环。

综上所述，普通线路钢轨接头，不仅对线路设备和车辆设备的使用寿命、旅客的舒适程度等有一定的影响，而且还直接威胁着行车安全。因此，对钢轨接头的功能应有两个基本要求：一是温度变化时钢轨能伸缩；二是接头构造要坚固稳定。这两个要求对普通线路来说是相互矛盾的，保证了伸缩就保证不了稳定，否则在构造上将增加难度。过去为解决接头构造，提出了很多设想，但均未解决钢轨接头的稳固问题。实践证明，只有将一根根短轨焊接为长轨条成为无缝线路，才是彻底解决钢轨接头稳固和平顺的根本出路。

2. 无缝线路

铺设了无缝线路，消灭了绝大部分钢轨接头，消除了接头的冲击，使行车平稳，降低了噪声，乘客舒适；节省了接头材料，如接头夹板及接头螺栓等；减少维修工作量，节省维修费用；延长线路设备和机车车辆的使用寿命；减少了行车阻力，适应列车高速运行。但是，与普通线路相比,普通线路上钢轨每隔 25 m 或 12.5 m 有一个接头,随温度的变化(夏天轨温升高,冬天轨温降低)钢轨能伸缩,钢轨里积存的温度力较小。而无缝线路则不同,钢轨被焊接成长轨条,仅在长轨两端的伸缩区有一些伸缩量,中间区段是不能热胀冷缩的。当温度升高时在钢轨不能伸长的时候,钢轨内部将承受巨大的压力;当温度降低时而钢轨不能缩短的时候,钢轨内部将承受巨大的拉力。所以无缝线路上的钢轨比普通线路上的钢轨承受的温度力要大的多。

铺设无缝线路的实践经验证明,无缝线路与普通线路相比,它在技术经济上有明显的优越性。根据统计资料,在节约劳力和延长设备使用寿命方面,无缝线路比普通线路可节约线路维修费用 35%～75%。此外,无缝线路的平顺性好,行车平稳,旅客舒适,非常适合地铁高速、客运的要求,因而在地铁中得到迅速发展,从地下无缝线路,发展到地上无缝线路,从轨长几百米,发展到轨长几公里,使地铁线路轨道结构跨入了一个新阶段。

7.1.2 无缝线路的类型与构造

无缝线路可分为两大类:一类是温度应力式无缝线路,另一类是放散温度应力式无缝线路。

1. 温度应力式无缝线路

在自然界中,随着气温的变化,钢轨的热胀冷缩是自然规律,其伸缩量同轨温的升降值成正比。无缝线路虽然在相当长的一段距离之内消灭了钢轨接头,但是在钢轨温度发生较大变化时,并不能完全消灭钢轨的伸缩,如果不给这种伸缩留出一定的空间,就会产生巨大的温度力,造成钢轨的变形和破坏,发生胀轨跑道和断轨事故。

为了解决这一问题,在温度变化不太大的地区,可以用强有力的联结零件(包括接头联结零件、中间联结零件和防爬设备)把无缝线路锁定起来,加上轨枕和道床上的加强措施,把钢轨的伸缩限制在一个很小的程度。同时在长轨条的两端加入标准轨,留出一定的轨缝,使长轨条有一定的伸缩空间。靠长轨条两端的这些轨缝,就足以调节长轨条的限制伸缩量,使无缝线路处于稳定状态。因为在温度变化不大的地区,钢轨的伸缩量本身就不是很大,加入标准轨预留出的轨缝可以满足长轨条在限制范围内的伸缩量。

由于钢轨不能自由伸缩,在轨温不断变化的条件下,长轨条内部经常积蓄一定的温度力,我们把这种无缝线路叫做温度应力式无缝线路。温度应力式是无缝线路的基本结构形式。温度应力式无缝线路的钢轨由一根长轨条及两端 2～4 根标准轨组成,标准轨接头采用夹板式的接头方式,预留轨缝如图 7.1 所示(图中 1、2 分别为长轨条与标准轨之间和标准轨与标准轨之间的轨缝)。

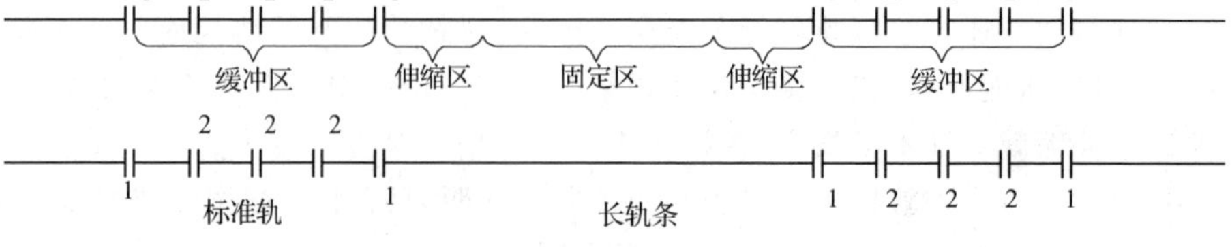

图 7.1 长轨条及标准轨示意图

长轨条在用扣件锁定后不能自由伸缩,轨温升高到一定程度时,限制伸长量传递至接头 1 处,由轨缝 1 来调节,轨缝 1 调节后仍不能满足时,传递到轨缝 2 继续进行调节。如锁定不良,伸长量太大,可将标准轨换短,以满足伸长量和预留轨缝的需要。相反,限制缩短量也可通过轨缝 1、2 调节。如锁定不良，缩短量太大，可将标准轨换长，以满足缩短量和预留轨缝的需要。一般情况下，如果无缝线路处于稳定状态，又按规定预留了轨缝，仅轨缝 1 就可以满足钢轨伸缩的需要，而且不会出现瞎缝和超限大轨缝。调节轨之所以要配置 2～4 对，是为了留有余地和在中间轨缝中设置绝缘接头。因为两长轨条之间的 2～4 对标准轨具有这一特殊作用，所以我们称它为“调节轨”，它所在的范围叫作“缓冲区”，而把长轨条不能伸缩的区段称作“固定区”，长轨条两端大约 100 m 范围内随轨温的变化还能够伸缩的区段叫作“伸缩区”。

在使用过程中，长轨条随温度的变化产生一定的温度力。为控制钢轨的伸缩量，要求轨道具有较强的纵向阻力。温度应力式无缝线路结构简单，铺设及维修方便，在轨道中广为应用。目前，我们常称的无缝线路，均为温度应力式无缝线路。在我国，根据计算，全年轨温变化幅度小于 90 ℃的地区，均可采用 50 kg/m 钢轨的温度应力式无缝线路。例如北京地铁采用的就是温度应力式无缝线路。

2. 放散温度应力式无缝线路

放散温度应力式无缝线路又分为自动放散温度应力式无缝线路和定期放散温度应力式无缝线路两种。一般在温差较大的地区，为了消除和减少长轨条内温度力的影响，可以采用放散温度应力式无缝线路。

(1)自动放散温度应力式无缝线路

在特大桥和大桥上铺设的无缝线路，伴随气候的变化，无缝线路中既有长轨条的伸缩又有桥梁本身的伸缩，两种伸缩加在一起，会产生很大的力。这种力必须随时放散出去，以免对桥梁支座和桥墩产生不良影响。所以，我们在这些桥上设置温度调节器，即钢轨伸缩接头，并使用特殊的中间联结扣件，不设防爬器，使钢轨在垫板上能随温度的变化而自由伸缩，以自动放散长轨条钢轨和桥梁的伸缩力。我们把这种设有钢轨伸缩接头的无缝线路叫作“自动放散温度应力式无缝线路”。自动放散温度应力式无缝线路由于设备复杂，缺点很多，所以很少使用。

(2)定期放散温度应力式无缝线路

在年温差较大的地区，由于长轨条的伸缩量很大，在运营中单靠调节轨的轨缝来自行调节长轨条的伸缩量是远远不够的，长轨条中存在较大的温度力也使线路难以保持稳定。因而在每年的春季和秋季的适当轨温条件下，松开联结零件，放散温度力，预先使钢轨自由伸缩一个较大的值，使余下的伸缩量能像温度应力式无缝线路那样通过轨缝自行调节。同时调节缓冲区标准轨长度，以保证轨缝不超限。这个过程称为“放散”，这样的无缝线路叫定期放散温度应力式无缝线路。

工作任务 7.2　无缝线路长钢轨焊接

长钢轨的焊接是铺设无缝线路的重要环节，其几何外形尺寸的平顺和内部质量，是保证无缝线路正常运行的关键。实践证明，若钢轨焊接质量不良，将使线路维修工作后患无穷，严重者将危及行车安全。现代焊接技术的发展，可使焊接接头的机械性能基本上和钢轨母材相同，这样就可以将标准长度的钢轨用焊接的方法焊接成一定长度的长轨条。目前，我们经常采用的方法是：铺轨或换轨前采用接触焊(电阻焊)或气压焊将不钻孔的 50 m 或 100 m 标准轨焊接成 200 m 左右的长轨条，然后送至铺轨现场，再用铝热焊或气压焊将其焊接成设计的长度，以备施工。

7.2.1 接触焊

目前在无缝线路长钢轨的焊接中主要采用接触焊法,该法焊接质量好,效率高,在世界各地普遍采用。

1. 焊接原理

接触焊的基本原理是利用电流通过其电阻时所产生的热量熔接焊件,再经顶锻以达焊接目的。

当两焊接钢轨之间通过电流时,由于两钢轨接触面之间存在着较大电阻,因电热效应使钢轨迅速得到加热。两钢轨的接触面不可能很平,从微观上看仍是凹凸不平,因此,首先接触的是一些凸出点。这些接触点通电后在瞬间被加热到熔化状态,从而在钢轨接触面之间形成多个液体金属过梁。这些过梁再进一步加热的过程中被“爆炸”而破坏,使熔化的金属从钢轨接触面的缝隙中飞溅而出,形成闪光,与此同时,进一步加热钢轨。钢轨通过继续加热和连续闪光的作用,使钢轨端面的温度逐渐均匀一致,形成熔化金属薄层,防止周围气体侵入。与此同时,迅速施加顶锻力,迫使焊面相互挤压,使闪光时形成的火口得到充分闭合,并挤出全部液体金属,将两钢轨焊联成一体。

2. 焊接工艺要求

接触焊焊接工艺参数较多,具体参数值也因机型而异,但各参数对质量的影响有共性。在这里我们只简单了解一些常用的参数,不进行具体分析。

在进行钢轨焊接时,我们一般选择以下几个参数来控制焊接质量。

(1) 伸出长度

伸出长度指的是钢轨从焊机钳口伸出的长度。伸出长度不足,电极散热慢,使温度场变陡,加热区变窄,以致产生塑性变形困难,增加了淬火倾向。伸出长度过量,使温度场变缓,加热区变宽,顶锻时容易破坏焊件的同轴性。一般 50 kg/m 钢轨的伸出长度为(135±1)mm,60 kg/m钢轨的伸出长度为(138±1)mm。

(2) 闪光流量

焊接钢轨在预热和连续闪光过程中所消耗的钢轨长度,为闪光流量。其主要作用是清除焊接面氧化物和保证焊接面温度均匀。闪光流量不足,焊道中易残留杂质。闪光流量过大,塑状金属流失,易形成冷焊,使顶锻量减小,焊接面可能出现灰斑。50 kg/m 钢轨的闪光流量为(24±1)mm,60 kg/m 钢轨的闪光流量为(30±1) mm。

(3) 闪光初速

闪光初速指的是连续闪光以前的移动速度,它直接影响钢轨焊接时的预热温度及加热温度。速度低则焊接时间短,钢轨加热区窄,易导致未焊透。速度高则焊接时间长,钢轨加热区宽,易导致过热或过烧。一般 50 kg/m 钢轨的闪光初速为 1.8～2.1 mm/s,60 kg/m 钢轨的闪光初速为 1.0～1.4 mm/s。

(4) 闪光末速

闪光末速适度,可减少钢轨端面被氧化的可能性。闪光的末速要大于闪光的初速。闪光末速过大或过小都直接影响焊接质量。一般 50 kg/m 钢轨的闪光末速为 2.6～2.9 mm/s,60 kg/m钢轨的闪光末速为 2.1～3.1 mm/s。

(5) 焊接时间

焊接时间包括预热、连续闪光和顶锻的时间。焊接时间过短,会造成未焊透的缺陷。焊接时间过长，会使加热区增宽，易产生过热和过烧的缺陷。

(6) 接触压力

焊接面的接触压力小，则电阻增大，加热温度变陡。接触压力大，则接触电阻小。电阻的过大和过小都将影响焊接质量。一般 50 kg/m 钢轨的接触压力应达到 50 kN，60 kg/m 钢轨的接触压力应达到 60 kN。

(7) 夹紧压力

为使钢轨在接触或顶锻时不打滑，焊接时夹钳夹持钢轨的夹紧压力，对于 50 kg/m 钢轨应达到 450 kN，60 kg/m 钢轨应达到 580 kN。

(8) 顶锻压力

顶锻压力的大小与钢轨断面的大小和加热状态有关。压力过小，会导致未焊透、气泡、无光泽斑点等缺陷。随着压力的增加，焊接钢轨的冲击性能及疲劳强度将提高，缺陷将减少。但顶锻压力过大，反而影响焊接钢轨的机械性能。一般 50 kg/m 钢轨的顶锻压力应达到 240 kN，60 kg/m 钢轨的顶锻压力应达到 320 kN。

(9)开始加速

50 kg/m 钢轨和 60 kg/m 钢轨都应选择在伸长量达到 130 mm 时开始加速。

7.2.2　气 压 焊

1. 气压焊原理

金属构件的气压焊接，是用气体燃料燃烧时产生的热能，将金属构件的焊接端加热到熔化状态或塑性状态，再施以一定的顶锻压力，把施焊的金属构件焊接端焊接起来。焊接热源多采用氧乙炔火焰。其焊接原理是将被焊金属构件的焊接端加热到熔化状态或塑性状态时，在顶锻力的作用下，焊接的金属端面的熔体或塑性的原子之间相互扩散渗透再结晶，使两金属构件融合成一体。

气压焊在地铁与轻轨工程中，主要用于移动焊接联结接头，使用的设备是小型移动式气压焊机。小型移动式气压焊机具有设备简单、体积小、重量轻的特点，在工地移动和操作都比较方便，焊接质量接近厂焊水平(气压焊法)。

2. 焊接工艺

1) 钢轨接头处理

钢轨端头处理是焊接前的关键工序，其主要内容是钢轨端部除锈和端面整平。这一工序关系到钢轨焊接的外形尺寸和内部质量。主要包括以下几点：

(1)钢轨调直：焊接前必须对钢轨的垂直面和侧面进行调直，调直后用 1 m 直尺检查，其矢度不得超过±0.3 mm。

(2)钢轨端面的加工：应使钢轨端面与钢轨轴心线垂直，其偏差不得大于 0.25 mm，其平直度也不得大于 0.25 mm。

(3)钢轨的除锈：钢轨端面的除锈与整平是否达到标准，直接关系到焊接质量的优劣，对这一工艺程序应从严掌握。

2) 钢轨的焊接

气压焊的钢轨焊接工艺依次为钢轨固定、加热、顶锻、推凸、铲渣等。

(1)钢轨固定：相互焊接的钢轨接缝要对齐找平，两端面对齐后要相互吻合，缝隙不得大于 0.25 mm。

(2)钢轨加热:焊接时为获得理想的加热温度,必须对加热器进行多次调试,以确定适当的氧气和乙炔的压力与流量的摆动量和频率、钢轨的顶锻力和顶锻量等参数,加热孔眼的设置也是通过实验与测试确定的。加热器摆动量的大小和频率的快慢是否合适,直接影响到钢轨加热温度是否均匀,这是保证焊接质量的前提。

(3)顶锻:钢轨焊接工艺中,顶锻是一个重要环节,它直接影响焊接质量。顶锻由顶锻力和顶锻量两个参数来控制。通过顶锻,使加热到塑性状态的对焊钢轨产生塑性变形,使两轨对接面之间空隙消失,使焊接面金属具备分子扩散和再结晶条件,以完成对接钢轨的互焊。

(4)焊接接头的整修:顶锻后切除凸出量时,一般均保有一定的残留量,再经整修、打磨和调直后,方使焊缝外形与原轨一致。

(5)钢轨正火:采用专用的正火设备,在轨温降至 450～500 ℃之后进行正火处理,以改善焊缝的金属结构和力学性能。

7.2.3 铝热焊

1. 焊接原理

钢轨的铝热焊是利用焊剂中的铝在高温条件下与氧有较强的化学亲合力,能从重金属的氧化物中夺取氧,使重金属还原,同时放出热量,将金属熔成铁水,浇铸施焊而成。

铝热焊法是将配置好的铝热焊剂放入特制的坩锅,用高温火柴引燃焊剂,产生强烈的化学反应,得到高温的钢水和熔渣。待反应平静后,将高温的钢水注入扣紧钢轨并经过预热的砂型中,将砂型中对接好的钢轨端部熔化,冷却后去除砂型,并及时对焊好的接头整形,两节钢轨即焊接成一体。

2. 焊接工艺

采用大剂量、宽焊缝、三片模卡箱、定时预热和自动浇铸技术。主要用于 50 kg/m 钢轨、60 kg/m 钢轨和 75 kg/m 钢轨的焊接。

3. 工艺装备

制作砂型设备、制作砂型原料、制作砂型成品、热源及预热设备、焊接材料和其他辅助设备(如锯轨机、推凸机、砂轮、大锤等)。

4. 工艺程序

制作砂型和坩锅→工地布置→切轨→对轨→扣箱及封箱→坩锅装料及安放支架→预热→浇铸→推凸及整修→质量检查→正火。

工作任务 7.3 无缝线路铺设

无缝线路的铺设是城市轨道交通施工的一个重要环节。本任务主要介绍铺设方法、铺设前的准备工作、铺设的基本要求和需要注意的问题。

7.3.1 铺设方法

根据施工规模和施工现场的条件,通过对采用的施工机具与施工成本进行比较,一般采用"过渡轨排法"进行施工,即先在铺轨基地利用待焊的 25 m 无孔钢轨拼装过渡轨排,整道作业后,换铺长钢轨,最后锁定线路。这种方法能保证轨排的组装质量,提高铺轨施工进度,达到在运营开通前完成无缝线路铺设的目的。其优点是施工方便、灵活和成本较低。

7.3.2　准备工作

(1)了解与轨道施工有关的工程进展情况,核实铺轨进度计划。

(2)调查沿线交通运输条件、地物和地貌情况,选择铺轨基地位置。

(3)搜集沿线气温、轨温资料,建立气温、轨温观测点,以便在不同季节条件下,选择无缝线路锁定的作业时间。

(4)按铺轨进度计划,落实轨道材料和设备来源、材料供应计划及运输、储备办法。

(5)按规定做好线路复测工作。

7.3.3　铺设无缝线路的基本要求

1. 长轨条的长度

在设有自动闭塞的区段,无缝线路的长轨条长度通常以闭塞区间两信号机轨端绝缘之间的距离作为设计长度,按下式计算:

$$L_{长}=L_{绝}-(L_{前缓}+L_{后缓})/2 \tag{7.1}$$

式中　$L_{长}$——每段无缝线路的长轨条设计长度;

$L_{绝}$——自动闭塞区段两信号机轨端绝缘之间的距离;

$L_{前缓}$——长轨条前段的缓冲区长度;

$L_{后缓}$——长轨条后段的缓冲区长度。

在小半径曲线或大坡道地段,钢轨容易磨耗或擦伤,钢轨更换周期相对较短,比时可单独设计一段无缝线路,如采用优质全长淬火钢轨则不受限制。

2. 钢轨锁定

铺设无缝线路时,由于单元长轨条较长,很难在同一时间内、同一温度下把长轨条铺入到位并锁定好,因此单元长轨条在实际锁定时其各截面之间必然存在轨温差。在铺设过程中,锁定轨温的测定应分段进行,取其平均值作为该单元长轨条的锁定轨温。各分段的实际锁定轨温可能有差异,但任何一分段的锁定轨温均不得超出设计锁定轨温范围。

3. 位移观测

无缝线路长轨条在运营中由于下列原因可能发生位移:

(1)铺轨时没有及时锁定钢轨,铺设后整修工作又没有及时跟上;

(2)养护维修作业方法不当,局部线路阻力下降;

(3)在无缝线路区段进行其他施工作业,没有遵守无缝线路技术规定。

为了掌握运营中无缝线路钢轨是否发生了不正常位移,检验无缝线路在长期养护维修中是否锁定牢固,以及在各种施工中是否改变了原锁定轨温,应定期对无缝线路钢轨进行位移观测,或进行零应力轨温检测。

普通无缝线路,每段设 5～7 对位移观测桩。固定区段长时,可适当增加,一般固定区中间点设一对,伸缩区始、终点各设一对。

在锁定钢轨的同时,对准线路两侧观测桩基准点拉线,以拉线为基准在两股钢轨上设好位移观测标记,即零点标记。

4. 长轨条拉伸

低温条件下铺设无缝线路时,可以采用钢轨拉伸机拉伸钢轨的技术,把长轨条拉伸到锁定轨温的允许范围。

7.3.4　注意事项

1. 安排施工的原则

(1)若施工其间轨温始终处于该段无缝线路的锁定轨温范围内,则施工方案可与普通线路相同,无须采取特殊措施。

(2)若轨温处于规定的允许作业范围内,则应根据相应作业轨温条件所要求的内容,采取与之相适应的施工方案,以保安全。

(3)若轨温处于禁止作业的轨温范围内,为保证施工安全,应进行两次应力放散,一次为放高或放低,另一次放散为恢复设计锁定轨温。根据放散后的轨温条件,再采取相应的措施。

(4)某些改变轨下基础工作状态的施工作业项目,应在该段无缝线路锁定轨温下完成或在采取加强措施后,在低于锁定轨温范围内完成。在作业后,应有适当措施,以确保该段无缝线路的稳定和安全。

(5)处于伸缩区的轨下作业,应采取两次放散应力的方法,并根据轨温变化情况,适当采取加强措施。

(6)加强措施主要根据无缝线路稳定性降低的程度和阻力值损失的大小来安排。

2. 分割无缝线路的施工原则

无缝线路铺设以后,有时因增设道岔、增设车站、增设轨道绝缘等而需要分割无缝线路,现场称之为“开口”。此时,应按下列原则进行:

(1)无缝线路被分割以后,留下的长度不得小于 300 m。

(2)无缝线路被分割以后,重焊接头的位置应按有关规定确定。

(3)重新组成的无缝线路,若施工时锁定线路的轨温与设计锁定轨温允许范围不符,应放散应力重新锁定。

(4)除特定工程所需长度外,切口长度不应考虑前后衔接新增缓冲区长度,以及长轨端加焊带眼钢轨长度、焊接顶锻量和预留轨缝等。

(5)切割及加焊时的轨温应与原锁定轨温一致,否则应放散应力重新锁定。

(6)原有钢轨如已磨耗时,接头处应采用磨耗相近的钢轨,以保持接头轨面平顺。

(7)改拨线路时,应注意捣实道床,提高道床阻力。

3. 大坡道上、小半径曲线上铺设无缝线路的要求

(1)曲线上施工时,要处理好因钢轨易拉而引起的长度差的影响。

(2)连续有几个曲线时,施工应分段进行,铺后再焊联成一体。

(3)整修工作中,要加强道床捣固,以提高道床阻力。同时,要按规定拧紧扣件。

(4)缓冲区应避开坡顶和坡底。

(5)铺轨时,应做好始端钢轨接头的联结和固定工作。落地钢轨要随时锁定,以防始端钢轨接头拉开。

工作任务 7.4　无缝线路应力放散与调整

无缝线路应力放散与调整是无缝线路的两个大型作业项目,需要人员多,耗费时间长,施工组织严密,技术要求较高。无缝线路在很多情况下都要进行应力放散与调整。

7.4.1　应力放散与调整的概念

无缝线路铺设后，到了夏天，随着气温的不断升高，轨温也不断升高，实际锁定轨温比设计锁定轨温提高了，钢轨变长，但无缝线路固定区钢轨因受到限制，不能自由的伸长，这时候钢轨内就产生较大的温度压应力。为了保证运营安全，就要放散掉钢轨内的温度压力，使钢轨缩短一些。到了冬天，随着气温的不断降低，轨温也不断降低，实际锁定轨温比设计锁定轨温降低了，钢轨缩短，但无缝线路固定区钢轨因受到限制，不能自由的缩短，这时候钢轨内产生较大的温度拉应力。为了保证运营安全，就要放散掉钢轨内的温度拉力，使钢轨伸长一些。此外，为了保证行车安全，如果无缝线路的温度力太大，也要"释放"掉一部分，这些都叫应力放散。应力放散使长轨条长度发生变化，通常用改变缓冲区钢轨长度的方法来调节。

在自由伸缩状态下，钢轨的长度和轨温呈一种线性关系，其关系式是：$\Delta L=\alpha L\Delta t$。无缝线路应力放散的条件之一，就是松开部分扣件或全部扣件，让钢轨基本处于自由伸缩状态，达到预计的伸缩量后立即锁定，此时锁定轨温也正是我们需要的温度。有时，通过自由伸缩达不到预计的伸缩量，我们还可以用人为强制的办法使钢轨发生伸缩，只要伸缩量达到了预计的长度，锁定轨温也就达到了与之对应的温度。

通过钢轨伸缩释放温度力，并重新确定锁定轨温的过程叫应力放散。

应力调整，则是对锁定轨温不均匀的无缝线路进行的局部应力放散。它并不改变长轨条的原有长度和锁定轨温。

应力放散的实质是释放积聚在钢轨断面上的温度力。但这是一种人为有序的释放，而不是像胀轨、跑道或焊缝拉断那样自然的、破坏性的释放。

应力放散的过程既然是释放温度力和重新确定锁定轨温的过程，那么它最终将使无缝线路的锁定轨温由不合理变为合理；使无缝线路承受的温度力由大变小。这样，通过应力放散，就可以杜绝无缝线路发生胀轨、跑道和钢轨折断的隐患。这就是应力放散的作用。

7.4.2　应力放散与调整的基本原则

1. 实际锁定轨温不在设计锁定轨温范围内，或左右股钢轨的实际锁定轨温差超过 5 ℃。

实际锁定轨温不在设计锁定轨温范围内，可分为两种情况：一种是因为铺轨时受到工程进度和设备条件的影响，不得不确定一个比实际锁定轨温偏低或偏高的锁定轨温；另一种是在长期的运营和养护维修过程中，无缝线路受到外力的干扰，加上违章作业和线路阻力不足，长轨条不正常的伸缩，不得不放散掉一部分应力，使锁定轨温发生变化，超出了设计要求。为让实际锁定轨温得到改正，必须在轨温处于设计锁定轨温的范围时，使长轨条基本处于零应力状态，重新锁定。

铺轨总有一个过程，线路上两股钢轨不可能同时铺设和锁定，加上其他原因，两股钢轨的锁定轨温往往不能一致。这种不一致不能超过 5 ℃，如超过 5 ℃，两股钢轨承受的温度力就明显不一致，从而造成钢轨伸缩和轨道爬行不一致，带来轨枕歪斜、缓冲区轨缝错差等病害。因此必须对其中一股钢轨进行应力放散，使两股钢轨的锁定轨温差不超过 5 ℃，以改善其受力状况。

铺轨时两股钢轨的锁定轨温是一致的，但在运营和养护维修过程中，同样可能发生两股钢轨的实际锁定轨温不一致，如曲线的上股和下股，因为未被平衡超高的存在和半径的不一致，其受力难免不均衡，导致锁定轨温的不均衡。这种不均衡超过了规定的限度，也应进行应力放散。

2. 锁定轨温不清楚或不准确。

因种种原因铺轨后交验无缝线路的资料不全或不清楚；另外，经过多年的运营，难免对无缝线路进行技术改造、设备更新等，线路状况发生了较大的变化，实际锁定轨温与设计锁定轨温有出入，但又无详细的资料。以上两种情况，都使维修养护作业缺乏了重要的依据，即不知道轨温变化度数和温度力为多少，此时，只有放散应力，重新确定一个明确的锁定轨温，才能使后期的养护维修作业有根据。

3. 跨区间或全区间无缝线路的两相邻单元轨条的锁定轨温差超过 5 ℃，同一区间内单元轨条的最高、最低锁定轨温超过 10 ℃。

4. 铺设或维修作业方法不当，使长轨条产生不正常伸缩。这里所说的“不正常伸缩”，是指超出限制伸缩量的不正常伸缩，包括人为的强制伸缩。

如铺轨合龙(在两侧缓冲轨间插入长轨)时，因计划不周，长轨有可能长出一段放不进去或短了一段造成轨缝过大。遇到这种情况时，往往采用人为的强制手段，用撞轨器将长轨撞短或用拉伸器将长轨拉长，然后合龙、锁定。长轨的长度发生了变化，就意味着实际锁定轨温同计划锁定轨温有了出入。百米长度上强制缩短 1.2 mm，就相当于改变了 1 ℃锁定轨温。本来应该将强制伸缩量折算成轨温变化度数，并据此改变实际锁定轨温，但有时却忽略了这一点，依然将锁定时的轨温作为锁定轨温。这样一来，实际锁定轨温就与记录锁定轨温有了一个差距，有时差距还较大。这个差距，只有靠放散应力才能消除。

维修作业方法不当，使长轨条产生不正常的过量伸缩的情况就更普遍，如冬季低温焊接钢轨、夏季拆开接头螺栓作业等。这些作业都势必改变原锁定轨温，使无缝线路的受力状况恶化，因而也必须在合适的轨温条件下放散应力，使锁定轨温恢复正常。

5. 固定区出现严重的不均匀位移。

当固定区钢轨出现严重的爬行不均时(或局部位移量超过10 mm)，意味着局部应力严重不均匀，或锁定轨温变化大于±5 ℃，即在不同的轨段上有高有低，如不加以调整，这些轨段就有可能发生胀轨、跑道或折断。应力调整必须在爬行不均匀的全范围内进行。

6. 夏季线路轨向严重不良或碎弯多。

方向严重不良或碎弯多，都是胀轨的迹象，说明无缝线路承受的温度压力超过了允许压力，已经失稳，正在丧失行车条件。作为设备事故处理，固然可以采取浇水降温的方法减轻压力，拨回线路，恢复行车，但也只是权宜之计，因为轨温很快回升后，失稳现象又可能出现。彻底解决的办法只有一个，就是把温度力放散出去。如果线路失稳是锁定轨温偏低造成的，也需要通过应力放散或调整，使锁定轨温趋于合理或使长轨条内温度应力均匀。如果锁定轨温并不偏低，失稳是由线路阻力不足造成的，则应加强线路养护维修，以增大线路阻力。

7. 通过测试发现温度力分布严重不均匀。

这里所说的“温度力分布严重不均匀”，与“固定区出现严重的不均匀位移”表现并不一样。后者的不均匀位移可以通过位移观测桩观测出来并可用公式粗略计算出锁定轨温的局部变化范围。前者的温度力分布严重不均匀，却不一定能通过位移观测桩观测出来，因为其不均匀范围可能较小，还没有达到桩距的长度，温度力分布严重不均匀仅仅潜藏在局部地段的钢轨断面上，而且并没有失稳的严重表现。这种情况虽暂时还不至于影响行车，但已给胀轨、跑道和钢轨折断提供了薄弱环节，所以也要进行应力调整，使钢轨各断面受到的温度应力趋于一致。

8. 因处理线路故障改变了原来的锁定轨温。

这是一种经常发生的、不得已而为之的情况。如夏季发生严重的胀轨，有的时候切割一段钢轨后，使两端长轨条合龙，再用鼓包鱼尾板和断轨急救器加固后放行列车，然后再作临时处理。这样一来使锁定轨温提高了，但为了行车的需要，却不得不这样做。再如冬天发生钢轨折断进行临时处理后，行车恢复了，速度也达到正常，却降低了锁定轨温。诸如此类的事故处理后，都应在合适的时候进行应力放散，焊复钢轨，使锁定轨温恢复设计值。

9. 低温铺设长轨条使拉伸不到位或拉伸不均匀。

低温铺设长轨条时，为达到设计锁定轨温，应用机械拉伸长轨条。但拉伸时没有拉伸到设计位置，或由于各种阻力影响，距离拉伸器近的钢轨拉伸量过大，距离拉伸器远的钢轨拉伸量不足，其不均匀的程度达到第5条的标准时，都要进行应力放散或调整，使锁定轨温正确、均匀。

无缝线路应力放散与调整就是释放温度力，目的是改变锁定轨温，或使应力均匀一致。作用是避免胀轨、跑道和钢轨折断，保证行车安全。上述9条可归纳为两大类：一是高温季节线路严重失稳，需要放散应力以维持行车，有些大型施工也要先放散应力才能保证施工顺利。二是因各种原因造成了锁定轨温不详、不合理或不均匀，也要进行应力放散和调整，以确定一个明确、合理和均匀的锁定轨温。前者是为了保证行车安全，我们可以把它叫作安全性放散；后者是为了改善无缝线路的受力条件，我们可以把它叫作稳定性放散。

7.4.3　应力放散的方法

无缝线路应力放散的基本方法是：在轨温达到或接近锁定轨温时，部分或全部松开接头扣件、中间扣件和防爬设备，采取一定的辅助措施，使钢轨发生自由伸缩，释放温度力。当达到预计的伸缩量或轨温时，重新锁定。

应力放散的难题之一是钢轨的自由伸缩。运营中的无缝线路，我们因怕钢轨所受的阻力不足而发生过量伸缩。应力放散时的无缝线路，我们却怕钢轨所受的阻力太大而不能自由伸缩，以达到预期的伸缩量。而放散应力时钢轨所受的阻力，则主要是钢轨底部与垫板之间的摩阻力。

为了克服或减轻这种摩阻力，通常采用两个办法：变静摩擦为动摩擦；变动摩擦为滚动摩擦。变静摩擦为动摩擦，就是借助列车的碾压力克服钢轨底部与垫板之间的摩阻力，因此有了应力放散的第一种方法——列车碾压法。变动摩擦为滚动摩擦，就是让钢轨底部在一种特制的圆筒上滚动伸缩，从而让摩阻力大大减小，因此有了应力放散的第二种方法——滚筒放散法。

应力放散的第二个难题是轨温达到或接近锁定轨温。这个机会每年春秋季节都有，但变化多端的天气却不会给我们很多这样的机会。倘若有了这样的机会，我们在放散应力时就能以轨温为准。如预计放散后锁定轨温为30 ℃，我们在实际轨温达到30 ℃左右时锁定线路就行了。这就是温度控制法。滚筒放散法就属于温度控制法。但在多数时候，轨温是不可能达到或接近锁定轨温的，如果这时必须放散应力，该怎么办呢？我们可以借助轨温和自由伸缩的线性关系来放散应力，就是说，先算出达到计划锁定轨温时钢轨应有的伸缩量，用人为强制的方法使钢轨伸长到这个量，然后立即锁定线路，其锁定轨温自然是我们预期的值。这样就有了应力放散的长度控制法和撞轨法。

应力放散的方法按性质可分为长度控制法和温度控制法，按施工特点可分为滚筒法、列车碾压法和撞轨法。进行这两种方法的应力放散时，轨温均需在设计锁定轨温范围内，且应兼顾放散长度。

7.4.4　位移观测桩的设置

位移观测桩是检查爬行位移量、内应力是否均匀的重要辅助设施。

(1)位移观测桩必须预先埋设,而且埋设牢固,埋设时不得损坏路基和整体道床。在长轨条就位后或长轨条拉伸到位后立即标注在轨腰上,涂红底白铅油注明桩号、锁定轨温、埋设日期、桩号与桩号间的长度。标记应明显、耐久、可靠,字体清晰端正,观测桩连线与线路中心线垂直。

(2)每段无缝线路应设位移观测桩 5～7 对,固定区较长时可以适当增加对数。其中:伸缩区始点一对、伸缩区终点一对、固定区中间点一对,其余设置在固定区。

(3)跨区间和全区间无缝线路单元轨条长度大于 1 200 m 时设置 7 对位移观测桩。具体位置是:单元轨条起点、终点,距单元轨条起点、终点 100 m、400 m 和单元轨条中间点设一对。

(4)跨区间和全区间无缝线路单元轨条小于 1 200 m 时,设置 6 对位移观测桩。具体位置是:单元轨条起点、终点,距单元轨条起点、终点 100 m、400 m。

(5)单元轨节始终端位移观测桩应与单元轨节焊接接头尽可能对应,纵向相错量不得超过 20 mm,每单元轨节内的位移观测桩之间的距离应符合要求,与固定区中点相对称。

7.4.5　施工作业程序

1. 施工准备

(1)单元轨节应按照轨条布置图进行划分,一般情况下单元轨节的长度为 900～1 200 m。

(2)位移观测桩的埋设位置应根据单元轨节划分情况在无缝线路锁定前进行埋设。

(3)有碴轨道地段位移观测桩设置在路肩上,观测桩距路肩边缘的距离为 600 mm,埋入路基深 600 mm,坑内周围填混凝土并抹平,桩顶与路基面持平。

(4)位移观测桩采用 C30 混凝土制作,中间植入 ϕ10 mm 钢筋,露出10 mm,顶部锯成十字豁口。

(5)观测桩外围采用 300 mm×300 mm 砖砌结构,露出路基面 200 mm,保护观测桩。

(6)位移观测桩在 U 形结构及地下区间地段设置在距两侧墙不小于 500 mm 的整体道床上,在此应充分考虑到有接触轨一侧的情况。高架桥上的位移观测桩应设置在桥梁以外的某一固定参照物上。

(7)整体道床地段位移观测桩应设置在走行轨两轨枕之间,高度略低于钢轨轨底。

(8)位移观测桩设置时应与线路方向保持垂直,曲线上应与切线方向垂直。

(9)位移观测编号应由小里程到大里程方向进行,编号方法为"C－D－乙,C 代表长轨条编号,D 代表单元轨条编号,乙代表单元轨节内位移观测桩顺序号及上、下行(奇数为上行、偶数为下行)编号以阿拉伯数字标注(白底红字)。

(10)将埋设位移观测桩的结果填入"单元轨节应力放散及锁定作业记录"中。

(11)固定端的设置一般为 50 m,将待放散的单元轨节的前端与上一单元轨节(已锁定)的后端焊接。

(12)拆除待放散的单元轨节范围内及与之焊联的锁定无缝线路末端 50 m 左右范围内的全部扣件,并按安装要求分别放置钢轨两侧。

(13)扣件拆除及安装时严禁锤击、敲打,扣件应内外有别,钢轨内侧扣件点红漆加以识别,以防混装。直线地段“隔一拆三”，曲线段“隔一拆二”。

2. 应力放散及锁定

单元轨节中的两根长钢轨应同时进行应力放散，同时进行锁定，放散方法应根据现场实际情况确定。

(1)原位复焊法

当锁定轨温明确、钢轨断缝值与断缝两侧标记准确，切除钢轨长度、预留轨缝准确及本单元轨节和相邻单元轨节位移观测值均匀、位移量较小时，采用原位复焊法。

(2)自然放散法

当实测轨温处于计划锁定轨温(26±4) ℃范围内时，采用垫聚四氟乙烯块配合撞轨器等设备进行应力放散。

(3)综合放散法

当实测轨温低于计划锁定轨温(26±4) ℃时，则需要利用拉伸器、撞轨器、垫聚四氟乙烯块等设备联合作业。通过均匀拉伸单元轨节使其达到实际锁定轨温时应有的长度，从而使锁定轨温一步到位。其作业程序为：施工准备—拆除扣件—顶起钢轨垫聚四氟乙烯块—安装撞轨器—撞轨—测轨温、计算锯轨量和拉伸量—安装拉伸器—设临时位移观测点—拉轨并撞轨—观测位移量—拆除聚四氟乙烯块、钢轨落槽—组装扣件，线路锁定—反算实际锁定轨温值—设置位移观测桩。

① 零应力：在计划放散段自然温度的条件下松开全部扣件，钢轨下垫入聚四氟乙烯块，取出原有橡胶垫，使钢轨能自由伸缩，以 100 m 为单位进行爬行观测，并用撞轨器沿钢轨走行方向撞轨，当钢轨发生反弹现象时或曲线上钢轨位置居垫板中间时，即视为零应力，此时在各观测点上作出拉伸位移的零点标记，以便观测。

② 计算拉伸量：钢轨放散至零应力状态后根据计划锁定轨温和现场实际轨温计算出钢轨拉伸量，长轨拉伸量按以下公式进行计算：

$$\Delta L=\alpha L(T_{计划}-T_{现场}) \tag{7.2}$$

式中　ΔL——长轨拉伸量(mm)；

α——钢轨线膨胀系数，$\alpha=0.011\ 8$ mm/℃；

L——单元轨节长度(m)；

$T_{计划}$——计划锁定轨温(℃)；

$T_{现场}$——锁定作业时钢轨的实际轨温(℃)。

③ 计算锯轨量：当结合放散应力整治线路爬行时，锯轨量应为放散量、计划预留轨缝量和放散前原有轨缝之差和整治线路爬行时钢轨位移量三者的代数和，即：

锯轨量＝放散量＋(预留轨缝－原有轨缝)＋钢轨位移量

如不结合整治线路爬行时，钢轨移动量一项可不计；如单元轨节之间应力放散时，轨缝一项可不计，应另加重新焊接的铝热焊浇注宽度 25 mm。

④ 安装拉伸器：将单元轨节与无缝线路不锯开的一端设为固定端，在锯开的一端安装拉伸器。

⑤ 观测位移量：在钢轨拉伸过程中，各观测点同时观测各点位移量的变化，拉伸量到计算长度后通知各观测点人员作出记号，此时撞轨器仍继续作业，当观测点在所作记号处出现反弹时(应力放散已均匀)，停止撞轨，各观测点向现场负责人报告所在观测点钢轨的位移量，各观测点的位移量可根据下式计算：

观察点的位移量=(总放散量/观察点数)×观察点号数

在计算总放散量时如考虑线路爬行导致的锁定轨温的变化值,则轨温变化度数=爬行量/(长钢轨长度×0.011 8)。

⑥ 拆除撞轨器及轨下聚四氟乙烯块,安装好轨下垫板,使长轨条平稳的落入承轨槽内。

⑦ 测量轨温:单元轨节两端各测取三个轨温值,每次选取三个轨温值中比较接近的两个轨温取其平均值作为该端轨节的锁定轨温;然后将两端单元轨节的锁定轨温取其平均值作为本单元轨节的锁定轨温,并做好记录。

⑧ 锁定线路:当单元轨条头尾温度最大相差不超过 2 ℃时,可以认为放散是均匀的,此时可以进行锁定:首先把无缝线路尾端 50 m 范围内的扣件应全部上紧,此时拉伸器继续保压,进行铝热焊的钢轨焊接;将作业人员分为 5 组均匀地分布在已完成应力放散的单元轨节范围内,同时进行紧扣件作业,每个小组从各自管辖范围的两端向中间紧固,采取“隔二紧一”的原则,当紧固至中间后,返身再向两端紧固其余的扣件。

⑨ 计算实际锁定轨温值:在锁定线路完成后,应拆除拉伸器,复核长轨条实际长度,换算出对应的实际锁定轨温值,若该值在计划锁定轨温范围内则认为合格,将换算出的实际锁定轨温值填入表内,否则锁定作业重新进行。

⑩ 设置位移观测桩:锁定作业完成后应立即进行零点标记,以线路两侧观测桩顶端刻画线为基点,拉出一道横线,以横线与线路的中心线的交叉线为基线在轨头外侧作出明显、耐久、清晰的标记,并在外测轨腰上标出位移观测桩号。

7.4.6 注意事项

(1)线路锁定前应掌握本地区轨温变化规律,根据各施工区段的特点,选定锁定轨温及施工时间,严格执行轨温测量制度,即作业前、中、后。

(2)应力放散时,应每隔 100 m 设置一个临时观测点测量钢轨拉伸前后的位移量,用实际位移与计算位移相比较,如果按实际锁定轨温应在设计锁定轨温±4 ℃范围内的规范来要求,位移差在 2～3 mm 内即认为拉伸均匀。密切注视放散时钢轨的位移量是否到位及放散后钢轨的反弹,确保应力放散均匀。

(3)锁定轨温应准确、可靠、符合设计规定,测量轨温时要对钢轨不同位置进行多点测量,取其平均值。

(4)应力放散后,两股钢轨应同步锁定,锁定后在钢轨轨腰位置设置位移观测点“零点标记”。

(5)线路锁定时实际轨温应严格控制在计划锁定轨温范围以内,执行无缝线路放散与调整基本原则有关规定。

(6)无缝线路锁定后,单元轨节左、右股钢轨始终端的相错量不宜超过 100 mm。

(7)撞轨器的安装位置应顺放散方向在焊头的后方不得小于 5 m,直线上应每 400 m 左右放置一台,曲线地段每 300 m 放置一台。

(8)铝热焊焊头距轨枕边缘不得小于 40 mm,并用油漆编号(白底红字),铝热焊焊接时拉伸器必须保压 5 min 以上。

(9)联合接头距整体道床和碎石道床交界处应大于 4 m 以上。

(10)放散时钢轨曲线外股锁定轨温不得高于里股。

(11)锯轨时，轨端不垂直度不得大于 0.5 mm。

(12)关于无缝线路位移观测情况，一般月份每两月观测一次，冬季：12 月～1 月、夏季：5～8 月每月观测一次，月底同分析报告上报上级主管部门，同时做好一月一次钢轨单向、双向伸缩调节器观测记录。

(13)保证扣件、接头扭力矩达到规范要求，缓冲区接头扭力矩应达到 900 N·m。

(14)建立健全无缝线路台账，施工中建立技术、质量保证体系，做到分工明确、责任到人，实行记名施工。

工作任务 7.5　特殊地段无缝线路

特殊地段无缝线路包括桥上无缝线路、大坡道地段无缝线路和小半径曲线地段无缝线路。这些地段的无缝线路，因为受各种附加力的影响，其结构和设计同普通地段的无缝线路有所不同。本节介绍了特殊地段无缝线路的特点和要求。

7.5.1　桥上无缝线路

桥上铺设无缝线路，可以减小列车动力作用，改善桥梁运营条件，减少轨道维修工作量，延长轨道部件和桥梁的使用寿命。

高架桥分钢筋混凝土梁桥和钢梁桥，桥上道床又分整体道床和碎石道床，一般在单体桥上采用碎石道床，其他桥采用整体道床。

1. 特点

(1)桥梁和无缝线路处在悬空的位置，空气流通，轨温变化比地面无缝线路要小，因而作用于钢轨断面上的温度力较小。

(2)无缝线路的轨道框架安装了防脱护轨，高架桥上半径 $R \leqslant 400$ m 的曲线缓圆点、缓圆点前后 50 m(圆曲线部分 20 m，缓和曲线部分 30 m)下股钢轨内侧安装了新型护轮轨装置，从而使轨道框架刚度增大。

(3)桥上无缝线路的钢轨用扣件联结于桥枕上，而桥枕又通过道床联结于桥梁上，这就形成了一个紧密、牢固的整体框架。钢轨在轨温变化时要产生伸缩，这同地面上的普通无缝线路一样，与此同时，桥梁也不可避免地要产生伸缩。此外，桥梁在列车荷载的作用下，还要发生绕曲，反过来又要带动钢轨发生绕曲。桥梁的伸缩力与钢轨的温度力叠加，桥梁的挠曲力与钢轨的动弯应力叠加，这就使桥上无缝线路的钢轨在承受巨大的温度力之外，还要承受巨大的纵向附加力，从而使其受力状况变得更加复杂。对于有砟桥面而言，由于梁和轨之间有一个起缓冲作用的道砟层，加上钢筋混凝土梁刚度较大，实际挠曲度较小，伸缩量也较小，所以给钢轨带来的纵向附加力也相对较小。

2. 要求

(1)有砟桥

① 有砟桥上铺设无缝线路，可按一般无缝线路办理，但线路接头应在桥头两端 10 m 以外，以避免列车对桥梁的冲击力。

② 跨度在 32 m 及以下的有碴桥，桥全长应在无缝线路固定区内，桥头两端 100 m 范围内按伸缩区锁定。

③ 有砟桥上应使用分开式扣件。

④ 有砟桥面较路基面窄,道床宽度受到限制,往往在起道后,道床宽度缩小,势必减小道床横向阻力,对无缝线路的稳定不利。

(2)无砟桥

① 尽量使固定区位于桥上。

② 尽量使桥上长轨条锁定轨温和桥外长轨条锁定轨温保持一致。

③ 尽量避免在桥上设铝热焊缝。

④ 梁上主轨不设防爬器,是为了钢轨和桥枕不致扣得太紧,减少纵向附加力影响。

⑤ 采用分开式扣件。

⑥ 大跨度桥上设置伸缩调节器。

大跨度桥上无缝线路安装伸缩调节器,可使桥梁在伸缩和挠曲时对长轨条产生的纵向附加力通过该装置得到放散。从这种意义上说,设置了伸缩调节器的大跨度桥上无缝线路,其性质已由温度应力式无缝线路变为自动放散温度应力式无缝线路。

伸缩调节器设在桥梁活动支座端对应处的轨道上。伸缩调节器由基本轨、尖轨、大垫板、轨撑、导向卡等组成,如图 7.2 所示。

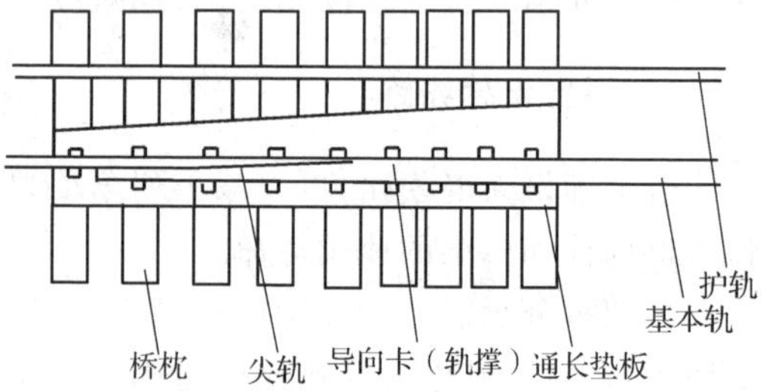

图 7.2　伸缩调节器结构示意图

综上所述,桥上无缝线路除承受温度力外,还要承受桥梁伸缩和挠曲传递给钢轨的纵向伸缩附加力和挠曲附加力。纵向附加力的大小随气温、梁跨、线桥连接状况、桥头线路阻力、行车密度和支座设置方式等因素的变化而变化,但其分布形式却有一定规律,即固定支座附近是附加拉力,活动支座附近是附加压力。纵向附加力使桥上无缝线路受力增大,状况复杂,因而桥上无缝线路有其特殊的结构形式和铺设要求。

7.5.2　大坡道地段无缝线路

大坡道地段无缝线路,是指坡度大于 12‰的无缝线路。其特点主要有两个:

(1)由于下坡列车制动或上坡牵引,制动力或牵引力和坡道分力会导致轨道爬行较其他地段严重,使钢轨内应力发生变化,对轨道的强度和稳定性产生不利的影响。

(2)下坡制动和上坡牵引的瞬间,车轮会对轨面造成擦伤、剥离和磨损等较严重的伤损,从而使钢轨寿命和更换周期缩短。

解决的根本措施就是提高线路阻力,如固定区防爬锁定,采用加强线路阻力的设备等。为防止万一轨道过量爬行造成应力集中,在两坡道相交的纵断面处还设有缓冲区。

7.5.3　小半径曲线地段无缝线路

目前实践证明,在半径小于 600 m 的曲线地段铺设无缝线路时,轨道结构稳定,维修工作量少,发挥了无缝线路应有的技术经济效益。

但是曲线上的钢轨随半径减小,磨耗量增大,使用寿命缩短。

考虑到上述因素,在小半径曲线上设计、铺设、使用无缝线路时,应注意以下几点:

(1)最小曲线半径小于 400 m,要根据具体线路的运量、机车、轨道的变化,并考虑原轨道的磨耗情况来决定。

(2)轨道结构要适当加强。钢轨不低于 50 kg/m,并尽量采用淬火轨或低合金耐磨轨铺设。

(3)按规定选择、配置轨枕,道床内、外侧肩宽和堆高要按相应规定设置。

(4)一个小半径曲线,最好单独铺一节长轨,伸缩区最好设在直线上。

(5)为防止胀轨跑道,应控制残余变形,用 5 m 弦测量的正矢 $f \leqslant 9$ mm。

(6)合理设置轨距、超高等几何参数,并采用对曲线钢轨涂油等措施,延长钢轨使用寿命。

相关案例

北京地铁十号线某标段无缝线路施工

1. 工程概况

北京地铁十号线一期工程是一条先东西走向,后南北走向的半环线。线路全长 24.684 km,全部为地下线,共设 22 座车站,平均站间距 1 116 m。

本标段工程设计为一次铺设无缝线路,设计最高速度为 80 km/h,扣件类型有:DTⅥ2 型扣件及短轨枕,用于一般整体道床;轨道减振器扣件及短轨枕,用于较高减振地段;60 kg/m 钢轨检查坑扣件,用于太阳宫站停车线检查坑地段。正线道床为短枕式整体道床,特殊减振地段为钢弹簧浮置板道床。接触轨固定与道床的设计和施工一体化是本工程的一项新技术,不仅要求线路具有较高的平顺性和稳定性,而且道床施工、钢轨焊接、线路锁定、接触轨安装等施工项目均须满足设计要求,施工工艺要求高。

2. 钢轨焊接施工

1)施工方案

根据本标段工程特点,轨道铺设均采用 60 kg/m 新钢轨,拟采用 K922 型移动式接触焊轨车现场进行钢轨单元焊接施工,另备用一台 AMS60 型移动式接触焊轨机应急时使用。钢轨焊接施工前,根据不同机型分别进行钢轨焊接工艺试验,确定焊接参数。在已完成的地下线整体道床地段依次进行钢轨焊接施工,最终完成本标段无缝线路铺设施工任务。

2)钢轨焊接试验与焊轨设备调试

钢轨在施焊前要进行型式试验,合格后才能正常焊接,在日常焊接施工中,按照规定还要进行周期性检验和出厂检验。因此,按照钢轨母材化学成分、机械性能和金相组织确定的焊轨参数对焊轨设备进行调试,是确保焊轨质量的关键措施。

3)移动式接触焊焊轨施工工艺和技术措施

(1)施工工艺流程

移动式接触焊焊轨施工工艺流程如图 7.3 所示。

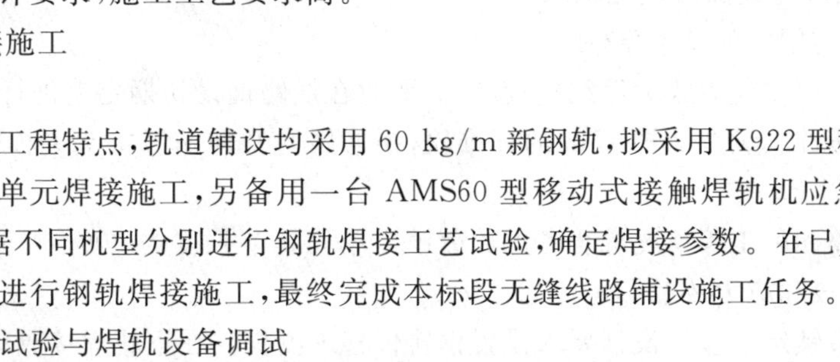

图 7.3　移动式接触焊工艺流程

(2)施工工艺及技术措施

焊接设备进场后，要进行相关的工艺试验，确定焊轨参数，制定保养维修细则和安全操做规程，并上报监理、业主，获得批准后严格组织实施。钢轨焊接施工前，操作人员要对焊机主机、附机、水冷却系统、液压系统、制冷系统、供电系统等做最后检查，一切正常后方可进行焊轨作业。

钢轨面及钳口部位打磨符合要求后，方可进行焊轨作业。先在滚筒上进行对轨并调整高低和方向，使焊缝对正焊轨机钳口中心位置，用刀口尺检查两钢轨左右或高低错牙，均不得超过 0.5 mm。

确认钢轨对中后，启动液压系统进行夹轨，随后激活数据采集系统，进入焊接程序，依次经过各个闪光阶段后进行顶煅并完成推瘤作业。

焊接结束后，立即启动液压系统，将焊轨机架张开到足够大的程度，起升焊机使之离开焊头一定距离，用推瘤器迅速除去焊渣，并对焊机各部位和接头进行检查，同时清洁焊机内部和钳口。如果钢轨与钳口接触处有电击伤，则该焊头判定为不合格，需切掉重焊；同时对钳口进行处理，直至换钳口，方可再焊。合格的焊头应根据数据采集系统的屏显号码统一进行编号，将相关数据进行收集、整理，同时加以分析、存档。

恢复安装部分配扣件，轨道车推送焊轨机进行下一个钢轨接头焊接作业。

每个焊接接头必须经超声波探伤，探伤前应将焊缝处轨温降低到 50 ℃以下，在打磨过的钢轨轨底、轨腰、轨头上均匀涂抹探伤耦合剂，然后用超声波探伤仪进行探伤检查，不合格的焊头要锯断，重新焊接。

3. 无缝线路应力放散与锁定施工

1)应力放散与锁定的基本条件

(1)地下线按温度应力式无缝线路设计，必要时在线路铺设初期定期进行应力放散。

(2)地下线缓冲区设置 1 根 25m 的标准轨；缓冲区内及伸缩区接头夹板螺栓扭力矩应达到 1 000 N · m 以上。

(3)根据线路和施工等情况综合考虑放散锁定单元轨节长度为 900～1 500 m 左右，以便于无缝线路的铺设和应力放散。

(4)单元轨节锁定前应按设计要求设置钢轨位移观测桩。在钢轨焊接成单元轨节后，轨面设计高程、方向及水平均已达到设计标准时，方可进行线路锁定。

2)应力放散与锁定应遵循的原则

(1)施工锁定轨温按照 TB 2098《无缝线路铺设及养护维修方法》确定，长轨条应力状态为零的轨温为实际锁定轨温。TB 2098 规定：把长轨条始端和终端落槽时分别测得的轨温平均值作为施工锁定轨温，施工时轨条下每 12.5 m 垫入一滚筒，使轨条处于自由伸缩状态。

(2)施工锁定轨温必须在设计锁定轨温范围内，否则必须进行应力放散，重新锁定。应力放散时应保证轨温均匀，施工时单元轨节左右两股钢轨的锁定轨温差不得超过 5℃，且曲线外侧钢轨锁定轨温不得高于内侧钢轨锁定轨温，否则需放散应力重新锁定。

(3)施工轨温高于设计锁定轨温时用木锤敲击搁置在滚筒上的长轨放散应力，临时锁定长轨，待轨温降至设计锁定轨温范围内时，再放散应力重新锁定长轨。

(4)无缝线路锁定后，对已按设计要求设置的长钢轨纵向位移观测桩立即进行位移观测。位移观测桩按照无缝线路钢轨纵向位移观测桩布置图设置。

(5)锁定轨温与锁定日期应列入竣工资料。

3)应力放散与锁定施工方法和技术措施

铺设无缝线路的施工方法有两种，即“连入法”和“插入法”。“连入法”是先将第一段单元轨节应力放散，并在设计锁定轨温范围内予以锁定，再将第二段单元轨与上一段单元轨节经过锁定焊接，然后应力放散依次锁定成为无缝线路的施工方法。“插入法”是在两段相邻的单元轨中间插入一对经过计算确定的单元轨，对单元轨节放散应力进行锁定焊接的作业方法。两种方法相比较并结合本线的施工特点，拟采用“连入法”进行本线无缝线路施工，其作业程序如下：

(1)采用移动式接触焊机先将 25 m 标准轨焊接成单元轨节。应力放散与锁定焊接时，在接口附近需提前松开 50～60 m 长度内的扣件。

(2)当作业轨温处于设计锁定轨温范围内时，采用“滚筒法”放散应力后，予以锁定；当作业轨温低于设计锁定轨温时，采用“拉伸器滚筒法”放散应力后进行拉伸锁定。

(3)将第二段及以后的单元轨节与上一段单元轨节经过锁定焊、应力放散后依次锁定。

(4)长轨条最后一段单元轨节在终端缓冲区标准轨前合龙。合龙口预留拉伸长度经计算确定，放散应力后锁定焊接成无缝线路。

(5)在钢轨上做好标记，记录位移观测桩初始读数。

(6)将单元轨节应力放散后的拉伸量、钢轨位移观测桩初始读数、锁定轨温、锁定日期、单元轨节编号等计入竣工资料。

4)应力放散施工操作要点

(1)无缝线路有下列情况之一者应再次进行应力放散重新锁定，使其符合设计要求：实际锁定轨温超出设计锁定轨温范围；不符合无缝线路锁定应遵循的原则；无缝线路锁定后钢轨产生不正常的过量伸缩；无缝线路锁定后固定区钢轨出现严重的不均匀位移。

(2)实际施工时可根据现场具体情况采用下列应力放散方法：

① 滚筒法(采用聚四氟乙烯板代替滚筒)。该方法是施工轨温在设计的锁定轨温范围内，把需要放散应力的长轨条先拆除扣件，然后抬起钢轨，放入滚筒，将钢轨落在滚筒上，撞击长轨条数次，使长轨条基本上能自由伸缩。一旦轨温合适，即撤滚筒，紧扣件，进行锁定。

② 拉伸器滚筒法。该方法是作业轨温在设计锁定轨温范围以下时，利用钢轨拉伸器和撞轨器配合作用，通过均匀拉伸长轨条，以提高它的零应力轨温，使锁定轨温一步到位的方法。拉伸长轨条时，要做到匀、准、够。工艺流程如图 7.4 所示。

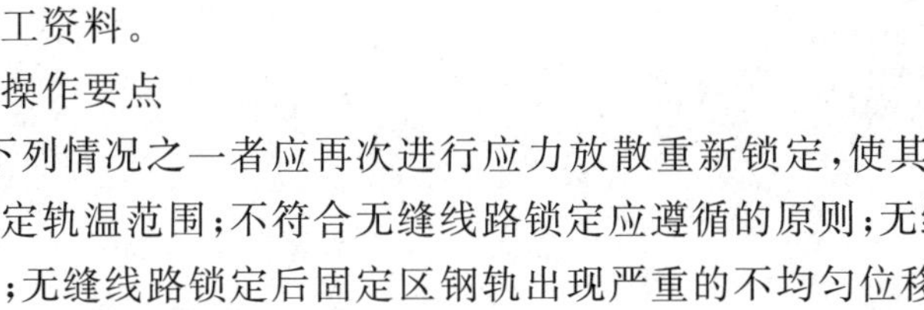

图 7.4　拉伸器滚筒法工艺流程

5）轨道整理

单元轨节锁定成无缝线路后应进行轨道整理作业。轨道整理作业主要应抓好以下各项工作：整修打磨不平顺焊缝，提高轨面的平顺性；调整轨距及水平；测取钢轨的爬行量，复核锁定轨温；根据设计要求继续做好未完成的工作，使之达到交验标准。

复习思考题

7.1　无缝线路可分为哪几类?

7.2　简述接触焊、气压焊及铝热焊的焊接原理。

7.3　简述铺设无缝线路的准备工作。

7.4　无缝线路长轨条在运营中由于哪几种原因可能发生位移?

7.5　简述应力放散与调整的必要条件。

7.6　简述无缝线路应力放散的基本方法。

7.7　坡度大于12‰的无缝线路其特点有哪几种?

项目8　单轨交通及磁悬浮交通

项目描述

单轨交通，简称单轨，是车辆在单根轨道(梁)上运行的一种交通方式，其特点是使用的轨道只有一条，而非像传统轨道交通那样有两条平行钢轨。和其他城市轨道交通系统一样，单轨交通主要应用在城市人口密集的地方用来运载乘客，特别是在地势起伏、建筑物密集、建设空间狭窄的地段具有其他交通形式不可比拟的优势。

磁悬浮列车实际上是依靠电磁吸力或电动斥力将列车悬浮于空中并进行导向，利用线性电机驱动列车，从而实现列车与轨道间的无接触运行。虽然磁悬浮列车仍然属于陆上有轨交通运输系统，并保留了轨道、道岔和车辆转向架及悬挂系统等许多传统机车车辆的特点，但由于列车在牵引运行时与轨道之间无机械接触，因此从根本上克服了传统列车轮轨间的黏着限制、机械噪声和磨损等问题，所以成为人们出行的理想交通工具之一。

本项目主要介绍单轨交通和磁悬浮交通的类型、特点及适用范围。

教学目标

1. 能力目标

了解单轨交通和磁悬浮交通。

2. 知识目标

(1)了解单轨交通的类型、适用范围，掌握单轨交通的特点；

(2)了解磁悬浮交通的适用范围，掌握磁悬浮交通的特点。

工作任务8.1　单轨交通的特点

单轨交通的历史悠久，早在1821年P. H. Palmer就因单轨的设计而获得英国专利。1824年在伦敦船坞为运送货物建设了世界上第一条单轨交通。1961年日本引进了单轨交通技术，并利用1964年东京奥运会的契机，建设了羽田机场到浜松町间的单轨线路，第一次使单轨交通成为城市公共客运交通的一种新的交通方式。

单轨交通作为城市公共交通方式具有一系列优点，在功能上具备城市骨干交通工具的特征，在一定的使用条件下能满足城市公共交通的需要，是一种现代化公共交通工具。

8.1.1　单轨交通发展概况

世界上第一条跨坐式单轨铁路线诞生于1888年，是由法国人Charle Larligue设计，在爱尔兰铺设的，线路长约15 km，由蒸汽机车牵引，这条线路一直运行到1924年10月。1893年德国人 Eugen Langen 发明了悬挂式单轨交通,并于 1898～1901 年在著名悬车之城——德国鲁尔区伍珀塔尔修建了 13.3 km 的悬挂式单轨铁路。这是世界上最早、历史最悠久的悬挂式单轨交通。

在第二次世界大战以后,随着科学技术的进步,跨坐式单轨铁路才受到各方重视,逐渐完善和成熟起来。1952 年,德国工业家 Axellenard Wenner2Gren 在德国科隆附近的菲林根建造了一条单轨线进行实验研究;经过反复研究,于 1958 年得出这样的结论:采用跨坐式、混凝土轨道和橡胶充气轮胎能达到最好的效果,这就是在后来被广泛使用的 ALWEG 型跨座式单轨铁路。

19 世纪 60 年代,美国的飞机制造厂商洛克希德公司研制出了商洛克希德单轨车。1960～1965 年,日本引进商洛克希德式和萨非基式技术,研制出诸多日本式单轨车,并迅速将其发展运用。1964 年 9 月,为配合日本举办的东京奥运会,连接东京国际机场(羽田机场),全长 17.8 km 的东京跨座式单轨交通系统开通运营。

我国重庆市的城市轨道交通中有两条跨座式单轨铁路,重庆轨道交通二号线已于 2005 年正式运营。在两条轨道之间设有乘客紧急通道的重庆轨道交通三号线于 2011 年 9 月投入运营,全长 55 km,是世界上最长的单轨铁路。

8.1.2 单轨交通类型与适用范围

1. 单轨交通的类型

1)按使用目的划分

(1)展示用单轨:主要在展览会、博览会或公园里展示用。

(2)货运单轨:早期用来运货。

(3)实验研究:用作单轨实验开发用。

(4)旅游娱乐:主要用在公园、动物园和博览会上,约占总数的 22.9%。

(5)旅客运输:仍然是各国开发的主要目标,占总数的 40.5%。

2)按车辆在轨道梁悬挂的位置划分

按车辆在轨道梁悬挂的位置划分,有悬挂式(图 8.1)、跨座式(图 8.2)两种。悬挂式单轨交通的列车悬挂在轨道之下,始建于 1901 年的原联邦德国的伍珀塔尔市。跨座式单轨交通的列车跨座在轨道梁之上,两旁盖过轨道。

图 8.1 悬挂式单轨交通图

图 8.2　跨座式单轨交通图

现代的单轨交通由电动机推进，一般使用轮胎而不使用钢制的车轮。轮胎在轨道的上面及两旁转动，推动列车及维持平衡。早期单轨系统的设计是不能使用转辙器的，使车辆运行出现了很多不便。现代的单轨系统多数已经可以使用转辙器，方便车辆驶进不同的线路，而同一线路亦可作双程行驶。

2. 单轨交通的适用范围

1)单轨交通的技术特征

(1)能有效利用城市空间

单轨交通是一种全线高架的轨道交通系统，可以利用普通道路之上的空间，因此不会干扰其他交通。由于单轨交通运行在既有道路上方，只需在城市街道中心建筑单柱式支墩，占地面积小，可以有效利用现有路面交通上部空间。

(2)运行安全

在轨道梁上行驶的城市轨道车辆转向架上装有三种轮胎：走行轮、导向轮和稳定轮。它的走行机理与钢轮钢轨系统完全不同，在列车运行过程中，走行轮始终与轨道梁顶面接触，走行轮胎的弹性主要减缓车辆竖向振动，导向轮和稳定轮则起到缓冲车辆横向振动的作用，因此充分保障了系统的运营安全。单轨车辆的最高运行速度为 80 km/h，具有运行速度快、加减速性能好的优点，可满足乘客在出行时对节省乘车时间的要求。由于系统的运行采用全封闭模式，与其他交通形式互不干扰，因此单轨列车运行稳定、安全、正点。

(3)适应地形能力强

单轨列车由于使用橡胶轮胎和特殊转向架，对于陡坡、急弯适应能力强，对地形无严格要求。列车具有较强爬坡能力(最大坡度可达 100‰)，能通过较小弯道，(曲线半径最小可达 30 m)。它可以很好地适应城市多变的地形、地貌和复杂地理环境，可避开既有建筑物，以避免不必要的拆迁，在城市中选线比较容易，从而大大降低工程造价。单轨交通在规划和选线上的适应性，是其他城市轨道交通无法比拟的。

(4)环境效应优越

单轨列车由于采用橡胶轮胎和空气弹簧转向架，因此获得了理想的减振降噪效果。据日本小仓线的实测，当列车时速为 60 km 时，据轨道中心线 10 m、离地面高 1.2 m 处的噪声值为 74 dB(A)。由于采用电力牵引，列车运行中无排气污染，有利于保护城市环境；由于单轨交通采用的轨道结构窄、梁柱细、对城市日照和景观影响小，与其他高架轨道交通和高架道路相比，其遮挡日光照射的影响小得多，在市区不会造成遮阳和压抑感；由于列车走行平稳，乘车舒适，乘客在车上视野宽广，眺望条件好，能起到游览观光的作用。

(5)速度快,运量适中

大中城市应建立高效率的大运量交通系统,公共汽车、有轨电车虽对乘客比较方便,但在运输能力上有一定的局限性,当超过其运输能力时,就得寻求大运量的交通工具。过去只能修建价格昂贵的地铁系统,当运量不足时,运营效率低,还会造成经济上的不合理。

单轨交通的平均速度约 30 km/h。其运量在公共汽车和地铁系统之间属于中等运量交通系统。

(6)施工简便,工程造价低

单轨交通轨道梁为模块结构,标准轨道梁便于工厂预制,既保证了精度又便于施工,从而可以缩短工期。单轨交通的工程造价比较低,仅为地铁造价的 1/2～1/3。

2)单轨交通的使用条件

(1)单轨交通的线路条件

单轨由于具有较强爬坡能力,可以通过较小曲线半径,占用面积小等一系列特点,可以通过地形地貌比较恶劣的地区,可以布设在宽度较小的道路上,有较强的适应性。东京都摩线地处丘陵地区,线路北部与南部高差 70～80 m,最大坡度达 35‰,在这样的地区选用单轨是比较合适的。

(2)单轨的建设条件

单轨交通是一种高架系统,具有标准尺寸的预应力混凝土轨道梁,轨道梁既是承重结构又是轨道结构,既承担车辆及载客重量,又具有车辆运行导向功能,是一种最合理的工程结构,是单轨交通的技术特点之一。

轨道梁的使用使单轨不需设道床结构,减少上部荷载,对墩柱等下部结构设计十分有利。轨道梁结构简单、自重轻,可工厂化生产,其质量和精度可以得到保证,生产费用也低,能节省工期,方便施工,降低成本。

(3)单轨的环境条件

单轨交通主要在城市上空或街道上部运行,因此其环境影响也就成为一个很受关注的问题。

单轨车辆由于采用橡胶车轮和空气弹簧转向架,运行中振动小,而且又无排气污染,为单轨在城市街道上空运行创造了条件。因此,对噪声、振动要求较高的地区可采用单轨。

(4)单轨的规划条件

单轨交通由于使用橡胶车轮,车辆尺寸较小,又由于运行在高架结构上,与其他交通工具相比是一种全隔离全立交的独立运输系统,可以通过较小曲线半径和较大坡道,不但能在较窄的街道上方通行,也可以在较为恶劣的地区布线,使得单轨更容易在旧城区进行规划。在其他交通工具不宜使用的地区如地形起伏较大的丘陵地区、较窄的街道、对噪声和振动要求较高地区、河道旁、海边等可以建设单轨。单轨不但容易规划,而且可以减少拆迁,降低工程费用。

(5)单轨建设的城市条件

根据单轨运用实例,单轨不但可以在特大城市使用,也可在中等城市使用;可在城市中心区使用,也可在城市郊区使用;可以设计成通勤、通学线路,也可以设计成两点式客运专用通道。从运量上看,可以在客流较大的线路上使用,也可在客流较小的线路上使用。因此,可以说单轨建设对城市规模没有特殊要求,适应性还是比较强的,但在什么范围使用单轨,在不同城市、地区还是有差异的。

跨座式单轨铁路具有比地铁成本低、建设工期短,比轻轨高架线占地少、污染小、能有效利用道路中央隔离带，适于建筑物密度大的狭窄街区的优点。此外，单轨交通的车辆和轨道容易检查和维修养护，轨道使用寿命长。相对于上述优点而言，单轨的缺点影响不是很大，不足以妨碍其使用。因而，它不失为大城市客流中等的交通线路和中等城市主要交通线路的较好的选择。特别是在地形条件复杂，利用其他交通工具比较困难的情况下，单轨更能体现其优越性。可以认为，建设和发展单轨铁路是改善我国城市交通状况的一个有效途径。

3)单轨交通的技术特征及使用条件，决定了单轨交通具有广泛的适用性

(1)连接特大城市放射型轨道交通的环形线路

随着城市发展，人口和城市范围都在增加，放射型线网也出现了亟待解决的新问题：大量客流涌向城市中心，包括部分相向出行客流都集中在城市中心区，使得城市中心区客流过度集中，加重中心区换乘负担。同时，远离中心区部分，由于轨道交通覆盖面积不足，新城镇间的联系不便而过分依赖机动车，出现新的交通拥阻。在这种情况下，需要建设新的环状线路强化新城镇间的联系，进一步推动城市向多中心结构发展，由于单轨交通运量为中等水平，故选择单轨交通比较适合。

(2)连接城市中心与城市郊区、大型住宅区和新城镇

由于城市建设的不均衡性，在城市发展过程中，会出现一些新的大型住宅区和新城镇，伴随机动车的大量发展，当道路拓宽改造适应不了新情况的时候，就会出现新的阻塞和拥挤。在这种情况下，可选择中等运量的单轨交通。

(3)连接交通枢纽

对那些远离大城市中心区的新城镇、大型住宅区等，为进一步加强与城市的联系，需要有新的线路与现有轨道交通系统或者是干线铁路车站联系，单轨交通系统由于客流中等、造价便宜，故是一种较好的选种。布设线路时，可以联系附近的大学、研究单位、体育中心、旅游景点等，为地区出行创造良好条件。作为轨道交通的交通系统，单轨车站与地铁车站、轻轨车站或铁路车站间的换乘规划设计就变得十分重要。要尽量减少换乘距离和时间，采用合理的换乘方式。

(4)特大城市中心和城市副中心间的直接连接

考虑城市间的差异，在某些城市中心到副中心之间，如果客流达不到建设地铁的标准，可以建设中等运量的轨道交通系统。在具体选择中运量轨道交通形式时，可根据城市具体情况，如地形是否复杂、街道宽度以及城市经济实力等多种因素，选择单轨交通或其他形式。

(5)机场、港口、高速铁路车站的客运专用通道

通常机场、海港和高速铁路车站不在城市中心区，距城市较远。为保证乘机、乘船、乘高速铁路的准时性，减少这些通道上的汽车数量，单轨交通是比较合适的。与建设高速公路相比，单轨交通具有占用土地少、准时，可以缩短出行时间，减少出行费用等优点。

(6)大城市的主要客运通道

大城市由于城市规模的限制，客流量通常达不到地铁和轻轨的建设标准。从节约投资和选型的合理性考虑，可以采用中等运量的单轨交通。尤其采用高架形式，更适合于街道比较狭窄的老城区公共交通。

(7)特殊地区城市的客运通道

对一些地势起伏较大、道路狭窄的城市，由于受河流、山脉、沟渠等地形影响，用地比较困难，此时选用单轨交通，可以充分发挥该系统爬坡能力较强，能通过较小半径的曲线，线路容易规划等方面的优势。

8.1.3 单轨交通的特点

1. 优点

(1)占用空间小。单轨交通所需的宽度主要由车辆的宽度决定,且单轨交通多数以高架兴建,地面上只需很小的空间建造承托桥跨结构的桥墩。

(2)与其他架空轨道交通相比,由于单轨所占的空间较小,所以对通视影响较小。

(3)单轨使用橡胶轮胎在混凝土轨道梁上行走,基本上无噪声。

(4)单轨交通的攀爬能力、回转速度比地铁好。

(5)单轨的造价及维修价格比地铁与轻轨低。

2. 缺点

(1)必须另外兴建轨道。

(2)单轨所占的空间比地下铁道多。

(3)单轨使用的转辙器令车辆有短暂时间必须悬空,因此有出轨的可能。

(4)除日本外,单轨的轨道梁没有大小标准。

(5)如果出现紧急情况,单轨交通上的乘客没有逃生的地方(车的两旁没有可站立的路面)而且轨道梁离地面很高。有些单轨交通因此在路轨的两旁建有可供人行的紧急通道。

工作任务 8.2 了解磁悬浮技术

磁悬浮技术的研究源于德国,早在 1922 年 Hermann Kemper 先生就提出了电磁悬浮原理,并于 1934 年申请了磁悬浮列车的专利。进入 20 世纪 70 年代以后,随着世界工业化国家经济实力的不断加强,为提高交通运输能力以适应其经济发展的需要,德国、日本、美国、加拿大、法国及英国等发达国家相继开始筹划进行磁悬浮运输系统的开发。根据当时轮轨极限速度的理论,科研工作者们认为,轮轨方式运输所能达到的极限速度为每小时 350 km 左右,要想超越这一速度运行,必须采取不依赖于轮轨的新式运输系统。这种认识引起许多国家科研部门的兴趣,但后来都中途放弃。目前,德国和日本在磁悬浮领域系统的研究中均取得令世人瞩目的进展。

德国开发的磁悬浮列车 Transrapid 于 1989 年在埃姆斯兰试验线上达到每小时 436 km 的速度。日本 JR 东海磁悬浮列车创下了 581 km 的最高时速记录,是目前世界上最快的磁悬浮列车,如图 8.3、图 8.4 所示。

8.2.1 磁悬浮列车的种类

磁悬浮列车分为常导型和超导型两大类。

常导型也称常导磁吸型。以德国高速常导磁浮列车 Transrapid 为代表,它是利用普通直流电磁铁电磁吸力的原理将列车悬起,悬浮的间隙较小,一般为 10 mm 左右。常导型高速磁悬浮列车的速度可达 400～500 km/h,适合于城市间的长距离快速运输。

超导型磁悬浮列车也称超导磁斥型,以日本 MAGLEV 为代表。列车运行时利用超导磁体产生的强磁场,与布置在地面上的线圈相互作用,产生电动斥力将列车悬起,悬浮间隙较大,一般为 100 mm 左右,速度可达 500 km/h 以上。这两种磁悬浮列车各有优缺点和不同的经济技术指标。

图 8.3 日本 JR 东海常导磁悬浮列车

图 8.4 JR 超导磁悬浮列车

1. 德国的常导磁悬浮列车

常导磁悬浮列车工作时，首先调整车辆下部的悬浮和导向电磁铁的电磁吸力，使之与地面轨道两侧的绕组发生磁铁反作用将列车浮起。在车辆下部的导向电磁铁与轨道磁铁的反作用下，使车轮与轨道保持一定的侧向距离，实现轮轨在水平方向和垂直方向的无接触支撑和无接触导向。车辆与行车轨道之间的悬浮间隙，是通过一套高精度电子调整系统得以保证的。此外由于悬浮和导向实际上与列车运行速度无关，所以即使在停车状态下列车仍然可以进入悬浮状态。

常导磁悬浮列车的驱动运用同步直线电动机的原理。车辆下部支撑电磁铁线圈的作用就像是同步直线电动机的励磁线圈，地面轨道内侧的三相移动磁场驱动绕组起到电枢的作用，它就像同步直线电动机的长定子绕组。从电动机的工作原理可以知道，当作为定子的电枢线圈有电时，由于电磁感应而推动电机的转子转动。同样，当沿线布置的变电所向轨道内侧的驱动绕组提供三相调频调幅电力时，由于电磁感应作用承载系统连同列车一起就向电机的“转子”一样被推动做直线运动。从而在悬浮状态下，列车可以完全实现非接触的牵引和制动。

2. 日本的超导磁悬浮列车

超导磁悬浮列车的最主要特征就是其超导元件在相当低的温度下所具有的完全导电性和完全抗磁性。超导磁铁是由超导材料制成的超导线圈构成，它不仅电流阻力为零，而且可以传导普通导线根本无法比拟的强大电流，这种特性使其能够制成体积小功率强大的电磁铁。

超导磁悬浮列车的车辆上装有车载超导磁体并构成感应动力集成设备，而列车的驱动绕组和悬浮导向绕组均安装在地面导轨两侧，车辆上的感应动力集成设备由动力集成绕组、感应动力集成超导磁铁和悬浮导向超导磁铁三部分组成。当向轨道两侧的驱动绕组提供与车辆速频率相一致的三相交流电时，就会产生一个移动的电磁场，因而在列车导轨上产生磁波，这时列车上的车载超导磁体就会受到一个与移动磁场相同步的推力，正是这种推力推动列车前进。为使超导磁悬浮列车准确地在移动电磁波的顶峰运行在地面导轨上安装有探测车辆位置的高精度仪器，根据探测仪传来的信息调整三相交流电的供流方式，精确地控制电磁波形以使列车能良好地运行。

超导磁悬浮列车也是由沿线分布的变电所向地面导轨两侧的驱动绕组提供三相交流电，并与列车下面的动力集成绕组产生电感应而驱动，实现非接触性牵引和制动。但地面导轨两侧的悬浮导向绕组与外部动力电源无关，当列车接近该绕组时，列车超导磁铁的强电磁感应作用将自动地在地面绕组中感产生电流,因此在其感应电流和超导磁铁之间产生了电磁力,从而将列车悬起,并经精密传感器检测轨道与列车之间的间隙,使其始终保持 100 mm 的悬浮间隙。同时,与悬浮绕组呈电气连接的导向绕组也将产生电磁导向力,保证了列车在任何速度下都能稳定地处于轨道中心行驶。

8.2.2 磁悬浮的特点

世界上的任何事物都是一分为二的,磁悬浮列车系统也是这样,既有优点也存在不足。

1. 磁悬浮列车的优点

磁悬浮列车有许多优点:速度快;相对能耗低;易拐弯、能爬坡、选线灵活、适应能力强;噪声小;无污染;安全、舒适、维修少等。所以称它是21世纪理想的超级特别快车也不为过,世界各国都十分重视发展磁悬浮列车。目前,德国、日本、中国、英国、美国等在磁悬浮交通系统已取得重大突破。日本的超导磁悬浮列车已经过运行试验,运行时速可达 500 km 以上。

2. 磁悬浮列车的缺点

2006 年,德国磁悬浮列车在试运行途中与一辆维修车相撞,报道称车上可能有 33 人,还有两名机车人员,共造成 25 死亡,10 人重伤。这说明磁悬浮列车在紧急情况下的制动能力是不可靠的,不如轮轨列车。在陆地上的交通工具没有车轮是很危险的。因为列车从动量很大的状态降到静止,要克服很大的惯性,只有通过车轮的制动力来克服才是最为有效的。磁悬浮列车没有车轮,如果突然停电,靠滑动摩擦是很危险的。此外,磁悬浮列车又是高架的,发生事故时在高处救援很困难:没有车轮,拖出事故现场困难;若区间停电,其他车辆、吊机也很难靠近。

8.2.3 目前磁悬浮存在的技术问题

尽管磁悬浮有上述的许多优点,但也存在一些不足和问题:

(1)由于磁悬浮系统是以电磁力完成悬浮、导向和驱动功能的,断电后磁悬浮的安全保障措施及列车停电后的制动问题仍然是要解决的问题。其高速稳定性和可靠性还需很长时间的运行考验。

(2)常导磁悬浮列车的悬浮高度较低,因此对线路的平整度、路基下沉量及道岔结构方面的要求较超导技术更高。

(3)超导磁悬浮涡流效应导致能耗较常导磁悬浮更大,冷却系统重,强磁场对人体与环境都有影响。

(4)磁悬浮交通造价高昂,运营管理费用也较高。

(5)磁悬浮列车与现有干线铁路不兼容,不便列车实现转轨运行。

8.2.4 我国磁悬浮技术的发展

目前,中国对磁悬浮铁路技术的研究还处于初级阶段。经过中国铁道科学研究院、西南交通大学、国防科技大学等单位对常导低速磁悬浮列车的悬浮、导向、推进等关键技术的基础性研究,已对低速常导磁悬浮技术有了一定认识,初步掌握了常导低速磁悬浮稳定悬浮的控制技术。

1994 年西南交通大学率先成功地进行了四个座位、自重 4 t、悬浮高度为 8 mm、时速为 30 km的磁悬浮列车试验。此后,由中国铁道科学研究院主持,长春客车厂、国防科技大学等参加研制的长为6.5 m、宽为3 m、自重4 t、内设15个座位的6 t单转向架磁悬浮试验车，在中国铁道科学研究院室内的磁悬浮实验线路上成功地进行了试验，并于1998年12月通过了铁道部科技成果鉴定。6 t单转向架磁悬浮试验车的研制成功，为低速常导磁悬浮列车的研究提供了技术基础，填补了我国在磁悬浮列车技术领域的空白。

此外，铁道第三勘测设计院和国防科技大学磁悬浮技术研究中心，还在长沙联合设计建成了北京八达岭长城磁悬浮列车旅游线的试验线，这条中低速磁悬浮列车实验线全长204 m，比照八达岭的地理环境设置了一段40‰的坡道和100 m半径的弯道，可以对线路和车辆进行各种实验。以下是我国磁悬浮建设的工程实例。

1. 上海磁悬浮

上海浦东磁悬浮示范线成功地引进了德国的常导磁悬浮技术，推动了我国磁悬浮交通技术的跨越式发展。该示范线是全世界首条集交通、观光和旅游于一体的磁悬浮列车商业运营线，西起上海地铁二号线龙阳路站南侧，东到浦东国际机场一期航站楼东侧，正线全长29.863 km。加上维修基地出入走行线和检修线，线路总长折合双线约31.17 km。设计时速和运行时速分别为505 km和430 km。运行列车设计为9节车厢，一次可乘坐959人，每小时可发车12列，双向运量可达203万人；按每天运行18 h计算，最大年运量可达1.5亿人次。开通后，乘客仅需7 min就可从上海市区到达浦东国际机场。

该示范线于2001年3月1日正式开工建设，7月轨道梁正式投产；2002年2月28日线路主体下部结构全线贯通并开始架梁，运行调试(图8.5)。2003年1月1日中国总理朱镕基和德国总理施罗德一同乘坐了首趟磁悬浮试运行列车，标志着工程已初步完工。2003年12月全线完成验收，并且正式通车，如图8.6所示。

图8.5　磁悬浮轨道梁

2. 永磁悬浮简介

2006年8月17日，“中华01号”永磁悬浮列车模型在大连举行的2006中国国际专利技术与产品交易会上亮相。该模型是大连3 000米永磁悬浮试验线路的仿真微缩，专为城市之间的区域交通设计。列车在高架的磁轨上运行，设计时速230 km，适用于大都市圈的交通运输。

继“中华01号”永磁悬浮技术验证车成功运行后，2007年5月11日大连磁谷科技研究所有限公司又推出最新成果“中华06号”轻型吊轨磁悬浮技术验证车，并一次运行成功，标志着我国将拥有自己的高速永磁悬浮列车。

轻型吊轨磁悬浮设计时速可达400 km，最高时速可达536 km。列车单位悬浮力2.8 t/m，每小时可运送客流8万人，物流4.8万t。该验证车车长9.6 m，宽1.65 m，高

图 8.6　上海磁悬浮

1.87 m,载客 10 人,长 70 m(含 10 m 长车站)。拥有完整的自主知识产权,其“路—车吊轨”式布局,结构受力简单,节省材料,减轻了路和车的重量,降低了列车的运行重心,便于高速运行。其造价合理,复线每公里建设费约 0.8 亿元人民币。

中国永磁悬浮的六大领先优势:

(1)节能、环保,悬浮耗能少,列车在运行过程中噪声低。

(2)超强的运载能力,永磁悬浮净悬浮力可达 4 t/m,运输能力相当于铁路运量。

(3)安全性好,由于永磁悬浮采用车、路一体化结构与控制设计,杜绝发生追尾、撞车、脱轨和翻车可能。

(4)路车综合造价最低,综合造价远低于国外。

(5)运行成本低,国外磁悬浮运行成本略低于飞机,而永磁悬浮运行成本低于铁路成本,是成本最低的磁悬浮列车。

(6)节约土地资源,永磁悬浮列车线路占用的土地低于高速公路和火车,效能资源比是国外磁悬浮的 16 倍。

相关案例

重庆单轨交通

重庆轨道交通二号线是我国第一条单轨交通系统,采用跨座式结构。该单轨交通系统属中等运量的胶轮单轨运输系统,具有爬坡能力强(达到 6%)、转弯半径小(小于 100 m)、运行噪声低(低于 70 dB)和占地少等特色,每小时最大运量为单向 3 万人次,适合重庆山高坡陡的地形、地貌特征。

1. 工程概况

重庆城市区域位于川东丘陵地带,市中心区地处长江和嘉陵江两江相夹的半岛,半岛横向呈鱼背状,地形起伏很大,地理条件十分复杂。

城市现有道路不仅路网密度小(人均道路面积约 3.5 m^2,仅为国家最低标准的一半)、道路标准低,而且弯多、坡陡、路窄。城市居民外出除步行外,主要依靠十分拥挤的公共交通。由于城市经济和建设的快速发展,交通流量日益增大,根据近期预测,有些路段若干年后单向高峰小时流量将会达到 3 万人次左右，这已经是常规交通无法承担的运量，因此必须发展大中运量的城市轨道交通。根据重庆市当前的经济实力和相关条件，近期建设的轨道交通宜采用造价相对低廉的基本为地面高架的形式。鉴于山城地形条件，轨道线路会有许多陡坡急弯，加之考虑轨道交通对城市景观和环境不应有大的影响等问题，故选择噪声低、爬坡能力强、转弯半径小的跨座式单轨交通系统。

重庆市轨道交通二号线自渝中区校场口出发，途径九龙坡区、大渡口区至新山村站，全长 18.58 km。全线由 18 个车站(包括 3 个地下车站)及 17 个区间组成。其中岛式车站 2 个，侧式车站 15 个、混合式车站 1 个。线路分左右线双向行驶。高架轨道梁桥贯穿全线，高架桥占 83.2%。工程总投资 45 亿元左右，每公里造价约为 2.2 亿元。2000 年开工建设，2004 年 6 月建成通车。与其他桥梁相比，重庆单轨交通的桥跨及墩台有其特殊之处。

2. 线路布置情况

重庆单轨交通轨道梁既是承载的梁又是单轨列车运行的轨道，既要满足结构承载要求，又要在制造和架设过程中按照线路设计要求形成轨道线形。轨道梁作为轻轨车辆的走行轨道，直接关系到列车运行时的安全及平稳，因此对其设计精度及制造精度要求非常高。轨道梁的设计必须确保轨道的整体线形要求以及较高的结构强度、刚度、竖向挠度、横向抗扭转变形要求。另外，轨道梁的设计不仅要考虑牵引供变电、接触网、通信信号控制、避雷器、自动监控、综合接地等电气设施装置的要求，同时也要考虑铺设于轨道梁体上的电缆、内部管道等附属物的接口安装和维护条件，以及支座、伸缩缝等的安装。

孔跨布置应符合城市总体规划，考虑水文、地形、地质、周围景观等条件，以及对邻近建筑、公用设施、道路、地下管线及构筑物的影响。考虑到轨道梁使用功能的特殊性和结构的复杂性，轨道梁需设计标准化、制造工厂化、施工机械化，并从城市整体的景观角度出发，其桥型结构应优先采用标准跨度的预制 PC 简支梁布置方案。当线路平面曲线半径大于 700 m 时采用 22 m 标准跨度；当平面曲线半径小于或等于 700 m 时采用 20 m 标准跨度；当受其他条件制约时才可采用非标准跨度。非标准跨度简支梁必须大于 6 m、小于 25 m。标准跨和非标准跨度的 PC 轨道梁均采用统一的标准断面尺寸。当采用大于 25 m 的大跨轨道梁时，须经特殊设计。

在受地形地质、立体景观、城市道路立交等条件的制约时，可根据具体情况采用大跨度高架桥。大跨结构可采用主梁之上叠合标准轨道梁或两者结合成整体受力的方式，也可采用大跨度钢制轨道梁。大跨结构可以选择 PC 箱梁、PC 连续梁、连续刚构、V 形撑、T 构等结构形式。在重庆轻轨工程的实际设计中，根据实际情况，特殊地段分别采用了 V 形撑、连续刚构、T 构、倒 T 梁等大跨高架结构形式。

3. 线路结构

重庆市轨道交通二号线使用跨座式单轨交通，跨座式单轨线路主要由轨道梁、墩柱、指形板、支座以及道岔组成。

(1)轨道梁

轨道梁既是承受列车及其他荷载的桥梁，又是列车运行的轨道。根据线路设计的线形，主要由工厂预制后运抵现场架设或现场浇注。

轨道梁主要分为 PC 轨道梁、现浇 RC 轨道梁、钢箱轨道梁、倒 T 形梁、连续梁等。

(2)墩柱

墩柱是承载轨道梁、列车荷载的结构，主要分为 T 形墩、倒 L 形墩、门形墩、Y 形墩以及其他特殊结构墩等。

(3)指形板

指形板是为了有效消除轨道梁间因热胀冷缩所预留的间隙,使轨道梁能够处于一个连续的平面,从而保证列车平稳安全运行。根据轨道梁的类型配备有不同形式的指形板和板座。

(4)支座

轨道梁与墩柱主要通过支座及其组件的可靠连接,使之组成轨道梁桥系统,支座有铸钢支座、盆式支座、简易拉力支座等。

(5)道岔

单轨系统的道岔分为关节型和关节可挠型两类:

① 关节型道岔:道岔呈折线形,因车辆行驶时平稳性较差,通过速度较低(15～20 km/h),一般用于车场内空车行驶,有单开、三开、五开等类型。

② 关节可挠型道岔:道岔呈曲线形,车辆沿曲线行驶,较平稳,通过速度快(直线状态时可达 70 km/h,曲线状态时为 25～35 km/h),多用于正线,有单开、双开两种基本形式。

鉴于道岔为轨道梁的整体移动,从信号发出,到解锁、移动、锁闭、反馈信息,整个过程要在 15 s 内完成,涉及机械制造和信息传输及控制系统,难度极大。

4. 轨道梁

(1)标准设计

标准跨度轨道梁采用预制预应力钢筋混凝土结构(PC 梁),其跨中的标准断面尺寸如图 8.7 所示,高为 1.5 m,宽为 0.85 m。中空宽度为 300 mm ,梁中心至支座中心的横向距离为 400mm。相邻两跨梁端缝之间通过安装指形板进行连接,以满足伸缩要求。标准预制轨道梁均采用跨座式轻轨专用 PC 轨道梁铸钢支座,按使用要求并兼顾标准化生产,分别按曲线半径 100 m 、500 m 及直线分为三种类型。轨道梁在两侧中部设有刚性滑触式导电轨,在梁内两顶角处设有信号系统 ARP/ TD 感应环线,梁体底部设有供电、通信和信号系统电缆托架,梁下托架在桥墩处设支架绕过支座。

(2)制造与架设

标准跨度的轨道梁体内共设 10～12 束 3-7ϕ5 mm和 4-7ϕ5 mm 两种类型的预应力钢绞线,用内径 ϕ50 mm 的波纹管成孔,采用 AM 或 HVN 系列锚具锚固。预应力钢绞线标准强度为 1 860 MPa ,锚外张拉控制应力为 1 395 MPa 。为减少混凝土收缩徐变对轨道梁的影响,钢束共分两次张拉,第一次张拉 4 束,第二次张拉其余钢束。设计时按第 4 天第一次张拉,第 14 天第二次张拉,第 104 天架设轨道梁来计算梁体变形。轨道梁内普通钢筋均采用Ⅱ级钢筋,主筋和箍筋采用 ϕ16 mm,辅助筋采用 ϕ12 mm。梁体混凝土采用 C60 号,梁端采用无收缩混凝土封锚。

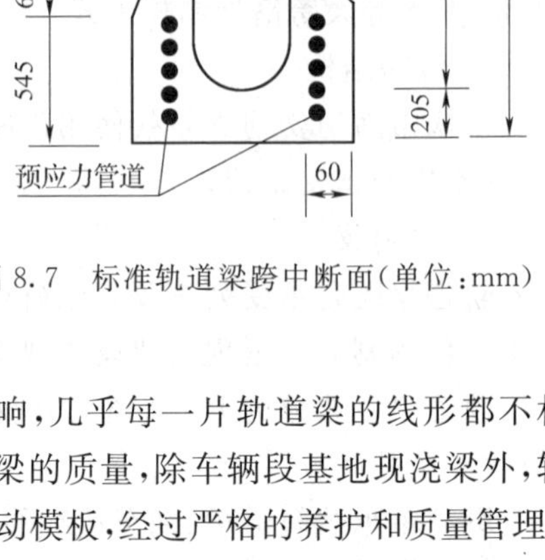

图 8.7　标准轨道梁跨中断面(单位:mm)

由于线路纵坡、平面曲线、竖曲线、横向曲线超高的影响,几乎每一片轨道梁的线形都不相同。为保证轨道梁的整体线形高精度要求和确保 PC 轨道梁的质量,除车辆段基地现浇梁外,轨道梁一般为工厂预制,采用能适应各种平、竖曲线的可调活动模板,经过严格的养护和质量管理。

PC 轨道梁的预制工艺流程控制非常严格,包括制梁台车、内外模板安装、线型调整、预应力管道安装、预埋电缆管道、支座预埋件安装、混凝土浇筑、梁体养护、预应力张拉、梁体检测等步骤，技术难度高，工艺复杂。对每一步骤的制作安装精度都作有详细的规定。PC 轨道梁的预制精度要求：长度±10 mm，宽度±2 mm（端部）、±4 mm（中间）。

预制轨道梁采用特殊研制的跨座式单轨专用 PC 轨道梁架桥机进行单线架设。在墩高较低的特殊地段也可采用大吨位汽车运输到目的地，然后以汽车吊架设。

5. 墩柱

单轨穿越于城市中，大部分墩柱位于道路的中央分隔带上，对墩柱的整体景观要求较高。重庆单轨采用的典型墩柱有以下几种。

(1)T 形独柱墩

重庆单轨工程中应用最多的是 T 形独柱墩。根据结构分析计算和各项控制标准确定墩柱截面尺寸，同时根据上部轨道梁支座的构造尺寸及预埋件构造要求确定盖梁的构造尺寸。一般墩高小于 1.5 m 且位于半径大于或等于 1 000 m 曲线及直线上的桥墩采用 1.6 m × 1.6 m方形截面，位于半径小于 1 000 m 曲线的桥墩采用 1.7 m ×1.7 m 方形截面，墩高 15～25 m时采用 1.8 m ×1.8 m～2.2 m ×2.2 m 方形截面，盖梁高度均采用 1.4 m。

(2)倒 L 形独柱墩

由于受平面位置限制，当线路中心与墩柱中心有偏距且偏距较小时，设置倒 L 形独柱墩。其墩柱与线路中心线的偏心距离为 0.5～1.2 m。墩身截面尺寸根据墩高计算来确定。盖梁高度一般采用 1.7 m。

(3)大偏心预应力拉杆式倒 L 形墩

为避免线路在跨越较窄道路时设置门式刚架墩，可在道路两侧采用大偏心预应力拉杆式倒 L 形墩。桥墩最大净偏心距为 2.75 m。盖梁和拉杆均加设预应力，墩柱采用 2.2 m × 1.5 m矩形截面，拉杆采用 2.2 m ×0.8 m 矩形截面，盖梁高度采用 2.0 m。

(4)门式刚架墩

当线路跨越较宽的城市道路又不能在道路中间设置桥墩时，可设置门式刚架墩。刚架跨度在 15 m 以下时可采用钢筋混凝土结构，刚架跨度大于 15 m 时可采用预应力钢筋混凝土结构。

墩柱建造时除了要考虑本身的构造外，还要考虑其他附属结构物的构造，如墩柱内避雷器系统预埋管道及信号接地极的安装、PVC 排水管道、广告灯箱电线预埋管、馈线上网装置预埋件等。盖梁内则需要考虑支座锚箱及固定支架的安装、支座锚箱排水管道安装、通信信号系统预埋件、供电环网电缆预埋件和避雷器预埋件等。墩柱施工工艺与高架桥墩柱施工工艺相同，这里不赘述。

复习思考题

8.1　简述单轨交通的类型和范围。

8.2　单轨交通的特点有哪几种？

8.3　简述跨座式单轨由哪几部分组成及其含义。

8.4　单轨采用典型的墩柱有哪几种？

8.5　磁悬浮列车分为哪几种？

8.6　简述磁悬浮技术的优缺点。

参考文献

[1] 李世华．城市高架桥施工手册．北京:中国建筑工业出版社,2006.

[2] 施仲衡．地下铁道设计与施工．西安:陕西科学技术出版社,1997.

[3] 铁道科学研究院铁道建筑研究所.无砟轨道试验研究及应用现状调研报告．北京:铁道科学研究院,2004.

[4] 张凤祥,朱合华,傅德明．盾构隧道．北京:人民交通出版社,2004.

[5] 何华武．无砟轨道技术．北京:中国铁道出版社,2005.

[6] 吴信然,杨启兵．秦沈客运专线箱梁和轨道工程施工新技术．北京:中国铁道出版社,2003.

[7] 王其昌,韩启孟.板式轨道设计及施工．成都:西南交通大学出版社,2002.

[8] 姚明初,邵力新.铁路新型轨下基础．北京:中国铁道出版社,1986.

[9] 京沪高速铁路中日合作研究项目轨道结构技术专家组.轨道结构技术．北京:铁道科学研究院,1999.

[10] 铁道科学研究院金属化学研究所.高速铁路整体轨道用CA砂浆的研制．北京:铁道科学研究院,2001.

[11] 范俊杰.现代铁路轨道．北京:中国铁道出版社,2001.

[12] 卢祖文.客运专线铁路轨道．北京:中国铁道出版社,2005.

[13] 铁道科学研究院,西南交通大学,等.秦沈客运专线桥无砟轨道综合试验研究．北京铁道科学研究院,2003.

[14] 江成,范佳,王继军.高速铁路无砟轨道设计关键技术．中国铁道科学,2004.

[15] 江成,林之珉.高速铁路无砟轨道结构的试验研究.中国铁路,2000(7).

[16] 刘建瑞,陈良江.无砟轨道预应力混凝土梁设计研究．铁道标准设计,2001,21(9).

[17] 傅代正,黄金田,郑新国.桥上板式无砟轨道CA砂浆施工技术．铁道建筑技术,2002(6).

[18] 李俊.桥梁板式无砟轨道施工技术．铁道工程学报,2003(3).

[19] 张凤祥.沉井与沉箱．北京:中国铁道出版社,2001.

[20] 程骁,潘国庆.盾构施工技术.上海:科学技术文献出版社,1990.

[21] 王毅才．隧道工程(上).北京:人民交通出版社,2006.

[22] 铁道部基建总局.铁路隧道新奥法指南.北京:中国铁道出版社,1988.

[23] 齐景岳,刘正雄.隧道爆破现代技术.北京:中国铁道出版社,1995.

[24] 易萍丽.现代隧道设计与施工.北京:中国铁道出版社,1997.

[25] 刘建航,侯学渊.盾构法隧道.北京:中国铁道出版社,1991.

[26] 刘千伟,等．宁波市常洪沉管隧道工程．世界隧道,2000(6).

[27] 王梦恕.浅埋隧道暗挖法设计一施工问题新探.北京:隧道建设,1992(2).

[28] 王梦恕.工程机械施工手册一隧道机械施工.北京:中国铁道出版社,1992.

[29] 卿三惠,等．桥梁工程．北京:中国铁道出版社,2013.

[30] 卿三惠,等．隧道及地铁工程．北京:中国铁道出版社,2013.

[31] 北京交通大学．地铁工程监测测量管理与技术．北京:中国建筑工业出版社,2013.

[32] 乐贵平．北京地铁隧道技术．北京:人民交通出版社,2012.

[33] 张冰．地铁盾构施工．北京:人民交通出版社,2010.

[34] 高峰．城市地铁与轻轨工程．北京:人民交通出版社,2012.